사회과학통계입문

– 이론과 응용 –

이은국 · 노승용

다산출판사

머리말

사람들은 일반적으로 통계학(Statistics)을 수나 숫자로 된 사실이나 자료의 수집이라고 생각한다. 그 어원을 생각해 보면 그리 틀린 생각이 아니라는 것을 알 수 있다. 통계학의 어원은 State-istics로 국가에 긴요한 인구와 경제에 대한 정보의 수집에 관한 학문이다(State-istics was the collection of population and economic information vital to the state. Wonnacott and Wonnacott, 1984 : 3). Statistics라는 영어 단어의 뜻을 사전에서 살펴보면 두 가지의 의미를 지닌다는 것을 알 수 있다. 이 단어는 복수형으로 취급하는 경우 수나 숫자로 된 사실 · 자료나 통계(표)를 의미하는 반면, 단수형으로 취급하는 경우 통계학을 뜻한다. 따라서 통계학이란 수나 숫자로 구성된 통계자료를 수집하여 정리 · 요약하고 해석하는 학문이라 할 수 있다.

물가상승률, 실업률, 오늘의 기온, 대통령 인기도, 이자율 등등 수와 숫자로 구성된 자료는 우리 현대인의 일상생활에서 합리적 의사결정을 위해 없어서는 안 될 필요 불가결한 정보가 되었다. 일상생활에서 뿐만 아니라 정치, 시사 및 학술토론에서도 자신의 주장을 보다 확고히 뒷받침하기 위해 통계적 자료가 널리 활용되고 있다. 통계적 자료의 유용성은 많은 전문분야에서도 두드러진다. 정책입안가뿐만 아니라 경제학자, 재정전문가 들은 신뢰성 있는 양질의 경제 및 재정에 관한 정부통계자료를 근거로 합리적 결정을 내린다. 의사들은 의학학술잡지에 등장하는 통계적 자료를 분석하여 자신의 환자들에게 가장 효과적인 치료방법을 선택할 수 있다. 정치가들은 여론조사통계를 참조하여, 경영인들은 소비자의 선호가 반영된 마케팅 조사자료를 토대로 의사결정을 내린다. 행정가들은 정부통계를 기반으로 정책을 수립하고, 집행하며 평가한다. 이와 같이 통계학은 경제, 경영, 행정 부문 및 사회과학, 자연과학의 다양한 분야에서 널리 응용되는 분석의 과학적 방법에 관한 학문이라 할 수 있다. "상식 있는 시민이 되기 위해서 글을 읽고 쓸 줄 아는 능력이 필수적인 것처럼 언젠가는 통계적 지식이 그렇게 되리라"라는 H.G. Wells의 말처럼, 오늘날 모든 전문분야나 학문연구에서 자신의 주장을 통계학적으로 표현할 수 있는 기술은 필수적으로 요구되는 능력임에 틀림없다.

이 책의 목적은 사회과학도들이 중요한 연구문제나 정책문제에 대한 간명한 해답의 제시를 위해 수집된 통계자료를 효과적으로 정리・요약하여 타당하게 자료를 분석할 수 있는 능력을 함양시키는 데 있다. 보다 실용적으로 통계학 지식을 실제 분야에서 사용 가능할 수 있는 역량을 배양시키기 위해 노력하였다.

이 책은 고마운 여러분들의 도움으로 세상에 나오게 되었다. 이 책의 그림과 표를 정리하고 교정에 많은 시간을 할애해 준 연세대학교 대학원에 재학 중인 황은진, 서울대학교 행정대학원에 재학 중인 유나현, 고려대학교 대학원에서 행정학석사 학위를 취득한 김보은, 그리고 서울여자대학교에 재학 중인 한샛별, 박미현, 김유솔, 성균관대학교 최윤석에게 감사의 마음을 전한다. 또한 흔쾌히 이 책의 출판을 허락해 주신 다산출판사 강희일 사장님과 저자의 게으름을 인내로 이해해 주신 박재인 상무님과 관계자 여러분들께도 고마움의 마음을 전하고 싶다.

이 책은 많은 분들의 도움과 함께 긴 여정의 결과로 세상에 나오게 되었다. 그럼에도 불구하고 이 책에 있는 오류는 모두 저자의 책임이며, 이 저서는 2008학년도 연세대학교 학술연구비의 지원에 의하여 작성된 것임을 밝혀둔다.

2010년 4월 20일

저자를 대표하여

이 은 국

차례 CONTENTS

제1장 통계학이란?

제2장 도표에 의한 자료의 정리 · 요약

제3장 특성치 산출에 의한 자료분포의 특성 분석

제4장 확률의 기초

제5장 확률분포

제8장 표본추출

제9장 표본분포

제10장 추 정

제11장 가설검정

제12장 분산분석

제13장 상관분석

제14장 회귀분석

제 1 장

통계학이란?

통계를 통해 우리의 삶을 알 수 있다

통계청을 비롯하여 중앙정부 및 지방정부를 포함한 많은 공공기관은 다양한 통계를 조사하여 발표하고 있다. 이러한 각종 통계는 우리 삶의 단면을 보여주고 있다.

예를 들어, 서울시는 1961년 처음으로 서울통계연보를 발간한 이래 매년 서울의 인구, 경제, 사회, 문화, 교육 등 서울의 상태를 수록한 서울통계연보를 발간하고 있다. 2006년 12월 31일을 기준으로 20개 분야 285개 항목을 수록하고 있는 「2007 서울통계연보」에는 "65세 이상 인구 10년 전보다 67.7%(318,000명) 증가로 인구 고령화 급속 진행(469,000명 → 787,000명)", "서울 평균 연령 10년 전보다 4.7세 높아져" 등의 다양한 서울시민의 삶에 대한 내용이 포함되어 있다. 「2007 서울통계연보」를 통해 본 서울시민의 하루를 표현하면 다음과 같다.

※ 통행인구, 생활폐기물 발생량은 2005년도 자료임.

SOCIAL STATISTICS

제1절
통계학의 정의

우리는 각종 보고서나 언론보도를 통해 다음과 같은 내용을 자주 접하게 된다.

- □ 보건복지부와 한국사회복지협의회가 매년 발간하는 「사회복지 자원봉사 통계연보」에 따르면 2005년 자원봉사자 수가 총 345,064명으로 2004년 231,467명보다 약 1.5배 많아졌다.
- □ 국세청이 발표한 지난해 「국세통계연보」에 따르면 2005년 울산지역 봉급생활자 평균 연봉은 4천234만 원으로 전국에서 가장 높았으며 인천의 경우 가장 적은 3천261만 원이었다. 2005년 전국 근로자 평균 연봉은 3천663만 원으로, 1년 전에 비해 9.2%가 늘어났다.
- □ 법무부 「출입국외국인 정책통계연보」에 따르면 전남지역 여성 이민자는 3,713명, 광주는 1,531명이다. 출신별로는 조선족이 가장 많고 중국인, 베트남 순이다.
- □ 통계청이 사이버쇼핑몰을 운영하는 사업체를 대상으로 실시한 2007년 6월 및 2/4분기 사이버쇼핑몰 통계조사 결과, 지난 6월의 사이버쇼핑몰 거래액은 1조 2105억 원으로 나타났다. 지난해 6월에 비해 13.0% 증가했으며, 주로 컴퓨터 및 주변기기, 가전・전자・통신기기 및 의류・패션 및 관련 상품 등의 거래액이 크게 증가했다.
- □ 우리나라 최대 호황기로 경상수지 흑자를 처음으로 기록한 1986년 이후 실업률은 점점 줄어 88년부터 97년까지 2%대를 기록했다. 그러나 97년 말 IMF 구제금융 이후 실업률이 치솟아 98년 7%에 달했다. 이후 실업률은 점점 떨어져 2000년과 2001년 4%대를 기록하다가 2002년부터는 3%대 후반을 기록하고 있다.

위의 내용에 나타난 각종 숫자들, 즉 345,064명, 231,467명, 1.5배, 4천234만 원, 3천261만 원 등을 통계라 부른다. 일상적인 생활에서 통계란 숫자로 표현된 사실을 의미한다. 그러나 통계학의 영역 혹은 통계학과 관련된 주제는 단순한 숫자의 계산이나 숫자의 표현 그 이상의 내용을 담고 있다.

사람들은 일반적으로 통계학을 수나 숫자로 된 사실이나 자료의 수집이라고 생각한다. 그 어원을 생각해 보면 그리 틀린 생각이 아니라는 것을 알 수 있다. 통계학의 어원은 State-istics로 국가에 긴요한 인구와 경제에 대한 정보의 수집에 관한 학문이다(Wonnacott and Wonnacott, 1984 : 3). Statistics라는 영어 단어의 뜻을 사전에서 살펴보면 두 가지의 의미를 지닌다는 것을 알 수 있다. 이 단어는 복수형으로 취급하는 경우 수나 숫자로 된 사실・자료나 통계(표)를 의미하는 반면 단수형으로 취급하는 경우 통계학을 뜻한다. 따라서 통계학(statistics)이란 수나 숫자로 구성된 통계자료를 수집하여 정리・요약하고 해석하는 학문[1])이라 할 수 있다.

물가상승률, 실업률, 오늘의 기온, 대통령 인기도, 이자율 등등 수와 숫자로 구성된 자료는 우리 현대인의 일상생활에서 합리적 의사결정을 위해 없어서는 안 될 필요 불가결한 정보가 되어 버렸다. 일상생활에서 뿐만 아니라 정치, 시사 및 학술토론에서도 자신의 주장을 보다 확고히 뒷받침하기 위해 통계적 자료가 널리 활용되고 있다. 통계적 자료의 유용성은 많은 전문분야에서도 두드러진다. 정책입안가뿐만 아니라 경제학자, 재정전문가 들은 신뢰성 있는 양질의 경제 및 재정에 관한 정부통계자료를 근거로 합리적 결정을 내린다. 의사들은 의학학술잡지에 등장하는 통계적 자료를 분석하여 자신의 환자들에게 가장 효과적인 치료방법을 선택할 수 있다. 정치가들은 여론조사통계를 참조하여, 경영인들은 소비자의 선호가 반영된 마케팅 조사자료를 토대로 의사결정을 내린다. 이와 같이 통계학은 경제, 경영 및 사회과학, 자연과학의 다양한 분야에서 널리 응용되는 분석의 과학적 방법에 관한 학문이라 할 수 있다. "상식 있는 시민이 되기 위해서 글을 읽고 쓸 줄 아는 능력이 필수적인 것처럼 언젠가는 통계적 지식이 그렇게 되리라"라는 H.G. Wells의 말처럼, 오늘날 모든 전문분야나 학문연구에서 자신의 주장을 통계학적으로 표현할 수 있는 기술은 필수적으로 요구되는 능력임에 틀림없다.

따라서 이 책의 목적은 사회과학도들이 주요한 연구나 정책문제에 대한 간명한 해답의 제시를 위해 수집된 통계자료를 효과적으로 정리・요약하여 타당한 자료분석을 할 수 있는 능력을 향상시키는 데 있다.

---

1) Tufte의 정의를 이용하여 보다 엄밀하게 정의하면, "불확실하거나 불완전한 정보하에서 보다 합리적인 의사결정의 기반이 되는 통계자료를 수집, 정리 및 분석하는 절차나 방법에 관한 체계적인 지식의 집합체(Statistics is the body of procedures and techniques used to collect, present, and analyze data on which to base decisions in the face of uncertainty or incomplete information)"라고 할 수 있다(Tufte, Edward R. 1974. *Data Analysis for Politics and Policy*, Englewood Cliffs: Prentice Hall, Inc.).

SOCIAL STATISTICS

제2절
모집단과 표본 그리고 모수와 통계량

통계학을 이해하기 위해서는 다음과 같은 몇 가지 기초개념을 명확히 할 필요가 있다.

먼저, 모집단(population)이란 연구대상이 되는 전체를 말하며 표본(sample)이란 모집단을 대표하여 추출된 대상의 집합을 말한다. 사회과학에서 연구의 대상을 모집단으로 하는 것은 현실적으로 거의 불가능하다. 따라서 모집단을 연구할 수 있는 가장 합리적인 방법은 모집단을 대표하는 대상들을 뽑는 것인데 그것이 표본이다.

예를 들어 보자. 최근 도시 디자인이 경쟁력이기 때문에 많은 도시들이 아름답고 품격 있는 도시 디자인을 추구해 나가고자 노력하고 있다. 이에 서울시에서는 야간경관・조명시설에 대한 시민들의 의견을 알아보고자 여론조사를 실시하고자 한다. 현재 서울의 야경에 대한 평가, 야간조명의 확대・축소에 대한 의견, 야간조명 추가설치 장소 등에 대한 시민들의 생각을 알아보고자 한다. 이 경우 연구대상이 되는 모집단은 만 20세 이상 서울시민이 될 것이다. 앞에서 지적한 바와 같이 만 20세 이상의 서울시민 모두를 대상으로 조사를 한다는 것은 시간이나 비용의 측면에서 비효율적이다. 따라서 모집단을 대표할 만한 대상을 과학적인 방법으로 선정하여 필요한 내용을 조사하면 효과적일 것이다. 만약 1,000명의 만 20세 이상 서울시민을 선정하여 서울시 야간경관・조명시설에 대한 여론조사를 실시하였다면 모집단은 만 20세 이상 서울시민이 될 것이며, 표본은 선정된 1,000명의 서울시민이 된다(「서울시 여론조사모음집」 제15호, pp.14-17).

모집단과 표본은 각각 그 특성을 지니고 있다. 통계학에서는 모집단이 지니고 있는 속성을 모수(parameter)라 하고, 모집단의 모수를 추정하기 위하여 추출된 표본의 속성을 통계량(statistics)이라 한다. 비록 모집단 전체를 연구대상으로 하는 것은 실질적으로 불가능하여 표본을 선정하여 연구를 실시한다 하더라도 표본은 모집단의 속성을 지니고 있다. 그러한 모집단의 속성이 모수이며, 일반적으로 평균은 μ, 표준편차는 σ, 분산은 σ^2으로 표시한다. 그리고 표본의 속성인 통계량의 경우 평균은 $\overline{X}$, 표준편차는 s, 분산은 s^2으로 표시한다.

SOCIAL STATISTICS

제3절
자료의 유형 : 변수 · 측정 · 척도 그리고 자료

수치로 나타낼 수 있는 사람이나 사물의 속성을 변수(variable)라 하며, 변수의 값은 실제값을 가진다. 예컨대 키, 몸무게, 소득은 사람의 속성을 나타내는 변수이고, 180cm, 60kg, 200만 원은 각 변수에 대한 실제 변수값을 의미한다. 일반적으로 변수는 성별, 직업, 종교 등의 수치로 표현할 수 없는 질적 변수(qualitative variable)와 키, 체중 등의 수치로 나타낼 수 있는 양적 변수(quantitative variable)로 나눌 수 있다. 질적 변수도 숫자로 표시할 수 있으나 그 수치의 해석에는 주의를 필요로 한다. 성별의 경우 남자는 '0' 여자는 '1'의 숫자로 표시할 수 있다. 그러나 여기서 '0', '1'은 양적 변수가 가지는 숫자의 의미가 아니라 단지 범주를 나타내는 기호일 뿐이다. 질적 변수를 범주형 변수(categorical variable)라고도 하는 이유는 이 때문이다.

양적 변수는 다시 이산형 변수(discrete variable)와 연속형 변수(continuous variable)로 나누어진다. 이산형 변수는 서울시의 인구 수, 국회의원 의석 수 등과 같이 정수값을 취하고 있어 셀 수 있는 경우이다. 반면 연속형 변수는 신장, 몸무게, 온도와 같이 모든 가능한 측정값을 세는 것이 불가능한 경우이다. 60kg과 61kg 사이에 존재하는 소수로 나타낼 수 있는 모든 측정값을 생각해 보면 쉽게 이해할 수 있다.

측정(measurement)이란 변수에 대해 일정한 규칙에 따라 수치를 부여함을 의미한다. 변수는 명목척도, 서열척도, 등간척도, 비율척도에 의해 측정되는데 질적 변수는 명목이나 서열 척도에 의해, 양적 변수는 등간이나 비율 척도에 의해 수치가 부여되는 것이 일반적이다.

명목척도(nominal scale)는 측정대상을 분류 · 범주화하기 위해 숫자나 기호를 사용하는 경우이다. 종교에 의해 모집단을 분류하는 경우 불교 '1', 천주교 '2', 기독교 '3'과 같이 숫자를 부여할 수 있다. 명목척도의 경우는 사칙연산이 의미가 없다. 서열척도(ordinal scale)는 측정대상의 분류뿐만 아니라 측정대상 간의 서열관계를 규명하기 위한 척도이다. 서열관계란 갑이 을보다 크다든지 A보다 B를 선호한다든지의 순위를 부여하는 부등호(>)의 관계를 의미한다. 가령 X, Y, Z라는 대안 중에 가장 선호하는 순서로 나열하라는 질문에 대해 Z, X, Y로 응답했다면 $Z > X > Y$의 서열관계가 성립된다. 그러나 선호하는 순위(rank)만 나타낼 뿐이지 얼마만큼 더 선호하는지의 양적 개념을 포함하고 있지 못하다. 따라서 명목척도와 마찬가지로 사칙연산이 의미가 없다.

등간척도(interval scale)는 명목척도의 속성(분류)과 서열척도의 순위 및 측정대상 간 간격을 표준화된 척도로 측정할 수 있다. 갑의 신장이 175cm이고 을의 키가 160cm라고 할 때, 명목척도에 의해 175cm는 갑으로 160cm는 을로 분류될 수 있다. 서열척도에 의해서 갑이 을보다 크다는 부등호의 서열관계[갑(175) > 을(160)]도 포함하고 있다. 뿐만 아니라 갑이 을보다 큰데 얼마만큼 더 큰지도 알 수 있다. 측정대상 간의 차이를 통해 간격을 구하여 갑이 을보다 15cm 더 큼을 알 수 있다. 따라서 등간척도는 사칙연산 중 가감이 의미가 있다.

마지막으로 비율척도(ratio scale)는 등간척도가 가지고 있는 모든 속성 외에 절대 0점(absolute zero)이 존재하는 추가적인 속성을 가진다. 절대 0점이란 자의적인 개념이 아니라 실제적인 개념이다. 예컨대 높이가 전혀 없는 상태에 부여하는 0은 절대 0점이고 20cm의 높이는 10cm의 높이보다 2배 높다. 무게나 키 등의 예도 이에 해당한다. 그러나 온도의 경우 섭씨 40도가 섭씨 20도보다 2배 덥다고 할 수는 없다. 왜냐하면 섭씨 0도는 온도가 없는 것이 아니라 0도라는 온도를 의미하므로 절대 0점이 아니다. 따라서 비율척도의 경우는 가감승제의 사칙연산이 의미가 있는 척도이다. 비율척도에 의해 측정된 대표적인 예는 경제성장률, 투표율, 인구증가율 등이 있다.

네 가지 척도를 요약하면 〈표 1-1〉과 같다.

〈표 1-1〉 척도의 종류와 특성

척도	비교방법	평균측정	분석방법	예
명목척도	확인, 분류 (=, ≠)	최빈값	빈도분석, 비모수통계, 교차분석	성별, 운동선수 등번호, 종교
서열척도	순위비교 (=, ≠, <, >)	중앙값	서열상관관계, 비모수통계	학교성적 석차, 후보자 선호순위, 상표 선호순위, 사회계층
등간척도	간격비교(=, ≠, <, >, +, −)	산술평균	모수통계	온도, 주가지수, 상표 선호도, 광고인지도
비율척도	절대적 크기 비교(=, ≠, <, >, +, −, ×, ÷)	기하평균, 조화평균	모수통계	키, 무게, 나이, 소득, 매출액, 시청률

다음으로 자료(data)는 관심의 대상이 되는 변수를 일정한 규칙에 따라 관찰 또는 측정한 값의 집합체이며, 질적 자료(qualitative data)와 양적 자료(quantitative data)로 구분된다. 질적 자료는 질적 변수(범주형 변수)를 명목척도나 서열척도에 의해 측정한 값의 결과이며, 범주형 자료라고 부르기도 한다. 성별, 종교, 직업 등이 범주형 자료의 대표적인 예이다. 양적 자료는 양적 변수를 등간-비율척도로 관찰한 결과이며, 그 특성에 따라 다시 이산적 자료와 연속적 자료로 분류된다. 이산적 자료는 각 세대의 구성원 수와 같은 이산적 변수의 측정결과이고, 연속적 자료는 몸무게나 신장과 같은 연속적 변수의 관찰값이다.

이상에서 살펴본 척도, 변수, 자료의 관계는 [그림 1-1]로 요약된다.

[그림 1-1] 척도, 변수, 자료의 관계

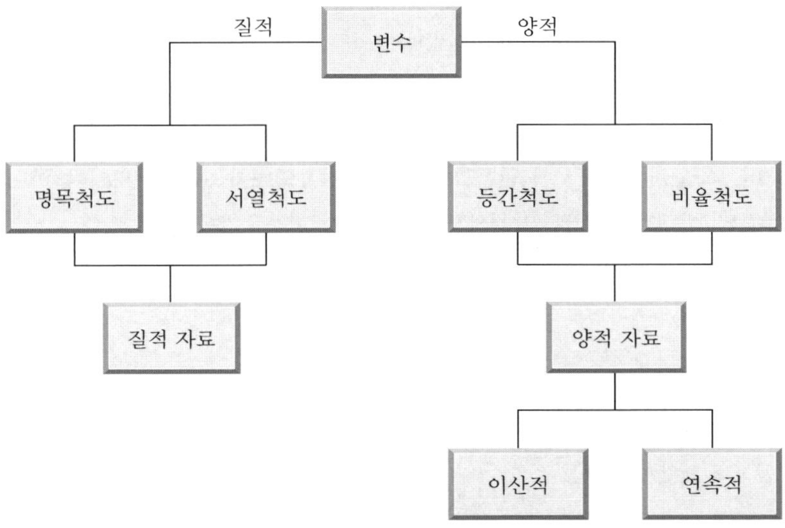

SOCIAL STATISTICS

제4절
통계학의 구분

통계학은 크게 기술통계학(descriptive statistics)과 추리통계학(inferential statistics)으로 나누어진다. *기술통계학은 모집단이나 표본에 상관없이 자료의 정리·요약과 자료분포의 특성치 산출을 통해 자료의 다양한 특성을 기술하는 방법과 관련된 분야이다.* 기술통계학은 다시 크게 도수분포표, 히스토그램 등의 도표에 의한 자료정리와 평균, 분산 등의 특성치 계산에 의한 자료분포의 특성을 기술하는 두 부분으로 나누어진다. *추리통계학은 표본의 분석(표본량의 추정)을 통해 모집단의 특성(모수)을 확률에 근거하여 추론하는 방법(가설검정방법)과 관련된 분야이다.* 추리통계학은 통계적 추정과 가설검정을 주요 내용으로 한다.

추리통계학은 모수통계학(parametric statistics)과 비모수통계학(non-parametric statistics *or* distribution-free statistics)으로 나누어진다. 모집단이 정규분포를 유지하고 있다면 모수통계학을, 그렇지 않다면 비모수통계학을 사용하여야 한다. 또한, 변수의 측정이 등간척도 또는 비율척도로 측정되어 있다면 변량을 계산할 수 있기 때문에 모수통계학의 방법을 사용할 수 있지만, 변수가 명목척도로 측정되었을 경우에는 변량을 계산하는 것이 의미가 없기 때문에 비모수통계학의 방법을 사용한다.

[그림 1-2]는 통계학의 체계를 요약한 것이다.

[그림 1-2] 통계학 체계

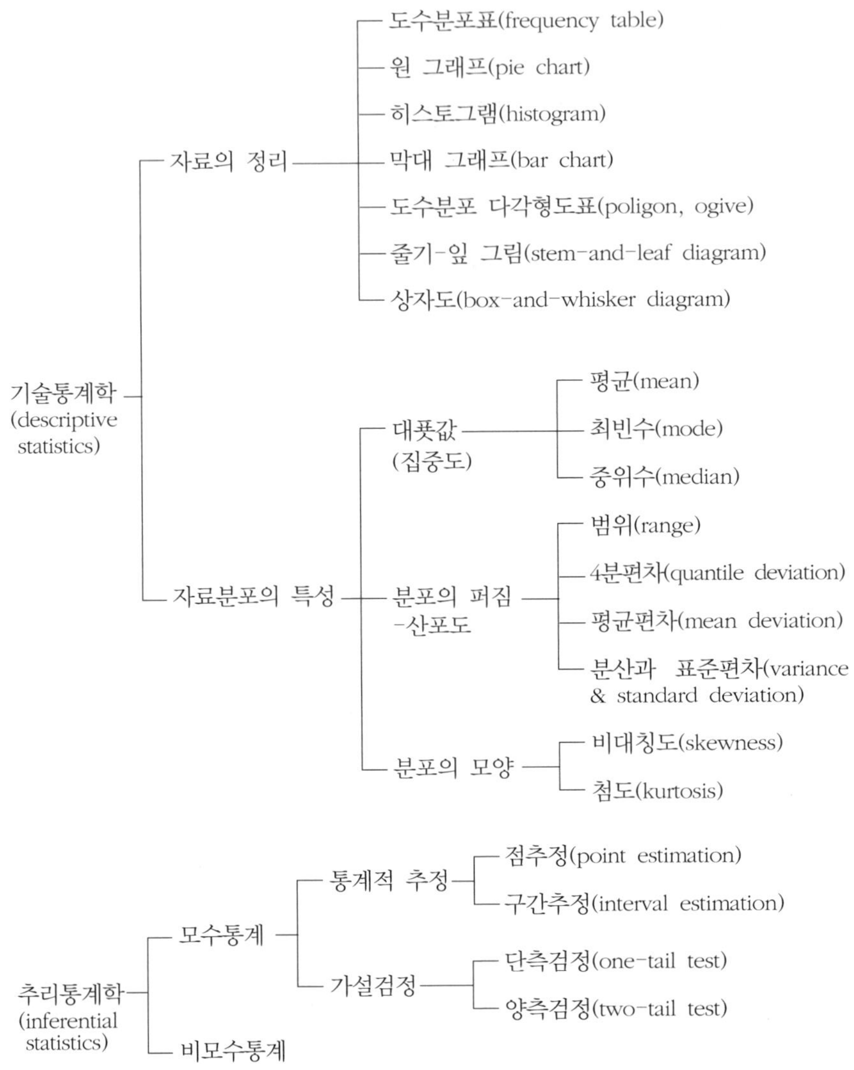
기술통계학
(descriptive statistics)
자료의 정리
도수분포표(frequency table)
원 그래프(pie chart)
히스토그램(histogram)
막대 그래프(bar chart)
도수분포 다각형도표(poligon, ogive)
줄기-잎 그림(stem-and-leaf diagram)
상자도(box-and-whisker diagram)
자료분포의 특성
대푯값
(집중도)
평균(mean)
최빈수(mode)
중위수(median)
분포의 퍼짐
-산포도
범위(range)
4분편차(quantile deviation)
평균편차(mean deviation)
분산과 표준편차(variance & standard deviation)
분포의 모양
비대칭도(skewness)
첨도(kurtosis)
추리통계학
(inferential statistics)
모수통계
통계적 추정
점추정(point estimation)
구간추정(interval estimation)
가설검정
단측검정(one-tail test)
양측검정(two-tail test)
비모수통계

SOCIAL STATISTICS

제5절 사회과학 연구에서 통계의 역할

[그림 1-3]은 (사회)과학적 연구에서 통계학의 역할을 나타내고 있다. (사회)과학적 연구에서 이론형성의 단계는 먼저 가설을 설정한 뒤 가설을 구성하는 변수를 측정하고, 표본의 추출과 자료를 수집한다. 수집된 자료로 변수의 계수를 추정하여 가설검정을 실시한다. 가설검정의 결과를 토대로 일반화를 시도한다. 통계학은 변수의 측정, 표본추출 및 추정과 가설검정에 주요한 기반을 제공하여 사회과학의 과학적 연구과정에 필수 불가결한 요소이다.

[그림 1-3] 사회과학 연구에서 통계의 역할

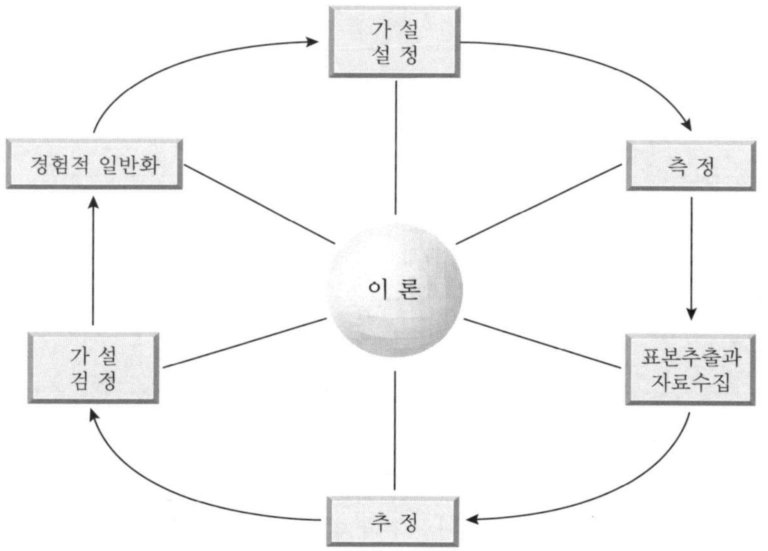

SOCIAL STATISTICS

제6절
통계학의 역사

통계학은 그 어원인 State-istics에서 알 수 있듯이 한 국가의 주요한 정치 · 경제 · 인구 등에 대한 정보의 수집에 관한 학문이다(Wonnacott and Wonnacott, 1984 : 3). 과거 동서양의 군주나 왕이 각종 작물의 수확량을 조사하고 가축의 수를 파악하여 세금을 부과하고자 했으며, 청·장년의 숫자를 파악하여 전쟁에 병사 충원을 시도하였다. 이와 같이 통계학은 다양한 분야에서 실제적으로 존재하여 왔으며 이에 대한 관심이 지속적으로 높아지면서 통계적 사고와 분석이 발전되고 학문으로 정착하게 되었다. 통계학의 역사를 간략하게 정리하면 〈표 1-2〉와 같다.

〈표 1-2〉 통계학의 역사

시 기	내 용
기원전	· 중국에서 인구조사 실사(B.C. 2300년경) · 이집트에서 최초의 토지조사 실시(B.C. 2200년경) · 로마에서 인구조사 실시(B.C. 435년경)
기원전후	· 낙랑군과 현도군에서 호구조사 실시
1~10세기	· 고구려, 백제, 신라 및 통일신라에서 호구조사 실시
1395년	· 근대적인 호적제도 신설(153,403호, 인구 : 32,746명)
1733년	· de Moivre가 Normal Probability Curve 제시
1783년	· Laplace가 Normal Curve Equation 제시
1809년	· Gauss가 Normal Curve를 천체운동이론에 적용
1859년	· Darwin이 유전의 법칙을 통계적으로 설명
1863년	· Mendel이 통계적 유전법칙 발견
1889년	· Galton이 Correlation, Regression 개념 사용
1930년대	· 현대 통계학의 아버지인 Pearson이 Biometrik 제시 · Fisher가 모집단과 표본이론 실험계획법 이론 정립

Abraham de Moivre(1667~1754)

de Moivre는 1667년 5월 26일 프랑스 Vitry-le-François에서 태어나 1754년 11월 27일 영국 런던에서 생을 마감한 수학자로 복소수에 관한 '드므아무르의 정리(de Moivre's formula)', 확률론에 관한 '드므아무르-라플라스(de Moivre-La Place)의 정리' 등으로 유명하다. 1697년 Royal Society의 회원이 되었으며, Newton 등과 교류를 하였다. 그는 1733년 특이하게도 도박가들 사이에서 큰 호평을 받은 *The Doctrine of Chances*를 출간하였는데 여기에서 정규분포를 도출하였다.

17세기 Pascal, Bernoulli 등에 의해 현대 확률이론의 기초가 수립된다. 이 시기에 물리학이 발전하면서 거리, 무게 등에 대한 측정의 문제가 대두되기 시작하였다. 뿐만 아니라 다양한 분야의 과학자와 연구자들에 의해 측정을 정확하게 하는 것에 대한 관심이 증대되었으며 이들의 노력에 의해 비록 측정치들 간의 차이는 있지만 한 번의 측정보다는 여러 번의 측정이 보다 더 정확하다는 생각들을 갖게 되었다. 이러한 때에 유럽의 상류사회에서 게임의 승패와 관련된 확률의 이론이 관심을 끌기 시작하였는데 프랑스의 Pascal과 스위스의 Bernoulli 등이 확률이론의 토대를 마련하였으며 프랑스의 de Moivre가 이 시대의 확률이론을 통계학에 접목시켜 발전시켰다. 여기에서 주목할 점은 de Moivre가 이항분포의 확장을 통해 정규분포의 이론적 기초를 마련하였다는 점이다.

18세기 통계학의 발전에 이바지한 인물로는 프랑스의 Laplace와 최소제곱법의 발전에 기여한 독일의 Gauss가 있다.

19세기에는 벨기에의 천문학자이자 수학자인 Galton, 영국의 통계학자인 Pearson, 영국의 Fisher 등이 큰 족적을 남겼다. 통계학과 우생학의 아버지라고 불릴 정도로 큰 기여를 한 Galton은 다윈의 유전법칙을 계량적으로 설명하고자 시도하였다. Galton의 업적에 대하여 주목할 부분은 아버지와 아들 키의 자료를 실증적으로 분석하여 상관분석과 회귀분석 등의 이론 정립에 공헌하였다는 점이다. Pearson은 통계학이 학문으로 발전할 수 있는 기틀을 세웠다는 점에서 큰 의미를 지니고 있다. 또한 Fisher는 Pearson의 제자로서 영국의 케임브리지대학교에서 천문학과 수학을 공부하였으며 그의 나이 29세인 1919년부터 14년 동안 로담스테드 시험장(Rodathamsted Experimental Station)에서 연구원으로 있으면서 비교실험을 위한 통계적 방법의 기틀을 마련하였다.

20세기에는 자료 수집과 정리, 추론 등 다양한 분야에서 통계학의 중요성이 강조되었을 뿐만 아니라 비약적으로 발전하게 되었다. 특히 컴퓨터의 발전으로 인해 컴퓨터를 활용한 통계적 방법의 활용이 크게 발달하게 되었다. 20세기에는 실험연구, 임상연구 등 자연과학에서 뿐만 아니라 사회조사, 여론조사, 시장조사 등 정치학, 행정학, 경제학, 경영학, 사회학 등 사회과학 분야에서도 통계학이 널리 활용되고 있다. 20세기 이후 21세기에 접어든 현재에는 통계적 사고와 분석은 거의 모든 학문분야에서 그 중요성이 인정되고 있을 뿐만 아니라 사회생활의 대부분에서 활용되는 중요한 분야로 자리잡게 되었다.

SOCIAL STATISTICS

제7절 통계학과 컴퓨터 통계 프로그램

1970년 이전에는 컴퓨터를 이용하여 자료를 분석하는 통계 프로그램은 상대적으로 적었다. 그러나 그 이후 상황은 급격히 변화하여 현대에는 자료를 통계적으로 정리하고 요약하는 데 컴퓨터 통계 프로그램이 매우 중요한 역할을 하고 있다. 오늘날 통계를 이용하여 다양한 목적의 통계분석을 수행하고 있다. 이러한 통계 프로그램으로는 SPSS(Statistical Package for the Social Sciences), SAS(Statistical Analysis System), STATA, Minitab, BMDP(UCLA Biomedical Statistical Package) 등 매우 다양하다. 다양한 통계분석 방법을 포괄적으로 담고 있는 이러한 통계 프로그램뿐만 아니라 특정 목적에 보다 전문적으로 적합한 통계 프로그램도 있다. 예를 들어, 구조방정식 모형(Structural Equation Models)을 위한 LISREL, AMOS 등의 통계 프로그램도 있고, 위계적 선형모형(Hierarchical Linear Models)을 위한 HLM 통계 프로그램 등이 있다. 이처럼 지금은 통계학의 주요 이슈를 다루는 데 컴퓨터 통계 프로그램을 널리 활용하고 있다.

이 책에서는 SPSS 프로그램을 활용하여 기술통계학 및 추리통계학 분야에서 필요한 통계량을 구하는 방법을 소개하고자 한다. SPSS 프로그램의 사용방법에 대해서는 해당 부분의 부록에서 상세하게 소개하도록 한다. 따라서, 1장의 부록에서 SPSS 프로그램에 대한 간단한 소개를 하고, 해당 장의 부록에서 SPSS 프로그램을 활용하여 기술통계학 및 추리통계학 분야에서의 통계량을 구하는 방법을 설명한다.

부록 1장 SPSS : 프로그램 소개

여기에서는 이 책에서 예를 들어 설명하고자 하는 SPSS 프로그램에 대하여 간단하게 소개하고자 한다. SPSS는 Statistical Package for the Social Sciences의 약자로 기술통계학 및 추리통계학 분야에서 필요한 통계량을 쉽게 구할 수 있도록 만들어진 통계 프로그램이다. 구체적인 내용은 각 분야를 설명할 때 다루기로 하고 여기에서는 SPSS의 구조와 내용을 간단하게 설명하고자 한다. 보다 상세한 SPSS 프로그램 사용방법은 SPSS 매뉴얼을 참조하기 바란다.

[그림 1-1]은 SPSS 초기 화면이다. 초기 화면의 윗부분에 파일, 편집, 보기, 데이터, 변환, 분석, 그래프, 유틸리티, 창, 도움말 등 SPSS 프로그램을 사용할 때 이용하는 메뉴가 있다. 이 각각의 메뉴에는 다양한 하위 메뉴가 있다.

[그림 1-1] SPSS 초기 화면 : 데이터 보기

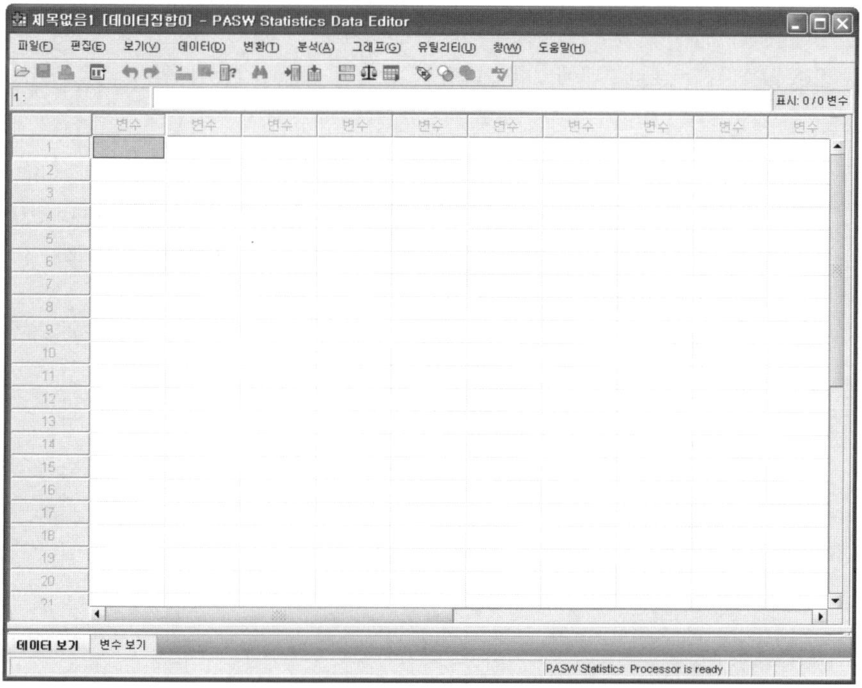

각 메뉴의 기능을 간단하게 설명하면 다음과 같다.

- **파일** : 새로운 자료파일을 만들거나 기존의 자료파일을 불러오고, 수정된 파일을 저장하며, 인쇄하는 기능이 있으며, 최근에 사용한 자료를 확인하고 불러올 수 있다.
- **편집** : 워드 프로세서나 엑셀 등에서 사용하는 것과 유사하게 잘라내기, 복사하기, 붙이기, 지우기 등의 편집 기능과 실행 취소 등의 기능이 있다.
- **보기** : 상태표시줄, 도구모음, 글꼴 등을 편집할 수 있으며, 데이터 보기와 변수 보기 중 하나를 선택할 수 있는 기능이 있다.
- **데이터** : 변수의 삽입과 이동, 케이스의 정렬, 자료 혹은 파일을 나누거나 합하는 기능이 있다.
- **변환** : 변수 계산, 기존 코딩의 변환(재코딩) 등 기존의 변수를 새로운 변수로 바꾸거나 새로운 변수를 만드는 기능이 있다.
- **분석** : 기술통계 및 추리통계의 다양한 통계기법이 포함되어 있다.
- **그래프** : 다양한 형태의 그래프를 그릴 수 있는 기능이 있다.
- **유틸리티** : 변수나 파일에 대한 정보를 알려주는 기능, 변수군을 정의·편집하는 기능, 메뉴를 편집하는 기능이 있다.
- **창** : 화면의 여러 창을 이동하고 통제하는 기능이 있다.
- **도움말** : SPSS 프로그램에 대한 다양한 도움말 제공 기능이 있다.

[그림 1-1]의 초기 화면 아랫부분에 데이터 보기와 변수 보기의 두 가지 기능이 있다. 데이터 보기는 SPSS 프로그램에 입력된 자료를 보여주는 화면을 말하고, 변수 보기는 각각의 자료가 어떤 것인지를 설명하고 그 특성을 정의하는 화면이다. [그림 1-2]는 변수 보기의 화면이다.

[그림 1-2] SPSS 초기 화면 : 변수 보기

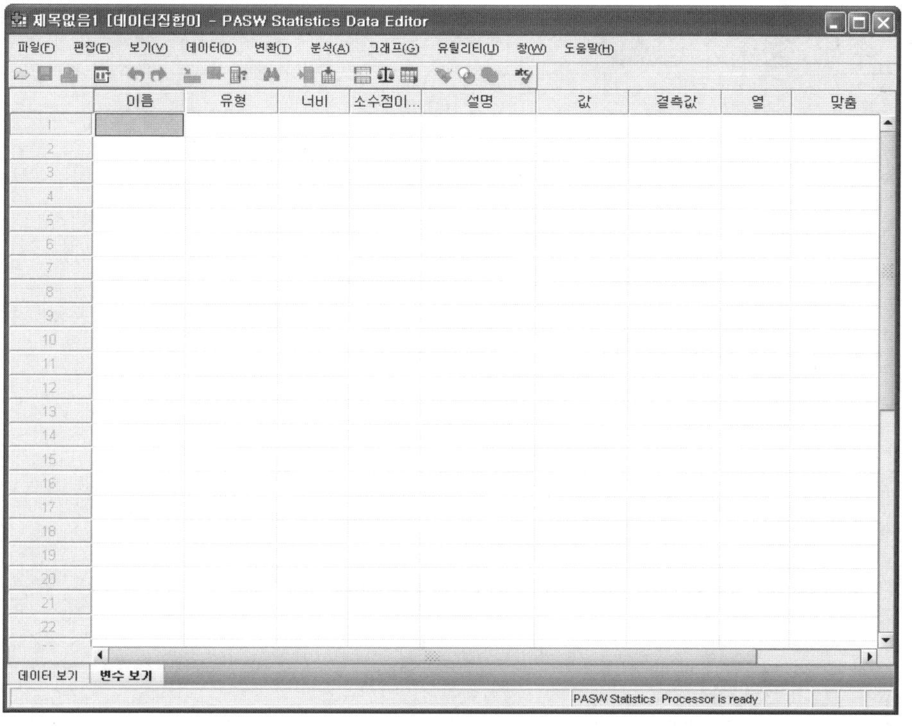

[그림 1-2]의 변수 보기 화면 윗부분에 변수의 이름과 특성을 지정하는 10개의 분야가 있다. 이름, 유형, 너비, 소수점 이하자리, 설명, 값, 결측값, 열, 맞춤, 측도의 10개 분야 가운데 가장 많이 활용하는 몇 가지의 의미는 다음과 같다.

- **이름** : 자료에 포함된 각 변수의 이름을 지정한다.
- **유형** : 변수의 형태가 어떤 것인지를 지정하는데, 대부분의 경우 숫자이지만 그 외에 날짜, 달러, 사용자통화, 문자열 등의 형태도 지정할 수 있다.
- **설명** : 자료에 포함된 각 변수를 자세하게 설명하는 부분이다.
- **값** : 각 변수의 값을 자세하게 설명하는 부분이다.

주요 용어와 공식

- **통계학** : 수나 숫자로 구성된 통계자료를 수집하여 정리 · 요약하고 해석하는 학문
- **기술통계학** : 수집된 자료를 요약 · 정리하여 자료의 특성을 설명하는 통계학의 한 분야
- **추론통계학** : 수집된 자료를 분석하여 관심의 대상에 대하여 일반화된 결론을 이끌어 내는 통계학의 한 분야
- **모집단** : 관심의 대상 전체
- **표본** : 실제로 조사되는 모집단의 일부
- **모수(parameter)** : 모집단 평균 μ, 모집단 표준편차 σ, 모집단 비율 p 등과 같은 모집단의 특성을 나타내는 수치
- **통계량(sample statistic)** : 표본평균 $\bar{x}$, 표본표준편차 s, 표본비율 $\bar{p}$와 같은 표본에서 얻은 표본특성을 나타내는 수치로, 표본통계량의 값은 해당하는 모집단 모수의 값을 추정하는 데 사용됨
- **양적 변수(quantitative variable)** : 키, 몸무게, 소득 등과 같이 양적인 수치로 측정되거나 몇 개인가를 세어 측정된 변수
- **질적 변수(qualitative variable)** : 성별, 학력, 종교 등과 같이 조사대상의 특성을 범주로 구분하여 측정된 변수
- **명목척도(nominal scale)** : 측정대상을 분류 · 범주화하기 위해 숫자나 기호를 부여한 척도
- **서열척도(ordinal scale)** : 측정대상의 분류뿐만 아니라 측정대상 간의 서열관계를 규명하기 위한 척도
- **등간척도(interval scale)** : 명목척도의 분류와 서열척도의 순위뿐만 아니라 측정대상 간 간격을 표준화하여 측정하는 척도
- **비율척도(ratio scale)** : 명목척도, 서열척도, 등간척도의 속성에 더하여 절대 0점이 존재하는 척도

연습문제

01 통계란 무엇이며 통계학에서는 어떤 내용을 다루는지 설명하시오.

02 모집단과 표본이 무엇인지 예를 들어 설명하시오.

03 모수와 통계량을 비교하여 설명하시오.

04 명목척도, 서열척도, 등간척도, 비율척도를 비교하여 설명하시오.

05 척도에 대한 다음 예 가운데 틀린 부분을 올바르게 수정하시오.

5-1. 성별, 출생지, 대학 학년 등은 명목척도이다.
5-2. 시험성적은 비율척도이다.
5-3. 자동차 번호판의 숫자는 서열척도이다.
5-4. 자동차의 속도는 등간척도이다.
5-5. 영국 프리미어리그에서 각 구단의 2007~2008 시즌 순위는 서열척도이다.

06 기술통계학과 추리통계학을 비교하여 설명하시오.

07 모수통계학과 비모수통계학을 비교하여 간단하게 설명하시오.

08 다음 자료를 SPSS에 입력하고 변수 보기 화면을 이용하여 각각의 변수를 정의하시오.

성명	거주지역	가족 수	통학시간
김보은	경기도 구리시	4	30분
김유솔	서울시 송파구	4	75분
박미현	서울시 노원구	4	10분
유나현	서울시 강동구	4	50분
이수미	서울시 중랑구	4	15분
전유리	서울시 노원구	4	30분
한샛별	서울시 서초구	4	80분
한혜원	서울시 송파구	4	70분
황은진	서울시 중랑구	6	20분
허희윤	서울시 송파구	4	10분

09 당신이 보건복지가족부 장관이라고 가정하자. 아래의 기사에 나타난 통계를 보고받고 보건복지가족부 장관으로서 어떠한 의사결정을 내리겠습니까? 또한, 보다 나은 의사결정을 위해 더 필요한 통계는 어떤 것들이 있을지 생각해 보시오.

남성보다는 여성이, 그중에서도 50대 이상의 여성이 스트레스를 더 심하게 받는다는 분석이 나왔다. 국민건강보험공단 건강보험정책연구원은 2005년부터 2008년까지 건강보험 진료비 지급자료를 분석한 결과 이같이 나타났다고 30일 밝혔다.

분석에 따르면 지난해 스트레스 질환 치료를 받은 이들은 10만 614명으로 2007년보다 2,693명 늘어났다. 스트레스 질환을 치료받은 이들은 2005년 6만 5689명이었지만 2006년 8만 1507명, 2007년 9만 7921명 등 해마다 늘어나고 있다. 연평균 증가율은 15.3%에 이른다.

성별로는 여성이 남성보다 스트레스를 더 많이 받았다. 지난해 여성 스트레스 환자 수는 6만 2745명으로 남성(3만 7869명)보다 1.7배 많았다.

나이대별 10만 명당 진료환자 수는 50대 여성이 355명으로 가장 많았다. 이후로는 40대 여성(339명), 60대 전반 여성(306명), 60대 후반 여성(292명), 30대 여성(284명) 등의 순이었다. 특히 10대는 지난 3년간 환자가 연평균 22.7%씩 늘어나며 가장 높은 증가율을 나타냈다.

근로여부별로 살펴보면 여성 근로자의 10만 명당 진료환자 수가 262명으로 가장 많았고, 여성 비근로자 226명, 남성 근로자 157명, 남성 비근로자 110명 등이 뒤를 이었다. 근로자가 비근로자보다 스트레스를 더 많이 받고 있는 것으로 풀이된다.

건강보험공단 일산병원 강지인 교수(정신과)는 "스트레스가 과도하면 신체적 · 정신적으로 문제가 발생할 수 있다."면서 "운동이나 요가, 명상, 취미생활 등 자신이 좋아하는 활동을 통해 긴장을 해소해야 한다."고 당부했다.

출처 : http://media.paran.com/snews/newsview.php?dirnews=2300569&year=2009&pg=1&date=20090730&dir=25. 2009년 7월 30일 16시 24분 접속.

10 태릉주식회사의 한샛별 고객관계본부장은 다음 그림을 회장님께 보여 드리면서 보고를 하였다. 보고가 끝난 후 한 본부장은 회장님으로부터 큰 칭찬을 받았다. 과연 한샛별 고객관계본부장은 어떤 내용으로 보고를 하였을까?

KCSI 조사 산업의 만족도와 재이용 의향

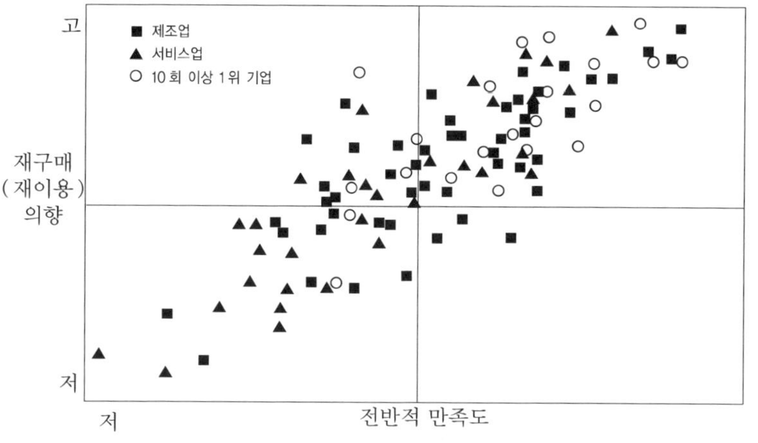

출처 : 한국경제, 2009년 10월 19일 월요일, C2면.

제 2 장

도표에 의한 자료의 정리 · 요약

다음의 두 기사를 읽어 보고 그 차이를 생각해 보자.

[기사 1] '국가인재 DB' 등록자 36.9% 'SKY대' 출신

국가인재 데이터베이스(DB)에 등록된 인물 중 36.9%가 서울대, 고려대, 연세대 등 이른바 'SKY' 출신으로 나타났다.

국회 행정안전위원회 소속 민주당 김유정 의원이 행정안전부가 운영하는 국가인재 DB(8월 31일 기준)를 분석한 결과에 따르면 등록된 대졸자 11만 8592명 가운데 서울대가 2만 5953명으로 21.8%였다. 고려대는 7.9%인 9,374명, 연세대는 7.1%인 8,418명으로 이들 세 학교 출신이 전체의 36.9%를 차지했다.

이어 방송대 7,728명(6.5%), 한양대 5,268명(4.4%), 성균관대 3,775명(3.2%), 경북대 3,377명(2.8%), 부산대 3,292명(2.8%), 중앙대 2,669명(2.3%), 이화여대 2,595명(2.2%)순이었다.

지역별로는 직장 주소를 입력한 11만 3807명 가운데 수도권 주소지가 59.5%인 6만 7709명을 차지했다. 부산, 대구, 울산, 경북, 경남 등 영남권으로 직장 주소를 입력한 인물은 1만 9330명인 반면 광주, 전북, 전남 등 호남권으로 등록한 인물은 8,491명이었다.

직종별로는 공무원이 5만 5398명으로 가장 많았고, 교육인 4만 6000명, 경제 · 기업인 2만 1888명, 법조인 1만 457명, 언론인 9,810명, 연구 · 학술인 3,462명, 공기업 임직원 2,582명 순이었다.

국가인재 DB는 신규 공무원을 채용할 때 특정 직위에 적합한 자격과 능력을 갖춘 인재를 공직 내외에 걸쳐 손쉽게 발굴하기 위해 정부가 만든 인물 DB다.

출처 : http://www.donga.com/fbin/output?n=200809270124. 2008년 9월 27일 검색.

[기사 2] 국가인재 'SKY 편중' 심하다

정부의 국가인재 데이터베이스(DB)에 등록된 사람 가운데 대졸자의 36.9%는 SKY대학(서울대 · 고려대 · 연세대) 출신인 것으로 분석됐다. 또 열 명 중 여섯 명은 수도권 출신이고, 영남권이 호남권보다 두 배 이상 많아 지역 편중이 두드러진 것으로 나타났다. 국회 행정안전위원회 김유정(민주당) 의원은 26일 이런 내용의 '국가인재 DB' 분석 결과를 내놨다. DB에 등록된 사람은 올 8월 말 현재 15만 8992명이다. 이 중 대졸자는 11만 8591명(74.5%)이다. 대학별로는 ▶서울대 2만 5953명 ▶고려대 9,374명(7.9%) ▶연세대 8,418명을 합쳐 4만 3745명이었다.

전체 등록자 중 남성은 14만 1195명(88.8%), 여성은 1만 7797명(11.2%)이었다. 직장 주소를 입력한 11만 3807명 가운데 수도권이 전체의 59.5%(6만 7709명)였다.

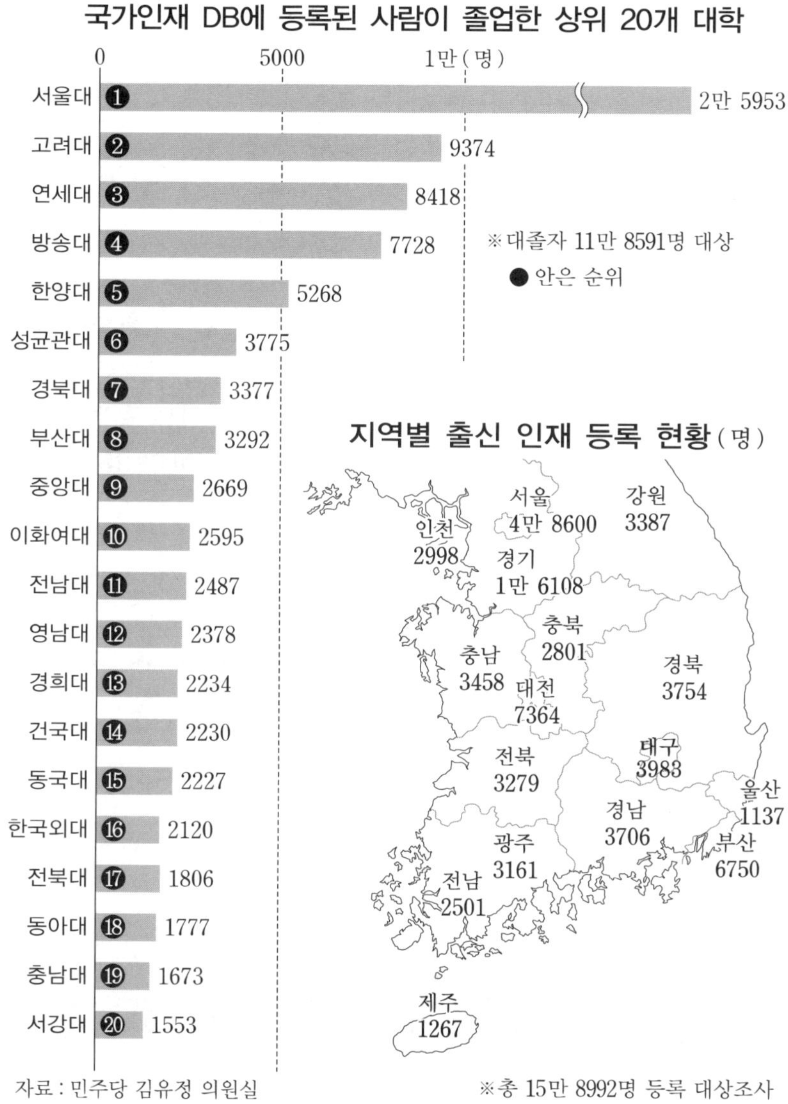

◆ 국가인재 DB : 행정안전부가 2000년부터 구축했다. 공공기관의 기관장과 임원, 정부위원회 위원, 대학 조교수 이상이나 연구기관 책임연구원급 이상, 상장법인 임원과 중소기업 경영인, 전문직, 5급 이상 국가 공무원과 4급 이상 지방 공무원, 언론인과 법인 · 협회 · 단체 임원 등이 들어 있다.

출처 : http://news.joins.com/article/3313937.html?ctg=1200. 2008년 9월 27일 검색.

두 기사는 국가인재 데이터베이스에 등록된 자료에 대해 분석한 내용이다. 같은 내용을 가지고 있는 두 기사의 차이점은 첫 번째 기사에서는 분석한 내용을 문장의 형태로만 서술하고 있는 반면 두 번째 기사에서는 이에 더하여 도표로 자료를 정리하여 보여주고 있다는 점이다. 두 기사는 내용적으로 질적인 차이가 존재하지 않지만 도표를 이용하여 자료를 정리함으로써 시각적으로 독자들의 이해를 보다 쉽게 한 두 번째 기사가 독자 지향적(혹은 독자 프렌들리)인 표현 방식을 사용하고 있다고 하겠다. 이처럼 자료를 정리하여 도표로 표현하는 것은 자료의 특징을 잘 표현하여 자료에 내포된 정보를 효과적으로 전달하는 수단이 되기 때문에 통계분석과정에서 기초적인 단계로 그 중요성을 지닌다고 하겠다. 여기에서 한 가지 고려해야 할 사항은 도표가 잘못 작성되면 이는 자료를 틀리게 해석할 수 있는 원인이 되고 분석에 오류를 초래할 수 있다는 점이다. 따라서 정확하게 도표를 작성하는 방법을 터득하는 것이 필요하다.

SOCIAL STATISTICS

제1절 질적 자료

1 도수분포표

SOCIAL STATISTICS

질적 자료나 이산적 양적 자료[1]의 도수분포표(frequency distribution table)는 각 범주에 따른 빈도수(frqeuncy)를 나타낸 표이다. 이 경우 상대도수(relative frequency)나 백분율을 같이 보여주는 것이 일반적이다. 다음의 예에서 도수분포표를 만들어 보자. 〈표 2-1〉은 혼인여부에 관한 20명의 표본조사 자료이다.

1) 이산적 양적 자료는 연속적 (양적)자료의 도수분포표나 히스토그램으로 나타낼 수도 있다.

〈표 2-1〉 혼인여부 조사표

응답자번호	혼인여부	응답자번호	혼인여부
1	미혼	11	기혼
2	이혼	12	기혼
3	기혼	13	미혼
4	미혼	14	이혼
5	미혼	15	미혼
6	기혼	16	미혼
7	미혼	17	미혼
8	기혼	18	이혼
9	미혼	19	기혼
10	미혼	20	기혼

〈표 2-1〉로부터 혼인여부를 미혼, 기혼, 이혼의 세 범주로 나눌 수 있고 이에 해당하는 빈도수를 계산하여 도수분포표를 〈표 2-2〉와 같이 만들 수 있다. 이 표를 통해 표본조사자 중 50%가 기혼임을 쉽게 알 수 있다.

〈표 2-2〉 혼인여부의 도수분포표

혼인여부	빈도수	상대도수	백분율(%)
미혼	10	0.50	50
기혼	7	0.35	35
이혼	3	0.15	15
계	20	1.00	100

2 막대도표

SOCIAL STATISTICS

막대도표(bar or column chart)는 질적 자료와 이산적 양적 자료의 정리에 사용된다. X축에 변수의 범주를 위치시키고 Y축에는 동일한 너비의 장방형의 막대를 그려 그 높이로 빈도수를 나타낸다. 앞의 예를 막대도표로 나타내면 [그림 2-1]과 같다.

[그림 2-1] 혼인여부의 빈도수 막대도표

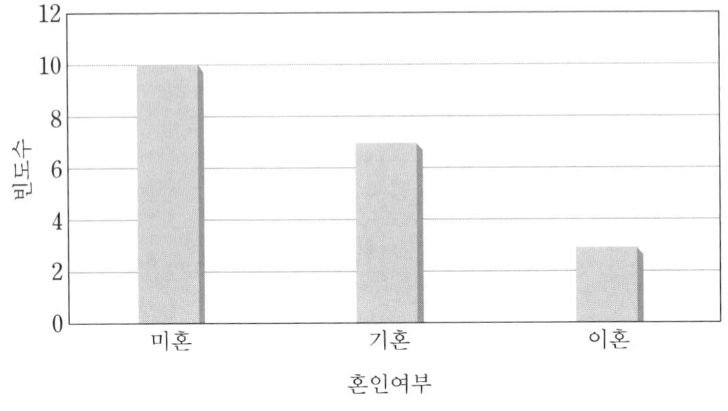

3 원형그림

SOCIAL STATISTICS

원형그림(pie chart)은 각 범주에 대한 백분율(상대도수)을 계산하여, 백분율분포(상대도수분포)에 비례하여 전체 원을 부분의 조각으로 분할하여 해당하는 각 부분에 해당하는 백분율값(상대도수값)을 기입한다. 원형그림 역시 질적 자료, 이산적 양적 자료에 널리 사용된다. 도수분포표를 작성하면 원형그림은 쉽게 그릴 수 있다. [그림 2-2]는 앞의 예를 원형그림으로 나타낸 것이다.

[그림 2-2] 혼인여부의 원형그림

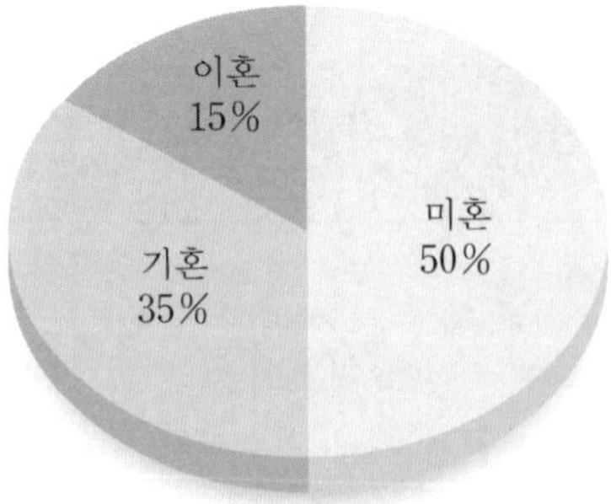

4 분할표

SOCIAL STATISTICS

사회과학도들이 두 질적 변수 간의 관계에 관심을 갖는 경우 분할표(bivariate table *or* contingency table)[2]가 일반적으로 많이 사용된다. 분할표는 두 변수 간의 결합도수분포(joint frequency distributions)를 나타내는 것으로 정의된다. 분할표의 실제 작성을 통해 분할표에 대한 이해를 시도해 보자. 가령 20명의 표본조사자를 대상으로 설문조사한 결과 중에서 연구자가 성별과 결혼생활의 만족여부의 관계에 관심이 있다고 하자. 분할표를 작성하기 위해 첫째로 두 개의 범주를 선정하여 한 범주는 행(row, *r*)에 다른 범주는 열(column, *c*)에 위치시킨다. 따라서 성별(남 · 여)을 행에, 결혼생활 만족여부(만족 · 불만족)를 열에 위치시켰다. 이 경우 우리는 2×2의 행렬(matrix)을 얻게 되며, 이는 각 행과 열의 변수가 교차되는 4개의 셀(cell)로 구성된다.[3] 둘째로, 각 셀에 해당하는 도수를 기입한 후 각 행과 열의 소계(subtotal *or* marginal)를 구한다. 조사결과 결혼생활에 만족하는 남성은 6명, 여성은 7명이고, 결혼생활에 불만족하는 남성은 4명, 여성은 3명으로 밝혀졌다. 마지막으로 각 행과 열의 소계가 교차하는 곳에 자료의 수를 기입하면 되는데, 이때 각 행의 소계의 총합과 각 열의 소계의 총합이 같아야 한다. 〈표 2-3〉은 위의 절차에 따라 작성된 분할표이다.

〈표 2-3〉 성별과 결혼생활 만족도의 분할표

		성 별		계
		남성	여성	
결혼생활 만족여부	만족	6	7	13
	불만족	4	3	7
계		10	10	20

2) Cross-Tabulations 또는 Two-Way Tables of Cross-Classification이라고도 한다.

3) 셀(cell)의 수(행렬의 차원)는 두 범주의 구성요소에 따라 결정된다. 따라서 학력과 결혼생활의 만족도의 관계에서 학력(행, *r*)은 무학 · 초등졸 · 중졸 · 고졸 · 대졸 이상으로 5개의 구성요소로 나누었고, 만족도(열, *c*)는 만족 · 불만족으로 나눈 경우에 행렬의 차원은 $r \times c = 5 \times 2$가 되고, 셀의 수는 10개가 된다.

SOCIAL STATISTICS

제2절

양적 자료

SOCIAL STATISTICS

1 도수분포표

순서대로 정렬된 자료든 아니든 간에 자료의 수가 많아지고 복잡해질수록 적절한 요약도표로 자료를 잘 압축할 필요성이 증가한다. 이러한 목적은 도수분포표에 의해 달성될 수 있다. 도수분포표는 적절한 수의 범주나 구간에 의해 자료를 간결하게 요약한 표를 의미한다. 도수분포표를 통해 원자료에 내포된 정보를 쉽고 빠르게 파악할 수 있어 자료의 정리에 널리 사용된다. 도수분포표를 작성하는 데 있어 적절한 계급의 수와 계급구간의 설정이 필요하고, 계급의 경계는 중복되어서는 안 된다.

1 계급의 수 결정

계급(범주, class)의 수는 자료의 수, 도수분포표 작성의 목적, 도수분포표 작성자의 선호에 의해 결정된다. 따라서 보다 정확하고 자세한 정보를 원하는 경우 많은 계급의 수를 선택할 것이고, 개략적인 특성의 파악을 위해서는 작은 계급의 수가 선택될 것이다. 경험적으로 계급의 수는 5개 이상 15개 이하[4]가 일반적이다. 따라서 경험적으로 도출된 계급의 수 범위 내에서 자료의 수, 도수분포표 작성의 목적을 감안하여 작성자가 적절히 선택해야 한다.

4) 최대한의 계급 수에 대해서는 최대 18개나 20개라고 주장하는 학자도 있다. 여기서 제시하고 있는 15개는 최대한으로 정할 수 있는 최적의 계급의 수라기보다는 어디까지나 경험적으로 도출된 수이다.

2 계급의 구간 설정

도수분포표 작성에 있어 모든 계급의 구간(class interval)은 동일하게 설정되어야 유효하다. 각 계급의 구간을 결정하는 데 다음과 같은 공식이 사용된다. 따라서 계급의 구간은 계급의 수에 따라 결정됨을 알 수 있다. 일반적으로 계급의 구간으로는 알아보기 쉽도록 5, 10, 100, 1,000 등의 숫자와 이 숫자들을 곱한 숫자들이 사용된다.

$$\text{계급의 구간} = \frac{\text{자료의 최댓값} - \text{자료의 최솟값(범위)}}{\text{적절한 계급의 수}}$$

태릉청량음료회사의 자료에서 계급의 구간을 구해 보자. 〈표 2-4〉의 자료는 태릉청량음료회사의 판매사원 50명의 지난 한 달간 음료 판매량에 관한 자료이다.

〈표 2-4〉 태릉청량음료회사 판매사원의 음료 판매량

82.50	88.50	91.00	93.25	95.00	95.00	97.50	99.50	100.75	102.25
103.75	104.50	105.00	105.00	106.00	107.25	108.25	109.25	110.00	112.00
113.25	114.00	114.00	115.00	115.25	115.25	116.50	116.75	117.25	118.00
118.25	119.00	121.75	122.50	124.00	124.50	125.00	125.25	126.00	128.50
128.75	132.00	133.25	134.25	135.00	135.50	136.00	137.00	144.00	148.00

먼저 계급의 수를 7로 정하고 공식에 대입하면, 태릉청량음료회사 자료의 최댓값은 148.00이고 최솟값은 82.50이므로 계급의 구간은 9.36이 된다. 앞서 언급하였듯이 9.36보다는 10을 계급의 구간으로 사용하는 것이 좋다.

$$\text{계급의 구간} = \frac{148.00 - 82.50}{7} = 9.36$$

도수분포표에는 모든 자료가 빠짐없이 포함되어야 하며, 또한 각 계급의 구간 간에 중복이 있어서는 안 된다. 따라서 ~이상 ~미만의 형태로 설정해야 한다. 예컨대 태릉청량음료회사의 경우 첫 번째 구간은 $80 \leq X < 90$로, 두 번째 구간은 $90 \leq X < 100$ 등으로 각 계급의 구간 사이에 중복이 없도록 하여야 한다.

3 도수분포표의 작성

앞서의 지식을 바탕으로 〈표 2-4〉의 태릉청량음료회사의 음료 판매량 자료를 바탕으로 도수분포표를 작성해 보자.

첫째, 자료를 순서대로 정렬해야 한다. 위의 자료는 순서대로 정리되어 있으므로 따로 정리할 필요가 없다.

둘째, 적절한 계급의 수를 설정해야 한다. 앞서 도수분포표 작성자는 계급의 수를 7개로 정하였다.

셋째, 계급의 구간을 정한다. 앞서 계산된 계급의 구간은 10이다.

넷째, 〈표 2-5〉와 같이 도수분포표를 완성한다.

〈표 2-5〉 태릉청량음료회사 도수분포표

판매량(리터)	판매자의 수(빈도)	누적빈도
$80 \le X < 90$	2	2
$90 \le X < 100$	6	8
$100 \le X < 110$	10	18
$110 \le X < 120$	14	32
$120 \le X < 130$	9	41
$130 \le X < 140$	7	48
$140 \le X < 150$	2	50
계	50	

2 히스토그램

SOCIAL STATISTICS

연속형 자료의 도수분포를 막대도표로 나타낸 것을 히스토그램(histogram)이라 한다. 〈표 2-4〉의 태릉청량음료회사의 청량음료 판매자료를 히스토그램으로 나타내면 [그림 2-3]과 같다. 가로축은 리터로 측정된 판매량을, 세로축은 빈도수(판매종업원의 수)가 위치한다. 막대도표의 간격은 동일하며, 막대도표의 높이는 각 계급의 빈도수에 해당된다. 막대도표의 경우 각 막대들이 불연속인 점과 달리 히스토그램에서는 연속형 자료를 대상으로 하여서 각 막대들이 연속적이라는 것이다.

[그림 2-3] 태릉청량음료회사 히스토그램

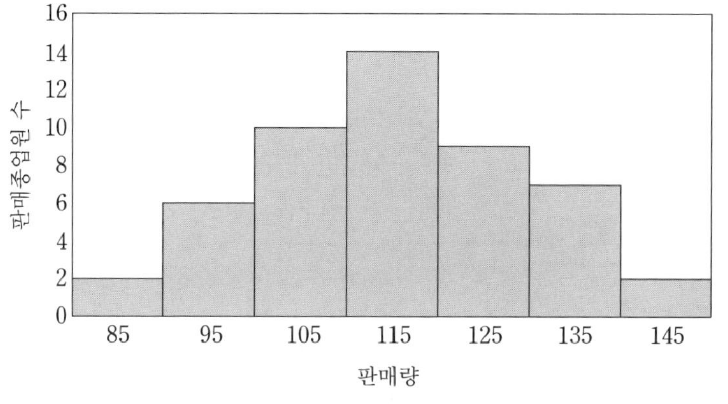

3 도수다각형

SOCIAL STATISTICS

도수다각형(frequency polygon)은 각 계급의 중간점을 연결하여 만든 선으로 일명 꺾은선 그래프라고도 한다. 앞의 태릉청량음료회사 판매자료는 [그림 2-4]와 같이 상대도수다각형으로 나타낼 수 있으며, 이는 히스토그램에서 각 막대들의 중간점을 연결한 것이 된다. 도수다각형은 히스토그램보다 비교적 간단하고, 둘 이상의 도수분포들의 비교에 편리하다. 그리고 도수다각형은 도수분포의 계급구간이 작아질수록, 자료의 수가 커질수록 정규분포에 근접하게 되는 특성이 있다. 정규분포는 통계학의 기반이 되는 중요한 분포인데, 후에 소개하기로 한다.

[그림 2-4] 태릉청량음료회사 도수다각형

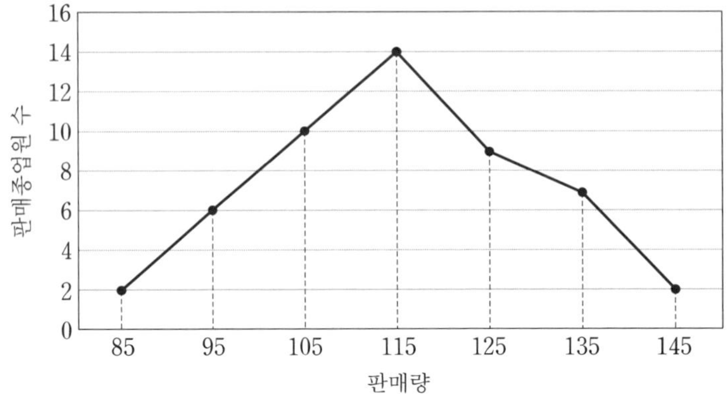

4 누적백분율곡선

SOCIAL STATISTICS

특정한 계급구간에 포함되는 빈도수뿐만 아니라 특정한 값 이상이나 이하에 포함되는 도수나 비율을 알고자 할 때는 누적백분율곡선(cumulative percentage polygon, ogive)이 사용된다. 태릉청량음료회사 자료의 도수분포표(〈표 2-5〉)는 다음의 〈표 2-6〉과 같이 재정리할 수 있으며, [그림 2-5]는 누적백분율곡선이다. 누적백분율곡선은 특정한 관찰치가 어떤 위치에 있는가, 또는 50% 지점과 같은 특정한 위치에 해당하는 관찰치를 알아보는 데 유용하다. 예컨대 100리터 이하를 판매한 사람은 총 8명인데, 이는 전체의 16%에 해당하며, 50%에 해당하는 관찰치는 115리터임을 [그림 2-5]의 누적백분율곡선

〈표 2-6〉 태릉청량음료회사 누적백분율표

판매량(리터)	판매자의 누적빈도	판매자의 누적백분율(%)
$80 \le X < 90$	2	4
$90 \le X < 100$	8	16
$100 \le X < 110$	18	36
$110 \le X < 120$	32	64
$120 \le X < 130$	41	82
$130 \le X < 140$	48	96
$140 \le X < 150$	50	100

[그림 2-5] 태릉청량음료회사 누적백분율곡선

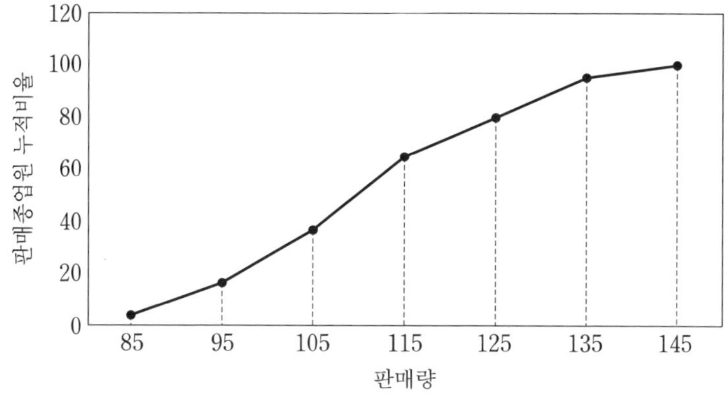

을 통해 쉽게 알 수 있다. 또한 누적백분율곡선도 도수다각형처럼 둘 이상의 자료 간의 비교에 유용하다.

쉬어가기

그래프 성형

그래프를 어떻게 표현하느냐에 따라 사람의 시각을 현혹하여 통계를 오해하게 할 수 있다. 여기에서 두 가지 사례를 살펴보자. 아래의 표는 현서고등학교 3학년 태릉 군과 화랑 양의 2009년 성적 평균이다.

	3월	4월	5월	6월	7월	8월	9월	10월	11월
태릉	83.0	82.0	81.5	82.0	82.5	83.0	82.5	82.0	83.0
화랑	82.5	80.0	79.5	79.5	79.5	80.0	79.5	79.5	80.0

표만 보아서는 성적의 변화를 쉽게 이해하기 어려워 그래프로 그려보았다. 다음의 두 그래프는 태릉 군의 1년간 성적 변화를 보여주는 그래프이다. 두 그래프는 같은 자료를 활용하여 그렸음에도 불구하고 왼쪽 그래프보다 오른쪽 그래프가 보다 큰 성적의 변화를 보여주고 있다.

왜 그럴까? 두 그래프를 비교해 보면 오른쪽 그래프는 왼쪽 그래프를 이용하여 폭을 줄이고 길이를 늘렸다. 아주 간단한 방법으로 성적의 변화가 굉장히 큰 것처럼 느끼게 하는 것이다. 목적이 무엇이냐에 따라 왼쪽 그래프를 이용할 것인지, 오른쪽 그래프를 이용할 것인지 선택할 수 있을 것이다. 실생활에서 이러한 표현을 통해 시각을 현혹시키는 사례는 많다.

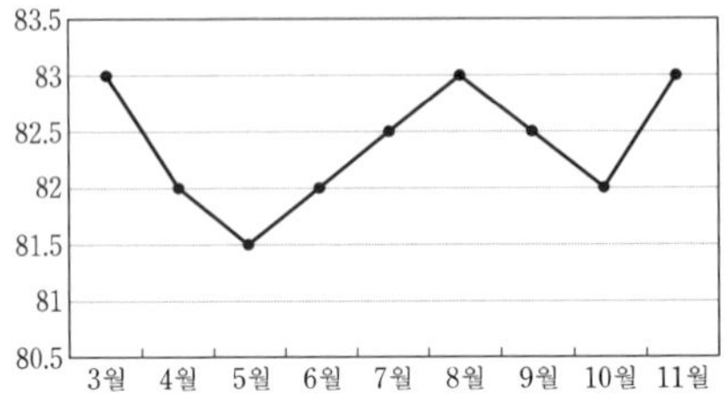

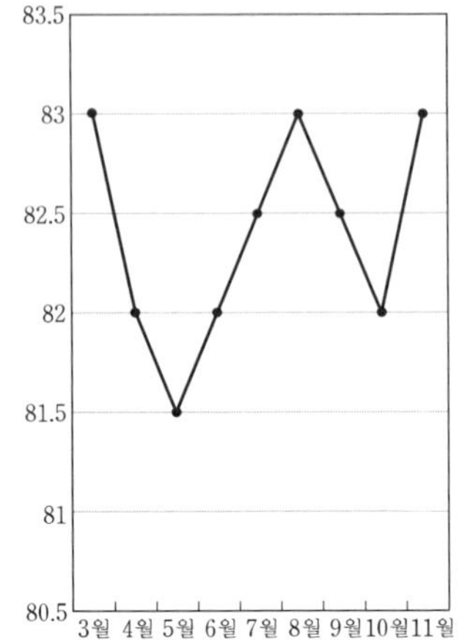

아래의 두 그래프를 보자. 태릉 군과 화랑 양의 1년간 성적의 변화이다. 왼쪽 그래프를 통해 우리는 두 학생의 성적이 차이가 상당히 큰 것처럼 느낄 수 있다. 오른쪽 그래프는 어떤가? 이 그래프를 보면 두 학생의 성적이 차이가 그다지 크지 않음을 알 수 있다. 왜 그럴까? 두 그래프의 세로축의 시작이 서로 다르다. 왼쪽 그래프는 77점부터 시작하고 있고, 오른쪽 그래프는 0점부터 시작하고 있다. 어떤 의도로 그래프를 그리느냐에 따라 왼쪽과 오른쪽 두 그래프 가운데 하나를 선택할 수 있다. 극적인 효과를 노린다면 왼쪽 그래프를 선택할 것이지만, 통계학을 제대로 공부한 사람은 오른쪽 그래프를 활용하게 될 것이다.

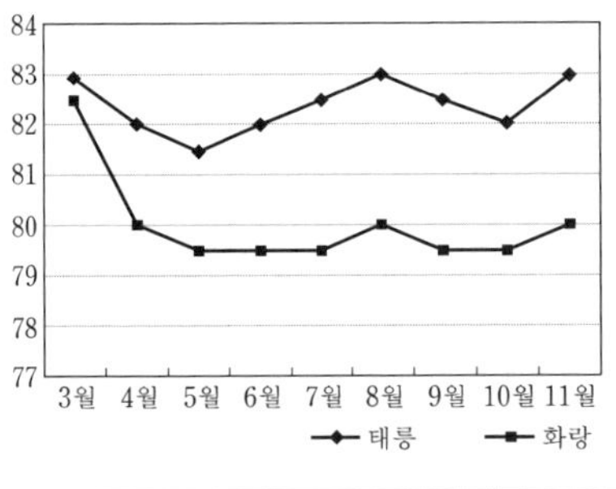

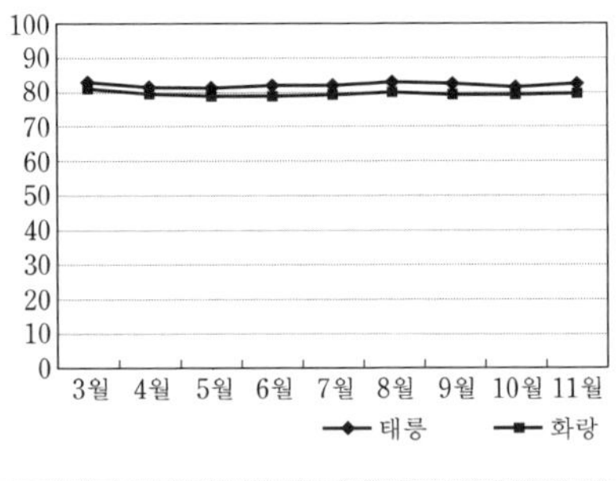

5 줄기-잎 그림

SOCIAL STATISTICS

John Tukey에 의해 개발된 탐색자료분석(Exploratory Data Analysis : EDA)기법은 연구자가 본격적인 자료분석 전에 자료에 대한 개관을 손쉽게 알아보는 새로운 기법들이다. 줄기-잎 그림(stem-and-leaf display)도 탐색자료분석기법 중의 하나로 관찰치의 범위, 분포의 모양, 집중도를 쉽게 파악할 수 있다. 줄기(stem)는 관찰치의 중요 자릿수(들)를 의미하고, 잎(leaf)은 나머지의 한 자릿수를 의미한다. 예컨대 100이라는 숫자의 경우 앞 두 자릿수 10은 줄기, 세 번째 자릿수 0은 잎을 나타낸다. [그림 2-6]은 태릉청량음료회사의 자료를 줄기-잎 그림으로 분석한 것이다. 세 번째 행에서 91리터와 93리터의 판매량에 관한 자료임을 알 수 있다. 하나 주의할 점은 관찰치의 소숫점 이하는 반내림한다는 사실이다. 따라서 줄기-잎 그림에서의 93리터는 원 자료에서는 93.25리터이다.

[그림 2-6] 태릉청량음료회사 줄기-잎 그림

```
 8 | 2  8
 9 | 1  3  5  5  7  9
10 | 0  2  3  4  5  5  6  7  8  9
11 | 0  2  3  4  4  5  5  5  6  6  7  8  8  9
12 | 1  2  4  4  5  5  6  8  8
13 | 2  3  4  5  5  6  7
14 | 0  8
```

6 점산도

SOCIAL STATISTICS

점산도(dot plot)도 예비분석으로 유용한 방법인데 분석자료를 여러 계급이나 구간으로 묶어줄 수 있고, 점으로 빈도수를 나타낸다. 점산도는 자료의 실제값이 그대로 표시되며 주로 수평으로 그어진 직선상에 점(●) 또는 ×로 표시한다. 점산도를 작성하는 방법은 다음과 같다.

점산도 작성

1. 수평으로 직선을 만든다.
2. 직선상에 최솟값과 최댓값을 표시한다.
3. 최솟값과 최댓값 사이에 같은 간격으로 눈금을 표시한다.
4. 자료값을 직선 위의 해당 지점에 점(●) 또는 ×로 표시한다.

이상에서 살펴본 도표에 의한 자료의 정리 · 요약방법은 [그림 2-7]로 요약된다.

[그림 2-7] 도표에 의한 자료의 정리 · 요약 방법

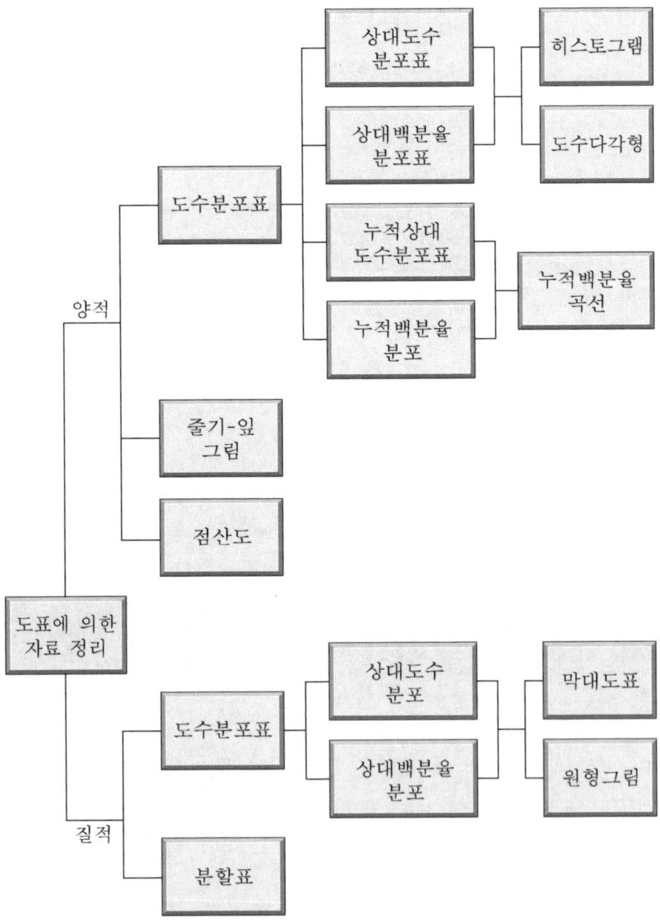

부록 2장 SPSS 활용 : 도표에 의한 자료의 정리 · 요약

여기에서는 2장에서 설명한 도표에 의한 자료의 정리 · 요약 부문에서 몇 가지 예를 SPSS를 활용하여 결과를 도출해 내는 방법을 설명하고자 한다.

2.1 도수분포표

먼저 본문의 〈표 2-1〉에 있는 자료를 대상으로 SPSS를 활용하여 도수분포표를 만들어 보도록 하겠다. 〈표 2-1〉의 자료를 SPSS에 입력하면 [STEP 1]과 같다.

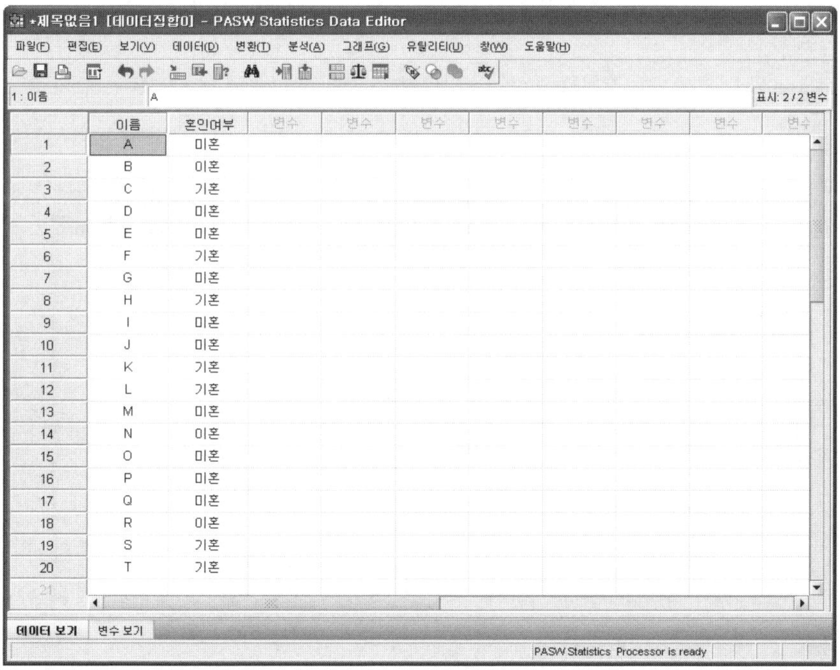

▸ **STEP 1**
분석할 자료를 입력한다. 첫 번째 행에는 "이름" 변수를, 두 번째 행에는 "혼인여부" 변수를 입력한다.

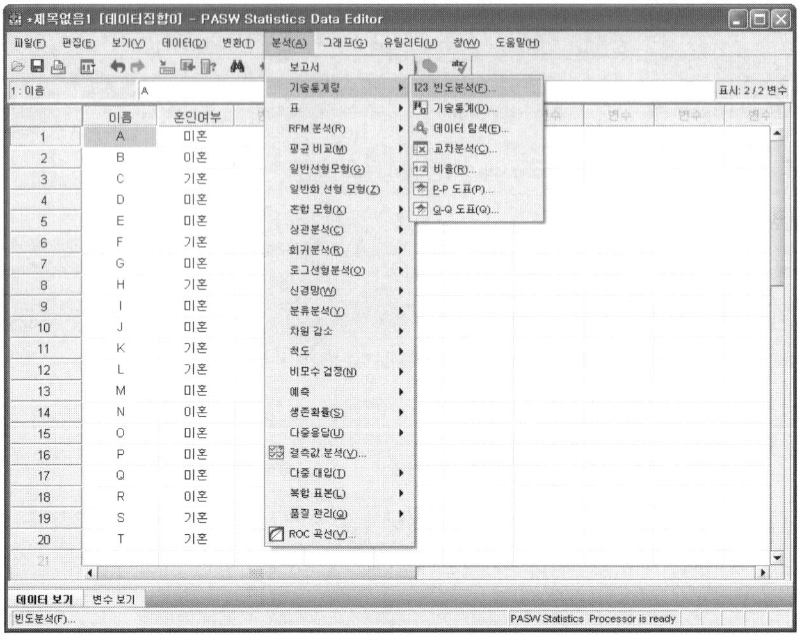

▸ **STEP 2**

SPSS 메뉴에서 "분석" → "기술통계량" → "빈도분석"을 선택한다.

▸ **STEP 3**

"빈도분석"이라는 작은 창이 나타나고 여기에는 두 개의 흰색 면이 있다. 왼쪽 흰색 면에는 자료에 포함된 변수 목록이 있으며 여기에서 분석할 변수를 선택하여 오른쪽 흰색 면으로 옮긴다. "혼인여부" 변수를 선택하여 오른쪽으로 옮기면 위의 그림과 같다.

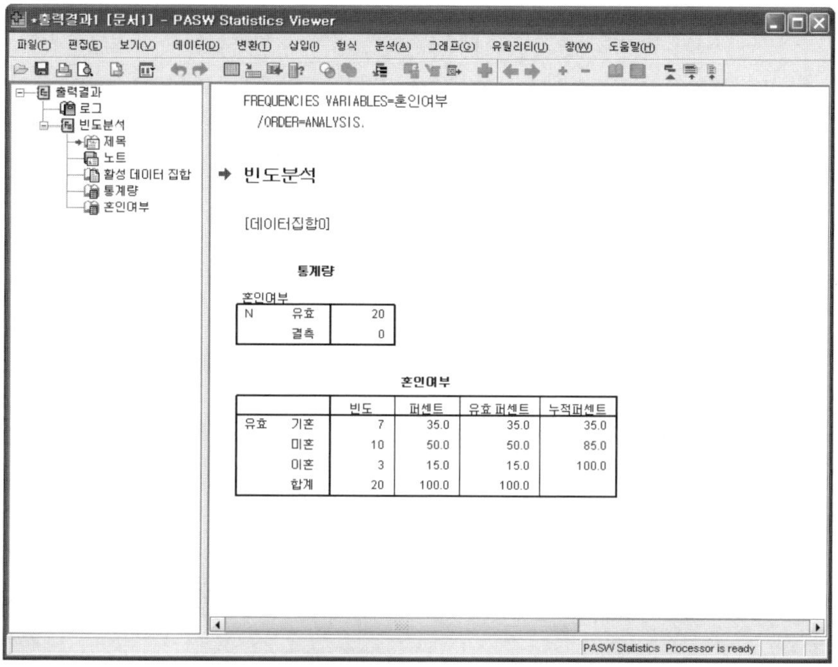

▸ **STEP 4**

빈도분석 결과 화면이다.

[분석결과 해석]

[STEP 4]의 화면에서 보는 바와 같이 총 20명의 조사대상자 가운데 미혼은 10명이며 그 비율은 50%로 가장 많은 비중을 차지하고 있으며, 기혼은 7명이고 그 비율은 35%이다. 또한, 이혼은 15%인 3명으로 가장 작은 비중을 차지하고 있다.

2.2 막대도표

혼인여부의 빈도수 막대도표도 SPSS를 통해 쉽게 그릴 수 있다.

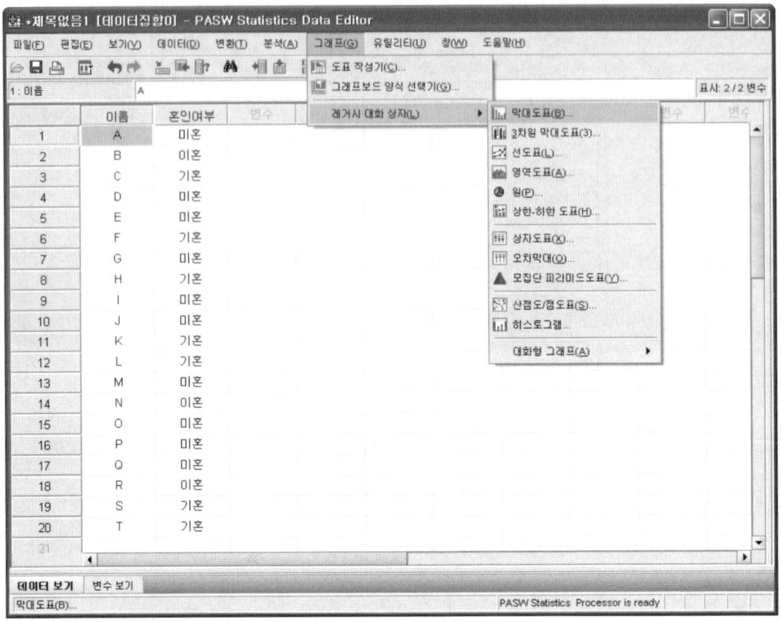

▸ STEP 1

자료를 입력한 후 SPSS 메뉴에서 "그래프" → "레거시 대화 상자" → "막대도표"를 선택한다.

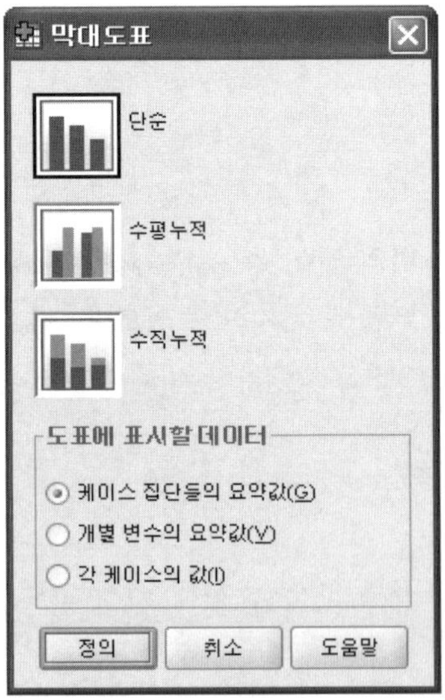

▸ STEP 2

[STEP 1]을 실행하면 위의 그림과 같은 작은 창이 나타나는데, 이때 "단순"을 선택한다.

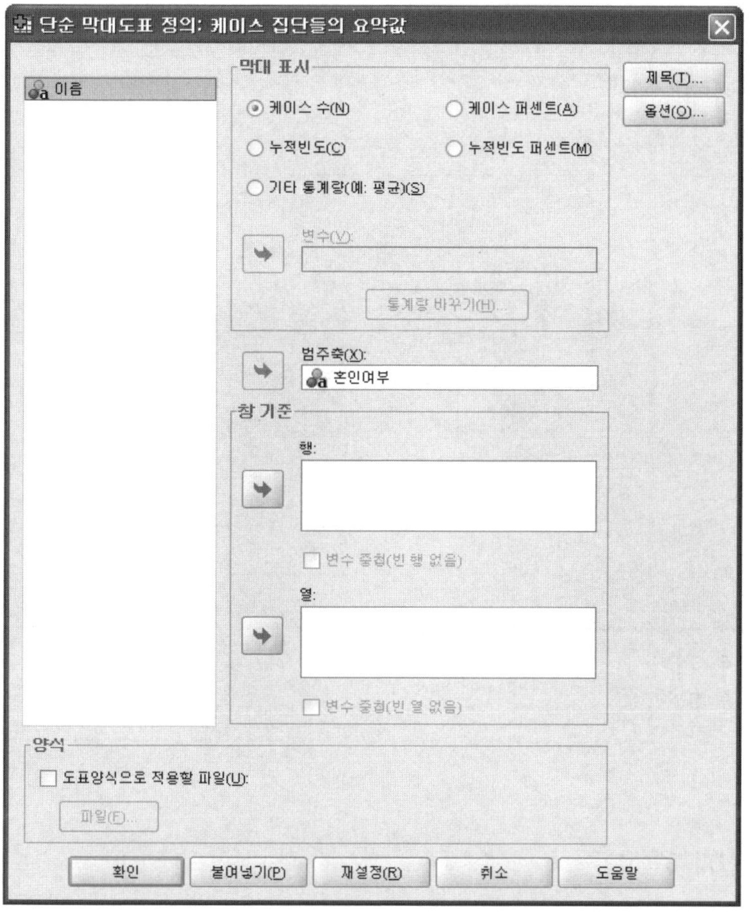

▸ **STEP 3**

[STEP 2]를 실행하면 위의 그림과 같은 작은 창이 나타나는데, 이때 왼쪽 변수들 가운데 분석하고자 하는 변수(여기에서는 "혼인여부")를 선택하여 범주축으로 옮긴다. 그렇게 하면 위의 그림과 같다.

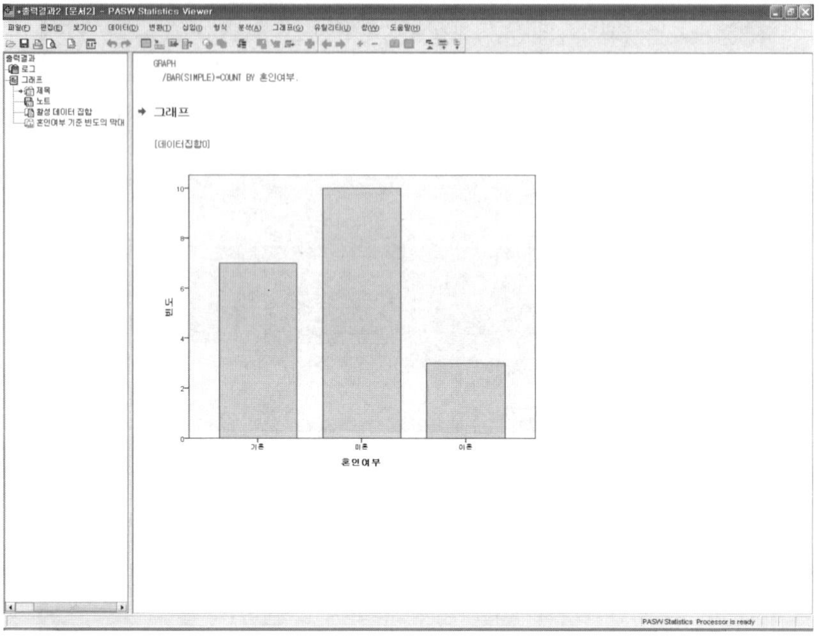

▸ **STEP 4**

막대도표 결과이다.

[분석결과 해석]

[STEP 4]의 화면에서 보는 바와 같이, 기혼은 7명, 미혼은 10명, 그리고 이혼은 3명이다.

2.3 원형그림

혼인여부의 원형그림도 SPSS를 통해 쉽게 그릴 수 있다.

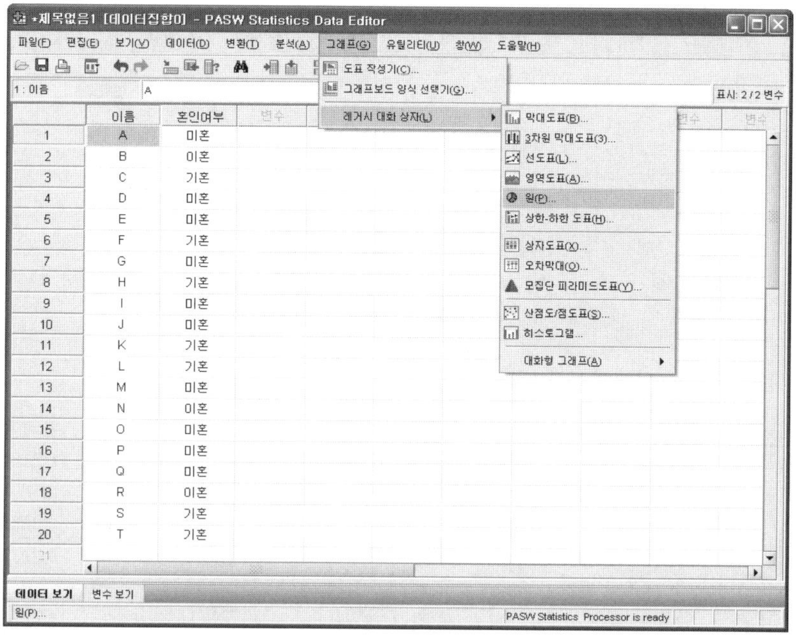

▸ **STEP 1**

자료를 입력한 후 SPSS 메뉴에서 "그래프" → "레거시 대화 상자" → "원"을 선택한다.

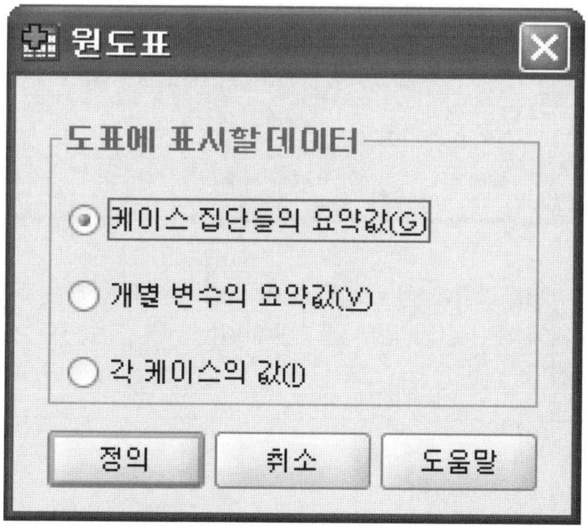

▸ **STEP 2**

[STEP 1]을 실행하면, 위의 그림과 같은 작은 창이 나타난다. 이때 "케이스 집단들의 요약값"을 선택한다.

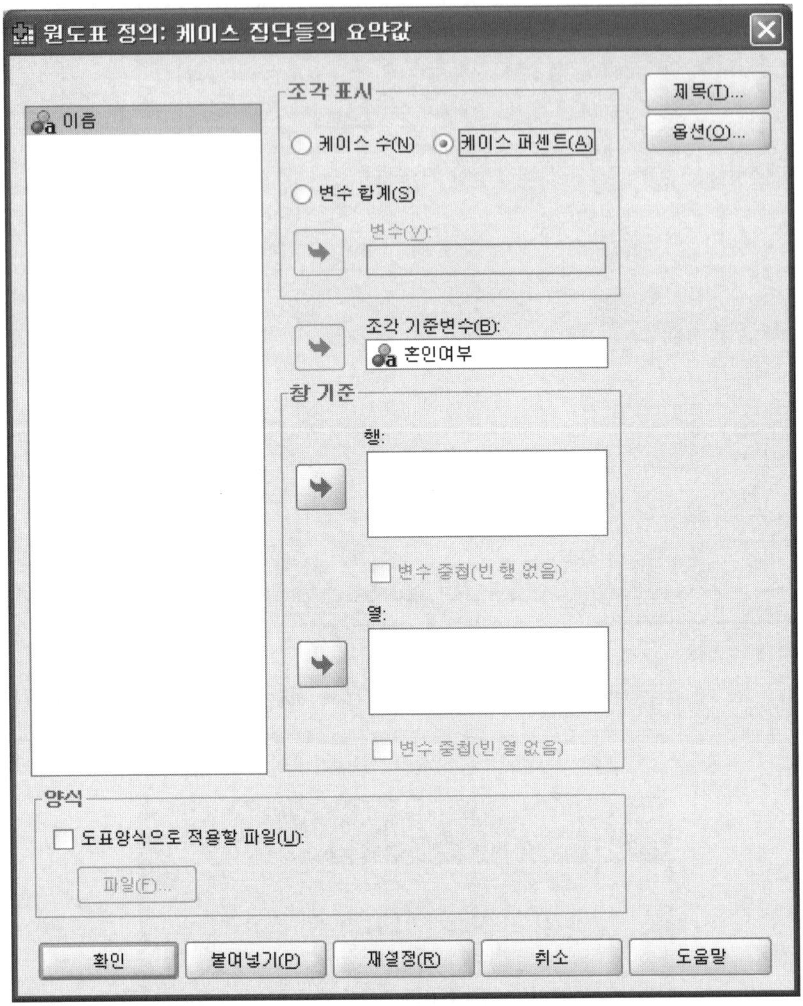

▸ **STEP 3**

[STEP 2]를 실행하면 위의 그림과 같은 작은 창이 나타나는데 이때 왼쪽 변수들 가운데 분석하고자 하는 변수(여기에서는 "혼인 여부")를 선택하여 "조각 기준변수" 칸으로 옮긴다. 옮긴 결과가 위의 그림과 같다.

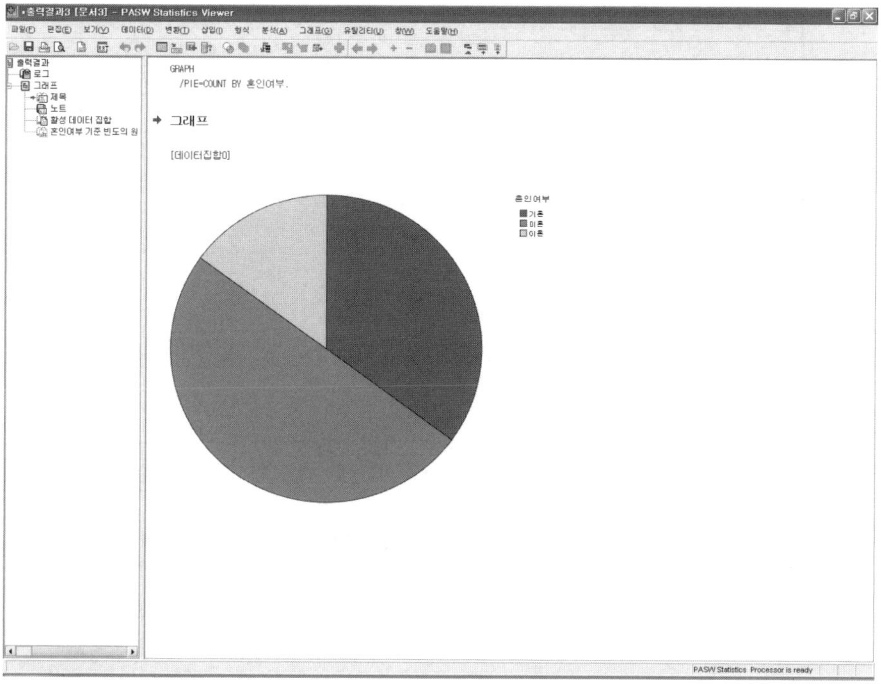

▸ **STEP 4**

원 도표 분석결과이다.

2.4 분할표

〈표 2-3〉의 성별과 결혼생활 만족도의 분할표를 SPSS 프로그램을 활용하여 구해 보도록 하자.

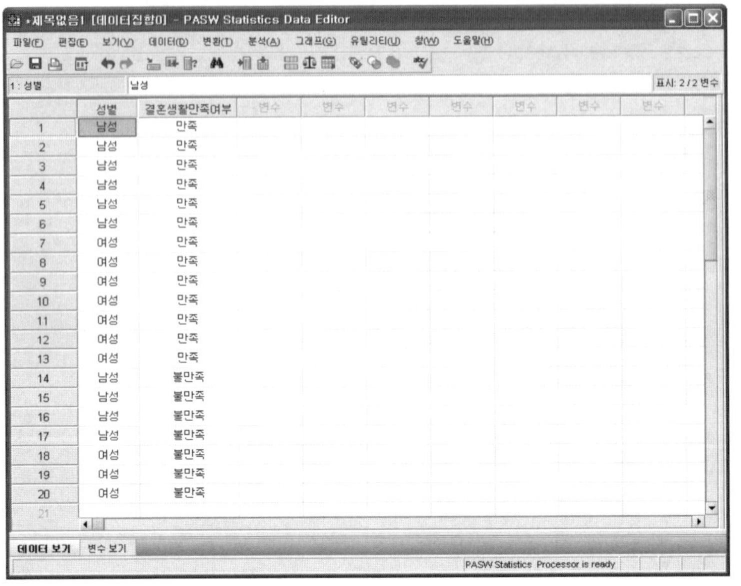

▸ **STEP 1**

성별과 결혼생활 만족여부를 입력한 자료의 화면이다.

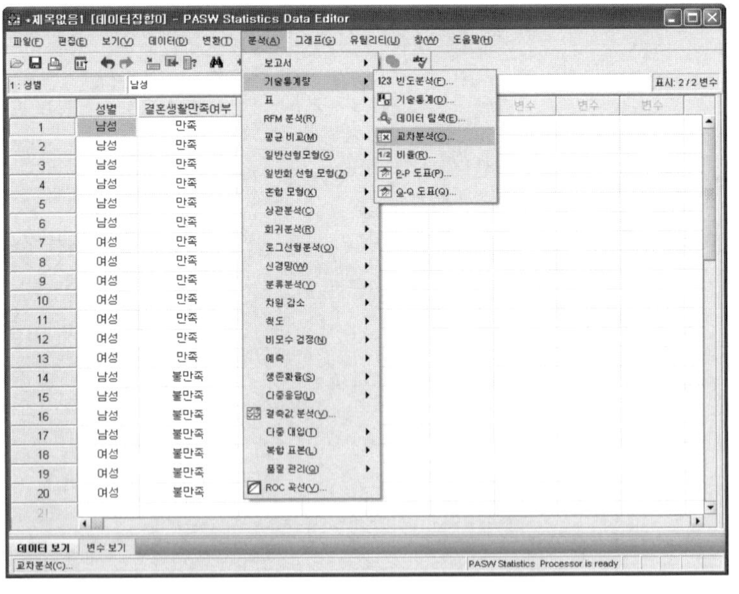

▸ **STEP 2**

SPSS 메뉴에서 "분석" → "기술통계량" → "교차분석"을 선택한다.

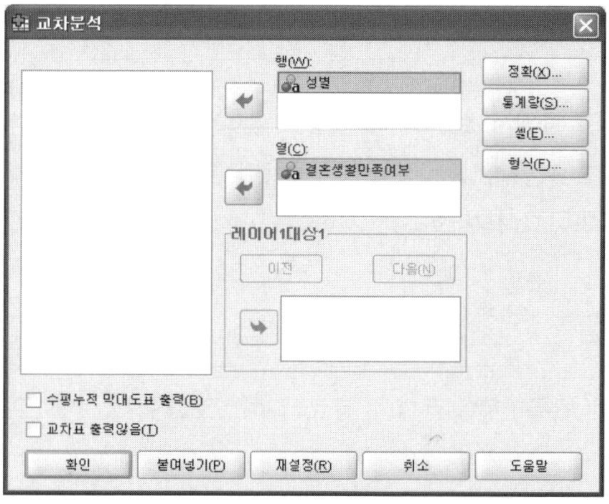

▸ STEP 3

[STEP 2]의 실행 결과이다. 여기에서 "성별"은 "행" 옆의 "▶" 버튼을 이용하여 "행"으로 보내고, "결혼생활 만족여부"도 마찬가지로 "열" 옆의 "▶" 버튼을 이용하여 "열"로 보낸다. 그리고 확인을 누른다. 그 결과가 위의 그림과 같다. 필요한 경우 화면 오른쪽 상단에 있는 "셀"을 선택하여 행, 열, 전체의 퍼센트를 선택하면 각 셀의 해당 비율을 구할 수 있다.

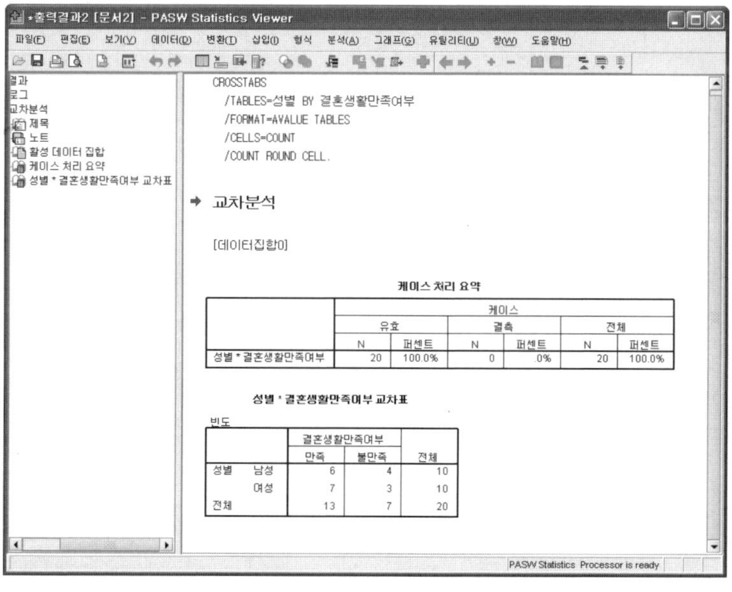

▸ STEP 4

교차분석 결과 화면이다.

[분석결과 해석]

[STEP 4]의 결과 화면에서 보는 바와 같이, 남자는 총 10명 가운데 결혼생활에 만족하는 사람이 6명이고 불만족하는 사람이 4명이며, 여자는 총 10명 가운데 결혼생활에 만족하는 사람이 7명이고 불만족하는 사람이 3명이다.

2.5 히스토그램

본문 〈표 2-4〉의 태릉청량음료회사 자료의 히스토그램을 SPSS 프로그램을 통해 구해 보면 다음과 같다.

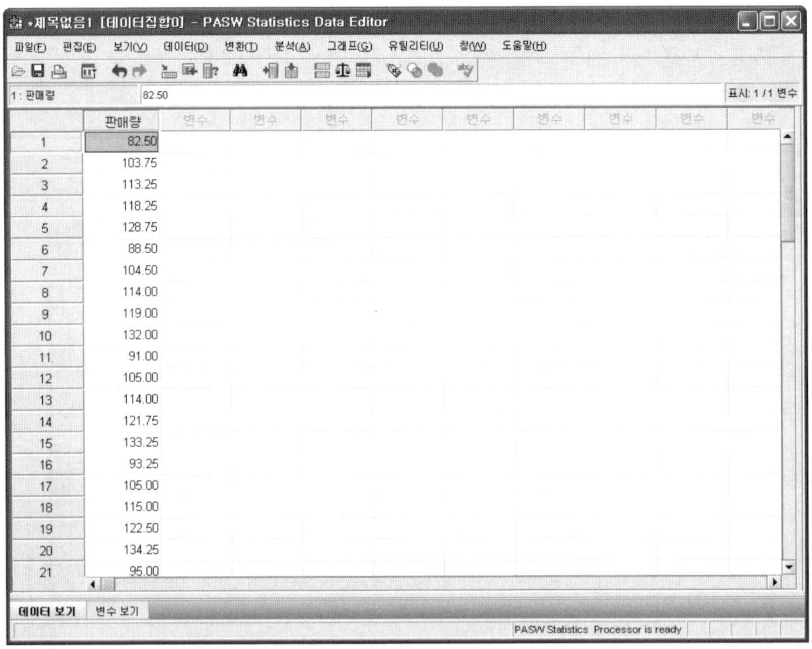

▸ **STEP 1**
음료 판매량 자료를 입력한다.

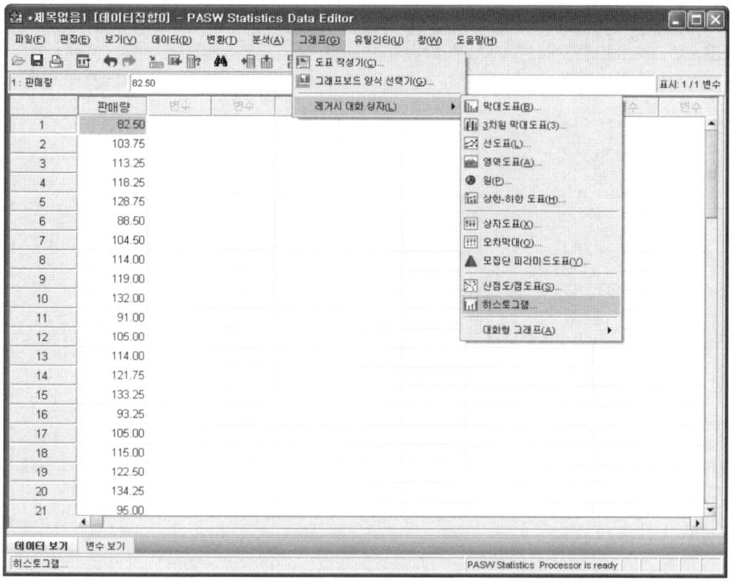

▸ **STEP 2**

SPSS 메뉴에서 "그래프" → "레거시 대화 상자" → "히스토그램"을 선택한다.

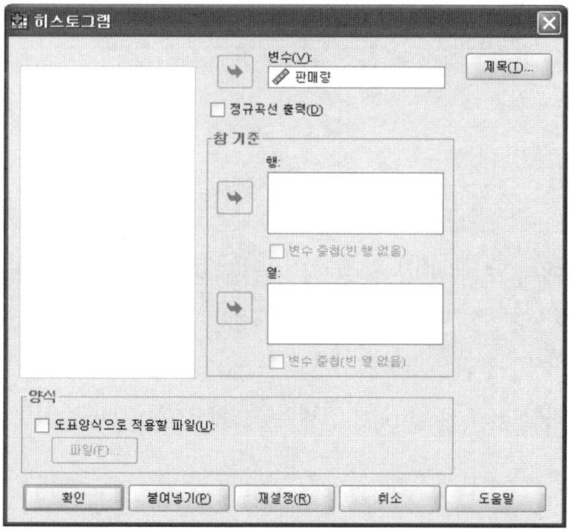

▸ **STEP 3**

[STEP 2]를 실행하면 위의 그림과 같은 작은 창이 나타난다. 이때 왼쪽 변수들 가운데 분석하고자 하는 변수(여기에서는 "판매량")를 선택하여 "변수"칸으로 옮긴다. 그 결과가 위의 그림과 같다.

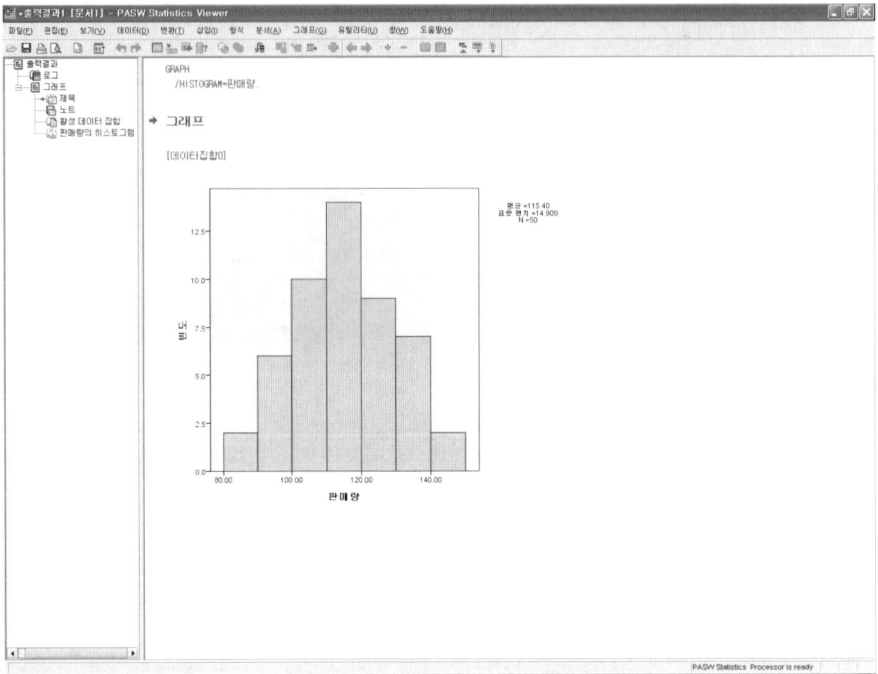

▸ **STEP 4**
히스토그램 분석 결과이다.

[분석결과 해석]

[STEP 4]의 결과에서 보는 바와 같이 각 계급구간별 빈도수를 그림으로 알 수 있다. 즉, 80 이상 90 미만의 판매량을 기록한 판매종업원은 2명이고, 90 이상 100 미만의 판매량을 기록한 판매종업원은 6명임을 알 수 있다. 또한, 가장 많은 빈도수를 가지고 있는 구간은 110 이상 120 미만임을 그림을 통해 쉽게 알 수 있다.

2.6 점산도

〈표 2-4〉의 태릉청량음료회사의 자료를 SPSS 프로그램을 활용하여 점산도(dot plot)를 그리는 과정은 다음과 같다.

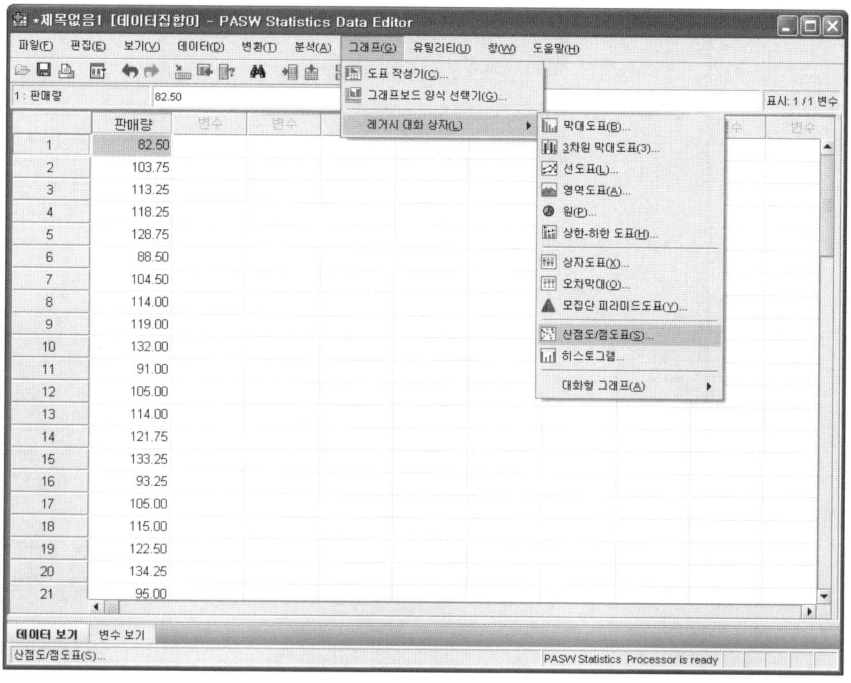

▸ **STEP 1**

SPSS 메뉴에서 "그래프" → "레거시 대화 상자" → "산점도/점도표"를 선택한다.

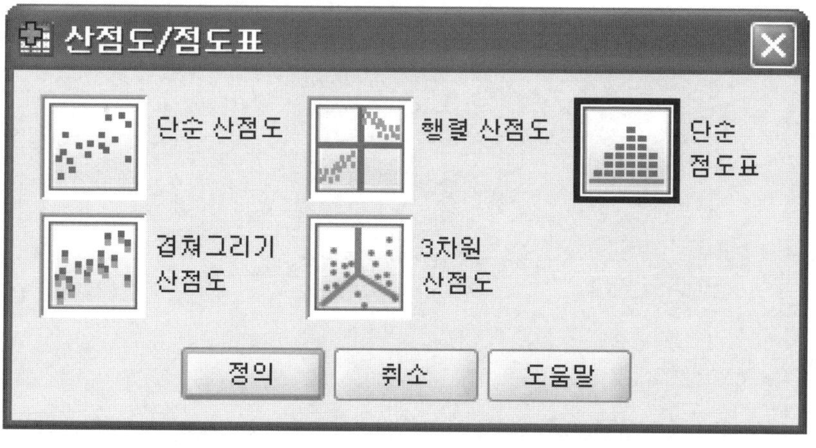

▸ **STEP 2**

[STEP 1]을 실행하면 위의 그림과 같은 작은 창이 나타난다. 이때 "단순 점도표"를 선택한다.

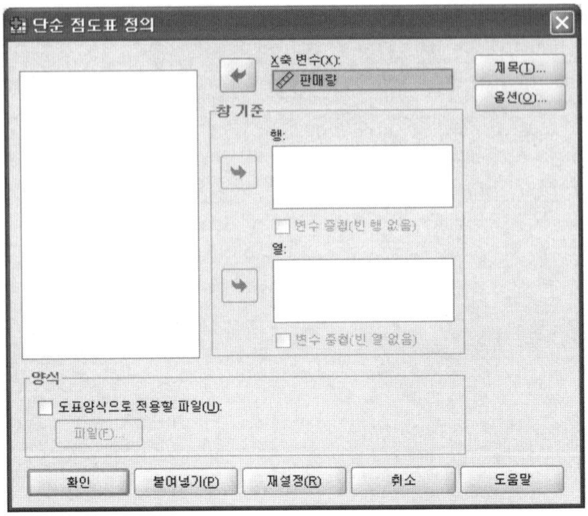

▸ **STEP 3**

[STEP 2]의 실행 결과, 위의 그림과 같은 작은 창이 나타난다. 왼쪽의 변수들 가운데 분석하고자 하는 변수(여기에서는 판매량)를 선택하여 "X축 변수"칸으로 옮긴다. 그 결과가 위의 그림과 같다.

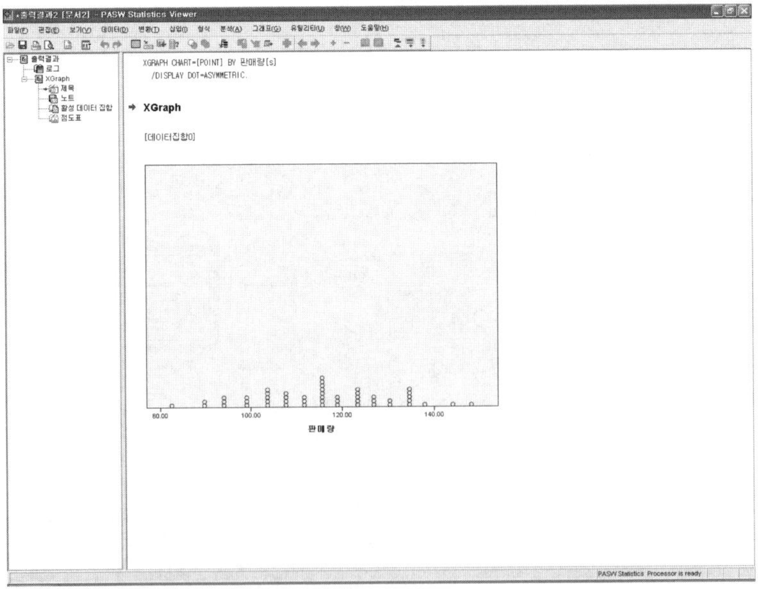

▸ **STEP 4**

판매량에 대한 점산도 분석 결과이다.

주요 용어와 공식

SOCIAL STATISTICS

- **도수분포표(frequency table)** : 조사된 원자료를 몇 개의 군으로 나누고 그 군에 해당되는 도수를 정리함으로써 자료의 분포 형태를 파악하고 자료의 특징을 요약해 주는 표
- **원그래프(pie chart)** : 전체의 구성비를 파악하기 위해 원의 각도를 각 범주의 구성비에 따라 나누어 준 그림
- **막대그래프(bar chart)** : 각 범주에 속한 도수나 비율을 막대로 나타내어 상대적 비교를 쉽게 해 주는 그래프
- **히스토그램(histogram)** : 작성된 도수분포표의 계급을 밑변으로 하여 그 계급에 포함되는 자료의 도수에 비례하는 면적을 가진 직사각형을 나열하여 작성한 그래프
- **줄기-잎 그림(stem-and-leaf display)** : 자료를 줄기와 잎부분으로 나누어 나타냄으로써 전체 분포 형태를 파악하는 그래프
- **점산도(dot plot)** : 관찰치를 X축상에 점으로 나타내어 자료의 분포 특징을 나타내는 그림
- 상대도수 $= \dfrac{\text{계급의 빈도}}{\text{관찰값의 개수}(n)}$
- 적정 계급의 크기 $= \dfrac{\text{자료의 최댓값} - \text{자료의 최솟값}}{\text{계급의 수}}$

연습문제

01 다음 자료를 활용하여 각 질문에 답하시오. 각 응답자의 성별과 좋아하는 중국요리의 자료이다.

응답자	성별	선호 요리	응답자	성별	선호 요리
1	남	탕수육	11	여	탕수육
2	여	양장피	12	남	탕수육
3	남	탕수육	13	여	양장피
4	여	탕수육	14	남	팔보채
5	여	팔보채	15	여	팔보채
6	남	탕수육	16	남	탕수육
7	여	팔보채	17	여	팔보채
8	여	탕수육	18	남	탕수육
9	남	팔보채	19	여	팔보채
10	여	탕수육	20	남	탕수육

1-1. 각 변수에 대한 도수분포표를 만들어 보시오.

1-2. 각 변수에 대한 막대도표와 원형그림을 그려 보시오.

1-3. 성별에 따른 선호 요리의 분할표를 그려 보시오.

02 다음은 태릉대학교 학생 25명의 하루 공부시간에 관한 자료이다. 이 자료를 이용하여 다음 질문에 답하시오.

3.65	4.10	4.15	3.95	4.26
4.05	3.78	3.80	3.75	4.18
3.96	4.25	3.85	3.60	3.90
4.08	3.55	4.05	3.95	4.05
3.95	3.85	3.88	4.06	4.00

2-1. 도수분포표를 작성하시오.

2-2. 히스토그램을 그려 보시오.

2-3. 도수다각형과 누적백분율곡선을 그려 보시오.

2-4. 줄기-잎 그림을 그려 보시오.

2-5. 점산도를 그려 보시오.

03 삼국사기 신라본기에 보면 신라건국 이래 삼국통일 직전까지(B.C. 57～A.D. 643) 왜(倭)라는 글자가 52회 출현하는데 그중에 월별로 확실한 것이 39건이다. 그 월별분포는 2월～6월 사이에 한정되어 있고 4월을 꼭짓점으로 좌우로 늘어지는 대칭형을 보이고 있다(곽창권, pp.143～44). 이 자료를 이용하여 히스토그램을 그려 보시오.

월(음력)	1	2	3	4	5	6	7	8	합계
출현빈도	1	5	6	14	7	4	1	1	39

04 다음의 자료의 히스토그램과 줄기-잎 그림을 SPSS를 이용하여 그려 보시오.

11.3	9.6	10.4	7.5	8.3	10.5	10.0	9.3	8.1	7.7
7.5	8.4	6.3	8.8	11.4	7.7	10.3	8.1	6.8	10.2

05 서울시청 박미현 국장은 시설물 관리의 목적으로 시간대별로 광화문 광장을 방문하는 시민의 수를 조사하여 다음과 같은 결과를 얻었다.

시간대	고객 수
10~11	1,038
11~12	1,169
12~13	1,274
13~14	1,395
14~15	2,107
15~16	1,718
16~17	1,839
17~18	1,964
18~19	2,175
19~20	2,397
20~21	2,108
21~22	1,119
계	20,303

5-1. 히스토그램을 그려 보시오.

5-2. 도수다각형을 그려 보시오.

5-3. 누적백분율곡선을 그려 보시오.

5-4. 줄기-잎 그림을 그려 보시오.

5-5. 점산도를 그려 보시오.

06 다음 자료는 태릉공화국 장관들의 2010년 월별 대통령과 면담한 시간이다. 이 자료를 이용하여 도수분포표를 작성하시오.

	김보은	김유솔	박미현	유나현	이수미	전유리	한샛별	한혜원	황은진
1월	2.7	4.3	2.0	4.2	3.3	2.1	4.6	4.9	5.6
2월	2.8	4.9	2.3	4.6	3.3	3.0	5.4	6.3	5.3
3월	2.9	4.4	2.4	4.7	3.7	2.5	4.8	4.9	4.3
4월	3.1	4.9	3.2	5.1	4.0	3.0	5.7	5.3	4.9
5월	2.5	4.2	2.4	4.5	3.3	2.7	4.7	4.5	3.4
6월	2.3	3.2	2.0	4.2	2.4	2.2	4.1	4.1	2.9
7월	2.7	3.9	2.0	4.3	2.6	2.6	5.3	5.0	3.1
8월	2.5	3.7	1.3	3.5	2.4	2.1	4.8	3.8	3.8
9월	1.9	3.0	1.0	3.8	2.6	1.4	4.9	3.4	3.3
10월	2.1	3.4	0.9	4.0	2.3	1.8	4.6	3.9	4.2
11월	2.5	5.2	1.3	4.6	8.8	2.8	4.7	5.2	5.3
12월	2.7	5.3	1.6	4.8	3.2	2.6	4.6	5.1	6.1

07 다음 자료는 태릉공화국 9대 대기업 회장들의 지난 10년간 해외 출장 횟수를 정리한 자료이다.

	김보은	김유솔	박미현	유나현	이수미	전유리	한샛별	한혜원	황은진
2001년	7	3	5	6	8	5	6	5	7
2002년	5	5	2	4	4	5	5	3	4
2003년	4	5	2	5	6	9	4	4	5
2004년	3	7	7	8	5	4	6	6	9
2005년	4	5	6	6	5	9	4	3	5
2006년	7	2	5	5	3	6	4	2	4
2007년	5	5	3	3	6	4	7	3	2
2008년	5	3	8	5	4	6	5	7	5
2009년	5	4	6	4	8	6	3	7	7
2010년	4	1	5	3	4	4	7	4	4

7-1. 도수분포표를 그려 보시오.

7-2. 히스토그램을 그려 보시오.

08 다음은 태릉시와 화랑시의 시민 각각 20명을 대상으로 몸무게를 측정한 자료이다.

태릉시민	58	60	72	82	66	65	52	75	78	56
	62	64	50	74	58	85	80	60	62	80
화랑시민	68	49	72	86	72	40	79	45	67	48
	93	71	97	61	58	74	58	62	98	73

8-1. 각 시별 도수분포표를 그려 보시오.

8-2. 각 시별 히스토그램을 그려 보시오.

8-3. 각 시별 줄기-잎 그림을 그려 보시오.

09 다음은 태릉야구단 4번 타자 허준영의 지난 20년간 시즌별 홈런 수이다.

29	34	35	32	38	33	31	35	32	30
29	29	29	31	33	31	32	29	38	35

9-1. 히스토그램을 그려 보시오.

9-2. 점산도를 그려 보시오.

9-3. 줄기-잎 그림을 그려 보시오.

10 다음은 행정고시 2차 시험에 응시한 수험생 4명의 과목별 점수이다. 도표에 의한 자료의 정리 방법 가운데 수험생 4명의 과목별 강약을 비교하기 가장 좋은 방법을 활용하여 분석하시오.

수험생	정치학	경제학	행정학	행정법
김유솔	70	90	95	50
박미현	80	80	80	85
유나현	90	85	70	60
전유리	75	70	75	55

제 3 장

특성치 산출에 의한 자료분포의 특성 분석

제 2 장에서 도표에 의한 자료의 정리 및 요약의 방법을 살펴보았다. 기술통계학의 목적은 자료가 가지고 있는 특성을 찾아 정리함으로써 그 자료의 분포가 어떤 특성을 가지고 있는지를 알고자 하는 것이다. 자료의 분포가 가지고 있는 특성은 일반적으로 집중도, 산포도, 분포의 모양 등을 통해 표현할 수 있다. 집중도란 수집한 자료가 어느 위치에 집중되어 있는가를 나타내는 특성이며 여기에는 평균, 중위수, 최빈수 등이 있다. 산포도는 수집한 자료가 얼마나 흩어져 있는지를 나타내는 특성으로 분산, 표준편차, 범위 등이 여기에 해당한다. 분포의 모양은 수집한 자료의 모양을 보여주는 것으로 자료의 분포가 대칭에서 어느 정도 벗어나 있는지를 나타내 주는 특성으로 왜도, 첨도 등이 있다.

자료의 특성을 나타내 주는 집중도, 산포도, 분포의 모양을 양적 자료와 질적 자료로 나누어 살펴보고자 한다.

SOCIAL STATISTICS

제1절 양적 자료

1 집중도

SOCIAL STATISTICS

집중도(degree of central tendency or location)란 수집한 자료가 어느 위치에 집중되어 있는지를 나타내 주는 특성으로 평균, 중위수, 최빈수 등이 여기에 해당한다.

1 평 균

1) 산술평균

평균(mean)하면 일반적으로 단순산술평균(arithmetic mean)을 의미한다.[1] 산술평균은

1) 산술평균 이외에도 기하평균(geometric mean), 조화평균(harmonic mean)이 있으며 다음 공식에

집중도를 측정하는 데 가장 많이 사용된다. 평균값은 자료를 구성하는 모든 관찰치를 더하여 도수로 나눈 값이다. 집중화 경향을 측정하는 대푯값들 중에서 평균만이 유일하게 자료의 모든 관찰치를 이용하여 집중도를 측정한다. 따라서 신뢰할 만한 측정치로서의 표본평균은 모집단 평균의 통계적 추론에 널리 사용된다. 모든 관찰치를 이용하는 것은 장점일 수 있지만 단점으로도 작용한다. 평균은 모든 관찰치에 영향을 받으므로, 특히 극단치(outlier)가 있는 경우는 심각한 문제에 직면할 수 있다. 그러나 자료가 고르게 분포되어 있는 경우 유용성이 높다고 할 수 있다.[2)]

모집단 평균 : $\mu = \sum \frac{X_i}{N}$

표본평균 : $\overline{X} = \sum \frac{X_i}{n}$

예제 3-1 **다음은 태릉시 공무원 유나현의 일주일간의 민원처리 건수이다. 유나현은 주 평균 몇 건의 민원을 처리하는가?**

(단위 : 건)

요일	민원처리 건수
월요일	50
화요일	38
수요일	39
목요일	40
금요일	38

평균 민원처리 건수는 다음과 같이 계산하여 41건이다.

$$\text{평균 민원처리 건수} = \frac{50+38+39+40+38}{5} = \frac{205}{5} = 41$$

의해 계산된다. 기하평균은 변량이 기하급수적이거나 등비수열적인 특성을 가지는 경우 사용된다. 성장률, 복리평균계산 등이 그 대표적인 예다. 조화평균은 각 변량치의 역수를 취하여 산술평균을 구한 뒤 다시 그것의 역수를 취하여 계산한 값이다. 조화평균은 단위시간당, 단위면적당, 단위거리당 등과 같이 단위당 숫자의 평균을 계산할 경우 사용된다. 또한 산술평균(M), 기하평균(G), 조화평균(H) 간에는 $M \geq G \geq H$의 관계가 성립된다.

$$\text{기하평균}(G) = (X_1 \cdot X_2 \cdots X_n)^{\frac{1}{n}} = (\Pi X_i)^{\frac{1}{n}}$$

$$\text{조화평균}(H) = \frac{n}{\sum \frac{1}{X_i}}$$

2) 자료가 고르게 분포되었다는 것은 대칭형의 분포를 의미.

2) 도수분포표에서의 산술평균

앞서 살펴본 평균의 계산은 일정한 구간으로 구분하여 정리되지 않은 자료(ungrouped data)를 대상으로 하였다. 그러나 일정한 구간으로 구분하여 정리된 자료(grouped data)의 경우 즉 도수분포표에서의 산술평균은 다음의 공식에 의해 계산된다.

모집단 평균 : $\mu=\dfrac{\sum f \cdot m}{N}$

표본평균 : $\overline{X}=\dfrac{\sum f \cdot m}{n}$

f : 각 구간의 도수
m : 각 구간의 중위수(midpoint)

컴퓨터가 일반화되지 않았을 시기에는 도수분포표에서의 산술평균 계산이 그렇지 않은 경우보다 계산상의 노력이나 시간이 절약되었다. 그러나 지금은 컴퓨터의 급속한 발전으로 도수분포표의 산술평균이 가지는 이점이 없어졌다. 뿐만 아니라 도수분포표에서 구하는 산술평균값은 정확한 값이 아니라 근삿값이다.[3] 각 계급구간에 속해 있는 빈도수를 알 수 있을 뿐이지, 그 빈도수들의 정확한 수치를 모르기 때문이다. 따라서 계급의 중간점(midpoint)을 대푯값으로 간주하여 평균값을 계산한다. 도수분포표에서의 산술평균의 유용성은 떨어지나, 도수분포표의 형태로 자료가 제공되고, 원자료(raw data)의 수집이 불가능한 경우 도수분포표에서의 산술평균에 의해 평균값을 측정할 수밖에 없다.

예제 3-2 **다음은 태릉대학교에서 2006년 한 해 동안 결석한 학생의 수와 기간의 도수분포표이다. 평균값을 구하라. 단, 도수분포표에서 1≤ X <6는 1일 이상 6일 미만(5일 이하)을 뜻한다.**

기간(일)	f : 빈도수(명)	중간점(m)	$f \times m$
$1 \le X < 6$	25	3	75
$6 \le X < 11$	30	8	240
$11 \le X < 16$	30	13	390
$16 \le X < 21$	20	18	360
$21 \le X < 26$	10	23	230
$26 \le X < 31$	5	28	140
$31 \le X < 35$	4	33	132
	$N=124$		$\sum f \times m = 1{,}567$

3) 도수분포표에서의 최빈수, 중위수도 정확한 값이 아니라 근삿값이다.

도수분포표에서 평균을 계산하기 위해서는 먼저 각 구간의 중간점을 구하여 각 도수와 곱한다. 예를 들어 도수분포표에서 $1 \leq X < 6$의 중간점은 3이고, 이때의 도수는 25이므로 중간점×도수＝3×25＝75가 된다. 이렇게 각 계급구간별로 곱한 값의 총합을 총도수로 나눈다. 즉 각 계급구간별로 곱한 값의 총합은 75＋240＋390＋360＋230＋140＋132＝1,567이며, 총도수는 25＋30＋30＋20＋10＋5＋4＝124이다. 결과적으로 평균은 다음과 같다.

$$\frac{\sum fm}{N} = \frac{1,567}{124} = 12.64$$

그러므로 124명의 학생이 2006년 한 해 동안 평균 12.64일 결석하였음을 알 수 있다.

3) 가중산술평균(weighted arithmetic mean)

단순산술평균을 변형한 형태로 사용되는 것에 가중평균이 있다. 가중평균은 관찰치에 가중치(weights)를 부여하여 수정한 평균값이다.[4] 예컨대 어떤 학생이 시험시간이 1시간인 중간시험을 두 차례, 2시간의 사회과학통계 학기말 시험을 치렀다. 세 번의 시험에서 받은 성적이 83점, 87점, 95점이고, 1시간의 시험은 학점의 25%를, 2시간의 경우는 학점의 50%를 차지한다고 한다. 이 학생의 시험성적 평균은 단순평균이 아니라 가중평균으로 구해야 한다. 따라서 아래 공식에 따라 가중평균을 구하면 83(25)＋87(25)＋95(50)/100＝90점이다.

$$\text{모집단 가중평균} : \mu_\omega = \frac{\sum \omega \cdot X}{\sum \omega}$$

$$\text{표본가중평균} : \overline{X}_\omega = \frac{\sum \omega \cdot X}{\sum \omega}$$

예제 3-3 **태릉중공업주식회사에서는 비숙련 근로자 25명에게 월 100만 원을, 중간숙련 근로자 15명에게 월 150만 원, 숙련 근로자 10명에게 월 200만 원을 지급하고 있다. 이 중소기업에서 근로자들에게 지급되고 있는 평균임금은 얼마인가?**

이는 가중평균을 구하는 예제이다. 따라서 가중평균을 다음과 같이 구하면 135만 원이 된다.

---

4) 기하평균, 조화평균도 단순기하, 단순조화평균과 가중기하, 가중조화평균으로 나누어진다.

$$\mu_{\omega} = \frac{(25 \times 100) + (15 \times 150) + (10 \times 200)}{25 + 15 + 10} = \frac{6,750}{50} = 135$$

2 중위수

중위수(median : Md)는 크기순으로 배열된 자료 분포의 중앙지점에 있는 수를 말하며, 중위수를 중심으로 자료의 분포는 정확히 양분된다. 예컨대 어떤 회사의 월소득 자료에서 중위수가 200만 원인 경우 자료의 상위 반은 200만 원보다 많고, 나머지 반은 200만 원보다 적다. 중위수는 평균처럼 자료를 구성하는 모든 관찰치의 사용을 통한 정보의 제공이 불가능하지만, 평균과 달리 극단치의 영향을 받지 않는 장점이 있다. 중위수는 특히 비대칭의 정도가 심한 자료 분포의 대푯값 측정치로 유용하다.

중위수를 구하는 규칙[5)]

1. 자료의 관찰치들을 순서대로 배열한다.
2. 관찰치의 수(표본의 수)가 홀수이면, 중위수 Md는 $\frac{n+1}{2}$번째의 수가 된다.
3. 관찰치의 수(표본의 수)가 짝수이면, 중위수 Md는 $\frac{n}{2}$과 $\frac{n}{2}+1$번째 숫자의 평균값이다.

예제 3-4 **다음 자료는 미국 메이저리그 야구선수인 Tom과 Michael이 현재까지 기록한 통산 홈런 수이다. 자료를 보고 물음에 답하라.**

① Tom과 Michael 홈런자료의 중위수를 구하라.

② Michael의 경우 맨 마지막 관찰치가 61이 아니라 610이라면 중위수는 어떻게 되며, 그것이 의미하는 바는 무엇인가?

---

5) 중위수를 구하는 규칙은 양적 자료의 이산적 자료에 해당하는 것이고, 연속적 자료의 경우는 다음의 공식에 의한다.

$$Md = L_{Md} + [(n/2 - CF)/f_{Md}] \times i$$

Md : 중위수
L_{Md} : 중위수를 포함하는 구간의 하한경계값
n : 총도수
CF : 중위수를 포함하는 하한경계까지의 누적빈도
f_{Md} : 중위수를 포함하는 구간의 도수
i : 구간의 크기

Tom	22	25	34	35	41	41	46	46	46	47	49	54	54	59	60
Michael	8	13	14	16	23	26	28	33	39	61					

① Tom의 경우 도수가 홀수이므로 $\frac{n+1}{2}$번째의 수가 중위수가 된다. 따라서 $\frac{15+1}{2}=8$번째 수인 46이다. Michael의 경우 도수가 짝수이므로 $\frac{n}{2}$과 $\frac{n}{2}+1$번째 숫자의 평균값이다. 따라서 $\frac{10}{2}=5$번째와 $\frac{10}{2}+1=6$번째 숫자인 23과 26의 평균값은 $\frac{23+26}{2}=24.5$이다.

② 중위수는 관찰치가 아니라 관찰치의 수(표본의 수, 도수)에 영향을 받는다. 그러므로 중위수를 제외한 어느 관찰치가 바뀌어도 관찰치의 수가 동일한 경우 중위수는 같다. 예제의 경우도 마지막 관찰치가 극단치로 바뀌었으나(61 → 610), 관찰치의 수는 10으로 변함이 없으므로 중위수는 24.5이다. 특히 이 경우는 관찰치 중의 하나가 극단치(61 → 610)여도 중위수는 이에 영향을 받지 않는다.

3 최빈수[6)]

최빈수(mode)는 자료분포에서 가장 빈도수가 많은 관찰치나 범주를 의미한다. 최빈수 역시 극단치의 영향을 받지 않으며, 대략적으로 빨리 집중도를 파악해 보고자 할 때 사용된다. 특히 명목척도로 측정된 자료의 경우는 최빈수가 집중도를 나타내는 데 유일하게 사용할 수 있는 대푯값이다. 또한 최빈수는 평균, 중위수와 달리 하나가 아니라 둘인 경우도 있는데, 이 경우 쌍봉(雙峰, bimodal)의 최빈수라 한다.

예제 3-5 **다음 자료는 최근 7일간의 온도를 측정한 것이다. 최빈수를 구하라.**

21℃ 27℃ 27℃ 30℃ 31℃ 31℃ 33℃

---

6) 연속적 자료인 경우에 최빈수는 다음의 공식에 의해 산출할 수 있다.

$$M_o = L_{Mo} + \left(\frac{d_1}{d_1+d_2}\right) \times i$$

M_o : 최빈수
L_{Mo} : 최빈수를 포함하는 구간의 하한경계값
d_1 : 최빈수를 포함하는 구간의 도수 − 최빈수를 포함하는 구간의 바로 아랫구간의 도수
d_2 : 최빈수를 포함하는 구간의 바로 윗구간의 도수 − 최빈수를 포함하는 구간의 도수
i : 구간의 크기

가장 빈도수가 많은 관찰치는 두 개의 빈도를 가지고 있는 27℃와 31℃이다. 따라서 쌍봉의 최빈수이며, 최빈수는 27℃와 31℃이다.

예제 3-6 태릉패션주식회사에서 2008년 성인용 여성 스커트를 생산하려고 한다. 2007년의 판매 실적을 조사해 본 결과 다음과 같았다. 최빈수를 구하고, 2008년 스커트 생산량 결정은 어떻게 해야 하는가?

크기	판매량
소(small)	50벌
중(medium)	350벌
대(large)	90벌
특대(extra large)	10벌

최빈수는 판매량 350벌로 '중'이다. 예제의 경우는 평균값이나 중위수보다 최빈수가 유용한 대표적인 경우이다. 따라서 2008년에는 가장 수요가 많은 크기의 상품인 '중'을 가장 많이 생산해야 한다.

예제 3-7 태릉대학교에서 통계학 시험을 치른 결과가 다음과 같았다. 최빈수를 구하고, 대푯값으로의 적합성여부를 판단해 보라.

시험점수	빈도
58	2
60	2
62	3
64	2
66	3
67	4
68	1
69	1
70	1
93	5
	$N=24$

위의 표에서 가장 많은 빈도는 5이며 따라서 최빈수는 93점이다. 이 점수는 대다수 학생들의 점수와 근접해 있지 않다. 만약 담당교수가 자료분포의 특성치로 최빈수만을 사용하는 경우는 자료분포의 특성이 제대로 반영될 수 없다.

지금까지 설명한 집중도의 특성을 나타내는 평균, 중위수, 최빈수의 특징을 요약하면 다음 〈표 3-1〉과 같다.

〈표 3-1〉 집중도 대푯값들의 비교 : 평균, 중위수, 최빈수

대푯값의 종류	특 징	유효한 상황
평균	· 가장 널리 사용된다. · 모든 관찰치를 이용한다. · 통계적 추론에 사용되는 대푯값이다. · 극단치에 영향을 많이 받는다. · 상한과 하한 경계값이 정해져 있지 않은 도수분포표에서는 평균을 계산할 수 없다.	· 등간-비율척도로 측정된 자료 · 극단치가 없는 비교적 대칭적인 분포의 자료 · 통계적 추론이 필요한 경우
중위수	· 계산이 용이하고, 이해하기 쉽다. · 극단치에 영향을 받지 않는다(관찰치의 수에 영향을 받음). · 모든 관찰치를 이용하지 않는다. · 통계적 추론의 대푯값으로 사용할 수 없다.	· 서열척도로 측정된 자료 · 등간-비율척도로 측정된 비대칭의 정도가 심한 자료 · 상한과 하한 경계값이 정해져 있지 않은 도수분포표
최빈수	· 중위수의 특징과 같다. · 최빈수가 하나 이상일 수 있다(쌍봉의 최빈수).	· 명목척도로 측정된 자료 · 서열 · 등간 · 비율척도로 측정된 자료의 집중화 경향을 개괄적으로 빨리 알고자 하는 경우 · 상한과 하한 경계값이 정해져 있지 않은 도수분포표 · 최빈수의 사용이 다른 대푯값보다 적절한 경우

산술평균인가? 중앙값인가?

Walter Kramer의 「벌거벗은 통계」 일부를 발췌해 본다. 중앙값을 활용할 경우에 대해 생각해 보자.

대개의 경우는 산술평균만으로도 충분히 목적에 맞게 활용할 수 있지만 그게 전부는 아니다. 평균값에 버금가게 자주 사용되는 것이 중앙값이다. 이것은 대체적으로 왼쪽과 오른쪽에 동일한 숫자의 측정치들이 분포하는 수를 뜻한다. 만약 데이터가 크기순으로 줄지어 나와 있다면, 중앙값은 가운데 오는 수이다. 이것은 심지어 산술평균보다 더 찾기 쉽고 다른 장점들도 있다.

첫째, 우리가 현실에서 실제로 사용하는 측정치를 얻을 수 있다. 중앙값을 쓰면 평균 1.7명의 자녀를 가진 가정 같은 표현은 등장하지 않는다.

둘째, 언제나 모든 수치들의 절반은 중앙값보다 작고 나머지 절반은 더 크다. 이것은 원래 우리가 합리적으로 계산해 낸 모든 평균값으로부터 기대하는 것이다.

셋째, 중앙값은 각각의 수치들이 합산되고 나누어질 수 없을 때, 다시 말해 산술적 수단이 통하지 않을 때도 자신의 임무를 수행한다. 왜냐하면 데이터들을 크기에 따라 단순히 배열만 하면 되기 때문이다.

출처 : 발터 크래머 지음. 염정용 옮김. 2009. 「벌거벗은 통계」. 서울 : 이순, pp.80~81.

4 중간범위값

중간범위값(mid-range)은 관찰치 중의 최댓값과 최솟값의 평균을 의미한다. 개략적으로 손쉽게 자료의 분포의 특성을 살펴보기 위해서 사용되는 대푯값이다. 매 시간당 온도와 같이 극단치가 발생하지 않는 경우에는 유용하다.

$$\text{중간범위값} = \frac{X_{\text{최댓값}} + X_{\text{최솟값}}}{2}$$

예제 3-8 다음은 서울소재 주요 대학들의 등록금에 관한 자료이다. 중간범위값을 구하라(단위 : 만 원).

152, 158, 165, 170, 172, 188, 190, 195, 200

중간범위값$=\frac{X_{최댓값}+X_{최솟값}}{2}$이므로, 최댓값인 200만 원과 최솟값인 152만 원의 평균이 중간범위값이다. 따라서, 중간범위값은 $\frac{200+152}{2}=176$만 원이다.

5 중간사분값

중간사분값(midhinge)은 일사분위수(1st quartile)와 삼사분위수(3rd qaurtile)의 평균값이다. 중간사분값은 극단치의 문제를 극복하기 위한 측정치로 널리 사용된다.

$$중간사분값=\frac{Q_1+Q_3}{2}$$

Q_1 : 일사분위수(1st quartile)

Q_3 : 삼사분위수(3rd quartile)

중위수가 자료의 분포를 정확히 이등분한다면, [그림 3-1]에서 보는 바와 같이 사분값(quartiles)은 4등분한다. 따라서 일사분위수(1st quartile)는 자료분포의 하위 25% 지점의 수를, 삼사분위수(3rd quartile)는 상위 75%지점의 수가 된다. 특히 중위수와 중간사분값은 극단치에 영향을 받지 않는 극단치-무관적 측정치(resistant measure)라고 불린다.

[그림 3-1] 사분값(Quartiles)

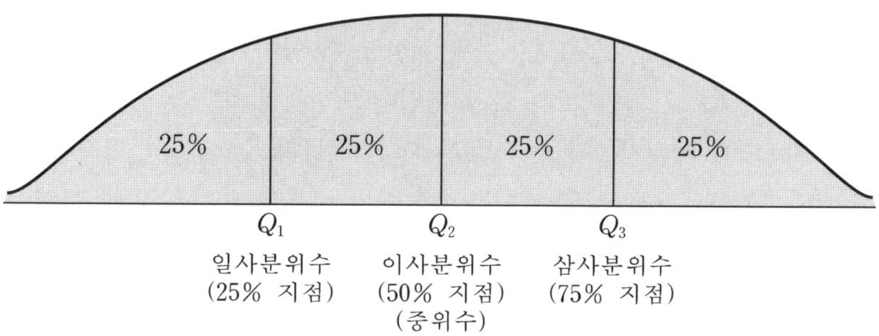

예제 3-9 다음은 태릉휴대폰주식회사의 보름간의 매출액 자료이다. 일사분위수, 삼사분위수, 중간사분값을 구하라(단위 : 천만 원).

22 25 34 35 41 41 46 46 46 47 49 54 54 59 60

일사분위수는 25%인 지점의 수인 35이고, 삼사분위수는 75% 지점의 수인 54이다. 그리고 중간사분값은 공식에 따라 $\frac{35+54}{2}=44.5$이다.

2 산포도

SOCIAL STATISTICS

두 번째로 양적 자료의 특성을 알아보는 방법은 산포도(degree of dispersion or variation)로 자료의 퍼짐(spread) 정도를 살펴보는 것이다. 자료분포의 퍼짐 정도는 일반적으로 다음과 같은 다섯 가지의 측정치가 사용되며, 가장 널리 사용되는 것은 분산이나 표준편차이다.

1 범 위

범위(range)는 자료의 관찰값들 중에서 최댓값과 최솟값의 차이로 정의된다.

$$\text{범위}(R)=\text{최댓값}-\text{최솟값}$$

범위는 자료의 전체적인 산포도를 쉽게 계산할 수 있어 얼마나 넓게 자료가 산포되어 있는가를 개략적으로 파악할 수 있는 이점이 있다. 하지만 두 극단치 사이에 자료가 어떻게 분포되어 있는지에 관한 정보는 전혀 제공할 수 없는 결정적인 단점이 있다. 자료분포의 형태가 극단치를 보이는 경우에는 산포도 측정을 위해 범위의 사용이 적절치 않다.

예제 3-10 다음의 자료분포 A, B에서 범위를 구하고 그 값을 비교해 보라.

A : 3	9	16	28	35	43	53
B : 11	20	21	22	23	25	61

A의 범위는 최댓값 53에서 최솟값 3을 뺀 즉, 53－3＝50이며, B의 범위는 최댓값 61에서 최솟값 11을 뺀 즉, 61－11＝50이다. A와 B의 범위는 50으로 동일하지만 자료의 분포는 A가 B에 비해 보다 고르게 펴져 있다.

2 사분위수범위

사분위수범위(interquartile range : IQR or midspread)는 극단치의 영향으로 인한 범위의 한계를 극복하여 자료의 산포도를 측정하려는 방법이다. 앞의 [그림 3-1]과 같이 사분범위는 자료를 크기순으로 배열하였을 때 삼사분위수(3rd quartile, 상위 75% 지점의 값)에서 일사분위수(1st quartile, 하위 25% 지점의 값)의 차이로 정의된다. 사분범위는 범위와 마찬가지로 삼사분위수와 일사분위수의 두 수치의 차에 의존하지만 극단치가 아닌 자료의 중간부분 값만을 고려한다. 따라서 사분범위는 이사분위수(2nd quartile, 50% 지점의 값) 또는 중위수(median)를 중심으로 중간부분(Q_1과 Q_3 사이)의 퍼짐의 정도를 측정한다. 사분범위는 극단치의 영향으로부터는 벗어날 수 있다는 점 외에는 범위의 문제점을 그대로 가지고 있다. 특히 Q_1과 Q_3의 두 값을 중심으로 한 특성 이외의 다른 정보를 전혀 제공하지 못한다.

$$\text{사분위수범위}(IQR) = Q_3 - Q_1$$

Q_3 : 삼사분위수
Q_1 : 일사분위수

3 사분편차

사분편차(quartile deviation : QD)는 단순히 사분범위를 2로 나눈 것으로, 사분편차값이 작을수록 자료의 50% 지점의 중위수에 중간부분(Q_1과 Q_3 사이) 자료의 분포가 보다 집중된다. 자료가 대칭분포인 경우 Q_1과 Q_3가 중위수로부터 동일한 거리에 있기 때문에 중간부분(Q_1과 Q_3 사이) 자료의 관찰치는 정확히 중위수 $\pm$ 1 · QD의 범위 안에 위치하게 된다. 사분편차는 자료가 대칭분포인 경우 유용하나, 사분범위와 별 차이가 없다. 따라서 사분편차는 반사분편차범위(semiinterquartile range)라고도 한다.

$$사분편차(QD) = \frac{Q_3 - Q_1}{2}$$

4 평균절대편차[7]

범위, 사분범위, 사분편차의 근본적인 문제는 자료의 모든 정보를 이용하지 못하며, 평균(average *or* mean)이나 각 관찰치들의 편차(deviation, 평균과 각 관찰치 간의 거리)를 알 수 없다는 점이다. 따라서 보다 적합한 산포도의 측정을 위해서는 ① 자료의 모든 관찰치를 이용하며, ② 평균이나 편차값을 구할 수 있고, ③ 편차값이 커질수록 산포도의 측정치가 커져야 하는 기준에 부합하는 방법이 필요하다. 이 기준을 충족시킬 수 있는 측정방법은 평균값과 각 관찰치들의 차이인 편차를 구해 합계[$\Sigma(X_i - \overline{X})$]를 내는 것이다. 그러나 이 측정개념은 다음과 같은 두 가지의 치명적인 문제가 제기된다. 첫째, 관찰치의 표본이 커질수록 측정치 값이 커지기 때문에 상이한 표본크기의 자료 간에 산포도 비교가 어렵다. 그러나 측정치 값을 표본크기(n)로 나누면 상이한 표본크기의 자료가 표준화되므로 산포도의 비교가 가능해진다. 둘째, 보다 심각한 문제로 편차의 합계가 0이 된다는 점이다($\Sigma(X_i - \overline{X}) = 0$).[8] 이 문제를 해결하는 방법 중에 하나는 편차의 절댓값을 구하는 것이며, 이를 평균절대편차라 한다. 평균절대편차(mean absolute deviation)는 수학적으로 사용하기에 어려운 점이 많아서 사회과학에서 널리 사용되고 있지 않다.

$$평균절대편차(MAD) = \frac{\Sigma|X_i - \overline{X}|}{n}$$ [9]

---

7) 평균절대편차는 줄여서 평균편차(average deviation : *AD*)라고도 한다.

8) 다음의 예로 이를 살펴보자. 10, 20, 30, 40, 50으로 구성된 자료에서 평균값은 30이고 각 관찰치들의 편차는 −20, −10, 0, +10, +20이 된다. 이 편차들의 합을 구하면 0이 됨을 쉽게 알 수 있다.

9) 이 경우 표본이 아니라 모집단인 경우는 $\overline{X}$가 아니라 μ를 사용해야 한다.

예제 3-11 다음 관찰치들의 평균절대편차를 구하라.

10, 20, 30, 50, 90

평균절대편차를 구하는 공식에 따라 우선 평균을 구하면 다음과 같다.

$$\overline{X} = \frac{10+20+30+50+90}{5} = \frac{200}{5} = 40$$

평균이 40이므로 공식을 이용하여 평균절대편차를 계산하면 다음과 같다.

$$\begin{aligned}&\frac{|10-40|+|20-40|+|30-40|+|50-40|+|90-40|}{5}\\&=\frac{30+20+10+10+50}{5}\\&=\frac{120}{5}\\&=24\end{aligned}$$

따라서, 평균절대편차는 24이다.

5 분 산

앞에서 살펴본 평균절대편차의 수학적인 문제점이란 예컨대 절대함수는 원점에서 미분이 불가능하며, 극댓값・극솟값을 구함에 어려움이 많다는 것이다. 따라서 편차의 합이 0이 되는 문제점과 평균절대편차가 안고 있는 결함을 해결하는 방법은 편차의 절댓값을 취하는 대신에 제곱을 하는 것이다. 2차함수는 원점에서도 미분이 가능하며, 쉽게 극솟값・극댓값을 구할 수 있는 가장 보편적으로 사용되는 함수이다.[10] 이와 같이 편차의 제곱합을 도수로 나눈 것을 분산(variance)이라 하며, 모집단 분산은 σ^2, 표본분산은 s^2으로 표기한다.[11]

$$\text{모집단 분산} : \sigma^2 = \frac{\sum(X_i-\mu)^2}{N}$$

$$\text{표본분산} : s^2 = \frac{\sum(X_i-\overline{X})^2}{n-1}$$

10) 2차함수(제곱)는 기하학에서 중요한 역할을 하는 것처럼 통계학에서도 그러하다. 기하학에서 피타고라스정리는 제곱 간의 관계인 것처럼 통계학에서는 분산분석(analysis of variance)이 같은 관계를 가진다.

11) 모집단 분산은 $\frac{\sum X^2}{N} - \mu^2$의 공식으로도 계산이 가능하며, 표본분산의 경우도 $\sum X^2 - \frac{nX^2}{n-1}$을 사용할 수 있다.

여기서 주목해야 할 것은 모집단 분산은 분모가 N인 데 반해 표본분산은 n이 아니라 $n-1$이라는 점이다. $n-1$을 통계학적 용어로는 자유도(degree of freedom)라 하며, s^2이 통계적 추론에 적합한 통계적 추정량이 되기 위한 것과 관련이 있다.[12] 다음의 예로 자유도를 살펴보자. 서울특별시 신촌구(X_1), 성동구(X_2), 강서구(X_3), 강남구(X_4) 네 지역의 평균 강우량이 100mm라고 가정했을 때,

$$\overline{X}=100\text{이면 } \sum\overline{X}=4\times\overline{X}=400$$

그리고 만약 우리가 X_1, X_2, X_3의 강우량이 각각 80, 120, 110mm라고 알고 있는 경우,

$$X_4=400-(X_1+X_2+X_3)=400-(80+120+110)=90$$

따라서 강남구의 강우량은 90mm임을 알 수 있다. 다시 말해서 위의 예에서 평균값이 주어지면, 3개의 관찰치만이 변할 수 있다. 즉 세 관찰치의 값이 정해지면 4번째는 자동적으로 결정된다. 이 경우의 자유도는 $n-1=4-1=3$이 된다.

자유도(degree of freedom : df)

자유도는 표본의 크기에 따른 확률분포의 변화를 표시하는 지표이다. 많은 통계분포는 표본의 크기에 의해 영향을 받는다. 따라서 표본의 크기가 통계분포에 미치는 영향은 자유도라는 개념을 통해 반영된다. 따라서 가설을 채택하거나 기각을 결정하는 기준인 검정통계량값과 임계치도 동일한 분포의 경우라도 표본의 크기에 따라 조정이 필요해진다.

자유도의 일반공식은 'df=사례수−통계적 제한조건의 수'이다. t분포의 경우 자유도는 '표본의 크기−1'로 결정되는데, 각 통계분포마다 표본의 크기와 통계분석의 특성을 감안하여 자유도가 결정되게 된다. 단, 표본이 30 이상인 표준정규분포의 경우는 표본의 수에 관계없이 동일한 분포를 취하게 되므로 자유도의 개념이 적용되지 않는다.

6 표준편차

표준편차(standard deviation)는 새로운 측정개념이 아니라 단순히 분산에 제곱근을

12) 통계적 추론을 위한 적절한 통계적 추정량을 판단하는 기준 중의 하나인 불편성(unbiasedness)이란 특성과 관련이 있다.

취한 값이다. 그렇다면 표준편차가 의미하는 바는 무엇인가? 분산은 평균에서 관찰치를 뺀 편차의 제곱을 표준화한 값이므로 원래의 단위가 아니며, 원래 단위의 제곱이다. 예컨대 원 자료의 단위가 원, cm, kg이라면 분산의 단위는 원^2, cm^2, kg^{2}이 된다. 따라서 원래의 단위로 환원하기 위해서는 분산에 제곱근을 취해야만 한다. 따라서 표준편차는 분산에 제곱근을 취하여 원래의 단위로 산포도를 측정한다. 이런 연유로 표준편차는 산포도 측정에 가장 널리 사용된다.

$$\text{모집단 표준편차} : \sigma = \sqrt{\frac{\sum(X_i - \mu)^2}{N}}$$

$$\text{표본표준편차} : s = \sqrt{\frac{\sum(X_i - \overline{X})^2}{n-1}}$$

자료를 해석함에 있어서 평균과 표준편차를 함께 고려하는 것이 중요하다. 표준편차를 고려하지 않는다면 자료에 얼마나 많은 변화가 있는지를 반영하기 어렵다. 예를 들어, 다음 두 학생의 1년간 10회의 시험성적 결과를 살펴보자.

$$A\text{학생} : \mu = 90, \ \sigma = 2$$

$$B\text{학생} : \mu = 90, \ \sigma = 20$$

평균만을 고려한다면 두 학생의 시험성적은 똑같다고 말할 수 있다. 그러나 표준편차까지 고려한다면 그런 결론을 도출하는 것이 위험하다는 것을 알게 된다. A 학생의 표준편차가 2라는 점을 고려하면, A 학생의 1년간 10회의 시험성적은 평균을 중심으로 그 값에 가깝게 분포되어 있다. 반면, B 학생의 성적은 A 학생에 비해 평균에서 더 멀리 퍼져 있음을 알 수 있다. 이 경우 A 학생과 B 학생의 성적을 종합적으로 해석할 때 표준편차를 고려하지 않고 평균만을 활용한다면 보다 정확한 자료해석을 하기 어렵다. 따라서, 자료를 설명하거나 결과에 대한 보고서를 작성할 때 평균과 함께 표준편차를 함께 고려하고 기술하는 것이 필요하다.

평균값의 함정

사례를 들어 평균과 표준편차를 함께 고려해야 한다는 것을 강조하는 Walter Kramer의 책 일부를 소개한다.

많은 경우에서 산술평균은 심한 불균등을 은폐한다. 그것은 평균 주변의 분포에 관해서는 전혀 말하지 않는다. 만약 우리 마을에 열 명의 농부가 있는데, 그중 한 명이 40마리의 소를 소유했고 나머지 아홉 명은 한 마리도 갖고 있지 않더라도, 평균적으로는 각자 소 네 마리씩 가진 것으로 나타난다. 〈중략〉 수치들이 중심 주변에 촘촘히 모여 있는지, 아니면 여기저기 흩어져 있는지에 따라 분명한 차이가 있음에도, 평균값만 봐서는 그 차이를 알아차릴 수 없다.

영국 플리머스의 연평균 기온(낮)은 13도에 달한다. 이것은 미국 미니애폴리스의 연평균 기온과 거의 동일하다. 그렇다고 이 두 지역의 기후가 똑같이 온화하고 쾌적하다고는 절대 말할 수 없다.

플리머스의 연평균 기온 '13도'는 온도가 1년 내내 좁은 범위에 밀집해 있다는 정보를 전혀 주지 않는다. 가장 추운 달인 2월에도 수은주는 8도를 가리키고 있으며, 반면 7월에도 21도 이상 올라가지 않는다. 〈중략〉

미니애폴리스 지역의 농부들은 이런 것을 꿈에서나 그려볼 수 있을 뿐이며, 겨울에는 귀가 얼어붙을 정도로 춥다. 1월의 온도는 평균 영하 15도까지 내려가는 반면, 여름에는 30도 이상, 심지어 40도까지 올라가기도 한다. 그럼에도 연평균으로 계산하면 플리머스와 그다지 큰 차이를 보이지 않는다.

그러므로 분포가 제시되지 않는 평균값은 절반의 가치밖에 없다. 진정 가치 있는 평균값에는 편찻값도 항상 따라붙어야 마땅하다. 그게 어떤 값인지는 상관없다. 하지만 어떤 경우라도, 평균값만 주어졌다면 늘 조심해야 한다.

출처 : 발터 크래머 지음. 염정용 옮김. 2009.「벌거벗은 통계」. 서울 : 이순, pp.78~79.

집중도의 한 요소로 중위수가 있음을 앞에서 설명하였다. 만약 표준편차가 평균에 근접하거나 평균보다 클 경우에 평균은 더 이상 집중도를 대표하는 값으로 고려하기는 어렵다. 표준편차가 평균보다 큰 경우는 극단값이 존재하는 경우가 대부분이다. 따라서, 이러한 상황에서는 극단값에 민감하게 반응하지 않는 중위수를 사용하는 것을 고려할 수 있다.

7 변이계수

변이계수(coefficient of variation)는 산포도의 상대적 측정치로 자료의 특정한 단위가 아니라 백분율로 표시된다. 아래의 공식에 의해 계산된다.

$$\text{모집단 변이계수 : } CV_P = \frac{\sigma}{\mu} \times 100\%$$

$$\text{표본변이계수 : } CV_S = \frac{s}{X} \times 100\%$$

변이계수는 측정단위가 다른 자료들 간의 산포도를 비교하는 데 특히 유용하다. 작년 어느 회사 직원들의 평균 근무시간은 9.2시간이고 표준편차는 1.2시간이며, 평균소득은 120만 원, 표준편차는 15만 원이었다고 한다. 이 경우 자료의 측정단위가 다르기 때문에 표준편차로 산포도의 비교가 불가능하나 변이계수를 사용하면 가능하다. 이 경우 변이계수를 구하면 다음과 같다. 근무시간의 변이계수는 $\frac{1.2}{9.2} \times 100\% = 13.04\%$이고 소득의 변이계수는 $\frac{15}{120} \times 100\% = 12.5\%$이므로 평균 소득의 편차가 적음을 알 수 있다. 단위가 같은 경우라도 표준편차를 이용하기 힘든 경우에는 역시 변이계수가 유용하다. 다음 예제를 보자.

예제 3-12 **전유리는 주식에 투자하기 위해 주식투자 전문가에 문의하여 A회사나 B회사 중에 하나를 선택하라는 조언을 받았다. 그리고 A회사의 거래된 주식은 주당 평균 5,000원, 표준편차는 1,000원, B회사의 경우는 주당 평균 1,200원, 표준편차는 400원이라는 정보를 알려주었다. 이 경우 전유리는 위험회피적(risk-averting)이고 안정지향적인 투자행태를 선호한다면, 어느 회사의 주식에 투자하는 것이 바람직한가?**

표준편차를 이용하여 산포도를 구하면 B회사가 보다 안정적이라 할 수 있으나, A회사와 B회사의 주당 평균주가가 너무 차이가 난다. 따라서 변이계수를 구하면 A회사의 주식이 보다 안정적임을 알 수 있다.

$$A\text{회사의 변이계수 : } \frac{1,000}{5,000} \times 100\% = 20\%$$

$$B\text{회사의 변이계수 : } \frac{400}{1,200} \times 100\% = 33.3\%$$

따라서 단위가 같더라도 평균값의 차이가 큰 경우는 표준편차보다 변이계수가 유용하다.

3 분포의 모양

SOCIAL STATISTICS

자료의 특성을 파악하기 위한 세 번째 방법은 자료가 분포되어 있는 모양을 알아보는 것이다. 분포의 모양은 그 분포가 대칭적인지 아니면 비대칭적인지의 여부와 분포가 얼마나 뾰족한지(peakedness)에 의해 판단된다. 분포의 대칭 · 비대칭성 여부와 비대칭의 정도를 나타내는 측정치를 비대칭도, 왜도(skewness)라 하고, 분포가 얼마만큼 뾰족한지의 정도를 나타내는 측정치는 첨도(kurtosis)라 한다.

1 비대칭도, 왜도

분포가 대칭인지 아닌지는 평균과 중앙값의 비교로 판별할 수 있다. 평균과 중앙값이 같으면 그 자료분포는 대칭(symnetrical *or* zero skewed)으로 간주되고, 평균이 중앙값보다 크면 오른쪽꼬리분포(positively skewed *or* skewed to the right)이며, 평균이 중앙값보다 작으면 왼쪽꼬리분포(negatively skewed *or* skewed to the left)라 할 수 있다. 이러한 분포의 모양은 [그림 3-2]를 통해 살펴볼 수 있다. 먼저 [그림 3-2]의 (a)는 종형의 전형적인 대칭분포로 평균=중앙값=최빈값=중간범위값=중간사분값이 같다. (b)는 장방형(rectangular-shaped), (c)는 U자형의 대칭분포이나 (a)와 달리 자료가 단일봉 분포(uni-modal distribution) 또는 단일최빈값의 가정이 충족되지 않은 경우이며, 평균=중앙값=중간범위값=중간사분값의 관계가 성립된다. (d)는 왼쪽꼬리분포로 극소수의 아주 작은 극단 관찰치가 중간사분값과 평균을 왼쪽꼬리부분으로 치우치게 하므로 중간범위값 < 평균 < 중간사분값 < 중앙값 < 최빈값의 관계가 성립된다. 반면 오른쪽꼬리분포인 (e)의 경우는 그 역이 성립한다. 극소수의 아주 큰 극단 관찰치가 중간사분값과 평균을 오른쪽꼬리부분에 치우치게 하므로 최빈값 < 중앙값 < 중앙사분값 < 평균 < 중간범위값의 관계가 성립된다. 집중화경향을 측정하는 특성치들 간의 비교에 따른 분포모양을 요약하면 〈표 3-2〉와 같다.

[그림 3-2] 자료 분포의 모양

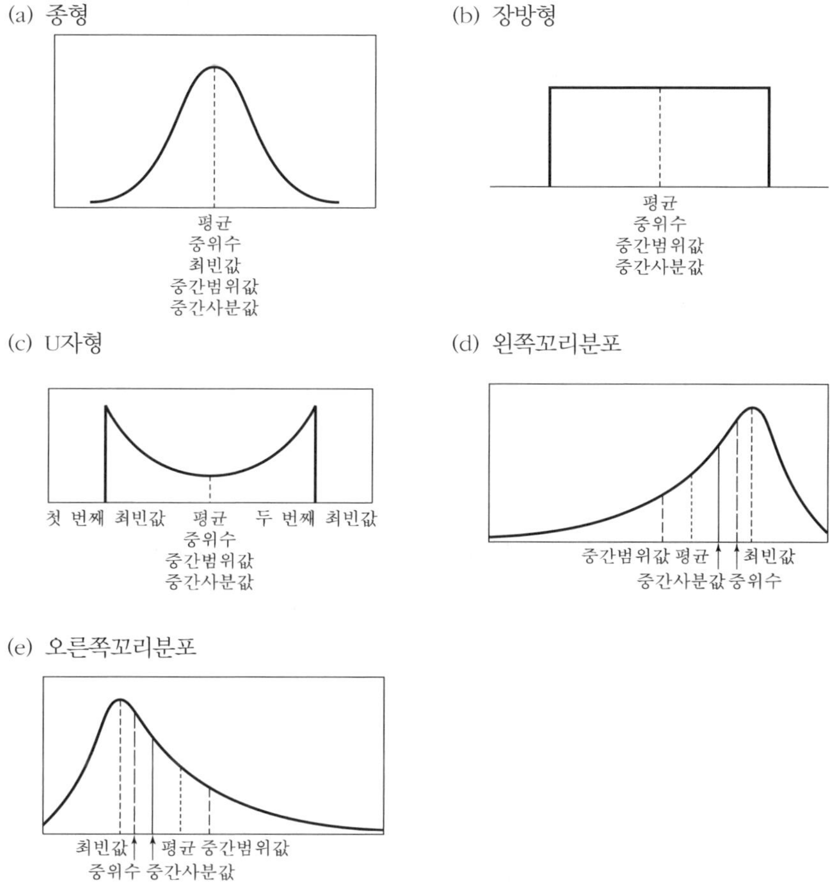

〈표 3-2〉 특성치 비교에 의한 분포의 모양

분포의 모양		특성치의 비교
대칭	(a) 종형	평균=중앙값=최빈값=중간범위값=중간사분값
	(b) 장방형	평균=중앙값=중간범위값=중간사분값
	(C) U자형	
비대칭	(d) 왼쪽꼬리	중간범위값<평균<중간사분값<중앙값<최빈값
	(e) 오른쪽꼬리	최빈값<중앙값<중간사분값<평균<중간범위값

한편 대칭·비대칭의 여부, 비대칭인 경우 비대칭이 왼쪽꼬리분포인지 오른쪽꼬리분포인지, 그리고 치우침의 정도는 다음 공식[13)]의 피어슨 비대칭계수(Pearson's coefficient of skewness)[14)]로 측정할 수 있다.

$$\text{모집단} : Sk = \frac{3(\mu - Md)}{\sigma}$$

$$\text{표본} : Sk = \frac{3(\overline{X} - Md)}{S}$$

Sk : 피어슨 비대칭계수
σ, S : 표준편차
Md : 중앙값

분포가 대칭이면 피어슨 비대칭계수의 값은 0이 된다. 반면 그 값이 양(+)이면 오른쪽꼬리분포이고, 음(−)이면 왼쪽꼬리분포가 된다. 계수값은 0에 가까울수록 비대칭의 정도는 작아지며, 일반적으로 +1이나 −1을 넘는 경우가 흔치 않다. 계수값이 −1보다 작을수록 보다 긴 왼쪽꼬리분포를 보이며, 계수값이 +1보다 클수록 보다 긴 오른쪽꼬리분포를 나타낸다.

〈표 3-3〉 비대칭도값의 크기와 분포모양

S_k의 값	의 미
$S_k \leq -1$	상당히 왼쪽으로 긴 꼬리를 가진다.
$-1 < S_k < 0$	약간 왼쪽으로 긴 꼬리를 가진다.
$S_k = 0$	좌우대칭으로 어느 쪽으로도 치우치지 않는다.
$0 < S_k \leq 1$	약간 오른쪽으로 긴 꼬리를 가진다.
$S_k > 1$	상당히 오른쪽으로 긴 꼬리를 가진다.

13) 자료의 분포가 단일봉(unimodal) 또는 단일최빈값을 가지며, 최빈값이 극단적인 값을 취하지 않을 경우 평균과 중앙값 및 최빈값 간에는 다음과 같은 관계가 성립된다는 사실이 Karl Pearson에 의해 경험적으로 밝혀졌다.

$$\mu - M_o \cong 3(\mu - M_d)$$

14) 비대칭의 정도는 다음의 3차적률(the third moment)에 의해서도 측정될 수 있다.

$$S_k = \frac{\sum(X-\mu)^3}{\sigma^3}$$

2 상자도(다섯 종류 통계치의 요약도)

분포의 모양은 또한 다섯 가지의 통계치를 내포하고 있는 상자도(箱子圖, boxplot *or* box-and-whisker plot)에 의해서도 알 수 있다. 다섯 종류의 통계치는 최솟값, Q_1, 중위수, Q_3, 최댓값을 말한다. 예를 들어, 다음과 같은 다섯 종류의 통계치가 있다고 하자.

최솟값	Q_1	중위수	Q_3	최댓값
2.70	8.40	10.20	13.30	22.30

이를 이용하여 상자도를 그리면 [그림 3-3]과 같다.

[그림 3-3] 상자도

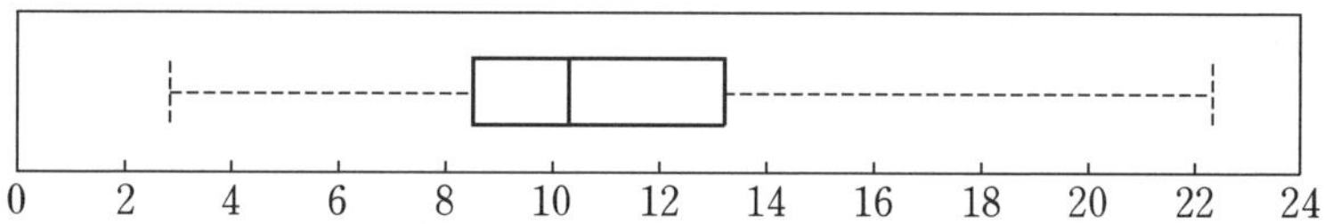

3 첨도(kurtosis)

자료가 분포되어 있는 모양은 분포의 모양이 얼마나 편편한가 아니면 뾰족한가에 의해서도 살펴볼 수 있다. 첨도값이 0인 경우는 정규분포이며, 첨도값이 0보다 크면 자료값들이 중앙에 집중되어 있음을 의미하기 때문에 자료 분포의 모양이 뾰족함을 의미한다. 첨도값이 0보다 작은 경우 자료값들이 중앙에서 떨어져 있음을 의미하기 때문에 자료 분포의 모양이 편편함을 나타낸다.

$$모집단 : K_p = \frac{\sum (X-\mu)\cdot f_i}{\sigma^4}$$

$$표본 : K_s = \frac{\sum (X-\overline{X})\cdot f_i}{s^4}$$

f_1 : 상대빈도수

SOCIAL STATISTICS

제2절 질적 자료

1 백분율과 비율

SOCIAL STATISTICS

백분율(percentage)이나 비율(proportion)은 우리가 일상에서도 자주 접하는 개념으로 양적·질적 자료의 특성치로 공히 사용된다. 특히 질적 자료의 특성치로 유용하다.

1 백분율

백분율은 비율에 100을 곱한 것이며, 백분율이 통상적으로 많이 사용된다. 예컨대 240건의 절도범죄가 발생하여 120건의 범인을 검거하였다면, 절도범죄의 검거비율은 $\frac{120}{240} = 0.5$이고 검거백분율은 $\frac{120}{240} \times 100 = 50\%$이다. 백분율이나 비율이 가지는 장점은 아래 전공별 학생 수 예제에서 알 수 있듯이 서로 다른 크기의 표본을 비교할 때 더 두드러진다. 그리고 백분율이나 비율을 사용함에는 다음과 같은 점에 유의해야 한다.

$$\text{비율}(p) = \frac{f}{N}$$

$$\text{백분율}(\%) = \frac{f}{N} \times 100$$

f : 빈도수, 특정한 범주에 속하는 사례의 수
N : 총빈도수

첫째, 예컨대 20보다 작은 표본(작은 사례수)의 경우는 백분율이나 비율을 사용하기 보다는 실제의 빈도수를 사용하는 것이 보다 바람직하다. 표본이 작은 경우는 상대적으로 자료의 작은 변화에도 불구하고 백분율(비율)은 크게 변할 수 있기 때문이다. 가령 최초의 성별에 대한 자료가 남자 10명, 여자 10명이었다면 백분율은 각각 여자 50%, 남자 50%이다. 여기에 여성이 1명 추가되면, 여자는 52.38%, 남성은 47.62%로 백분율이 크게 변화한다. 물론 표본의 크기가 증가함에 따라 자료의 변화는 백분율(비율)에 대한 영향이 감소된다. 500명의 남성과 500명의 여성으로 구성된 자료에서 여성이 1명 추가되면, 여성의 백분율은 50%에서 50.05%로 거의 미미하다.

둘째, 백분율이나 비율을 특성치로 사용하는 경우는 도수에 대한 정보도 같이 알려주는 것이 좋다. 표본크기의 적절성이나 백분율이나 비율을 사용할 때 발생할 수 있는 오류를 방지할 수 있기 때문이다. 다음 예제를 참조하면 이해하기 쉽다.

예제 3-13 다음 표는 공릉대학교와 태릉대학교의 전공별 학생 수이다. 백분율을 사용하여 두 대학의 전공별 분포를 비교하라.

전 공	공릉대학교	태릉대학교
의 학	103	312
자연과학	82	279
사회과학	137	188
인문과학	93	217

백분율을 계산하면 다음의 표와 같다.

전 공	공릉대학교	태릉대학교
의 학	24.82%	31.33%
자연과학	19.76%	28.01%
사회과학	33.01%	18.88%
인문과학	22.41%	21.79%
	100.00%	100.00%

백분율을 살펴보면 두 대학 간에 전공의 차이점과 유사점을 쉽게 알 수 있다. 공릉대학교는 태릉대학교에 비해 높은 사회과학 전공의 백분율을 나타내고 있고, 인문과학의 경우는 거의 같은 정도의 백분율을 보이고 있다.

예제 3-14 태릉전자주식회사에 종사하는 도윤희에게 불황으로 인해 월급 300만 원에 대해 20% 삭감된 금액을 받고 후에 삭감된 월급의 20%를 다시 올려 주고, 그동안의 삭감액을 모두 보상한다는 회사의 제안이 있었다. 도윤희는 보다 많은 보수액을 선호한다고 가정하면 위의 제안에 대해 어떤 결정을 해야 하는가?

삭감된 월급은 300만 원×0.8=240만 원이다. 후에 다시 인상되는 월급은 240만 원 ×1.2=288만 원이 된다. 따라서 삭감된 후 다시 인상되는 월급은 현재 받고 있는 월급보다 12만 원이 작다. 따라서 결론적으로는 월급이 삭감된 것과 같다. 따라서 도윤희는 이를 받아들여서는 안 된다. 이 예제는 백분율 계산은 기본(base)이 되는 값에 따라 좌우됨을 알 수 있다. 이 예제는 얼핏 보아서는 20% 인하되고 다시 20% 인상되어 원래의 상태로 되돌아가는 것처럼 생각되나 기본값을 보면 300만 원에서 240만 원으로 바뀌었다. 특히 성장률이나 증가율의 경우 기본수에 유념해야 할 것이다.

2 비, 율

비(比, ratio)는 상대적 빈도수에 의해 범주형 자료를 비교하는 데 사용되며, 한 범주의 빈도수와 다른 범주의 빈도수로 나눈 값이다. 수학적으로 비는 다음과 같이 정의된다.

$$\text{비(ratio)}= \frac{f_1}{f_2}$$

f_1 : 첫 번째 범주의 빈도수
f_2 : 두 번째 범주의 빈도수

예컨대, 한 지역의 개신교와 천주교의 종교집단 간의 상대적 크기를 알고자 하는데, 개신교는 1,370명, 천주교는 930명이라 한다. 비는 $\frac{1{,}370(\text{개신교}, f_1)}{930(\text{천주교}, f_2)} = 1.47$이다. 이 숫자는 천주교 신자 1명당 개신교는 1.47명이라는 의미이고 1.47 : 1로도 표현된다.

율(率, rate)은 발생할 수 있는 사건의 총수(the number of possible occurrences)로 실제로 발생한 사건의 수(the number of actual occurrences)를 나누고 해당 단위를 곱한 값이다.

$$\text{율(rate)}= \frac{O_a}{O_p} \times U$$

O_a : 실제로 발생한 사건의 수
O_p : 발생할 수 있는 사건의 총수
U : 해당 단위

어떤 지역의 지난 해 사망률을 알고자 하는 경우 그 지역의 전체인구(O_p, 발생할 수 있는 사건의 총수) 7,000명을 사망인구수(O_a, 실제로 발생한 사건의 수) 100명으로 나누고 1,000(U, 해당 단위)을 곱하면 14.29가 된다. 이 숫자는 매 1,000명당 사망인구가 14.29명이라는 것을 의미한다.

> **쉬어가기** **백분율을 잘 활용한 예?**
>
> 한 은행의 지방 지점은 지점장을 포함하여 총 6명이 근무하고 있다. 지점장은 업무량에 비하여 직원이 턱없이 부족하다는 점을 본점에 꾸준히 요청하였으나 본점이 이를 받아주지 않았다. 이런 와중에 직원 가운데 한 명이 과로로 병원에 입원하였다. 그러자 이 지점장은 "직원 20%가 과로로 병원에 입원"이라고 보고하였으며, 그러자 본점에서는 인력을 보충해 주었다.
>
> 위와 같은 가상의 이야기를 통해 백분율의 허실을 명확하게 구분할 수 있어야 한다.

2 질적변이계수

SOCIAL STATISTICS

질적변이계수(index of qualitative variation : IQV)는 명목척도에 의한 범주형 자료의 산포도를 측정하는 데 일반적으로 사용되며, 0과 1 사이의 값을 취한다($0 \leq IQV \leq 1$). 질적변이계수는 다음과 같이 계산할 수 있는데, 다음 예제에서 이 공식을 사용하여 질적변이계수를 계산하여 보자.

$$IQV = \frac{k(N^2 - \sum f^2)}{N^2(k-1)}$$

k : 범주의 수

N : 총도수

$\sum f^2$: 각 범주별 도수제곱의 합

예제 3-15 A, B, C 세 지역의 인종적 이질성의 정도를 비교하기 위해 조사한 결과는 다음과 같다. 질적변이계수를 구하여 이질성의 정도를 비교하라.

지역 A		지역 B		지역 C	
인종	도수	인종	도수	인종	도수
백인	90	백인	60	백인	30
흑인	0	흑인	20	흑인	30
기타	0	기타	10	기타	30
	$N=90$		$N=90$		$N=90$

세 지역의 질적변이계수를 계산하면 다음과 같다.

$$\text{지역 } A\text{의 } IQV: \frac{3[90^2-(90^2+0^2+0^2)]}{90^2\times(3-1)}=\frac{3(8{,}100-8{,}100)}{8{,}100\times 2}=0$$

$$\text{지역 } B\text{의 } IQV: \frac{3[90^2-(60^2+20^2+10^2)]}{90^2\times(3-1)}=\frac{3(8{,}100-4{,}100)}{8{,}100\times 2}=0.74$$

$$\text{지역 } C\text{의 } IQV: \frac{3[90^2-(30^2+30^2+30^2)]}{90^2\times(3-1)}=\frac{3(8{,}100-2{,}700)}{8{,}100\times 2}=1$$

지역 A(0.00)는 인종적 이질성이 전혀 없고, 지역 B(0.74)는 인종적 이질성이 높은 편이며, 지역 C(1.00)는 최대의 이질성을 보인다.

이상에서 살펴본 특성치 산출에 의한 자료의 요약·정리는 [그림 3-4]로 요약된다.

[그림 3-4] 특성치 산출에 의한 자료의 정리 · 요약 방법

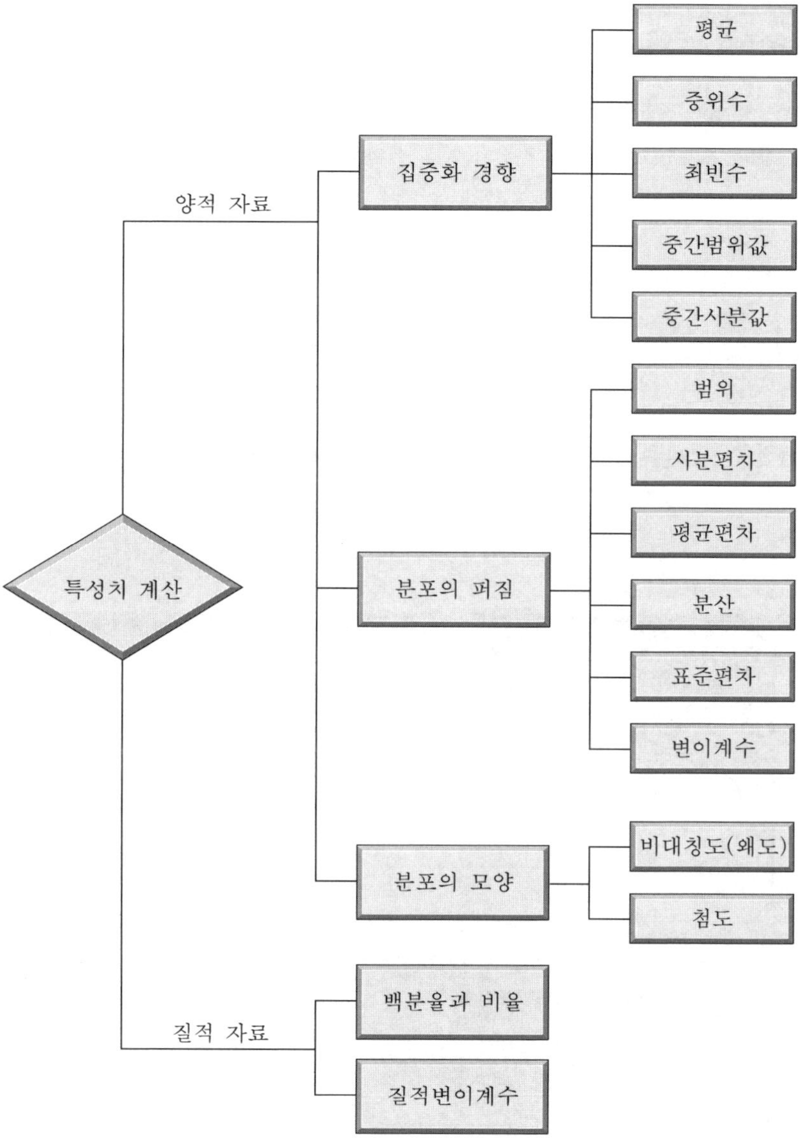

부록 3장 SPSS를 활용한 특성치 산출에 의한 자료분포의 특성 분석

3.1 집중도

SPSS를 활용하여 집중도를 구하여 보자. [예제 3-9]의 자료를 예로 들어 SPSS 사용방법을 살펴보면 다음과 같다. [예제 3-9]는 다음과 같다.

예제 3-9 다음은 태릉휴대폰주식회사의 보름간의 매출액의 자료이다. 일사분위수, 삼사분위수, 중간사분값을 구하라(단위 : 천만 원).

22 25 34 35 41 41 46 46 46 47 49 54 54 59 60

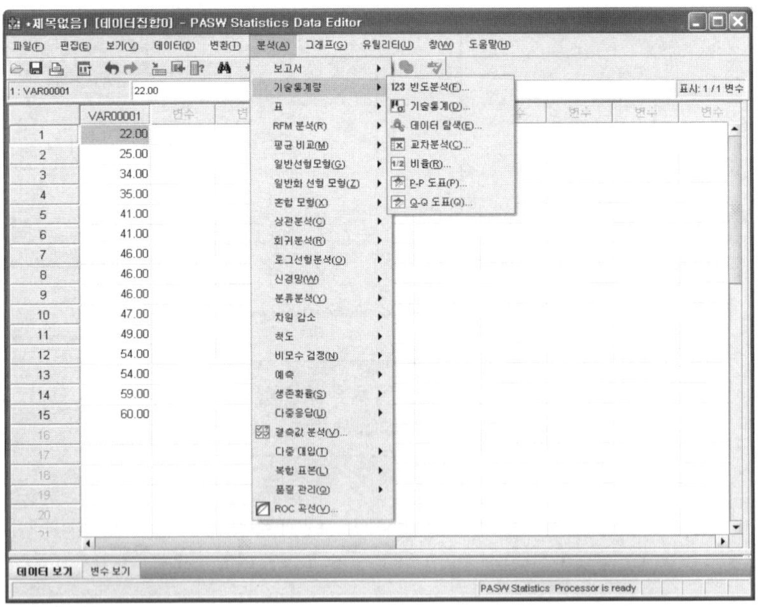

▸ **STEP 1**

자료를 입력한 후 메뉴에서 "분석" → "기술통계량" → "빈도분석"을 선택하면 왼쪽과 같은 화면이 나타난다.

집중도 통계치를 계산하기 위해서 SPSS의 메뉴에서 "기술통계량" 부분에 "빈도분석"과 "기술통계"의 두 방법이 있지만 "빈도분석"에서 보다 많은 통계치를 구할 수 있고 더불어 도수분포표를 동시에 구할 수 있다는 장점이 있다.

▸ STEP 2

SPSS 화면에서 변수인 매출액을 선택하고 ▶를 눌러 오른쪽 칸으로 이동시킨다. 현재의 화면에는 "빈도표 출력"에 ✓ 표시가 되어 있다. ✓ 표시가 되어 있으면 결과물에 도수분포표가 출력이 되고, 표시가 되어 있지 않으면 도수분포표가 출력되지 않으므로 분석하는 사람의 목적에 따라 선택하면 된다.

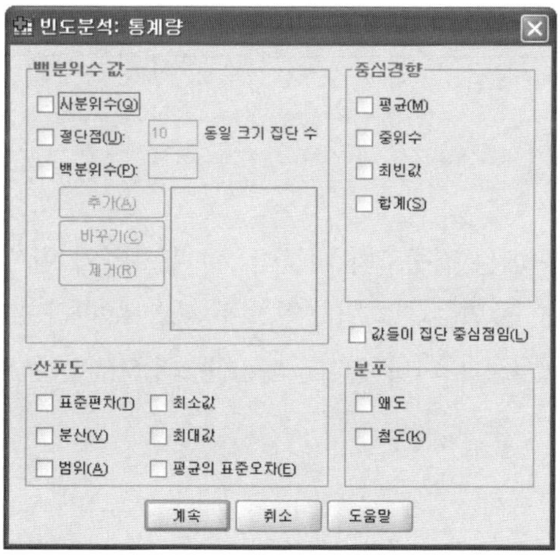

▸ STEP 3

[STEP 2]의 화면에서 오른쪽 상단의 "통계량" 버튼을 클릭하면 왼쪽과 같은 화면이 나타난다. 집중도를 나타내 주는 중심경향, 산포도, 자료의 모양을 알려주는 분포 등이 있다. 우선 여기에서는 집중도의 대푯값들을 알아보고자 하는 것이므로 중심경향에 위치하고 있는 평균, 중위수, 최빈값을 선택하면 된다. 또한, 사분위수를 구하고자 한다면 백분위수 값에 있는 사분위수를 선택하면 된다. 선택한 후 "계속" 버튼을 눌러 진행하면 된다.

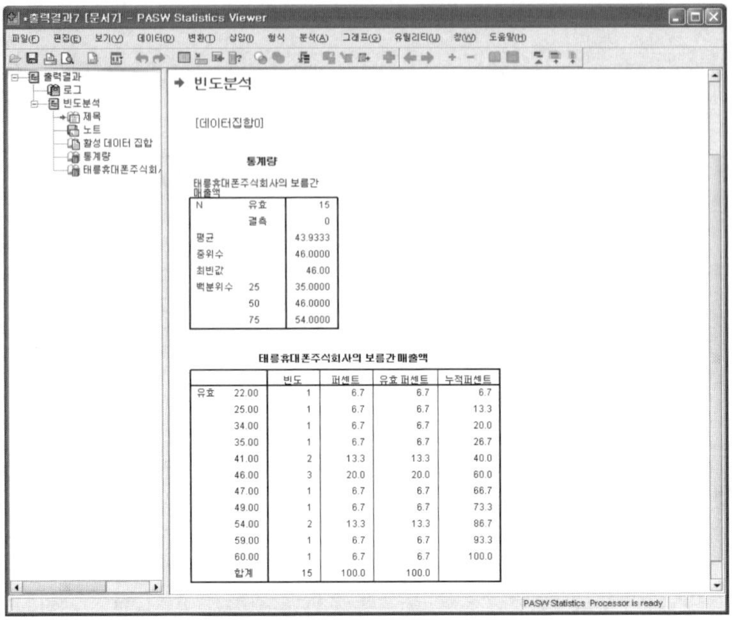

빈도분석

[데이터집합0]

통계량

태릉휴대폰주식회사의 보름간 매출액

N	유효	15
	결측	0
평균		43.9333
중위수		46.0000
최빈값		46.00
백분위수	25	35.0000
	50	46.0000
	75	54.0000

태릉휴대폰주식회사의 보름간 매출액

		빈도	퍼센트	유효 퍼센트	누적퍼센트
유효	22.00	1	6.7	6.7	6.7
	25.00	1	6.7	6.7	13.3
	34.00	1	6.7	6.7	20.0
	35.00	1	6.7	6.7	26.7
	41.00	2	13.3	13.3	40.0
	46.00	3	20.0	20.0	60.0
	47.00	1	6.7	6.7	66.7
	49.00	1	6.7	6.7	73.3
	54.00	2	13.3	13.3	86.7
	59.00	1	6.7	6.7	93.3
	60.00	1	6.7	6.7	100.0
	합계	15	100.0	100.0	

‣ STEP 4

사분위수, 평균, 중위수, 최빈값 등을 선택하여 태릉휴대폰주식회사의 집중도를 SPSS를 이용하여 분석한 결과는 위와 같다.

[분석결과의 해석]

[STEP 4]의 결과 화면에는 집중도와 더불어 도수분포표가 함께 나타나 있다. 결과에 따르면 평균은 43.9333, 중위수와 최빈값은 모두 46으로 나타났으며, 백분위수의 경우 25%값은 35, 75%값은 54로 나타나 있다. 백분위수의 50%값은 위에서 설명한 바와 같이 중위수와 같다.

3.2 산포도

산포도를 SPSS를 활용하여 구하는 방법을 살펴보자. 위의 집중도에서 설명한 바와 같이 태릉휴대폰주식회사의 자료를 이용하여 산포도를 구하면 다음과 같다. 먼저, 집중도를 구할 때와 마찬가지로 [STEP 1], [STEP 2]의 과정을 거쳐 [STEP 3]의 화면에서 분산, 표준편차, 범위 등 산포도에서 구하고자 하는 통계치를 선택하고 분석을 진행하면 다음의 [STEP 4]와 같은 결과를 얻을 수 있다.

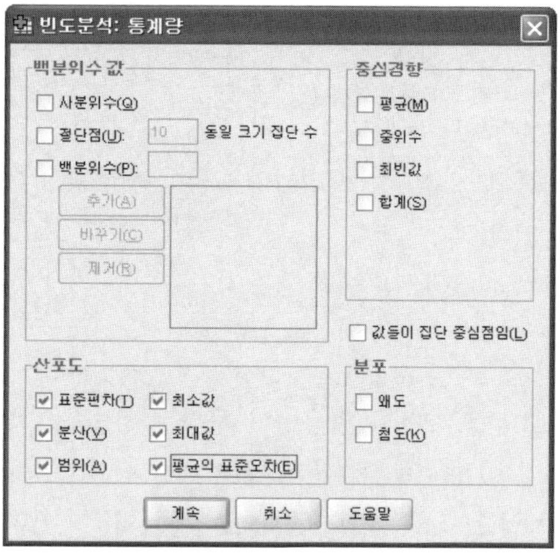

▸ **STEP 3**

산포도를 나타내 주는 표준편차, 분산, 범위, 최솟값, 최댓값, 평균의 표준오차를 선택한다. 선택한 후 "계속" 버튼을 눌러 진행하면 된다.

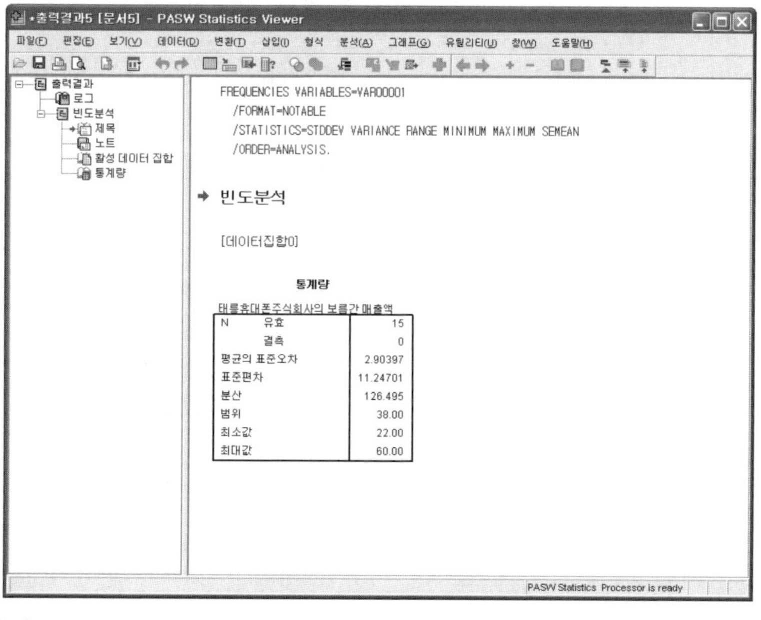

▸ **STEP 4**

표준편차, 분산, 범위, 최솟값, 최댓값, 평균의 표준오차 등을 선택하여 태릉휴대폰주식회사의 산포도를 SPSS를 이용하여 분석한 결과는 위와 같다.

[분석결과의 해석]

[STEP 4]의 결과에서 보는 바와 같이, 태릉휴대폰주식회사 판매량 자료의 분산은 126.495이고 표준편차는 11.24701로 나타났다. 또한, 최댓값은 60이고 최솟값은 22이며, 따라서 범위는 38이다.

3.3 분포의 모양

세 번째로 분포의 모양을 SPSS를 활용하여 구하는 방법을 살펴보자. 태릉휴대폰주식회사의 판매량 자료를 이용하여 자료의 모양에 대한 통계치를 SPSS를 이용하여 구하면 다음과 같다. 앞의 집중도 및 산포도에서와 마찬가지로 [STEP 1], [STEP 2]의 과정을 거쳐 [STEP 3]의 화면에서 왜도와 첨도를 선택하고 분석을 진행하면 [STEP 4]와 같은 결과를 얻을 수 있다.

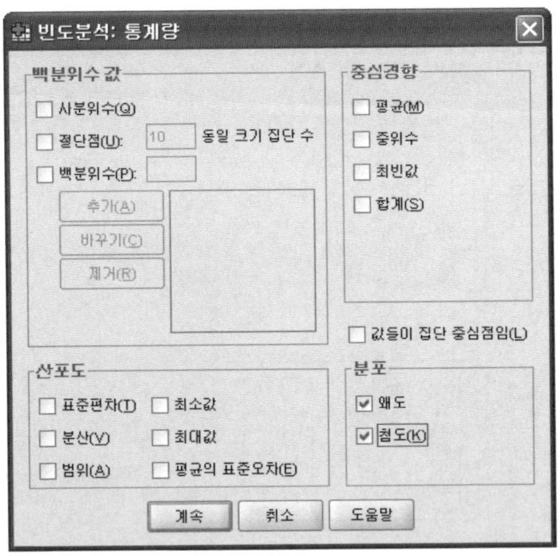

▸ **STEP 3**
자료의 모양을 나타내 주는 왜도, 첨도를 선택한다. 선택한 후 "계속" 버튼을 눌러 진행하면 된다.

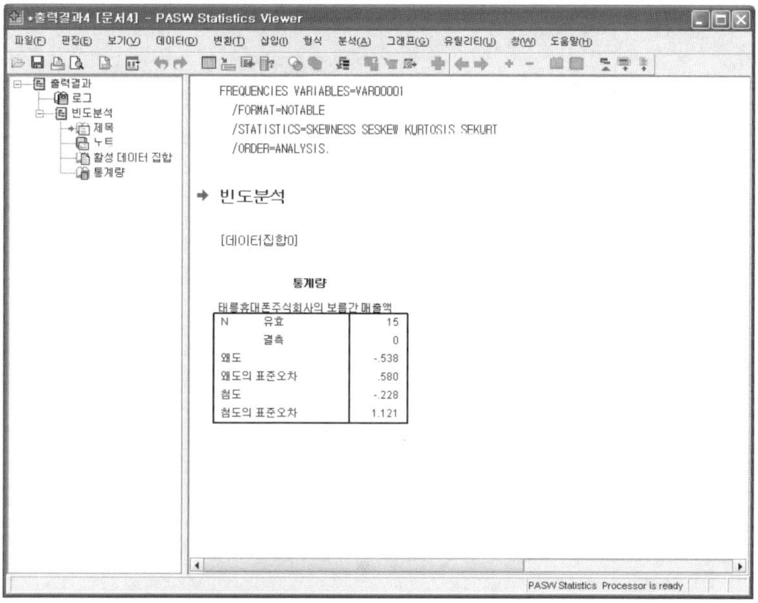

‣ **STEP 4**

왜도와 첨도를 선택하여 태릉휴대폰주식회사의 자료의 모양을 SPSS를 이용하여 분석한 결과는 왼쪽과 같다.

[분석결과의 해석]

[STEP 4]에서 보는 바와 같이, 왜도는 $-.538$이고 첨도는 $-.228$이다. 왜도가 음수($-$)이므로 왼쪽꼬리분포가 되며, 첨도가 음수이므로 자료 분포의 모양이 편편함을 나타낸다.

주요 용어와 공식

SOCIAL STATISTICS

- 평균(mean) : 자료의 총합을 표본의 크기로 나누어 구한 값

  모집단 평균 : $\mu = \dfrac{\sum x_i}{N}$

  표본평균 : $\bar{x} = \dfrac{\sum x_i}{n}$

  가중평균 : $\bar{x} = \dfrac{\sum w_i x_i}{\sum w_i}$

  그룹화된 자료에서의 모집단 평균 : $\mu = \dfrac{\sum f_i M_i}{N}$

  그룹화된 자료에서의 표본평균 : $\bar{x} = \dfrac{\sum f_i M_i}{n}$

- 중위수(median) : 자료를 크기 순으로 나열하였을 때 가장 중앙에 위치한 값
- 최빈수(mode) : 자료 중에서 가장 빈도가 높은 관찰값
- 중간범위값(mid-range) : 관찰치 가운데 최댓값과 최솟값의 평균
- 중간사분값(midhinge) : 일사분위수와 삼사분위수의 평균값
- 범위(range) : 최댓값에서 최솟값을 뺀 값
- 사분위수범위(interquartile range : *IQR*) : 자료 중 가운데 부분 50% 자료의 범위를 나타내는 것으로 자료의 산포 정도를 나타내는 정도. $IQR = Q_3 - Q_1$
- 분산(variance) : 평균을 중심으로 관찰값이 얼마나 떨어져 분포하는가를 나타내는 정도

  모집단 분산 : $\sigma^2 = \dfrac{\sum (x_i - \mu)^2}{N}$

  표본분산 : $s^2 = \dfrac{\sum (x_i - \bar{x})^2}{n-1}$

  그룹화된 자료에서의 모집단 분산 : $\sigma^2 = \dfrac{\sum f_i (M_i - \mu)^2}{N}$

  그룹화된 자료에서의 표본분산 : $s^2 = \dfrac{\sum f_i (M_i - \bar{x})^2}{n-1}$

- **표준편차**(standard deviation) : 분산의 제곱근으로 원자료의 측정 단위와 같은 단위로 퍼짐의 정도를 나타내는 것

  표본표준편차 : $s = \sqrt{s^2}$

  모집단 표준편차 : $\sigma = \sqrt{\sigma^2}$

- **변이계수**(coefficient of variation) : $(\frac{\text{표준편차}}{\text{평균}} \times 100)\%$

연습문제

01 태릉대학교 학생 10명의 평균 학점이다. 이 자료에서 산술평균, 중위수, 최빈값을 구하시오.

3.75	3.67	3.65	3.81	4.48
3.68	3.90	3.71	3.79	3.67

02 다음 자료에서 범위, 분산, 표준편차를 구하시오.

18, 9, 8, 8, 9, 8, 3, 9

03 한 집단의 점수분포 평균이 150이고 중앙값이 180일 때, 이 분포의 모양은 어느 쪽으로 치우쳐 있는가? 왼쪽꼬리분포인가? 오른쪽꼬리분포인가?

04 태릉대학교 학생들의 키를 조사하였다. 키의 평균은 175cm, 중앙값은 170cm이다. 학생들 키의 표준편차가 20cm라면, 피어슨의 비대칭계수는 얼마인가? 그리고 그 의미는 무엇인가?

05 다음 표는 태릉대학교와 공릉대학교의 통계학 시험성적 자료의 주요한 기술통계를 보여주는 표이다. 그 결과를 참조하여 자료의 특성을 상호 비교하면서 설명하시오.

기술통계		태릉대학교	공릉대학교
집중도	평균	69.6	82.1
	중앙값	70.0	84.0
	최빈값	62.0	71.0
산포도	범위	56.0	36.0
	최댓값	98.0	97.0
	최솟값	42.0	61.0
	분산	177.56	98.81
	표준편차	13.33	9.94
자료의 모양	왜도	.207	−.254
	첨도	−.133	−.946

06

다음 자료는 국제수학경시대회에 참가한 50개 국가 대표의 성적이다. SPSS 프로그램을 이용하여 집중도, 산포도, 자료의 모양 등 기술통계를 구하여, 자료분포의 특성을 설명하시오.

52.6	47.7	49.7	51.9	48.4	50.9	47.4	46.5	44.1	46.6
44.5	47.8	50.7	54.1	46.0	58.3	54.8	52.2	52.7	46.3
47.8	47.6	52.8	55.6	52.1	53.2	51.6	54.4	48.8	48.7
47.3	52.5	47.1	45.3	58.3	50.5	53.0	49.2	46.0	46.4
44.2	55.8	53.1	47.2	54.9	46.7	46.9	48.6	48.5	55.1

07

다음 자료는 태릉공화국 장관들의 2010년 월별 대통령과 면담한 시간이다. 이 자료를 이용하여 도수분포표를 작성하시오.

	김보은	김유솔	박미현	유나현	이수미	전유리	한샛별	한혜원	황은진
1월	2.7	4.3	2.0	4.2	3.3	2.1	4.6	4.9	5.6
2월	2.8	4.9	2.3	4.6	3.3	3.0	5.4	6.3	5.3
3월	2.9	4.4	2.4	4.7	3.7	2.5	4.8	4.9	4.3
4월	3.1	4.9	3.2	5.1	4.0	3.0	5.7	5.3	4.9
5월	2.5	4.2	2.4	4.5	3.3	2.7	4.7	4.5	3.4
6월	2.3	3.2	2.0	4.2	2.4	2.2	4.1	4.1	2.9
7월	2.7	3.9	2.0	4.3	2.6	2.6	5.3	5.0	3.1
8월	2.5	3.7	1.3	3.5	2.4	2.1	4.8	3.8	3.8
9월	1.9	3.0	1.0	3.8	2.6	1.4	4.9	3.4	3.3
10월	2.1	3.4	0.9	4.0	2.3	1.8	4.6	3.9	4.2
11월	2.5	5.2	1.3	4.6	8.8	2.8	4.7	5.2	5.3
12월	2.7	5.3	1.6	4.8	3.2	2.6	4.6	5.1	6.1

7-1. 대통령과 평균 면담 시간이 가장 긴 장관은 누구인가?

7-2. 위의 자료 가운데 그달 가장 긴 면담 시간을 기록한 장관과 가장 짧은 면담 시간을 기록한 장관은 누구인가?

7-3. 월별 면담 시간이 큰 차이 없이 매달 가장 일정한 시간으로 대통령과 면담을 한 장관은 누구인가?

08

다음 자료는 태릉공화국 9대 대기업 회장들의 지난 10년간 해외 출장 횟수를 정리한 자료이다.

	김보은	김유솔	박미현	유나현	이수미	전유리	한샛별	한혜원	황은진
2001년	7	3	5	6	8	5	6	5	7
2002년	5	5	2	4	4	5	5	3	4
2003년	4	5	2	5	6	9	4	4	5
2004년	3	7	7	8	5	4	6	6	9
2005년	4	5	6	6	5	9	4	3	5
2006년	7	2	5	5	3	6	4	2	4
2007년	5	5	3	3	6	4	7	3	2
2008년	5	3	8	5	4	6	5	7	5
2009년	5	4	6	4	8	6	3	7	7
2010년	4	1	5	3	4	4	7	4	4

8-1. 평균 해외 출장 횟수가 가장 많은 회장은 누구인가?

8-2. 위의 자료 가운데 그 해에 가장 많은 해외 출장 횟수를 기록한 회장과 가장 작은 해외 출장 횟수를 기록한 회장은 누구인가?

8-3. 매년 가장 일정한 해외 출장 횟수를 기록한 회장은 누구인가?

09 다음은 21명의 소득 자료를 이용하여 작성한 도수분포표이다. 중위수를 구하시오.

소득(단위 : 만원)	인원	누적 인원
60~80	2	2
80~100	3	5
100~120	6	11
120~140	5	16
140~160	2	18
160~180	1	19
180~200	1	20
200~220	1	21

10 다음 도수분포표에서 표준편차를 구하시오.

값	빈도
15	1
16	2
17	3
18	6
19	4
20	1

제 4 장

확률의 기초

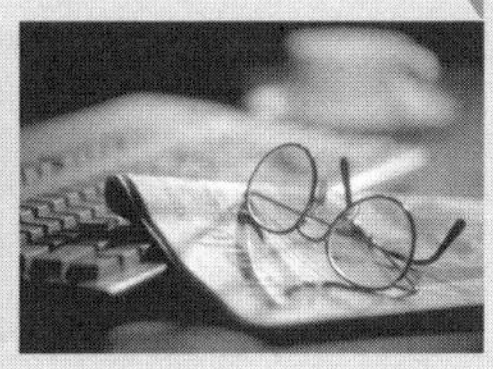

> **우즈 '1000만 달러 어프로치'**
> **BMW챔피언십 역전 우승 … 통산 60승 고지**
> **페덱스 포인트 단숨에 1위로**
>
> 28%.
>
> '골프 황제' 타이거 우즈(미국)가 대회에서 우승할 확률이다. 1996년 PGA투어에 데뷔한 우즈는 10일(한국시간) 끝난 BMW 챔피언십에서 우승하기까지 총 215개 대회에 출전해 60승을 거뒀다. 10번 중 세 번 가까이 우승한다는 이야기다.
>
> 출처 : 중앙일보. 2007년 9월 11일(화요일), 22면.

위는 한 신문의 기사 일부이다. '확률'의 개념을 엿볼 수 있는 기사인데, 이처럼 우리는 일상생활에서 확률의 개념을 매우 많이 활용하고 있다. 예컨대 일기예보의 경우 내일 비가 올 확률이 30%(0.3)[1]라든지, 경마에서 3번 말이 우승할 확률이 상당히 높다든지 등의 확률개념을 널리 사용하고 있다. 여기에서는 이러한 확률에 대한 주요 내용을 살펴보고자 한다.

SOCIAL STATISTICS

제1절 확률의 의미와 유형

타이거 우즈에 관한 신문기사에서 본 것처럼 확률이란 무엇을 뜻하는가? 확률(probability)이란 특정한 사건(event)이 일어날 가능성(likelihood)이나 기회(chance)로서 0과 1 사이의 수치로 표시된다. 가령 동전을 던져 앞면이 나올 확률이 얼마냐고 물어보면 우리는 지체 없이 0.5 혹은 $\frac{1}{2}$이라고 대답할 것이다. 이것은 두 번의 동전을 던지는 경우 그중에 한 번은 앞면이 나온다는 의미인가? 그러한 의미라고 확정할 수는 없다. 첫 번째에 뒷면이 나오면 두 번째는 앞면이 나올 것이라고 확실하게 예측되는 경우 더 이상 그 문제는 통계적인 확률문제가 아니기 때문이다.

---

1) 확률과 동일한 개념으로 확률에 100을 곱한 퍼센트(percent)도 널리 사용된다. 물론 분수값으로도 확률값이 사용된다.

그러면 앞의 동전의 예에서 우리는 앞면이 나올 확률이 어떻게 0.5라고 거침없이 대답하였는가? 이에 대한 답을 얻기 위해 확률의 세 가지 유형을 살펴보자. 첫 번째 유형은 소위 *선험적 확률*(a priori probability)의 접근으로 반복적인 실험 없이 사전에 어떤 사건이 발생할 확률이 결정된다. 앞의 동전 던지기에서 앞면이 나올 확률이 0.5라고 한 예가 이에 해당된다. 선험적 확률은 발생 가능한 모든 사건들의 확률이 동등하다고 가정한다. 앞서 동전 던지기에서 앞면이 나올 확률이 0.5라는 대답은 동전의 앞면이 나올 확률과 뒷면이 나올 확률이 0.5로 같다는 논리적 추론의 결과이다.[2] 선험적 확률을 계산공식으로 표현하면 다음과 같다.

$$P(S) = \frac{S}{T}$$

S : 사상 발생의 건수
T : 사상 발생 가능 총건수

선험적 확률이 실제적으로 얼마나 타당성이 있는지 한번 점검해 보자. 주사위를 180번 던져 6가지의 발생 가능 사건(1, 2, 3, 4, 5, 6)의 확률을 컴퓨터 모의실험(computer simulation)에 의해 계산하기로 한다. 선험적 확률에 의하면 180회의 시행에서 각 사건의 발생확률은 $\frac{1}{6}$ $(\frac{30회}{180회})$이 되어야 한다. 그러나 시뮬레이션 결과를 통해 나타난 각 사건의 발생확률이 항상 정확히 일치하지는 않는다. 고전적 이론의 선험적 확률이 실제적으로 들어맞지 않는 경우도 많다는 의미이다.

따라서 이러한 경우에 *상대도수·경험적 확률*(relative frequency or empirical probability)의 개념으로 사용할 수 있다. 상대도수확률은 반복적인 실험을 근거로 총시행횟수로 특정 사건이 발생할 빈도수로 나누어 계산한다. 예컨대, 동전을 10,000번 던져 앞면이 6,700번 나왔다면, 동전의 앞면이 나올 확률은 0.67 $(\frac{6,700}{10,000})$이 된다. 이러한 경험적 확률은 우리의 선험적 확률(동전의 앞면이 나올 확률이 1/2)을 수정하거나 확률계산의 시행에 사용된 물체(마모된 동전이나 주사위와 같이)가 공평하지 못하다는 결론을 내리는 정당성의 근거가 될 수 있다. 한편 확률계산의 시행에 사용된 물체가 완전무결하더라도 선험적 확률과 경험적 확률이 일치하리라고 기대하기는 어렵다. 예컨대 앞서 주사위 던지기의 컴퓨터 시뮬레이션의 예제처럼 모든 주사위의 눈이 $\frac{1}{6}$의 확률을 얻지 못할 수 있듯이, 반복적인 실험에 의해 구한 확률은 선험적 확률과 같지 않다. 그

2) 고전적 확률이론(classical theory)의 선험적 확률의 개념은 J. Bernoulli의 불충분한 이유의 원리(Principle of Insufficient Reason)에 근거를 두고 있다. 이 원리는 특별한 이유가 없는 한 표본공간을 이루는 실험결과의 발생가능성은 동일하다는 견해이다.

러나 시행의 횟수를 무한대에 가깝도록 증가시키면 주사위의 눈이 $\frac{1}{6}$의 확률에 수렴하게 된다.

$$P(S) = \lim_{N \to \infty} \frac{S}{T}$$

S : 특정 사상의 발생횟수
T : 총시행횟수

세 번째 유형으로 *주관적 확률*(subjective probability)이 있다. 앞의 두 확률유형이 선험적 지식이나 실제의 자료에서 확률을 평가하는 *객관적 확률*(objective probability)인데 반해 주관적 확률은 개인의 주관적인 판단에 의해 확률이 평가되는 것이다. 따라서 어떤 사건에 대한 주관적 확률은 개인에 따라 큰 편차를 보일 수 있다. 예컨대 남북통일이 될 것인가에 대한 확률, 2014년 월드컵에서 한국이 우승할 확률 등에 대한 예측은 개인의 경험, 학력수준, 성향 등의 개인적 변수에 따라 달라질 수 있다. 위와 같은 사건은 한번밖에 발생하지 않으며, 반복적인 실험이나 선험적인 지식으로는 예측될 수 없으므로 개인적인 믿음의 정도에 의해 평가된다.

이와 같이 선험적 확률, 경험적 확률, 주관적 확률의 세 유형은 불확실한 사건의 확률을 평가하는 데 상호보완적이며, 상황에 적합한 확률유형을 선택하여 사용해야 한다. 확률이론과 관련하여 이 책에서는 객관적 확률(선험적 · 경험적 확률)에 초점이 주어진다.[3)]

SOCIAL STATISTICS

제2절 확률의 기초개념

확률의 중요한 기초개념으로 실험, 사건, 표본공간을 들 수 있다.

먼저, *실험(experiment)은 통계학에서 관찰(observation)을 하거나 측정치를 취하는 과정*이라 정의된다. 예를 들어 동전을 반복해서 3회 던지거나, 원고에서 오·탈자의 수를

3) 주관적 확률은 뒤에서 설명할 베이즈 정리나 통계적 의사결정이론에서 중요한 역할을 하나, 개론서의 범위를 벗어나기 때문에 고급통계학에서 다루고 있다.

세거나, 또는 실업률의 예측을 위하여 자료를 수집하고 평가하는 행위도 실험이라 할 수 있다. *사건(사상; event)이란 실험의 결과(outcomes)로 표본공간의 부분집합*으로 정의된다. 두 개의 주사위를 던진 경우 그 합이 "2"라면 첫 번째 주사위는 "1"의 눈이, 두 번째 주사위도 "1"의 눈이 나오는 사건이 출현했을 것이다. 사건은 다시 *단순(단일)사건(simple or elementary event)*과 *복합사건(compound or decomposable event)*으로 분류된다. 단순사건[4]이란 분해 불가능한 사건을 의미하며, 앞의 주사위 실험의 예에서 첫 번째 주사위의 눈이 1이 나오는 사건과 두 번째 주사위의 눈 역시 1이 나오는 사건의 각각을 단일사건이라 하며, 두 주사위 눈의 합이 2가 되는 사건은 주사위의 눈이 1이 나오는 두 단순사건이 모여진 복합사건이라고 한다. 주사위 눈의 합이 2가 되는 복합사건은 주사위의 눈이 1이 나오는 두 개의 단순사건으로 분해할 수 있다. *표본공간(sample space)이란 가능한 모든 사건의 집합이다.* 가령 주사위를 던질 경우 주사위의 눈이 나오는 가능한 모든 사건의 집합인 표본공간은 $S=\{1, 2, 3, 4, 5, 6\}$으로 표시할 수 있다.

이와 같은 내용을 그림으로 살펴보면 보다 쉽게 이해할 수 있다. 주사위를 던져서 3과 4의 숫자가 나오는 사건을 예로 들어 보자. 주사위를 던져 주사위의 눈이 나오는 표본공간은 $S=\{1, 2, 3, 4, 5, 6\}$이며, 이때 주사위를 던져서 3과 4의 눈이 나오는 사건을 A라고 한다면 [그림 4-1]의 사건 A에 해당하는 부분이 바로 이 사건이다. 그 외의 사건 A^c 부분은 후에 살펴볼 A의 여집합 부분으로 이 경우에는 3과 4의 눈을 제외한 나머지인 1, 2, 5, 6이 해당된다. 따라서, 사건 A와 A^c 부분을 합한 것이 표본공간 S이다.

[그림 4-1] 표본공간과 사건

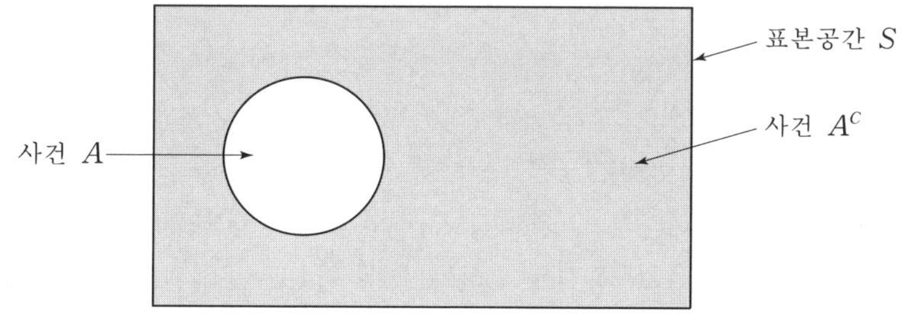

4) 단순사건을 가리켜 표본점(sample point) 또는 간단히 점(point)이라고도 한다.

SOCIAL STATISTICS

제3절

사건과 집합

1 집합의 개념과 사건과의 관계

집합(set)의 개념(집합연산을 포함하여)은 확률을 이해하는 데 아주 유용하다. 집합이란 원소(element)들의 모임이라 정의된다. 예컨대 주사위의 눈의 숫자들은 1, 2, 3, 4, 5, 6으로 구성되어 있다. 이때 1, 2, 3, 4, 5, 6을 원소라 하고, 이 원소로 구성된 모임을 전체집합(universal set)이라 하며 $U=\{1, 2, 3, 4, 5, 6\}$으로 나타낼 수 있다. 그리고 $\{1, 2\}$와 같이 원소의 일부로 구성된 집합을 부분집합(subset)이라 한다. 집합의 개념을 확률의 기초개념과 대응시키면 전체집합은 표본공간, 부분집합은 복합사건, 원소는 단순사건에 해당된다. 집합의 연산은 확률의 기초개념인 사건과 확률계산의 이해에도 매우 유용하다.

2 집합연산과 사건

집합연산과 사건은 합집합과 상호배타적 · 비배타적 사건, 교집합과 결합사건, 여집합과 여사건으로 나누어 살펴보도록 하자.

먼저, 합집합과 상호배타적 · 비배타적 사건이다. 집합 A와 B가 있다고 할 때, 집합 A 또는 B 혹은 A와 B 동시에 속하는 모든 원소로 구성된 집합을 합집합(union set)이라 한다. 합집합은 $A \cup B$이라 표시하고, A union(cup, or) B라고 한다. 이를 다음과 같이 표현할 수 있다.

$$A \cup B = A + B$$

상호비배타적 집합에 대해 이해하기 위하여 다음의 상황을 보자. 주사위 눈의 숫자 중에 3의 배수로 구성된 집합을 $A=\{3, 6\}$이라 하고 2의 배수로 구성된 집합을 $B=\{2, 4, 6\}$이라 하면 A와 B의 합집합 $A \cup B=\{2, 4, 6\}$이 된다. 이를 [그림 4-2]와 같이 벤 다이어그램(Venn diagram)을 통해 보면 보다 쉽게 이해할 수 있다.

[그림 4-2] 상호비배타적 집합

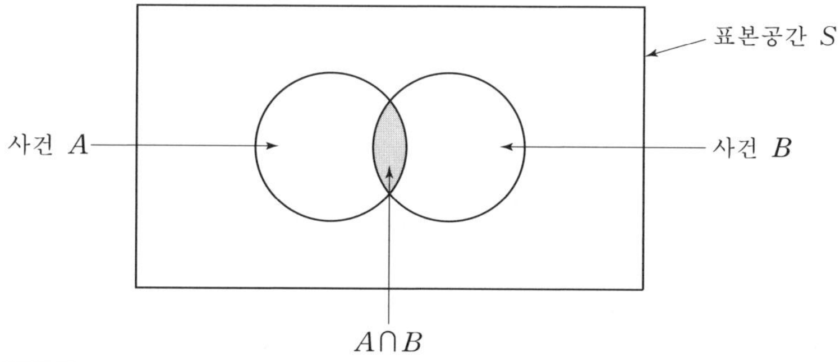

여기서 합집합 $A \cup B$는 $A=\{3, 6\}$ 또는 $B=\{2, 4, 6\}$에 속하는 모든 요소와 A와 B의 공통원소 $A \cap B=\{6\}$으로 구성된다. 이 경우 합집합 $A \cup B$의 계산에서 공통원소 6은 A, B에서 이중으로 포함된다. 따라서 합집합 연산공식은 다음과 같다. 상호비배타적 집합은 A 또는 B의 사건과 A와 B의 사건의 양쪽을 모두 포함하는 상호비배타적 사건으로 대응된다.

$$A \cup B = A + B - (A \cap B)$$

이와 같이 합집합은 집합 간에 공통원소를 공유하는 경우도 있지만 아닌 경우도 있다. 예컨대 주사위 눈의 숫자 중에 홀수로 구성된 집합을 $A=\{1, 3, 5\}$라 하고 짝수로 구성된 집합을 $B=\{2, 4, 6\}$이라 하면 A와 B의 합집합 $A \cup B=\{1, 2, 3, 4, 5, 6\}$이 된다. 이 역시 [그림 4-3]과 같이 벤 다이어그램을 통해 보면 보다 쉽게 이해할 수 있다.

[그림 4-3] 상호배타적 집합

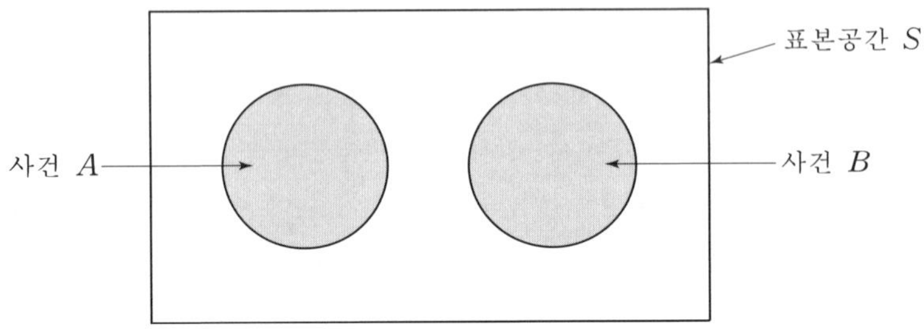

이 경우에는 집합 A와 B의 공통원소가 존재하지 않는다($A \cap B = \phi$, 공집합, empty *or* null set). 즉 A와 B의 합집합 $A \cup B = \{1, 2, 3, 4, 5, 6\}$이 된다. 이와 같이 두 집합 간에 공통원소가 없는 경우 상호배타적 집합이라 하며, 연산공식은 다음과 같다.

$$A \cup B = A + B$$

집합의 개념과 확률의 기초개념 사이에는 대응관계가 성립한다. 따라서 합집합이 두 집합 간에 공통원소를 가지고 있지 않은 것처럼 *두 사건[5]이 동시에 일어날 수 없을 때 상호배타적 사건(mutually exclusive event)이라 한다.*[6] 가령 병아리 감별사가 병아리에 대해 암수를 구별할 때 나타나는 사건은 암컷이나 수컷이지 암컷과 수컷을 동시에 가진 사건은 발생하지 않는다.

다음으로 교집합과 결합사상에 대하여 살펴보자. 집합 A와 B가 있을 때 집합 A와 B의 공통원소만으로 구성된 집합을 교집합(intersection set)이라 한다. 교집합은 $A \cap B$로 표시하고, A intersection(cap, and) B라 읽는다. 앞서 언급한 합집합에 관련된 예에서 주사위 눈의 숫자가 3배수와 2배수의 원소로 구성된 집합 A와 B에서 공통원소는 A, B의 교집합 $A \cap B = \{6\}$이 된다. 앞의 [그림 4-2]의 벤 다이어그램에서 음영 부분을 말한다. 교집합의 개념을 확률사건에 대응시키면, *두 사건[7]이 동시에 일어날 때에 해당되며($A \cap B \neq \phi$) 결합사건(joint event)이라 한다.* 하나의 주사위와 하나의 동전을 던졌을 때 주사위의 눈이 "1", 동전은 앞면이 출현하는 사상이 결합사상의 한 예라 할 수

5) 물론 교집합의 개념은 둘 이상의 집합에 적용가능하며, 이에 따라 상호배타적 사상에도 해당된다.
6) 상호배타적 사상과 구별해야 될 개념으로 독립사상이 있는데 이는 뒤에서 설명한다.
7) 교집합 역시 두 집합 이상에 적용할 수 있으므로 결합사상도 둘 이상의 사상에 적용가능하다.

있다. 교집합의 연산은 합집합의 연산으로부터 다음과 같이 쓸 수 있다.

$$(A \cap B) = A + B - (A \cup B)$$

마지막으로 여집합과 여사건에 대하여 알아보자. 전체집합 U와 부분집합 A가 정의되면 전체집합을 구성하는 원소들 중 부분집합 A에 포함되지 않는 부분이 생기는데, 이를 집합 A의 여집합(餘集合, complementary set)이라 한다. 여집합은 A^c, $\overline{A}$, A'로 표시하고, A bar(complement)라고 읽는다. 예를 들어 전체집합 $U=\{1, 2, 3, 4, 5, 6\}$으로 주사위 눈의 숫자 1에서 6까지로 구성되고, 집합 $A=\{2, 4, 6\}$으로 2의 배수인 원소로 구성된다고 하자. 집합 A의 여집합은 전체집합 중에서 집합 A에 포함되지 않는 원소들로 구성되므로 $A^c=\{1, 3, 5\}$가 된다. 앞의 [그림 4-1]의 벤 다이어그램을 보면 보다 쉽게 이해할 수 있다. 여사건이란 표본공간 S의 모든 사건 중에서 어떤 사건 A에 포함되지 않은 사건으로 구성된 사건을 A의 여사건이라 한다. 주사위 눈의 숫자들이 표본공간 $S=\{1, 2, 3, 4, 5, 6\}$으로 사건 A는 홀수 눈의 숫자가 나타날 사건 $A=\{1, 3, 5\}$로 정의되면, A의 여사건 $A^c=\{2, 4, 6\}$의 짝수 눈의 숫자가 출현할 사건이 된다.

SOCIAL STATISTICS

제4절 확률의 공리

사건 A가 발생할 확률을 $P(A)$, 사건 A가 발생하지 않을(A의 여사건) 확률을 $P(A^c)$, S를 표본공간이라 하자. 이때 다음과 같은 공리가 성립된다.

공리 1	$0 \leq P(A) \leq 1$
공리 2	$P(A_1)+P(A_2)+\cdots+P(A_n)=\sum_{i=1}^{n} P(A_i)=1$
공리 3	$P(A^c)=1-P(A)$

공리 1은 어떤 사상 A가 발생할 확률이 0보다는 크거나 같고, 1보다 작거나 같다는 의미이다. 따라서 확률이 음수인 -0.5이거나 1보다 큰 1.5와 같은 값을 가질 수 없다. 즉, 확률은 항상 0과 1 사이의 값을 갖는다. 공리 2는 표본공간 S의 확률은 1임을 말한다. A_1, A_2, $\cdots$, A_n의 n개의 사건으로 구성된 표본공간의 확률의 합은 1이 된다. 공리 3은 어떤 사건 A가 발생하지 않을 확률은 1에서 어떤 사건 A가 발생할 확률을 뺀 것과 같다는 의미이다. 어떤 사건 A가 발생할 확률과 A의 여사건이 발생할 확률을 합하면 1이 된다($P(A)+P(A^c)=1$).

SOCIAL STATISTICS

제5절 확률의 계산법칙

확률계산에는 가장 기본이 되는 두 가지의 법칙이 있다. 첫째는 확률의 덧셈법칙으로 상호배타적·비배타적 사건의 확률을 구할 때 사용된다. 둘째로 확률의 곱셈법칙은 결합사건을 구하는 데 사용된다. 확률법칙을 보다 쉽게 설명하기 위해서는 결합확률, 조건부확률, 독립 및 종속 사건의 기본개념에 대한 이해가 필요하다.

1 확률의 덧셈법칙

SOCIAL STATISTICS

먼저 상호배타적 사건부터 살펴보자. A, B 두 사건이 상호배타적인 경우 확률의 덧셈법칙(addition rule)은 다음과 같다.

확률의 덧셈법칙 : 상호배타적 사건

$$P(A \cup B) = P(A) + P(B)$$

하나의 주사위를 던졌을 때 1이나 3의 숫자가 나올 확률은 상호배타적 사건의 확률 계산이므로 위의 덧셈법칙을 사용하여 다음과 같이 계산한다.

$$P(1 \cup 3) = P(1) + P(3) = \frac{1}{6} + \frac{1}{6} = \frac{1}{3}$$

상호비배타적 사건, 즉 두 사건이 서로 배타적이지 않은 경우 확률의 덧셈법칙은 다음과 같은 식으로 표현된다.

확률의 덧셈법칙 : 상호비배타적 사건

$$P(A \cup B) = P(A) + P(B) - P(A \cap B)$$

다음의 예를 보자. 태릉고등학교 체육대회가 열리고 있다. 운동경기에 남학생들이 참여하는 비율을 조사해 보니 축구가 70%, 농구가 40%, 축구와 농구 양쪽 다 참여하는 학생은 20%이다. 한 학생이 축구 또는 농구에 참여할 확률을 위의 확률의 덧셈법칙 가운데 상호비배타적 사건의 경우를 이용하여 구해 보자. 이는 축구경기에 참여하는 사건이 농구경기에 참여하는 사건을 배제하지 않기 때문에 상호비배타적 사건에 해당한다. 그 확률을 구하면

$$\begin{aligned} P(\text{축구} \cup \text{농구}) &= P(\text{축구}) + P(\text{농구}) - P(\text{축구} \cap \text{농구}) \\ &= 0.7 + 0.4 - 0.2 \\ &= 0.9 \end{aligned}$$

이다.

예제 4-1 **표본공간이 0부터 9까지의 숫자의 집합으로 정의되고, 사건 A는 홀수의 숫자로 구성되는 복합사건 B는 2의 배수로 구성되는 복합사건인 경우 사건 A 또는 B가 발생할 확률을 구하라. 그리고 A 또는 B의 여사건의 확률을 구해 보라.**

사건 A와 B는 상호배타적 사건이므로 $P(A \cup B) = P(A) + P(B) = 0.5 + 0.4 = 0.9$

이다. A 또는 B의 여사상은 $P(A \cup B)^c = 1 - P(A \cup B) = 1 - 0.9 = 0.1$이다.

예제 4-2 태릉대학교 사회과학계열 1학년 학생 300명 중 전공기초과목으로 통계학을 수강하는 학생이 180명, 조사방법론을 수강하는 학생이 170명, 두 과목을 모두 수강하는 학생이 150명이다.

① 사회과학계열의 한 학생이 통계학이나 조사방법론을 수강할 확률은 얼마인가?

② 한 학생이 통계학이나 조사방법론 중 어느 하나도 수강하지 않을 확률은 얼마인가?

① 통계학을 수강하는 사건(A)과 조사방법론을 수강하는 사건(B)은 상호배타적이지 않기 때문에 $P(A \cup B) = P(A) + P(B) - P(A \cap B) = \frac{180}{300} + \frac{170}{300} - \frac{150}{300} = \frac{2}{3}$이다.

② A 또는 B의 여사건은 $P(A \cup B)^c = 1 - P(A \cup B) = 1 - \frac{2}{3} = \frac{1}{3}$이다.

2 확률의 곱셈법칙

SOCIAL STATISTICS

확률의 곱셈법칙을 이해하기 위해서는 조건부확률, 독립사건에 대한 설명이 선행되어야 한다.

1 조건부확률

지금까지의 확률은(확률의 덧셈법칙) 표본공간의 변화가 없다는 가정을 전제로 하였다. 반면 조건부확률은 표본공간의 변화에 따른 확률의 개념이다. 예컨대 한 과일 바구니에 사과 5개와 배 3개가 있다고 가정하고, 뽑은 과일은 다시 바구니에 넣지 않고 과일을 하나씩 두 번 뽑는다고 하자. 첫 번째 실험에서 사과를 뽑은 경우, 두 번째 실험에서도 사과를 뽑을 확률을 생각해 보자. 먼저 첫 번째 실험에서 사과를 뽑을 확률은 표본공간으로 사과가 뽑힐 사건을 나누어 주면 $\frac{5}{8}$가 된다. 두 번째 실험에서도 사과를 뽑을 확률은 역시 표본공간으로 사과가 뽑힐 사건을 나누어 주면 된다. 그러나 두 번째 실험의 경우 첫 번째 뽑은 사과를 다시 넣지 않았으므로 표본공간이 줄어들었으며, 변화된 표본공간에서 사과를 뽑을 확률 $\frac{4}{7}$가 된다. 이와 같이 첫 번째 실험의 결과가 표본공간을 변화시켜 두 번째 실험의 결과에 영향을 주는 경우 조건부확률

(conditional probability)이라 한다. *조건부확률은 사건 B가 일어난 조건하에 다른 사건 A가 일어날 확률로 정의되며, $P(A|B)$로 표기한다.* 조건부확률은 다음과 같은 식이 성립된다. A와 B가 동시에 일어날 결합확률(joint probability) $P(A \cap B)$를 사상 B가 일어날 확률 $P(B)(\neq 0)$로 나누어 준 관계가 성립된다.

$$P(A|B) = \frac{P(A \cap B)}{P(B)}$$

다음의 예로 조건부확률을 계산해 보자. 태릉대학교 사회과학계열 학생 300명 중 남학생(M)이 160명, 여학생(F)이 140명인데, 남학생 중 노원구(N) 출신이 80명, 여학생 중 노원구 출신이 50명이라고 한다. 한 학생을 뽑았을 때, 여학생이고 노원구 출신일 확률은 얼마인가?

앞의 식을 사용하면 먼저 여학생일 확률 $P(F) = \frac{140}{300}$이고, 여학생이면서 노원구 출신일 결합확률 $P(N \cap F) = \frac{50}{300}$이다. 따라서 조건부확률 $P(N|F) = \frac{P(N \cap F)}{P(F)} = \frac{50/300}{140/300} = \frac{5}{14}$가 된다.

예제 4-3 **동전과 주사위를 각각 한 번 던지는 실험에서 먼저 동전의 앞면이 나온 조건에서 홀수의 주사위 숫자가 나올 확률을 구하라.**

예제 3의 표본공간은 2×6=12개의 사건으로 구성된다. 이 12개의 사건 중에 동전의 앞면(H)이 나올 확률 $P(H) = \frac{6}{12}$이고 동전의 앞면이면서 홀수(O)의 주사위 숫자가 나올 결합확률 $P(O \cap H) = \frac{3}{12}$이다. 따라서 조건부확률 $P(O|H) = \frac{P(O \cap H)}{P(H)} = \frac{3/12}{6/12} = \frac{1}{2}$이 된다.

2 독립사건(복원추출)과 종속사건(비복원추출)

조건부확률에서는 첫 번째 사건이 두 번째 사건에 영향을 준다고 하였다. 이러한 두 사건을 종속사건(dependent event)이라 하는 반면, 첫 번째 사건이 두 번째의 사건에 전혀 영향을 주지 않는 경우 두 사건을 독립사건(indepedent event)이라 한다.[8] A와 B의

사건이 독립이면 $P(A|B)=P(A)$ 또는 $P(B|A)=P(B)$의 관계가 성립된다. 즉 $A(B)$의 사건이 발생할 확률은 $B(A)$의 사건에 관계없이 일정하다는 것이다. 예컨대 주사위를 두 번 던지는 사건에서 첫 번째에 숫자 1이 나왔다고 해서 두 번째는 숫자 1이 나올 확률이 작아지는 것이 아니라 첫 번째 나온 숫자와 상관없이 $\frac{1}{6}$로 일정하다. A, B 독립사건인 경우의 확률의 곱셈법칙은 다음과 같다.

$$P(A \cap B)=P(A) \cdot P(B)$$

주사위를 두 번 던져 첫 번째에 숫자 1이 나오고 두 번째에도 1이 나올 확률은 $P(1 \cap 1)=P(1) \cdot P(1)=\frac{1}{6} \times \frac{1}{6}=\frac{1}{36}$이 된다. 반면 종속사건인 경우 확률의 곱셈법칙은 앞의 식의 조건부확률 공식으로부터 다음과 같이 유도된다. 앞의 조건부확률의 예에서 $P(N \cap F)=P(N|F) \cdot P(F)=\frac{5}{14} \times \frac{140}{300}=\frac{50}{300}=\frac{1}{6}$이 된다.

$$P(A \cap B)=P(A|B) \cdot P(B)=P(B|A) \cdot P(A)$$

예제 4-4 **노란 공이 7개, 파란 공이 3개 들어 있는 주머니에서 첫 번째 꺼낸 공을 다시 넣는 경우와 다시 넣지 않는 경우에 대해 첫 번째는 노란 공이, 두 번째는 파란 공이 나올 확률을 각각 구하라.**

① 복원추출의 독립사건의 경우로 노란 공이 나올 확률 $P(Y)$와 파란 공이 나올 확률 $P(B)$의 결합확률 $P(Y \cap B)=P(Y) \cdot P(B)=\frac{7}{10} \times \frac{3}{10}=\frac{21}{100}$이다.

② 비복원추출의 종속사건이므로 노란 공이 나올 확률 $P(Y)$와 파란 공이 나올 확률 $P(B)$의 결합확률 $P(Y \cap B)=P(B|Y) \cdot P(Y)=\frac{3}{9} \times \frac{7}{10}=\frac{21}{90}=\frac{7}{30}$이다.

---

8) 복원추출(sampling with replacement)은 독립사건에, 비복원추출(sampling without replacement)은 종속사건(조건사건, conditional event)에 해당된다. 가령 빨간 공이 6개, 녹색 공이 4개 담겨 있는 주머니에서 첫 번째 뽑은 공을 다시 집어넣고 뽑는 경우를 복원추출이라고 하고, 다시 집어넣지 않는 경우를 비복원추출이라 한다. 복원추출의 경우는 첫 번째 사건이 두 번째 사건에 영향을 주지 않는 반면, 비복원추출은 첫 번째 사건으로 표본공간을 변화시켜 두 번째 사건에 영향을 준다.

SOCIAL STATISTICS

제6절 베이즈 정리

조건부 확률은 사건 A의 확률을 구하기 위해 사건 B의 발생에 관한 정보 $P(B)$를 사용한다. 이러한 개념은 어떤 사건 A의 확률을 새로운 정보에 입각하여 수정하는 문제로 확장될 수 있다. *A라는 사건에 대한 정보 $P(A)$를 새로운 정보 $P(B)$에 입각하여 수정한 확률을 베이즈의 확률이라 하며, $P(A/B)$로 표기된다.* 여기서 $P(A)$를 *사전적 확률*이라고 하며, 새로운 정보에 입각하여 수정된 확률 $P(A|B)$를 *사후적 확률*이라고 한다. 이와 같이 사전적 확률을 새로운 정보에 따라 사후적 확률을 계산하는 데 관한 연산법칙을 베이즈 정리(Bays' Theorem)라 한다. 베이즈 정리는 앞의 조건부 확률의 정의로부터 도출된다.

$$P(A \cap B) = P(A|B) \cdot P(B) \quad \cdots\cdots \ (1)$$

$$P(A \cap B) = P(B|A) \cdot P(A) \quad \cdots\cdots \ (2)$$

방정식 (1), (2)로부터

$$P(B|A) \cdot P(A) = P(A|B) \cdot P(B) \quad \cdots\cdots \ (3)$$

방정식 (3)의 양변을 $P(A)$로 나누면 다음과 같은 관계가 성립된다.

$$P(B|A) = \frac{P(A|B) \cdot P(B)}{P(A)}$$

그런데 여기서 $P(A)$는 결합사건의 확률로 구성된 주변확률(marginal probability)이므로 방정식 (4)로 표기할 수 있다. B_1, B_2, $\cdots$, B_k는 K개의 상호배타적인 사건이다.

$$P(A) = P(A \cap B_1) + P(A \cap B_2) + \cdots + P(A \cap B_k) \cdots\cdots \ (4)$$

방정식 (4)에 조건부확률의 곱셈법칙을 적용하면 방정식 (5)가 성립된다.

$$P(A) = P(A|B_1) \cdot P(B_1) + P(A|B_2) \cdot P(B_2) + \cdots + P(A|B_k) \cdot P(B_k) \quad \cdots\cdots \quad (5)$$

이로부터 일반화된 베이즈 정리를 정리하면 다음과 같다.

베이즈 정리

$$P(B_i|A) = \frac{P(A|B_i) \cdot P(B_i)}{P(A|B_1) \cdot P(B_1) + P(A|B_2) \cdot P(B_2) + \cdots + P(A|B_k) \cdot P(B_k)}$$

베이즈 확률은 특히 환자의 질병을 진단하기 위해 병원에서 실시되는 여러 검사와 관련된 문제의 이해에 유용하다. 베이즈 정리에 의한 확률계산을 위해 아래의 예를 살펴보자.

사건 D_1 : B형간염 보균자
사건 D_2 : B형간염 비보균자
사건 T : 양성의 검사결과
사건 T' : 음성의 검사결과

이며 각 사건에 대한 확률은 다음과 같다고 한다.

$$P(D_1) = 0.1$$
$$P(D_2) = 0.9$$
$$P(T|D_1) = 0.95$$
$$P(T|D_2) = 0.01$$

이 경우 면역반응 검사결과 양성반응이 나타난 한 사람이 B형간염 보균자일 확률은 얼마인가? 이를 베이즈 정리의 공식을 사용하여 계산하면

$$\begin{aligned} P(T|D_1) &= \frac{P(T|D_1) \cdot P(D_1)}{P(T|D_1) \cdot P(D_1) + P(T|D_2) \cdot P(D_2)} \\ &= \frac{0.1 \times 0.95}{0.1 \times 0.95 + 0.9 \times 0.01} \\ &= \frac{0.095}{0.104} \\ &= 0.91 \end{aligned}$$

이 된다. 베이즈 확률과 같이 복잡한 확률계산은 [그림 4-4]와 같이 의사결정나무(Decision Tree)를 사용하면 쉽게 풀 수 있다. 의사결정나무는 의사결정점(decision point, □), 상황발생점(chance point, ○) 및 가지(branch)로 구성되어 있다. 먼저 의사결정점에서 여러 사건(대안)은 가지에 의해 상황발생점으로 연결되고, 미래의 상황은 상황발생점에 다시 가지에 의해 연결된다.

위의 예제와 관련하여 의사결정점에서 상황발생점으로 연결되는 가지는 B형간염 보균자($P(D_1)=0.1$)이거나 B형간염 비보균자($P(D_2)=0.9$)의 둘이다. 여기서 B형간염 보균자($P(D_1)=0.1$)인 상황발생점에서 면역반응 검사결과가 양성반응($P(T|D_1)=0.95$)과 음성반응($P(T'|D_1)=0.95$)이 나오는 두 사건의 가지가 나타난다. 한편 B형간염 비보균자($P(D_2)=0.9$)인 경우에도 상황발생점에서 면역반응 검사결과가 양성반응($P(T|D_2)=0.01$)과 음성반응($P(T'|D_2)=0.99$) 두 사건이 발생된다. 결과적으로 양성반응이 나온 사건은 직사각형으로 그린 경우이다. 따라서 양성반응의 한 사람이 B형간염 보균자일 확률은 $\frac{0.095}{0.095+0.009}=\frac{0.095}{0.104}=0.91$이 된다.

[그림 4-4] 의사결정나무 : B형간염 보균자 예

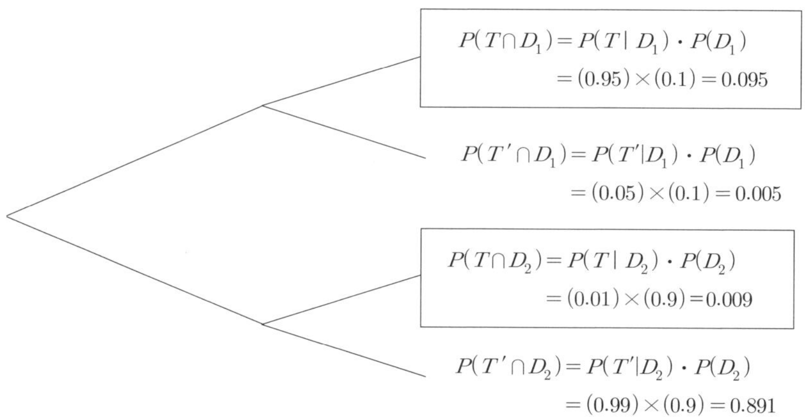

예제 4-5 한 자동차잡지의 통계에 의하면 태릉자동차의 20%가 기아변속에 이상이 있다고 한다. 따라서 정평이 나 있는 자동차정비 전문가에게 이 문제를 상담하기로 하였다. 그런데 이 전문가가 기아변속 이상문제를 올바르게 진단할 확률이 90%이고 그렇지 못할 확률은 10%라고 한다. 기아변속에 이상이 있다고 하였을 때 그 자동차가 기아변속의 이상이 없는 자동차일 확률은 얼마인가?

위의 경우 각 사건에 대한 확률은 다음과 같다.

$P(D_1)$ =0.8(자동차 기아변속에 이상이 없는 사상)

$P(D_2)$ =0.2(자동차 기아변속에 이상이 있는 사상)

$P(T|D_1)$ =0.01(자동차 변속에 이상이 없는 경우 올바르지 않게 판단할 경우)

$P(T|D_2)$ =0.9(자동차 변속의 이상을 올바르게 판단할 확률)

이를 베이즈 정리의 공식을 사용하여 계산하면

$$P(T|D_1) = \frac{P(T|D_1) \cdot P(D_1)}{P(T|D_1) \cdot P(D_1) + P(T|D_2) \cdot P(D_2)}$$
$$= \frac{0.8 \times 0.01}{0.8 \times 0.01 + 0.2 \times 0.9}$$
$$= \frac{0.008}{0.188}$$
$$= 0.04$$

이다.

주요 용어와 공식

SOCIAL STATISTICS

- 표본공간(sample space) : 통계적 실험의 모든 가능한 결과의 집합
- 사건(event) : 표본공간의 한 부분집합
- 복원추출(sampling with replacement) : 일단 한 요소가 표본에 포함되고 나서 다시 모집단으로 돌아가도록 하는 표본추출로, 이미 선택된 요소들은 다시 선택될 수 있고 따라서 표본에 두 번 이상 나타날 수 있음
- 비복원추출(sampling without replacement) : 일단 한 요소가 표본에 포함되면 이 요소는 모집단에서 제거되어 또 다시 선택될 수 없도록 하는 표본추출
- 조합에 관한 계산법칙 : $C_n^N = \binom{N}{n} = \frac{N!}{n!(N-n)!}$
- 순열에 관한 계산법칙 : $P_n^N = n!\binom{N}{n} = \frac{N!}{(N-n)!}$
- 여집합을 사용한 확률계산 : $P(A) = 1 - P(A^c)$
- 덧셈법칙 : $P(A \cup B) = P(A) + P(B) - P(A \cap B)$
- 조건부확률 : $P(A \mid B) = \frac{P(A \cap B)}{P(B)}$

  $P(B \mid A) = \frac{P(A \cap B)}{P(A)}$
- 곱셈법칙 : $P(A \cap B) = P(B)P(A \mid B)$

  $P(A \cap B) = P(A)P(B \mid A)$
- 독립사건에 대한 곱셈법칙 : $P(A \cap B) = P(A)P(B)$
- 베이즈 정리 : $P(A_1 \mid B) = \frac{P(A_1)P(B \mid A_1)}{P(A_1)P(B \mid A_1) + P(A_2)P(B \mid A_2) + \cdots + P(A_n)P(B \mid A_n)}$

연습문제

01 다음의 확률을 계산하시오.

1-1. 주사위를 던져서 3이 나올 확률

1-2. 주사위를 3회 던져서 4가 한 번만 나올 확률

1-3. 2개의 주사위를 동시에 던져서 서로 다른 숫자가 나올 확률

1-4. 2개의 주사위를 동시에 던져서 2, 6의 숫자가 나올 확률

02 태릉대학교 학생 가운데 한 사람이 UN 사무총장 장학금 수혜자로 선발된다고 할 때 다음 자료를 이용하여 $P(M|G)$를 구하시오.

구 분	공릉구 거주 학생(G)	신내구 거주 학생(S)
남학생(M)	130	60
여학생(F)	100	40

03 태릉대학교 황은진 학생이 통계학 과목에서 A학점을 받을 확률은 $\frac{4}{5}$이고, 통계학과 조사방법론 두 과목에서 모두 A를 받을 확률은 $\frac{3}{4}$이라고 한다. 두 과목에서 A학점을 받을 가능성이 독립적이라는 가정하에 황은진 학생이 통계학 과목에서 A학점을 받았다면, 조사방법론 과목에서 A학점을 받았을 확률은 얼마인지 계산하시오.

04 산타클로스 선물보따리에 20개의 선물이 들어 있다. 20개의 선물 가운데 12개는 장난감이고 8개는 인형이다. 20명의 어린이가 줄을 지어 서 있고 산타클로스가 선물보따리 안에서 무작위로 선물을 꺼내 줄을 선 순서대로 어린이에게 선물을 나누어 주고 있다. 네 번째 서 있는 허희윤에게 장난감이 처음으로 주어질 확률은 얼마인지 계산하시오.

05 금년도 행정고시를 치룬 학생 가운데 행정학 시험에서 과락을 면한 응시자는 60%, 행정법 시험에서 과락을 면한 응시자는 40%이다. 두 과목 모두 과락을

면한 응시자가 20%라고 한다. 응시자 가운데 임의로 뽑은 유나현이 행정학 시험에서 과락을 면한 응시자라면 유나현이 행정법에서도 과락을 면했을 확률은 얼마인지 계산하시오.

06 2004년 시행 제48회 행정고등고시(행정 · 공안직) 제2차 시험

한 사업가가 선택할 수 있는 대안이 A_1, A_2 이 두 가지가 있고, 사업을 시작한 후 예상할 수 있는 경제상황이 S_1, S_2 이 두 가지가 있다. 각 경우의 이익금은 아래의 표와 같이 주어진다.

대안	불확실한 상황	
	S_1	S_2
A_1	100	75
A_2	50	120

과거의 경험으로 보아 경제상황 S_1, S_2가 나타날 확률은 각각 0.4, 0.6으로 예상된다.

6-1. 최대 기대이익을 기준으로 어느 대안이 선택되나?

6-2. 위의 사업가는 더욱 확실하게 경제전망을 파악하기 위하여 한 경제연구소에 상담을 의뢰하였다. 이 경제연구소의 과거 실적에 의하면 경제상황이 S_1인 경우는 90%, 경제상황이 S_2인 경우는 80%의 예측 정확도를 보였다. 경제연구소의 전망이 S_1으로 나왔을 때 경제상황 S_1, S_2의 사후확률을 계산하고 이를 이용하여 최대 기대이익을 기준으로 하는 대안을 선택하시오.

6-3. 경제연구소의 전망이 S_2로 나왔을 때 경제상황 S_1, S_2의 사후확률을 계산하고 이를 이용하여 최대 기대이익을 기준으로 하는 대안을 선택하시오.

6-4. 이러한 상담을 통하여 사업가가 얻을 수 있는 이득에 대해 논하시오.

07 2007년 시행 행정고등고시(행정직) 제2차 시험

어떤 회사의 세탁기는 3개의 공장에서 생산된다. 생산된 전체 세탁기 중에서 20%는 A공장에서, 30%는 B공장에서, 그리고 나머지 50%는 C공장에서 생산되었다고 한다. A공장에서 생산된 세탁기의 불량률은 5%, B공장에서 생산된 세탁기의 불량률은 2%, 그리고 C공장에서 생산된 세탁기의 불량률은 2%라고 한다.

7-1. 이 회사에서 생산되는 세탁기의 불량률을 구하시오.

7-2. 임의로 추출한 2개의 세탁기가 모두 불량품일 때, 두 세탁기 모두 C공장에서 생산되었을 확률을 구하시오.

제 5 장

확률분포

제 1 절 확률변수

제 2 절 확률분포

제 3 절 확률변수와 수학적 기댓값과 분산

제 4 절 두 확률변수의 결합확률분포와 연관도

SOCIAL STATISTICS

제1절
확률변수

확률변수(random variable)란 표본공간 내에서 각각의 실험결과에 수치를 부여하는 규칙이라고 정의할 수 있다. 예컨대 동전 하나를 1회 던지는 실험에서 발생 가능한 사건은 앞면이 나오거나 뒷면이 나오는 것이다. 따라서 표본공간은 앞면이나 뒷면이 나오는 사건으로 구성된다. 이때 앞면이 나오는 사건이나 뒷면이 나오는 사건에 특정한 수치를 부여할 수 있다. 따라서 앞면이 나오는 사건은 $X=1$, 뒷면이 나오는 사건은 $X=0$과 같이 표시할 수 있다. 물론 수치는 1, 0의 값뿐만 아니라 100원, 200원처럼 다른 값을 부여해도 된다. 주사위 하나를 한번 던지는 실험에서 발생 가능한 사건에 대하여 주사위의 눈의 수를 그대로 부여하는 경우, 주사위의 눈이 1이 나온 사건은 $X=1$, 주사위 눈이 6이 나온 사건은 $X=6$이라는 수치를 부여할 수 있다. 그리고 확률변수는 일반적으로 X로 표기하며, 확률변수의 확률은 $P(X=x)$로 표시한다. 앞의 예에서 주사위의 눈이 1이 나오는 사건인 확률변수의 확률은 $P(X=1)=\frac{1}{6}$이 된다.

확률변수는 다시 이산형 확률변수(discrete or discontinuous random variable)와 연속형 확률변수(continuous random variable)로 구분된다.[1)] 이산형 확률변수는 셀 수 있는 무한・유한의 수치값을 취하는 확률변수를 말하고, 연속형 확률변수는 셀 수 없는 무한의 연속적인 값을 취하는 확률변수를 의미한다. 예를 들어 1부터 2 사이에 존재하는 정수는 1과 2로 한정적이고 셀 수 있으므로 이산형 확률변수인데 반해, 1과 2 사이에 존재하는 모든 실수는 무한하며, 정수처럼 셀 수 없으므로 연속형 확률변수이다.[2)] 따라서 이산형 확률변수의 값은 세는 과정(counting process)에서, 연속형 확률변수의 값은 측정과정(measuring process)에서 발생된다.

---

1) 앞서 제 1 장에서 공부한 이산형 변수와 연속형 변수에 확률의 개념을 도입한 것으로 파악하면 된다.
2) 시계의 종류에도 디지털(digital)형과 아날로그(analogue)형의 두 종류가 있다. 전자가 이산형 확률변수에 해당된다면, 후자는 연속형 확률변수에 대응된다. 컴퓨터도 마찬가지이다.

SOCIAL STATISTICS

제2절 확률분포

확률분포(probability distribution)란 한 확률변수 X가 취할 수 있는 모든 값과 그 값이 발생할 확률을 표나 그래프 등으로 표시한 것을 의미한다. 확률분포의 경우에도 확률변수가 이산형인 경우는 이산형 확률분포(discrete probability distribution)로, 확률변수가 연속형인 경우는 연속형 확률분포(continuous probability distribution)로 구분된다.

1 이산형 확률분포

SOCIAL STATISTICS

먼저 동전 두 개를 1회 던지는 실험을 통해 이산형 확률분포에 대해 살펴보자. 동전을 두 개 던졌을 경우 발생할 수 있는 모든 사건의 표본공간은 앞면-앞면(HH), 앞면-뒷면(HT), 뒷면-앞면(TH), 뒷면-뒷면(TT)으로 정의된다. 이때 동전의 앞면이 나오는 사건의 수를 확률변수로 정한다면, 확률변수 X가 취할 수 있는 값은 0, 1, 2가 된다. 앞면이 나오는 횟수($x=0$, 1, 2)를 확률변수로 하여 이에 대응되는 확률을 정리하면 〈표 5-1〉이 되며 이를 확률분포라 한다. 앞면이 한 번도 나오지 않을 확률 $P(X=0)$는 $\frac{1}{4}$이고, 앞면이 한 번 나올 확률 $P(X=1)$는 $\frac{1}{2}$이며, 앞면이 두 번 모두 나올 확률 $P(X=2)$는 $\frac{1}{4}$이다.

〈표 5-1〉 동전을 두 개 던졌을 때의 확률분포

확률변수($X=x$)	$P(X=x)$
0	$\frac{1}{4}$
1	$\frac{1}{2}$
2	$\frac{1}{4}$

한편, 확률분포는 함수형태로 나타낼 수 있는데, 이를 확률밀도함수(Probability Density Function : PDF)라 한다.[3] 동전을 두 개 던졌을 경우의 확률분포를 확률밀도함수로 나타내면 다음과 같다.

$$f(x)=\begin{cases}\frac{1}{4},\ x=0\\ \frac{1}{2},\ x=1\\ \frac{1}{4},\ x=2\\ 0,\ \text{그 밖의 경우}\end{cases}$$

이 경우 확률밀도함수는 [그림 5-1]과 같은 그래프로 나타낼 수 있다.

[그림 5-1] 동전을 두 개 던졌을 때의 확률밀도함수 그래프

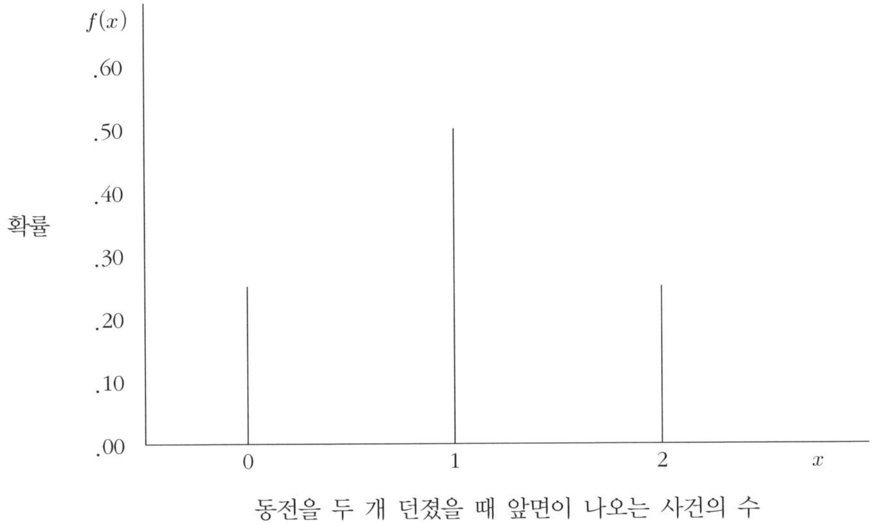

확률변수 X의 값이 증가함에 따른 누적확률의 값을 누적분포함수(Cumulative

3) 이산형 확률분포와 연속형 확률분포를 구분하여 이산형 확률분포의 경우는 확률집계함수(Probability Mass Function : PMF)라 하여 $P(x)$로 표기하는 반면 연속형 확률분포의 경우는 확률밀도함수(Probability Density Function : PDF)로 부르며 $f(x)$로 표시하는 경우가 있다. 동전을 두 개 던지는 예에서 앞면이 한 번 나올 확률은 총 네 가지의 사상에서 TH, HT의 두 사상이 모여 $\frac{1}{4}+\frac{1}{4}=\frac{1}{2}$이 된다. 즉 이산형 확률변수에 대응되는 확률은 하나 또는 둘 이상의 확률이 합해져서 이루어지기 때문에 확률집계함수라 하며, 연속형 확률변수의 경우와 구분하여 사용한다. 그러나 우리는 이산형 확률변수나 연속형 확률변수에 모두 확률밀도함수라는 용어를 사용한다.

Distribution Function : CDF)라 하고[4] 흔히 $F(x)$로 표기된다. 그리고 어떠한 실수 x $(-\infty < x < \infty)$에 대하여 $F(x) = P(X \le x)$로 정의된다. 앞의 예에서 동전을 두 개 던졌을 경우 앞면이 나올 횟수에 대한 누적확률분포를 표로 나타내면 〈표 5-2〉와 같다.

〈표 5-2〉 동전을 두 개 던졌을 때의 누적확률분포

확률변수($X=x$)	$P(X \le x)$
0	$\frac{1}{4}$
1	$\frac{3}{4}$
2	$\frac{4}{4}=1$

〈표 5-2〉의 누적확률분포를 누적분포함수로 나타내면 다음과 같다.

$$F(x) = \begin{cases} 0, & x < 0 \\ \frac{1}{4}, & 0 \le x < 1 \\ \frac{3}{4}, & 1 \le x < 2 \\ 1, & 2 \le x \end{cases}$$

2 연속형 확률분포

SOCIAL STATISTICS

연속형 확률변수는 셀 수 없는 무한한 연속적인 값을 취하므로 셀 수 있는 점에서의 확률은 의미가 없으며, 구간의 확률을 구해야 한다. 연속형 확률분포를 설명하기 위해 제 2 장의 태릉청량음료회사의 상대도수분포표를 변형하여 사용해 보자. 〈표 5-3〉은 태릉청량음료회사의 판매사원 전유리가 50일 동안 판매한 음료 판매량의 상대도수분포표이다.

4) 또는 단순히 분포함수(distribution function)라고 한다.

〈표 5-3〉 음료 판매량 상대도수분포표

확률변수 : 판매량(리터)	도수	상대도수
$80 \leq X < 90$	2	$\frac{2}{50} = 0.04$
$90 \leq X < 100$	6	$\frac{6}{50} = 0.12$
$100 \leq X < 110$	10	$\frac{10}{50} = 0.20$
$110 \leq X < 120$	14	$\frac{14}{50} = 0.28$
$120 \leq X < 130$	9	$\frac{9}{50} = 0.18$
$130 \leq X < 140$	7	$\frac{7}{50} = 0.14$
$140 \leq X < 150$	2	$\frac{2}{50} = 0.04$
계	50	1.00

이 상대도수분포표를 이용하여 히스토그램을 그린 것이 [그림 5-2]이다.

[그림 5-2] 음료 판매량 상대도수 히스토그램

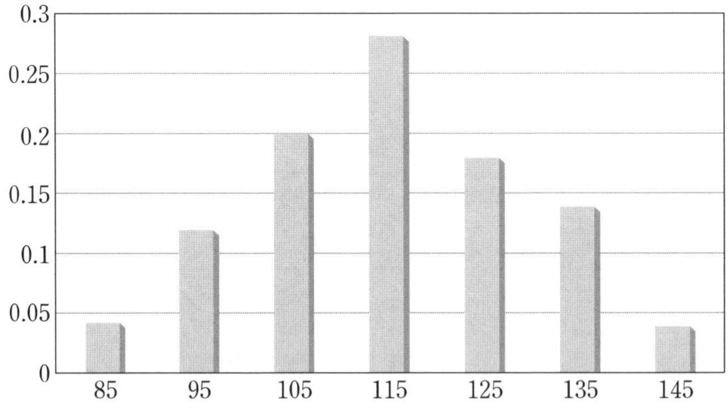

상대도수분포표를 이용하여 1일 판매량이 80에서 100 사이일 확률을 계산하면

$$P(80 \leq X < 100) = P(80 \leq X < 90) + P(80 \leq X < 90) = 0.04 + 0.12 = 0.16$$

이 된다. 그러나 판매량이 92 이상 103 미만일 확률의 계산은 어렵다. 이렇게 일반적인 확률을 계산하기 위해서는 상대도수분포표의 계급구간의 너비를 계속 좁혀 0에 접

근시키면, [그림 5-2]의 히스토그램은 [그림 5-3]과 같은 종 모양의 정규곡선(normal curve)이 될 것이다. 이 곡선을 연속형 확률변수의 확률밀도함수라 한다.

[그림 5-3] 연속형 확률변수의 확률밀도함수 : 종 모양의 정규확률분포

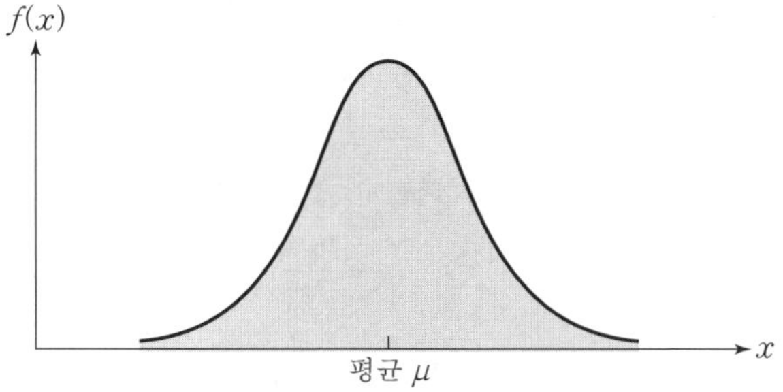

이 확률밀도함수의 식을 알고 있을 경우 연속적인 확률분포의 계산을 하면, [그림 5-4]와 같이 확률변수 X가 구간 $a \leq X < b$에 있을 확률은 연속형 확률변수의 확률밀도함수 $f(X)$의 $a \leq X < b$ 구간의 면적이 된다.

[그림 5-4] 연속형 확률분포

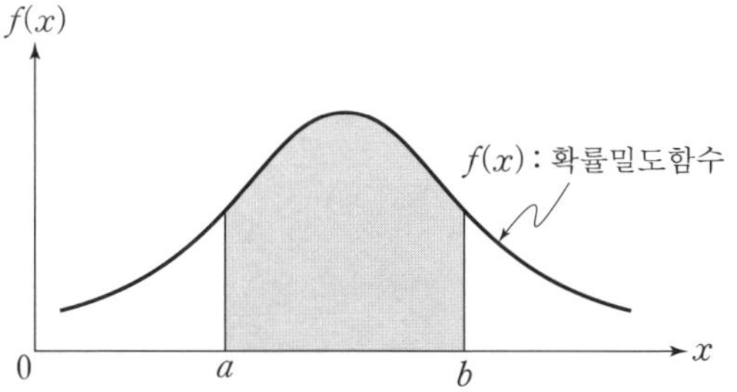

수학적으로 이 면적은 다음과 같이 구한다.

$$P(a \leq X < b) = \int_{b}^{a} f(x)dx$$

따라서 판매량이 92 이상 103 미만일 확률의 계산은 $P(92 \leq X < 103) = \int_{92}^{103} f(x)dx$를 계산하면 된다.

3 이산형 확률분포와 연속형 확률분포의 특성 비교[5)]

첫째로, 이산형 확률변수의 경우 확률변수 X가 r일 확률 $P(X=r)=p(r)$로 존재하나, 연속형 확률변수에는 한 점에서의 면적은 존재하지 않으므로 확률 $P(X=r)=p(r)=0$이 된다.

둘째로, 이산형 확률변수의 경우 확률변수 X에 대해 $a \leq X \leq b$일 확률 $P(a \leq X \leq b)$는 X가 취할 수 있는 값들의 확률을 다음과 같이 다 더하면 된다.

$$P(a \leq X \leq b) = \sum_{x=a}^{b} p(x)$$

연속형 확률변수의 경우는 확률밀도함수 $f(x)$에 대해 다음과 같이 적분을 계산하면 된다.

$$P(a \leq X < b) = \int_{b}^{a} f(x)dx$$ [6)]

---

5) 이산형 확률밀도함수는 다음의 두 조건을 만족해야 한다.

(i) $0 \leq P(x_i) \leq 1,\ i=1,\ 2,\ 3,\ \cdots,\ n$ (ii) $\sum_{i=1}^{n} p(x_i) = 1$

연속형 확률분포의 경우는 다음의 세 조건을 충족해야 한다.

(i) $f(x) \geq 0,\ -\infty \leq x \leq \infty$ (ii) $\int_{-\infty}^{\infty} f(x)dx = 1$

(iii) 임의의 수 a, b에 대하여 $P(a \leq X < b) = \int_{b}^{a} f(X)dx$

6) 연속형 확률변수의 경우 다음의 확률은 모두 동일하다.

$$P(a \leq X < b) = P(a < X \leq b) = P(a < X < b) = P(a \leq X \leq b)$$

SOCIAL STATISTICS

제3절 확률변수와 수학적 기댓값과 분산

확률분포의 평균(μ_X)을 확률변수 X의 기댓값(expected value)이라고 하며, $E(X)$로 표기한다. 또한 확률변수의 분산은 $\text{Var}(X)$이나 σ_X^2으로 나타낸다. 확률변수의 기댓값 및 분산의 계산은 이산형과 연속형 확률변수에 따라 다르다.

1 이산형 확률변수의 기댓값과 분산

SOCIAL STATISTICS

이산형 확률변수의 기댓값과 분산의 계산 공식은 다음과 같다.

이산형 확률변수의 기댓값과 분산

$$E(X) = \sum_{i=1}^{n} X_i \cdot P(X_i)$$

$$\text{Var}(X) = E[(X_i - \mu)^2] = \sum_{i=1}^{n} (X_i - \mu)^2 \cdot P(X_i) = \sum_{i=1}^{n} X_i^2 \cdot P(X_i) - \mu^2 = E(X_i^2) - \mu^2$$

주사위를 하나 던지는 실험을 통해 이산형 확률변수의 기댓값과 분산을 계산해 보자. 주사위를 던져 나올 수 있는 주사위 눈의 수 1, 2, 3, 4, 5, 6을 확률변수라 하면 기댓값은 다음과 같다.

$$E(X) = \sum_{i=1}^{n} X_i \cdot P(X_i) = 1\left(\frac{1}{6}\right) + 2\left(\frac{1}{6}\right) + 3\left(\frac{1}{6}\right) + 4\left(\frac{1}{6}\right) + 5\left(\frac{1}{6}\right) + 6\left(\frac{1}{6}\right) = \frac{21}{6} = \frac{7}{2}$$

이다.

분산의 계산은 다음의 표를 작성하면 쉽게 이해할 수 있다.

X	$P(X_i)$	$X_i-\mu$	$(X_i-\mu)^2$	$(X_i-\mu)^2 \cdot P(X_i)$
1	$\frac{1}{6}$	$1-\frac{7}{2}$	$\frac{25}{4}$	$\frac{25}{24}$
2	$\frac{1}{6}$	$2-\frac{7}{2}$	$\frac{9}{4}$	$\frac{9}{24}$
3	$\frac{1}{6}$	$3-\frac{7}{2}$	$\frac{1}{4}$	$\frac{1}{24}$
4	$\frac{1}{6}$	$4-\frac{7}{2}$	$\frac{1}{4}$	$\frac{1}{24}$
5	$\frac{1}{6}$	$5-\frac{7}{2}$	$\frac{9}{4}$	$\frac{9}{24}$
6	$\frac{1}{6}$	$6-\frac{7}{2}$	$\frac{25}{4}$	$\frac{25}{24}$
				2.92

따라서 분산 $\text{Var}(X)=\sum_{i=1}^{n}(X_i-\mu)^2 \cdot P(X_i)=2.92$가 된다.

예제 5-1 **확률변수 X가 동전을 두 개 던져 뒷면이 나오는 횟수인 경우 그 기댓값과 분산을 구하라.**

동전을 두 개 던져 뒷면이 나오는 횟수는 0, 1, 2이며, 뒷면이 한 번도 나오지 않을 확률은 $\frac{1}{4}$, 뒷면이 한 번 나올 확률은 $\frac{1}{2}$, 뒷면이 두 번 나올 확률은 $\frac{1}{4}$이다. 따라서 기댓값은 다음과 같다.

$$E(X)=\sum_{i=1}^{n}X_i \cdot P(X_i)=0\left(\frac{1}{4}\right)+1\left(\frac{1}{2}\right)+2\left(\frac{1}{4}\right)=1$$

분산은 공식에 따라 다음과 같이 계산한다.

$$\text{Var}(X)-\sum_{i=1}^{n}X_i^2 \cdot P(X_i)-\mu^2-0^2\left(\frac{1}{4}\right)+1^2\left(\frac{1}{2}\right)+2^2\left(\frac{1}{4}\right)-1^2=\frac{1}{2}$$

2 연속형 확률변수의 기댓값과 분산

SOCIAL STATISTICS

연속형 확률변수의 기댓값과 분산의 계산 공식은 다음과 같다.

연속형 확률변수의 기댓값과 분산

$$E(X)=\int_{-\infty}^{\infty} xf(x)dx$$

$$\mathrm{Var}(X)=\int_{-\infty}^{\infty}(x-\mu)^2 f(x)dx=\int_{-\infty}^{\infty}x^2 f(x)dx-\mu^2$$

예를 들어 쌀을 배달시켜 집에 도착할 때까지 걸리는 시간을 확률변수 X(단위 : 분)라 하고, 확률밀도함수 $f(x)=\frac{1}{20-10}$, $10\le X\le 20$이라고 한다. 연속형 확률변수의 기댓값 $E(X)$와 분산 $\mathrm{Var}(X)$는 각각 다음과 같다.

$$E(X)=\int_{10}^{20} x\,(1/10)\,dx=(1/10)\,x^2/2=15$$

$$\mathrm{Var}(X)=\int_{10}^{20}(x-15)^2(1/10)dx=\int_{10}^{20}x^2(1/10)dx-15^2=25/3$$

가장 간단한 연속형 확률분포인 균일확률분포(uniform probability distribution)의 예로 연속형 확률변수의 기댓값과 분산을 계산해 보자. 먼저 균일확률분포의 확률밀도함수[7]는 다음과 같이 표시된다.

균일확률분포의 확률밀도함수

$$f(X)=\frac{1}{b-a}$$

$$a\le X\le b$$

---

7) 균일확률변수의 기댓값과 분산은 다음과 같다.

$$E(X)=\int_a^b x\frac{1}{b-a}dx=\frac{b^2-a^2}{2(b-a)}=\frac{a+b}{2}$$

$$\mathrm{Var}(X)=\int_a^b x^2\frac{1}{b-a}dx-\left(\frac{a+b}{2}\right)^2=\frac{(b-a)^2}{12}$$

예제 5-2 각주 7)에 있는 균일확률변수의 기댓값과 분산의 계산공식을 사용하여 앞의 예를 계산하여 보라.

$$E(X) = \int_a^b x \frac{1}{b-a} dx = \frac{a+b}{2} = \frac{10+20}{2} = 15$$

$$\text{Var}(X) = \int_a^b x^2 \frac{1}{b-a} dx - \left(\frac{a+b}{2}\right)^2 = \frac{(b-a)^2}{12} = \frac{(20-10)^2}{12} = \frac{25}{3}$$

3 확률변수 기댓값의 일반적 특성

SOCIAL STATISTICS

단순한 이산형 확률변수나 연속형 확률변수가 아닌 함수로 정의되는 새로운 확률변수의 계산을 간편하게 하기 위해 다음의 기댓값과 분산의 특성을 알아두면 유용하다.

① $E(a) = a$(단, a는 상수)
② $E(aX) = a \cdot E(X)$
③ $E(a \pm bX) = a \pm b \cdot E(X)$
④ $E(X \pm Y) = E(X) \pm E(Y)$
⑤ $E(XY) = E(X) \cdot E(Y)$ (단, X와 Y가 독립인 경우)
⑥ $\text{Var}(a) = 0$
⑦ $\text{Var}(X \pm a) = \text{Var}(X)$
⑧ $\text{Var}(aX) = a^2\text{Var}(X)$
⑨ $\text{Var}(aX \pm b) = a^2\text{Var}(X)$
⑩ $\text{Var}(X \pm Y) = \text{Var}(X) + \text{Var}(Y) \pm 2 \cdot \text{Cov}(X, Y)$
단, X와 Y가 독립이면 $\text{Cov}(X, Y)$는 0이 된다.

예제 5-3 태릉대학교 사회과학대학 학생들의 사회과학통계 중간시험의 평균 $E(X)=50$점, 분산 $\text{Var}(X)=80$이라 한다. 다음의 문제에서 평균과 분산을 구하라.
① 중간시험의 난이도가 예년에 비해 높아 학생의 점수에 25점을 더해주기로 하였다.
② 예년과 비슷한 수준의 문제로 다시 시험을 보았더니 1.3배만큼 학생들의 성적이 높아졌다.

① $E(X+25)=E(X)+25=50+25=75$점

$\mathrm{Var}(X+25)=\mathrm{Var}(X)=80$

② $E(1.3X)=1.3\cdot E(X)=1.3\times 50=65$점

$\mathrm{Var}(1.3X)=1.3^2\mathrm{Var}(X)=1.69\times 80=135.2$

예제 5-4 $\mathrm{Var}(aX+bY)$를 계산하라.

$\mathrm{Var}(X)=E[X-E(X)]^2$이므로 $aX+bY=Z$라고 치환하면 $\mathrm{Var}(aX+bY)=\mathrm{Var}(Z)$로 쓸 수 있다. 따라서,

$$
\begin{aligned}
\mathrm{Var}(Z) &= E[Z-E(Z)]^2 \\
&= E[(aX+bY)^2-E(aX+bY)]^2 \\
&= E[a(X-E(X))+b(Y-E(Y))]^2 \\
&= a^2\cdot E[X-E(X)]^2+b^2\cdot E[Y-E(Y)]^2+2ab\cdot[X-E(X)]\cdot[Y-E(Y)] \\
&= a^2\cdot \mathrm{Var}(X)+b^2\cdot \mathrm{Var}(Y)+2ab\cdot \mathrm{Cov}(X,\ Y)
\end{aligned}
$$

이 된다. 단, $[X-E(X)]\cdot[Y-E(Y)]$는 공분산으로 정의된다.

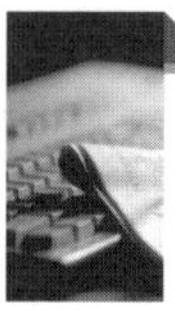

SOCIAL STATISTICS

제4절 두 확률변수의 결합확률분포와 연관도

지금까지 다룬 단일확률변수에 관한 내용을 확장하여 두 확률변수의 관계에 대해 살펴보기로 하자.

1 결합확률분포와 주변확률분포

SOCIAL STATISTICS

결합확률분포(joint probability distribution)란 두 확률변수가 결합하여 발생되는 확률로 이변수확률분포(bivariate probability distribution)라고도 하며, 다음과 같이 정의된다.

결합확률분포

$$p(x, y) = P(X = x \cap Y = y)$$

주변확률분포(marginal probability distribution)는 X와 Y 두 확률변수의 결합확률분포 중에 어느 하나만의 확률분포를 말하며, 그 확률변수와 관련된 확률의 총합이다. 주변확률분포는 다음과 같이 정의된다.

주변확률분포

$$p(x) = \sum_{\text{모든 } y} p(x, y)$$

다음의 예로 결합확률분포와 주변확률분포를 살펴보도록 하자. 한 부부는 결혼 후 자녀의 출산에 관련하여 계획을 세웠는데, 성별에 관계없이 2명 이하를 가진다는 견해에 합의를 보았다. 두 확률변수 X는 딸의 수, Y는 아들의 수라고 하였을 때 두 확률변수의 결합분포는 다음과 같다고 한다.

$p(0, 0) = 0.2$: 자녀가 없는 경우
$p(1, 0) = 0.3$: 딸만 하나 있는 경우
$p(2, 0) = 0.1$: 딸만 둘 있는 경우
$p(1, 1) = 0.2$: 딸과 아들이 하나씩 있는 경우
$p(0, 1) = 0.1$: 아들만 하나 있는 경우
$p(0, 2) = 0.1$: 아들만 둘 있는 경우

출산한 자녀가 아들이 하나, 딸이 하나일 결합확률 $p(1, 1)$과 아들이 하나일 주변확률 $p(y = 1)$은 얼마인가? 결합확률과 주변확률을 알기 위해서는 결합·주변확률분포를

〈표 5-4〉와 같이 작성하는 것이 편리하다.

〈표 5-4〉 X와 Y의 결합 · 주변확률분포

X_i \ Y_i	0	1	2	X의 주변확률 $P(x)$
0	0.2	0.1	0.1	0.4
1	0.3	0.2	0.0	0.5
2	0.1	0.0	0.0	0.1
Y의 주변확률 $P(y)$	0.6	0.3	0.1	1.0

〈표 5-4〉에서 출산한 자녀가 아들이 하나, 딸이 하나일 결합확률 $p(1, 1)=0.2$이다. 또한 아들이 하나일 주변확률 $p(y=1)$은 $p(y=1)=p(x=0,\ y=1)+p(x=1,\ y=1)+p(x=2,\ y=1)=0.1+0.2+0.0=0.3$이다.

예제 5-5 결합확률분포가 다음과 같다고 할 때 X와 Y의 주변확률분포 $p(x)$와 $p(y)$를 구하고, 두 확률변수가 서로 독립인지 아닌지를 밝혀라.

〈표 5-5〉 결합확률분포

X \ Y	10	20	30	40
20	0.04	0.08	0.08	0.05
40	0.12	0.24	0.24	0.15

① 주변확률분포

X \ Y	10	20	30	40	$P(x)$
20	0.04	0.08	0.08	0.05	0.25
40	0.12	0.24	0.24	0.15	0.75
$P(y)$	0.16	0.32	0.32	0.20	1.00

② 모든 X, Y에 대해서 $p(x, y)=p(x)\cdot p(y)$가 성립하면 확률변수 X와 Y가 독립이다. 따라서 〈표 5-5〉의 결합확률 $p(x, y)$들을 해당하는 X와 Y 주변확률의 곱 $p(x)\cdot p(y)$로 계산하여 일치하는지를 확인하여 보면 서로 독립임을 알 수 있다(〈표

5-6〉 참조).

〈표 5-6〉 두 확률변수의 독립여부 확인

X \ Y	10	20	30	40	$P(x)$
20	(0.25)(0.16) =0.04	(0.25)(0.32) =0.08	(0.25)(0.32) =0.08	(0.25)(0.20) =0.05	0.25
40	(0.75)(0.16) =0.12	(0.75)(0.32) =0.24	(0.75)(0.32) =0.24	(0.75)(0.20) =0.15	0.75
$P(y)$	0.16	0.32	0.32	0.20	1.00

2 공분산과 상관계수

SOCIAL STATISTICS

두 확률변수의 연관성을 알아보기 위해 통계학에서 널리 사용되는 개념으로 공분산과 상관계수가 있다. 여기서는 이들 개념의 특성과 차이점을 살펴보자.

1 공분산[8)]

공분산(covariance)이란 두 확률변수 X, Y가 같은 방향이나 반대방향으로 변화하는지의 여부 즉, 두 변수의 변화하는 방향성을 측정하는 개념으로 다음과 같이 정의된다.

공분산

$$\begin{aligned}\mathrm{Cov}(X, Y) = \sigma_{XY} &= E[(X-E(X))\cdot(Y-E(Y))] \\ &= E[(X-\mu_x)\cdot(Y-\mu_y)] \\ &= \Sigma(X-\mu_x)\cdot(Y-\mu_y)\cdot p(x, y) \\ &= E(XY)-E(X)\cdot E(Y)\end{aligned}$$

8) 표본의 공분산은 S_{xy}로 표기하며 다음과 같이 정의된다.

$$S_{xy} = \frac{\sum_{i=1}^{n}(X-X)(Y-Y)}{n-1} = \frac{\sum_{i=1}^{n}XY-nXY}{n-1}$$

확률변수 $X(Y)$가 증가할 때 $Y(X)$도 증가하거나, $X(Y)$가 감소할 때 $Y(X)$도 감소하면 X, Y의 공분산 Cov(X, Y)는 양(+)의 값을 가진다. 반면 $X(Y)$가 증가할 때 $Y(X)$는 감소하거나, $X(Y)$가 감소할 때 $Y(X)$도 증가하면 X, Y의 공분산 Cov(X, Y)는 음(−)의 값을 가지게 된다. 그리고 X, Y가 관계가 없으면 Cov(X, Y)는 0이 된다. 따라서 공분산의 값이 양(+)이면 두 변수는 같은 방향으로 변화하고, 그 값이 음(−)이면 반대방향으로 변화하며, 0의 값을 가지면 두 변수 간에는 아무런 관계도 존재하지 않는다.

다음은 한 모집단의 월평균소득과 월평균지출 두 확률변수의 결합확률분포의 예이다. 이를 통해 공분산을 살펴보자.

〈표 5-7〉 월평균소득과 월평균지출의 결합확률분포(단위 : 10만 원)

X \ Y	10	20	30	40	$P(x)$
10	0.20	0.04	0.01	0.00	0.25
20	0.10	0.36	0.09	0.00	0.55
30	0.00	0.05	0.10	0.00	0.15
40	0.00	0.00	0.00	0.05	0.05
$P(y)$	0.30	0.45	0.20	0.05	1.00

공분산의 계산은 위의 공식에서 $\sigma_{XY}=\sum(X-\mu_x)\cdot(Y-\mu_y)\cdot p(x, y)$를 사용하면 된다. 따라서 공분산은 다음과 같이 계산한다.

$(10-20)(10-20)\cdot 0.2+(20-20)\cdot 0.1+(10-20)\cdot(20-20)\cdot 0.04+(20-20)\cdot$
$(20-20)\cdot 0.36+(30-20)\cdot(20-20)\cdot 0.05+(10-20)\cdot(30-20)\cdot 0.01+(20-20)\cdot$
$(30-20)\cdot 0.09+(30-20)\cdot(30-20)\cdot 0.10+(40-20)\cdot(40-20)\cdot 0.05$
$=20-1+10+20$
$=49$

예제 5-6 **동전을 두 개 던지는 실험에서 앞면이 나오면 1, 뒷면이 나오면 0이라는 숫자를 부여한다고 하자. 첫 번째 동전을 던질 경우와 관련된 확률변수를 X, 두 번째 확률변수는 Y라고 할 때 공분산 Cov(X, Y)를 구하라.**

다음과 같은 표를 만들어 공분산을 계산해 보면 이해가 보다 쉽다.

〈표 5-8〉 공분산 계산표

X	Y	$P(x, y)$	XY	$X_l Y_i \cdot P(x, y)$
1	0	0.25	0	0
1	1	0.25	1	0.25
0	1	0.25	0	0
0	0	0.25	0	0
$0.25 = E(XY) = \sum X_l Y_i \cdot P(x, y)$				

공분산은 $Cov(X, Y) = E(XY) - E(X) \cdot E(Y)$이므로 〈표 5-8〉에서 $E(XY) = 0.25$이고, $E(X) = 0.5$, $E(Y) = 0.5$이다. 따라서 공분산은 $0.25 - 0.5 \times 0.5 = 0$이 된다. 앞서 언급하였듯이 두 확률변수가 독립이면 $E(XY) = E(X) \cdot E(Y)$의 관계가 성립된다고 하였다. 따라서 이 예제는 계산을 할 필요도 없이 공분산이 0이 됨을 알 수 있다. 왜냐하면 $Cov(X, Y) = E(XY) - E(X) \cdot E(Y)$에서 X, Y가 독립이면 $E(XY) = E(X) \cdot E(Y)$이므로 $Cov(X, Y) = E(X) \cdot E(Y) - E(X) \cdot E(Y) = 0$이기 때문이다. 공분산이 0의 값을 가지므로 두 확률변수 간에는 아무런 관계도 존재하지 않는다.[9)]

2 상관계수[10)]

앞서 공분산은 두 확률변수의 관계(+, −, 0)의 방향성을 알려는 주지만 그 값의 크기는 두 확률변수의 단위에 따라 크게 영향을 받기 때문에 공분산 값의 크기로 선형관계의 정도를 비교할 수 없다. 예컨대 확률변수 X는 신장으로 측정단위가 m이고, 확률변수 Y는 몸무게로 측정단위가 kg이라 하자. 여기서 Y는 측정단위를 그대로 두고 X의 측정단위를 cm로 하였다면, 새로운 공분산 값은 원래의 값보다 100배만큼 증가하게 된다. 따라서 확률변수의 단위에 영향을 받지 않는 단위 없는 수치(unitless quantity)가 필요하다. 상관계수(correlation coefficient)란 공분산을 표준화하여 두 확률변수 간에 선형성의 정도를 측정하는 수치로 다음과 같이 표기한다.

9) 두 확률변수 X, Y가 서로 독립이면 공분산 $Cov(X, Y) = 0$이지만 그 역은 반드시 성립하는 것은 아니다.

10) 표본의 상관계수는 r_{xy}로 표기하며 다음과 같이 정의된다.

$$r_{xy} = \frac{Sxy}{Sx \cdot Sy}$$

$$\text{Corr}(X, Y) = \rho_{xy} = \frac{\sigma_{XY}}{\sigma_X \cdot \sigma_Y}$$
$$-1 \le \rho_{xy} \le 1$$

그리고 공분산을 두 확률변수의 표준편차로 나누었기 때문에 -1부터 1 사이의 값을 취하며, -1이나 1의 값을 취하면 두 확률변수 간의 관계가 완전한 선형임을 의미한다. 따라서 상관계수는 공분산이 제공하는 두 변수 간의 관계의 방향성과 선형적 관계의 정도를 알려주는 유용한 통계적 수치이다.

앞의 예 〈표 5-7〉에서 상관계수를 구하여 보자. 상관계수 $\rho_{XY}=\frac{\rho_{XY}}{\rho_X \cdot \rho_Y}$이므로 X와 Y의 표준편차를 구해야 한다. 확률변수 X의 표준편차 $\sigma_X=[\Sigma(X-\mu_X)^2 \cdot p(X)]^{\frac{1}{2}}$, 확률변수 Y의 표준편차 $\sigma_Y=[\Sigma(Y-\mu_Y)^2 \cdot p(X)]^{\frac{1}{2}}$이다. 따라서 X, Y의 표준편차를 구하면 $\sigma_X=60^{\frac{1}{2}}$, $\sigma_Y=70^{\frac{1}{2}}$이며, 공분산 $\sigma_{XY}=49$이다. 상관계수는 0.76으로 두 확률변수(월평균소득과 월평균지출) 간에는 정(+)의 상관관계가 존재하며, 선형성의 정도가 비교적 높다고 할 수 있다.

예제 5-7 **확률변수 X와 Y가 $Y=X^2$과 같은 함수관계에 있다고 하자. 이때 두 확률변수의 상관계수가 0이면 두 확률변수 X와 Y는 서로 독립이라 할 수 있는가?**

두 확률변수가 독립이면 $E(XY)=E(X)\cdot E(Y)$이므로 공분산 $\sigma_{XY}=E(XY)-E(X)\cdot E(Y)=0$이 되고, 상관계수 역시 0이 된다. 그러나 그 역은 반드시 성립하지 않는다. 왜냐하면 상관계수는 두 확률변수의 선형관계만을 측정하기 때문에 선형적인 관계가 전혀 존재하지 않는 경우에도 상관계수는 0이 된다. 따라서 $Y=X^2$과 같은 두 확률변수 간에 비선형 함수관계의 경우는 선형관계가 없기 때문에 상관계수가 0이고, 두 변수는 독립이 아니다.

주요 용어와 공식

SOCIAL STATISTICS

- **확률변수(random variables)** : 실험 결과를 수로 나타낸 것
- **이산확률변수(discrete random variables)** : 확률변수의 가능한 값들이 유한개 또는 무한개이나 셀 수 있는 변수
- **연속확률변수(continuous random variables)** : 확률변수의 가능한 값들이 무한개이며 셀 수 없는 변수
- **확률분포(probability distribution)** : 확률변수가 취하는 값에 대한 확률의 분포를 나타내는 체계
- **확률함수(probability function)** : 이산확률변수 x가 특정 값을 취할 확률을 나타내는 함수 $f(x)$
- **기댓값(expected value)** : 확률변수의 중앙값의 측도
- **분산(variance)** : 확률변수의 변동성, 이산성의 측도
- **공분산(covariance)** : 두 확률변수의 분포가 결합확률분포를 이룰 때 그 분포의 분산

  표본공분산 : $s_{xy} = \dfrac{\Sigma(x_i - \overline{x})(y_i - \overline{y})}{n-1}$

  모집단공분산 : $\sigma_{xy} = \dfrac{\Sigma(x_i - \mu_x)(y_i - \mu_y)}{N}$

연습문제

SOCIAL STATISTICS

01 다음의 개념을 정의하시오.

1-1. 확률변수

1-2. 확률분포

1-3. 이산형 확률변수

1-4. 연속형 확률변수

1-5. 기댓값

02 주사위를 던져서 나타날 눈의 기댓값은 얼마인가?

03 확률변수 X가 다음과 같은 분포를 가질 때 확률변수 X의 기댓값을 구하시오.

X	2	3	4
$P(X)$	0.3	0.2	0.5

04 당첨될 확률이 0.2인 로또를 10매 가지고 있다고 할 때, 이 가운데 당첨 로또의 매수의 기댓값은 얼마인가?

05 확률변수 X의 분산은 5이다. 다음 확률변수의 분산을 구하시오.

5-1. $X-1$

5-2. $-2X$

5-3. $3X+6$

06 2007년 시행 행정고등고시(행정직) 제2차 시험

$$P(X=0,\ Y=0)=P_{00},\ P(X=0,\ Y=1)=P_{01},$$
$$P(X=1,\ Y=0)=P_{10},\ P(X=1,\ Y=1)=P_{11},$$

여기서 $P_{00}+P_{01}+P_{10}+P_{11}=1$이다.

6-1. X와 Y가 독립이기 위한 조건을 구하시오.

6-2. X와 Y의 상관계수가 0인 조건이 X와 Y가 서로 독립이기 위한 필요충분조건임을 설명하시오.

07 2009년 시행 행정고등고시(행정직) 제2차 시험

확률변수 X의 확률밀도함수가 다음과 같다.

$$f(x) = \frac{1}{\lambda} exp\left(-\frac{x}{\lambda}\right),\ x > 0,\ \lambda > 0$$

7-1. 확률변수 X의 제 90백분위수(percentile)를 구하시오.

7-2. 위 확률밀도함수를 갖는 분포로부터 크기 n인 표본을 뽑아서 그것을 $X_1, X_2, \cdots, X_n$이라고 할 때, 모수 λ의 최우추정량(maximum likelihood estimator)을 구하시오.

7-3. 7-2에서 구한 최우추정량이 불편성(unbiasedness)을 만족하는지 여부를 밝히시오.

08 2009년 시행 행정고등고시(행정직) 제2차 시험

다음 물음에 답하시오.

8-1. $P(X=1) = p$, $P(X=0) = 1-p(0 < p < 1)$일 때, 확률변수 X의 분산을 구하시오.

8-2. U는 0과 1 사이에서 균일분포(Uniform distribution)를 갖는 확률변수이고, $P(X=1) = U$, $P(X=0) = 1-U$라고 한다.

① 확률변수 U의 기댓값과 분산을 구하시오.

② 조건부 기댓값의 성질을 이용하여 확률변수 X의 분산을 구하고, 8-1에서 구한 값과 비교하시오.

③ $X=0$일 때, U의 조건부 확률밀도함수를 구하시오.

제 6 장

이산확률분포

SOCIAL STATISTICS

제1절 이항분포

1 이항분포의 개념

SOCIAL STATISTICS

이산확률분포의 기본이 되는 것은 이항분포이며, 이항분포의 기본이 되는 것이 베르누이 시행(Bernoulli trial) 또는 베르누이 실험(Bernoulli experiment)이다. 베르누이 시행이란 실험결과가 성공(success)과 실패(failure)의 두 상호배타적인 사건으로 구분되는 실험을 한번 시행하는 경우로 정의된다. 예컨대 동전을 한번 던지는 경우 그 결과는 앞면이 나오면 성공, 뒷면이 나오면 실패의 상호배타적인 두 사건으로 구분된다. 또한 3가지 이상의 실험결과가 나오는 경우도 이를 상호배타적인 두 사건으로 분류할 수 있으면 이를 베르누이 시행이라 할 수 있다. 예를 들어 주사위의 눈의 수는 6가지이지만, 주사위의 눈이 6이 나오면 성공이라 하고 그 나머지는 실패라고 나눌 수 있으며, 홀수(1, 3, 5)가 나오면 성공으로 짝수(2, 4, 6)가 나오면 실패로 정의하면 이 역시 상호배타적인 두 사건으로 분류되어 베르누이 시행이라 할 수 있다.

이항분포(binomial distribution)는 베르누이 시행을 반복적으로 하며, 각 시행이 독립적인 경우에[1] 이항확률변수(binomial random variable) X가 취할 수 있는 모든 값과 그 값이 발생할 확률을 표나 그래프 등으로 표시한 것을 의미한다. 이항분포가 성립되기 위한 이항실험(binomial experiment)은 다음과 같은 조건을 충족해야 한다.

---

1) 반복되는 베르누이 시행이 독립적인지 종속적인지에 따라 이항분포와 초기하확률분포(hypergeometric probability distribution)로 구분된다.

이항실험의 조건

① n번의 실험은 유한모집단의 복원추출이나 무한모집단으로부터 추출된다.
② 각 실험의 결과는 상호배타적인 오직 두 사건으로 구분된다. 한 실험결과는 성공(S), 다른 하나는 실패(F)로 나타낸다.
③ 성공(S) 확률 $P(S)$는 매 시행마다 p로 일정하며, 실패(F) 확률 $P(F)$는 $q=1-p$가 된다. 따라서 각 시행에서 성공 확률(p)과 실패 확률(q)의 합은 $p+q=1$이 된다.
④ 각 실험의 결과는 상호독립적이다. 따라서 한 실험결과가 다음 실험의 결과에 영향을 주지 않는다.

이항분포는 베르누이 시행인 동전던지기를 두 번 한다(이항실험)고 가정하였을 때, 앞면이 나올 횟수를 이항확률변수로 하여 이에 대응하는 확률을 계산하여 구한다. 〈표 6-1〉은 동전을 두 번 던질 경우의 이항분포를 표로 작성한 것이다.

〈표 6-1〉 동전을 두 번 던질 경우의 이항분포

확률변수(X_i)	$P(X_i)$
0	$\frac{1}{4}$
1	$\frac{1}{2}$
2	$\frac{1}{4}$

2 이항분포의 확률밀도함수와 확률의 계산

SOCIAL STATISTICS

1 이항확률밀도함수

앞의 〈표 6-1〉에서와 같이 베르누이 시행의 횟수가 작은 경우는 이항확률분포의 계산이 용이하나, 시행횟수 n이 커짐에 따라 계산은 보다 복잡해진다. 따라서 일반화된 수학적 공식이 필요하며, 이항확률변수 X의 확률밀도함수[2]는 다음과 같이 정의된다.

이항확률변수 X의 확률밀도함수

$$P(X=x|n, p) = {}_nC_x \cdot p^x(1-p)^{n-x} = \frac{n\,!}{x\,!\,(n-x)\,!} \cdot p^x(1-p)^{n-x}$$

n : 시행횟수
x : 성공할 횟수
p : 성공할 확률
$1-p$: 실패할 확률

2 이항분포의 확률계산

이항실험을 n번 시도하여 성공할 사건이 x회 일어날 확률을 구하는 방법에는 이항확률함수를 이용하여 계산할 수도 있고, 이미 만들어져 있는 이항확률표를 이용할 수도 있다.

1) 이항확률함수의 이용

주사위를 세 번 던져 1의 눈이 두 번 나올 확률을 구할 때 이항확률함수를 이용하면 $P\left(X=2|n=3,\ p=\frac{1}{6}\right) = {}_3C_2 \cdot \left(\frac{1}{6}\right)^2\left(\frac{1-1}{6}\right)^{3-2} = \frac{3!}{2!(3-2)!}\left(\frac{1}{6}\right)^2\left(\frac{5}{6}\right)^1 = \frac{15}{216} = 0.0694$가 된다.

예제 6-1 **동전을 던지는 베르누이 시행을 4번 하였을 때 다음의 확률을 구하라.**
① 앞면이 한 번도 나오지 않을 확률
② 앞면이 한 번 나올 확률
③ 앞면이 세 번 이하로 나올 확률

---

2) 베르누이 확률변수 X의 확률밀도함수 f_B는 다음과 같이 정의된다.

$$f_B(X=x|p) = p^x(1-p)^{1-x} \quad (\text{단, } X=0 \text{ 또는 } 1)$$

그리고 베르누이 확률변수의 평균과 분산은 다음과 같다.

평균 : $E(f_B) = 1 \cdot p + 0 \cdot (1-p) = p$
분산 : $\mathrm{Var}(f_B) = E(f_B^2) - [E(f_B)]^2 = (1^2 \cdot p + 0^2 \cdot (1-p)) - p^2 = p(1-p)$

따라서 베르누이 확률분포는 이항분포에서 시행횟수 $n=1$인 경우가 된다(이항확률밀도함수의 공식에서 $n=1$인 경우를 대입해 보면 쉽게 알 수 있으며, 이항확률변수의 평균과 분산의 경우에도 $n=1$을 대입해 보면 이해할 수 있다.).

* 이산형 확률분포의 경우 확률집계함수로 연속형 확률분포의 경우 확률밀도함수로 부르는 경우가 있지만 이 책에서는 모든 경우에 확률밀도함수라는 용어를 사용한다.

① $P\left(X=0 \mid n=4,\ p=\frac{1}{2}\right)={}_4C_0 \cdot \left(\frac{1}{2}\right)^0\left(1-\frac{1}{2}\right)^4=\frac{4!}{0!4!}(1)\left(\frac{1}{16}\right)=\frac{1}{16}(0.0625)$

왜냐하면 $0!=1$이다.

② $P\left(X=1 \mid n=4,\ p=\frac{1}{2}\right)={}_4C_1 \cdot \left(\frac{1}{2}\right)^1\left(1-\frac{1}{2}\right)^3=\frac{4!}{1!3!}\left(\frac{1}{2}\right)\left(\frac{1}{8}\right)=\frac{1}{4}(0.25)$

③ $P\left(X \le 3 \mid n=4,\ p=\frac{1}{2}\right)=P(X=0)+P(X=1)+P(X=2)+P(X=3)$

$$={}_4C_0 \cdot \left(\frac{1}{2}\right)^0\left(1-\frac{1}{2}\right)^4+{}_4C_1 \cdot \left(\frac{1}{2}\right)^1\left(1-\frac{1}{2}\right)^3$$

$$+{}_4C_2 \cdot \left(\frac{1}{2}\right)^2\left(1-\frac{1}{2}\right)^2+{}_4C_3 \cdot \left(\frac{1}{2}\right)^3\left(1-\frac{1}{2}\right)^1$$

$$=0.625+0.25+0.375+0.25=0.9375$$

앞면이 세 번 이하로 나올 확률의 계산은 위와 같이 앞면이 한 번도 나오지 않을 확률, 한 번 나올 확률, 두 번 나올 확률, 세 번 나올 확률을 모두 더하여 구하는 방법이 있고, 다음과 같이 여사건의 확률(앞면이 네 번 나올 확률)을 1에서 빼주는 방법이 있다.

$$P\left(X \le 3 \mid n=4,\ p=\frac{1}{2}\right)=1-P(X=4)=1-{}_4C_4 \cdot \left(\frac{1}{2}\right)^4\left(1-\frac{1}{2}\right)^0$$

$$=1-0.0625=0.9375$$

2) 이항확률표의 이용

이항확률함수의 이용은 시행횟수 n이 커지고 p의 값이 소수점 이하로 복잡해지면 이항확률의 계산 또한 용이하지 않게 된다. 이러한 경우 이미 계산되어 있는 이항분포표를 사용하면 편리하다. n과 p값만 정해지면 이에 해당하는 이항확률을 이항분포표에서 쉽게 찾을 수 있다. 그러나 이항확률표도 모든 시행횟수와 확률에 대해 계산되어 있지 않으므로 정확히 계산된 확률보다는 근사치를 얻는다는 점에 주의하여야 한다. 또한 시행횟수나 확률에 대해 이항확률값이 계산되어 있지 않은 경우도 있기 때문에 이 경우는 이항확률밀도함수를 사용하여야 하나, 미니탭과 같은 컴퓨터 프로그램을 이용하면 쉽게 확률을 구할 수 있다.

앞의 예에서 동전을 세 번 던져 앞면이 두 번 나올 확률을 구할 때 〈표 6-2〉와 같은 이항확률표를 이용하여 구하면 0.3750이 된다.

〈표 6-2〉 이항확률표

		P								
n	*X*	.10	.15	.20	.25	.30	.35	.40	.45	.50
2	0	.8100	.7225	.6400	.5625	.4900	.4255	.3600	.3025	.2500
	1	.1800	.2550	.3200	.3750	.4200	.4550	.4800	.4950	.5000
	2	.0100	.0225	.0400	.0625	.0900	.1225	.1600	.2025	.2500
3	0	.7290	.6141	.5120	.4219	.3430	.2746	.2160	.1664	.1250
	1	.2430	.3251	.3840	.4219	.4410	.4436	.4320	.4084	.3750
	2	.0270	.0574	.0960	.1406	.1890	.2389	.2880	.3441	.3750
	3	.0010	.0034	.0080	.0156	.0270	.0429	.0640	.0911	.1250
4	0	.6561	.5220	.4096	.3164	.2401	.1785	.1296	.0915	.0625
	1	.2916	.3685	.4096	.4219	.4116	.3845	.3456	.2995	.2500
	2	.0486	.0975	.1536	.2109	.2646	.3105	.3456	.3675	.3750
	3	.0036	.0115	.0256	.0469	.0756	.1115	.1536	.2005	.2500
	4	.0001	.0005	.0016	.0039	.0081	.0150	.0256	.0410	.0625
5	0	.5096	.4437	.3277	.2373	.1681	.1160	.0778	.0503	.0312
	1	.3280	.3915	.4096	.3955	.3602	.3214	.2592	.2059	.1562
	2	.0729	.1382	.2048	.2637	.3087	.3364	.3456	.3369	.3215
	3	.0081	.0244	.0512	.0879	.1323	.1811	.2304	.2757	.3125
	4	.0004	.0022	.0064	.0146	.0284	.0488	.0768	.1128	.1562
	5	.0000	.0001	.0003	.0010	.0024	.0053	.0102	.0185	.0312
6	0	.5314	.3771	.2621	.1780	.1176	.0754	.0467	.0277	.0156
	1	.3543	.3993	.3932	.3560	.3025	.2437	.1866	.1539	.0938
	2	.0984	.1762	.2485	.2966	.3241	.3280	.3110	.2780	.2344
	3	.0146	.0415	.0819	.1318	.1852	.2355	.2765	.3032	.3215
	4	.0012	.0055	.0154	.0330	.0595	.0951	.1382	.1861	.2344
	5	.0001	.0004	.0015	.0044	.0102	.0205	.0369	.0609	.0938
	6	.0000	.0000	.0001	.0002	.0007	.0018	.0041	.0083	.0156
7	0	.4783	.3206	.2097	.1335	.0824	.0490	.0280	.0152	.0078
	1	.3720	.3960	.3670	.3115	.2471	.1848	.1306	.0872	.0547
	2	.1240	.2097	.2753	.3115	.3177	.2985	.2613	.2140	.1641
	3	.0230	.0617	.1147	.1730	.2269	.2679	.2903	.2918	.2734
	4	.0036	.0109	.0287	.0577	.0972	.1442	.1935	.2388	.2734
	5	.0002	.0012	.0043	.0115	.0250	.0466	.0774	.1172	.1641
	6	.0000	.0001	.0004	.0013	.0036	.0084	.0172	.0320	.0547
	7	.0000	.0000	.0000	.0001	.0002	.0006	.0016	.0037	.0078
8	0	.4305	.2725	1678	.1001	.0576	.0319	.0168	.0084	.0039
	1	.3826	.3847	.3355	.2670	.1977	.1317	.0896	.0548	.0312
	2	1488	.2376	.2936	.3115	.2965	.2587	.2090	.1569	.1094
	3	.0331	.0839	.1468	.2076	.2541	.2786	.2787	.2568	.2188
	4	.0046	.0185	.0459	.0865	.1361	.1875	.2322	.2627	.2734
	5	.0004	.0026	.0092	.0231	.0467	.0808	.1239	.1719	.2188
	6	.0000	.0002	.0011	.0038	.0100	.0217	.0413	.0703	.1094
	7	.0000	.0000	.0001	.0004	.0012	.0033	.0079	.0164	.0313
	8	.0000	.0000	.0000	.0000	.0001	.0002	.0007	.0017	.0039

예제 6-2 앞 예제의 이항확률을 이항확률표에 의해서 구해 보라.

① 앞면이 한 번도 나오지 않을 확률 : $n=4,\ x=0,\ p=\frac{1}{2}$ → 0.0625
② 앞면이 한 번 나올 확률 : $n=4,\ x=1,\ p=\frac{1}{2}$ → 0.25
③ 앞면이 세 번 이하로 나올 확률 : $n=4,\ x\leq 3,\ p=\frac{1}{2}$ → $1-P(X=4)=$ $1-0.0625=0.9375$

3 이항분포의 특성

SOCIAL STATISTICS

1 이항분포의 모양

이항분포의 모양은 시행횟수 n과 확률 p에 의해 결정되는데 시행횟수는 n이 작은 경우($n<30$)와 n이 큰 경우($n\geq 30$)로, 확률은 p가 0.5인 경우($p=0.5$), p가 0.5보다 작은 경우($p<0.5$), p가 0.5보다 큰 경우($p>0.5$)로 나누어진다.

1) 시행횟수 n이 작은 경우($n<30$)

시행횟수가 작은 경우 확률 p에 따라 이항분포의 모양은 달라진다. 확률은 p가 0.5인 경우($p=0.5$)는 좌우 대칭을 이룬다. 그러나 p가 0.5보다 작은 경우($p<0.5$)에는 오른쪽꼬리분포를, p가 0.5보다 큰 경우($p>0.5$)에는 왼쪽꼬리분포를 나타낸다. [그림 6-1]에서 보는 바와 같이 (a)쪽의 세 이항분포는 p가 0.5보다 작은 경우($p<0.5$)인 $p=0.1$인 경우를 보여주며, (b)쪽의 세 이항분포는 $p=0.5$인 경우에 대한 이항분포의 모양을 보여준다. 즉, 시행횟수 n이 작은 경우에 확률 p에 따라 분포가 달라짐을 알 수 있다.

[그림 6-1] 이항분포의 모양

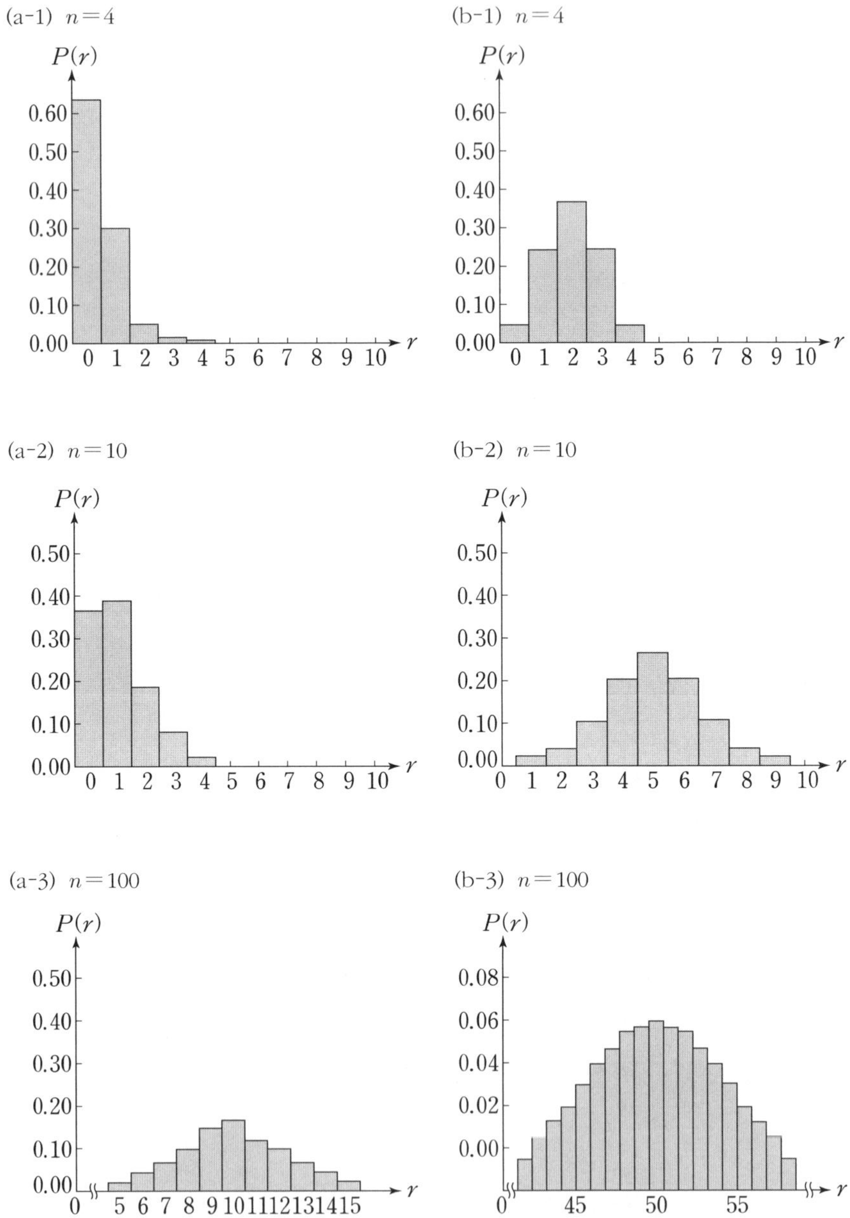

2) 시행횟수 n이 큰 경우($n \geq 30$)

시행횟수가 충분히 큰 경우에는 확률 p에 상관없이 이항분포는 평균을 중심으로 좌우대칭에 가까워진다. [그림 6-1]에서 보는 바와 같이 (a)쪽의 세 이항분포의 모양을 보면 시행횟수가 4인 (a-1)과 달리 시행횟수가 100인 (a-3)의 이항분포는 평균을 중심으로 좌우대칭에 가까워지는 것을 보여준다. 그러나 (b)에서 보는 바와 같이 시행횟수의 대소에 관계없이 확률 $p=0.5$인 경우에는 대칭분포를 이룬다.

2 이항분포의 평균과 분산

이항분포의 평균과 분산은 이산형 확률변수의 기댓값과 분산의 공식에 의해 구할 수 있지만, 시행횟수가 커지면 그 계산이 용이하지 않다. 이 경우에 공식을 이용하면 편리하게 이항분포의 평균과 분산을 구할 수 있다. 이항분포의 평균과 분산[3])을 구하는 공식은 다음과 같이 정의된다. 이 공식의 유도는 비교적 복잡하므로[4]) 앞서 배운 베르누이 확률분포를 사용하면 쉽다.

평균 : $\mu_x = E(X) = np$

분산 : $\sigma^2 = \text{Var}(X) = np(1-p) = npq$

먼저 $X_1,\ X_2,\ X_3,\ \cdots,\ X_n$을 "성공"의 확률이 p인 n개의 독립적인 베르누이 확률변수라 하고, n번의 베르누이 시행에서 발생하는 "성공"의 횟수를 확률변수 X라 가정하자. 그러면 확률변수 $X = X_1 + X_2 + X_3 + \cdots + X_n$의 관계가 성립되며, X는 이항분포를 한다. 따라서 이항분포의 평균과 분산은 다음과 같이 유도된다.

$$
\begin{aligned}
E(X) &= E(X_1 + X_2 + X_3 + \cdots + X_n) \\
&= E(X_1) + E(X_2) + E(X_3) + \cdots + E(X_n) \\
&= p + p + p + \cdots + p \quad (\because \text{ 베르누이 확률변수의 평균은 } p\text{이므로}) \\
&= np
\end{aligned}
$$

3) 표준편차는 $\sqrt{npq}$가 된다.
4) [부록 6장-1] 참조.

$$\begin{aligned}\mathrm{Var}(X) &= \mathrm{Var}(X_1+X_2+X_3+\cdots+X_n)\\ &= \mathrm{Var}(X_1)+\mathrm{Var}(X_2)+\mathrm{Var}(X_3)+\cdots+\mathrm{Var}(X_n)\\ &= p(1-p)+p(1-p)+p(1-p)+\cdots+p(1-p)\\ &\quad (\because \text{ 베르누이 확률변수의 분산은 } p(1-p)\text{이므로})\\ &= np(1-p)\end{aligned}$$

예제 6-3 동전을 던져 앞면이 나올 확률이 $\frac{1}{2}$이라면 100번의 독립시행에서 앞면이 나올 횟수의 평균과 분산을 구하라.

평균 : $\mu_x = E(X) = np = 100 \times \frac{1}{2} = 50$

분산 : $\sigma^2 = \mathrm{Var}(X) = np(1-p) = 100 \times \frac{1}{2}\left(1-\frac{1}{2}\right) = 25$

예제 6-4 *syrho* 대학교의 남학생 · 여학생의 성비는 남학생 70%, 여학생 30%라고 한다. 100명의 학생을 무작위로 추출하였을 때 몇 명이 여학생이고, 그 분산은 얼마인가?

평균 : $\mu_x = E(X) = np = 100 \times 0.3 = 30$명

분산 : $\sigma^2 = \mathrm{Var}(X) = np(1-p) = 100 \times 0.3(1-0.7) = 21$

SOCIAL STA·TISTICS

제2절 포아송분포

1 포아송분포의 개념

SOCIAL STATISTICS

이항분포와 같이 포아송분포(Poisson distribution)도 이산확률분포 중의 하나로 널리

사용된다. 이항분포가 n회의 시행에서 특정 사건이 발생할 횟수의 확률분포라면, 포아송분포는 시간, 길이, 넓이, 부피 등의 단위당 특정 사건이 발생할 횟수를 나타내는 확률변수의 분포를 의미한다. 한 은행에 시간당 걸려오는 전화의 횟수, 한 나라 노동자의 연간 파업의 횟수, 백화점에 들르는 일주일간 고객의 수, 한 책의 페이지당 오자의 수 등이 포아송분포의 대표적인 예라 하겠다. 포아송분포가 성립하기 위해서는 다음과 같은 조건이 성립되어야 한다.

포아송분포의 조건

① 단위당 특정 사상이 발생할 확률은 주어진 모든 구간에서 같다.
② 주어진 모든 구간에서 특정 사상이 둘 이상 발생할 확률은 0이다.
③ 한 구간에서 발생된 사상은 다른 구간에서 발생된 사상과 통계적으로 독립이다.

다음의 예를 통해 포아송분포의 조건을 이해하여 보자. 한 전화교환원에게 오전 11시부터 12시 사이에 전화번호를 문의하기 위해 걸려오는 전화의 수가 360이고, 단위당 시간은 1초라 하자. 포아송분포가 성립되기 위해서는 첫째로 1초당 문의전화가 걸려올 확률은 11시부터 12시 사이의 어느 1초 사이에서도 모두 $\frac{360}{3,600}=0.1$로 일정해야 한다. 1초 사이에 둘 이상의 전화가 걸려올 확률은 0이어야 한다. 셋째로 한 1초 사이에 걸려온 전화는 다른 어느 1초 사이에 걸려온 전화에 전혀 영향을 주지 않아야 한다.

2 포아송분포의 확률밀도함수와 확률의 계산

SOCIAL STATISTICS

1 포아송 확률밀도함수

포아송분포는 단위시간당 발생하는 평균 사건의 수인 모수 λ에 의해 특징지어진다. 포아송 확률변수(Poisson random variable) X는 일정구간 내에서 x번의 사건이 발생할 횟수로 정의되며, 0부터 무한대까지의 정수를 포함한다. 일단 λ가 주어지면 포아송 확률변수의 확률밀도함수는 다음과 같이 정의된다.

포아송 확률밀도함수

$$P(X=x|\lambda)=\frac{e^{-\lambda}\lambda^{x}}{x!}$$

λ : 단위당 발생 평균 사건 횟수
e : 자연로그의 밑수(약 2.718282)
x : 단위당 사건의 발생횟수

2 포아송분포의 확률계산

포아송분포는 이항확률함수를 이용하여 계산할 수도 있고, 이미 만들어져 있는 포아송 확률분포표를 이용할 수도 있다.

1) 포아송 확률밀도함수의 이용

예제 6-5 한 은행에서 오전 11시부터 12시 사이에 1분당 평균 0.5회의 문의전화가 걸려온다고 한다. 걸려온 전화의 횟수가 포아송분포를 한다면 11시와 12시 사이에 1분당 3회의 전화가 걸려올 확률은 얼마인가?

$$P(X=3|0.5)=\frac{e^{-0.5}\cdot\ 0.5^{3}}{3!}=0.0126$$

예제 6-6 한 병원의 응급실에 새벽 1시부터 2시 사이에 들어오는 환자 수가 평균 6명이고, 들어오는 환자의 수가 포아송분포를 따른다고 한다. 1분당 환자가 들어올 다음 확률을 구하라.
① 1명이 들어올 확률
② 2명 이상이 들어올 확률
③ 3명에서 5명까지 들어올 확률

① $P(X=1|6)=\frac{e^{-6}\cdot 6^{1}}{1!}=0.0149$

② $P(2\leq X\leq 6)=P(X=2)+P(X=3)+P(X=4)+P(X=5)+P(X=6)$

$=1-P(X\leq 1)$

$=1-P(X=0)-P(X=1)$

$=1-0.0025-0.0149$

$=0.9826$

③ $P(3 \le X \le 5) = P(X=3) + P(X=4) + P(X=5)$

$= 0.0892 + 0.1339 + 0.1606$

$= 0.3837$

2) 포아송 확률분포표의 이용

포아송 확률함수에 의한 확률계산은 그리 간단하지 않다. 따라서 이미 계산되어 있는 포아송분포표를 사용하면 편리하며, λ와 x의 값만 알면 그에 해당하는 확률값을 쉽게 찾을 수 있다. 그러나 포아송분포표도 모든 λ와 x에 대한 확률이 계산되어 있지 않으므로 이 경우는 포아송 확률밀도함수를 사용하여야 하나, 미니탭과 같은 컴퓨터 프로그램을 이용하면 쉽게 확률을 구할 수 있다.

앞의 [예제 6-5]의 $\lambda=0.5$, $x=3$인 경우에 포아송 분포의 확률을 구할 때 〈표 6-3〉과 같은 포아송 확률분포표를 이용하여 구하면 0.0126이 된다.

예제 6-7 위 예제의 ①을 포아송 확률분포표에 의해 구하라.

$$\lambda = 6,\ x = 1 \ \rightarrow \ 0.0149$$

〈표 6-3〉 포아송 확률분포표

x	μ 0.1	0.2	0.3	0.4	0.5	0.6	0.7	0.8	0.9	1.0
0	.9048	.8187	.7408	.6703	.6065	.5488	.4966	.4493	.4066	.3679
1	.0905	.1637	.2222	.2681	.3033	.3293	.3476	.3659	.3659	.3679
2	.0045	.0164	.0333	.0536	.0758	.0988	.1217	.1438	.1647	.1893
3	.0002	.0011	.0033	.0072	.0126	.0198	.0284	.0383	.0494	.0613
4	.0000	.0001	.0002	.0007	.0016	.0030	.0050	.0077	.0111	.0153
5	.0000	.0000	.0000	.0001	.0002	.0004	.0007	.0012	.0020	.0031
6	.0000	.0000	.0000	.0000	.0000	.0000	.0001	.0002	.0003	.0005
7	.0000	.0000	.0000	.0000	.0000	.0000	.0000	.0000	.0000	.0001

x	μ 1.1	1.2	1.3	1.4	1.5	1.6	1.7	1.8	1.9	2.0
0	.3329	.3012	.2725	.2466	.2231	.2019	.1827	.1653	.1496	.1353
1	.3662	.3614	.3543	.3452	.3347	.3230	.3106	.2975	.2842	.2707
2	.2014	.2169	.2303	.2417	.2510	.2584	.2640	.2678	.2700	.2707
3	.0738	.0867	.0998	.1128	.1255	.1378	.1496	.1607	.1710	.1804
4	.0203	.0260	.0324	.0395	.0471	.0551	.0636	.0723	.0812	.0902
5	.0045	.0062	.0084	.0111	.0141	.0176	.0216	.0260	.0309	.0361
6	.0008	.0012	.0018	.0026	.0035	.0047	.0061	.0078	.0098	.0120
7	.0001	.0000	.0003	.0005	.0008	.0011	.0015	.0020	.0027	.0034
8	.0000	.0000	.0001	.0001	.0001	.0002	.0003	.0005	.0006	.0009
9	.0000	.0000	.0000	.0000	.0000	.0000	.0001	.0001	.0001	.0002

x	μ 2.1	2.2	2.3	2.4	2.5	2.6	2.7	2.8	2.9	3.0
0	.1225	.1108	.1003	.0907	.0821	.0743	.0672	.0608	.0550	.0498
1	.2572	.2438	.2306	.2177	.2052	.1931	.1815	.1703	.1596	.1494
2	.2700	.2681	.2652	.2613	.2565	.2510	.2450	.2384	.2314	.2240
3	.1890	.1966	.2033	.2090	.2138	.2176	.2205	.2225	.2237	.2240
4	.0992	.1082	.1169	.1254	.1336	.1414	.1488	.1557	.1622	.1680
5	.0417	.0476	.0538	.0602	.0668	.0735	.0804	.0872	.0940	.1008
6	.0146	.0174	.0206	.0241	.0278	.0319	.0362	.0407	.0455	.0504
7	.0044	.0055	.0068	.0083	.0099	.0118	.0139	.0163	.0188	.0216
8	.0011	.0015	.0019	.0025	.0031	.0038	.0047	.0057	.0068	.0081
9	.0003	.0004	.0005	.0007	.0009	.0011	.0014	.0018	.0022	.0027
10	.0001	.0001	.0001	.0002	.0002	.0003	.0004	.0005	.0006	.0008
11	.0000	.0000	.0000	.0000	.0000	.0001	.0001	.0001	.0002	.0002
12	.0000	.0000	.0000	.0000	.0000	.0000	.0000	.0000	.0000	.0001

3 포아송분포의 특성

SOCIAL STATISTICS

1 포아송분포의 모양

포아송분포의 모양은 모수 λ에 따라 결정되며, [그림 6-2]와 같이 λ값이 작은 경우에는 오른쪽꼬리분포를 보이다가 λ값이 커짐에 따라 중앙에서 최고점을 이루는 대칭분포를 보인다.

[그림 6-2] 포아송분포의 모양

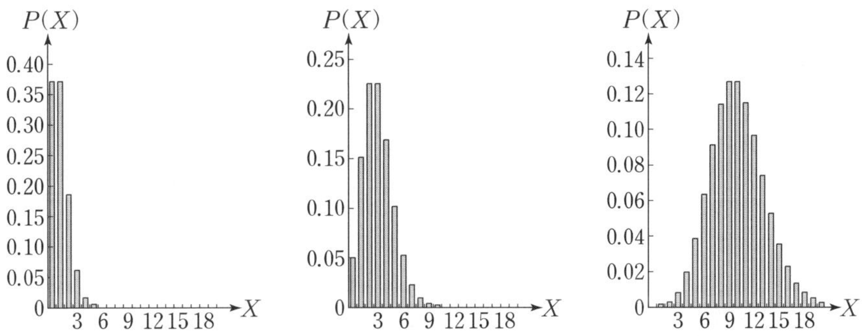

(a) $\lambda=1$ (b) $\lambda=3$ (c) $\lambda=10$

2 포아송분포의 평균과 분산

포아송분포의 평균과 분산도 이산형 확률변수의 수학적 기댓값과 분산의 공식에 의해 구할 수 있으며, 다음과 같이 정의된다.[5)]

평균 : $\mu_x = E(X) = \lambda$

분산 : $\sigma^2 = \text{Var}(X) = \lambda$

5) 표준편차는 $\sqrt{\lambda}$ 이다.

예제 6-8 한 병원의 응급실에 새벽 1시부터 2시 사이에 들어오는 환자 수가 평균 6명이고, 들어오는 환자의 수가 포아송분포를 따른다고 한다. 새벽 1시와 2시 사이에 들어오는 환자 수의 평균과 분산을 구하라.

$$\text{평균}: \mu_x = E(X) = \lambda = 6$$

$$\text{분산}: \sigma^2 = \mathrm{Var}(X) = \lambda = 6$$

SOCIAL STATISTICS

제3절 이항분포와 포아송분포의 관계

n이 아주 크고($n \geq 20$) p가 아주 작은($p \leq 0.05$) 이항분포의 확률계산은 포아송분포를 이용하여 근사적으로 구할 수 있다. 이 경우 포아송 확률밀도함수는 다음과 같이 정의된다.

$$P(X = x \mid n, p) = \frac{e^{-np} \cdot (np)^x}{x!}$$

n : 시행횟수
x : 성공할 횟수
p : 성공할 확률
e : 자연로그의 밑수(약 2.718282)

수학적으로 이항분포가 $n \to \infty$, $p \to 0$인 경우는 포아송분포가 되어 $np = \lambda$가 성립된다. 한편 $p \to 0$이면 $q(=1-p) \to 1$이 되어 이항분포의 분산도 $npq = \lambda$가 된다.

예제 6-9 한 회사에서 제조하는 타이어 중에서 1%가 불량품으로 반환된다고 한다. 1,000개의 타이어를 생산했을 때 다음의 확률을 구하라.
① 불량품 반환이 하나도 오지 않을 확률
② 5개의 불량품 반환이 올 확률

n이 크고($n = 1{,}000$) p가 작은($p = 0.01$) 이항분포의 확률계산에 해당하므로 포아송분

포를 사용할 수 있다. $np=\lambda=10$이므로

① $P(X=0|1{,}000,\ 0.01)=\dfrac{e^{-10}\cdot 10^{0}}{0!}=0.0000$

② $P(X=0|1{,}000,\ 0.01)=\dfrac{e^{-10}\cdot 10^{5}}{5!}=0.0378$

부록 6장 1 이항확률함수 $P(X=x|n, p) = {}_nC_x \cdot p^x(1-p)^{n-x}$의 기댓값과 분산

1. 기댓값 : $E(X) = \sum_{x=0}^{n} x \cdot p(x)$

$$= \sum_{x=0}^{n} x \cdot \binom{n}{x} \cdot p^x(1-p)^{n-x}$$

$$= \sum_{x=0}^{n} x \cdot \frac{n\,!}{x\,!\,(n-x)\,!} \cdot p^x(1-p)^{n-x}$$

$$= \sum_{x=1}^{n} \frac{n!}{(x-1)!(n-1)!} \cdot p^{x-1}(1-p)^{n-x}$$

$$= np \cdot \sum_{x=1}^{n} \frac{(n-1)!}{(x-1)!(n-x)!} \cdot p^{x-1}(1-p)^{n-x}$$

$$= np \cdot \sum_{x=1}^{n} \binom{n-1}{x-1} \cdot p^{x-1}(1-p)^{n-1-(x-1)} \quad (\because\ n-1-(x-1)=n-x)$$

$$= np \cdot \sum_{y=0}^{n-1} \binom{n-1}{y} \cdot p^{y}(1-p)^{n-1-y} \quad (y=x-1\text{로 치환하면})$$

$$= np \cdot [p+(1-p)]^{n-1} = np$$

$$(\because\ \sum_{x=0}^{n} x \cdot p(x) = \sum_{x=0}^{n} x \cdot \binom{n}{x} \cdot p^x(1-p)^{n-x} = \binom{n}{0}$$

$$\cdot p^0(1-p)^n + \binom{n}{1} \cdot p^1(1-p)^{n-1} + \cdots + \binom{n}{n}$$

$$\cdot p^n(1-p)^0 = [p+(1+p)]^n = 1)$$

2. 분산 : $\sigma^2 = \mathrm{Var}(X) = E(X-\mu)^2 = E(X^2) - \mu^2$

$$E(X^2) = E[X(X-1)+X] = E[X(X-1)] + E(X)$$

$$= \sum_{x=0}^{n} x(x-1) \cdot p(x) + \sum_{x=0}^{n} x \cdot p(x)$$

$$= \sum_{x=0}^{n} x(x-1) \cdot \binom{n}{x} \cdot p^x(1-p)^{n-x} + \mu$$

$$= n(n-1) \cdot p^2 \cdot \sum_{x=2}^{n-2} \binom{n-2}{x-2} \cdot p^{x-2}(1-p)^{n-x-(x-2)} + \mu$$

$$= n(n-1) \cdot p^2 \cdot \sum_{y=0}^{n-2} \binom{n-2}{y} \cdot p^{y}(1-p)^{n-2-y} + \mu$$

($y = x-2$로 치환하면)

$$= n(n-1) \cdot p^2 \cdot [p+(1-p)]^{n-2} + np$$

$$= n(n-1) \cdot p^2 + np$$

따라서 $\mathrm{Var}(X) = E(X^2) - \mu^2 = n(n-1) \cdot p^2 + np - (np)^2$

$$= np(1-p) = npq$$

부록 6장 2 포아송 확률밀도함수 $P(X=x|\lambda)=\frac{e^{-\lambda}\lambda^x}{x!}$ 의 기댓값과 분산

1. 기댓값 : $E(X)=\sum_{x=0}^{\infty} x \cdot p(x)$

$$=\sum_{x=0}^{\infty} x \cdot \frac{e^{-\lambda}\lambda^x}{x!}$$

$$=\sum_{x=1}^{\infty} \frac{e^{-\lambda}\lambda^x}{(x-1)!}$$

$$=\lambda \cdot e^{-\lambda}\sum_{x=1}^{\infty} \frac{\lambda^{x-1}}{(x-1)!}$$

$$=\lambda \cdot e^{-\lambda}\sum_{y=0}^{\infty} \frac{\lambda^{y}}{y!} \quad (y=x-1\text{로 치환하면})$$

$$=\lambda \cdot e^{-\lambda} \cdot e^{\lambda}$$

$$=\lambda \left(\because \sum_{y=0}^{\infty}\frac{\lambda^y}{y!}=\lim_{n\to\infty}\sum_{y=0}^{\infty}\frac{\lambda^y}{y!}=\lim_{n\to\infty}\left[1+\frac{\lambda}{1!}+\frac{\lambda^2}{2!}+\frac{\lambda^3}{3!}+\cdots+\frac{\lambda^n}{n!}=e^{\lambda}\right]\right)$$

2. 분산 : $\sigma^2=\mathrm{Var}(X) \quad =E(X-\mu)^2=E(X^2)-\mu^2$

$$E[X(X-1)]=\sum_{x=0}^{\infty} x(x-1) \cdot \frac{e^{-\lambda}\lambda^x}{x!}$$

$$=\lambda^2 \cdot \sum_{x=2}^{\infty}\frac{e^{-\lambda}\lambda^{(x-2)}}{(x-2)!} \qquad (y=x-2\text{로 치환하면})$$

$$=\lambda^2 \cdot \sum_{y=0}^{\infty}\frac{e^{-\lambda}\lambda^{y}}{y!}$$

$$=\lambda^2 \quad \left(\because \sum_{y=0}^{\infty}\frac{\lambda^y}{y!}-e^{\lambda}\right)$$

따라서 $\mathrm{Var}(X)=E(X^2)-\mu^2=E[X(X-1)+X]-\mu^2=E[X(X-1)]+E(X)-\mu^2$

$$=\lambda^2+\lambda-\lambda^2$$

$$=\lambda$$

주요 용어와 공식

- 이항확률분포(binomial probability distribution) : n회 시행하는 이항실험 중 x회 성공할 확률을 보여주는 확률분포
- 이항확률함수(binomial probability function) : 이항확률을 계산하는 데 사용되는 함수
  이항확률함수 : $f(x) = \binom{n}{x} p^x (1-p)^{(n-x)}$
- 포아송 확률분포(Poisson probability distrubution) : 특정한 시간 또는 공간 구간에서 어떤 사건이 x회 발생할 확률을 나타내는 확률분포
- 포아송 확률함수(Poisson probability function) : 포아송확률을 계산하는 데 사용되는 함수
  포아송 확률밀도함수 : $f(x) = \frac{\mu^x e^{-\mu}}{x!}$
  이산균일확률함수 : $f(x) = 1/n$(n=확률변수가 가질 수 있는 값의 개수)
  이산확률변수의 기댓값 : $E(x) = \mu = \sum x f(x)$
  이산확률변수의 분산 : $\mathrm{Var}(x) = \sigma^2 = \sum (x-\mu)^2 f(x)$
  n회 시행 중 x회 성공할 실험 결과의 수 : $\binom{n}{x} = \frac{n!}{x!(n-x)!}$
  이항분포의 기댓값 : $E(x) = \mu = np$
  이항분포의 분산 : $Var(x) = \sigma^2 = np(1-p)$

연습문제

01 태릉물산에 다니고 있는 박재용 부장이 한 고객을 만나 그 고객에게 세계 최고급 자동차인 *eklee*를 판매할 확률은 그 동안의 경험으로 보아 20%이다. 만약 박재용 부장이 오늘 10명의 고객을 만난다고 가정하자.

1-1. 세 사람이 자동차를 살 확률은 얼마인가?

1-2. 두 사람 이상이 자동차를 살 확률은 얼마인가?

1-3. 평균 몇 사람이 자동차를 사겠는가? 그 표준편차는 얼마인가?

02 *syrho* 대학교를 졸업한 강경석 군이 취업할 확률은 30%라고 한다. 강경석 군이 8곳의 회사에 원서를 제출하였다고 하자.

2-1. 4곳의 회사로부터 합격 통지를 받을 확률을 구하시오.

2-2. 3곳에서 7곳의 회사로부터 합격 통지를 받을 확률을 구하시오.

2-3. 6곳 이상의 회사로부터 합격 통지를 받을 확률을 구하시오.

03 태릉물산의 박재용 부장으로부터 최고급 자동차 *eklee*를 구입한 사람은 1,860명이다. 1년 동안 판매된 자동차 가운데 고장이 발생할 확률이 $\frac{1}{600}$이다. 2050년에 판매된 자동차 가운데 고장날 자동차 수를 확률변수로 하여 0, 1, 2, 3인 경우의 확률을 구하시오.

04 *syrho* 대학교의 하루 평균 결석생 수는 6명이다. 어느 날 결석생이 4명이 될 확률은 얼마인가?

05 태릉대학교 황은진 교수는 3일에 2번꼴로 학생 면담을 실시하고 있다. 근사적인 포아송 과정이라고 가정할 때, 9일 동안에 다섯 번 이상 학생 면담을 실시할 확률은 얼마인가?

06 태릉휴대폰주식회사의 휴대폰 생산과정에서 2%의 불량품이 나타났다고 가정하면, 200개의 제품 가운데 3개 이상의 불량품이 발생할 확률을 구하시오.

07 태릉야구단의 허준영 투수는 게임에서 상대 타자를 상대로 삼진 아웃을 잡을 확률은 지금까지의 경험으로 20%이다. 오늘 게임에서 허준영 투수는 10명의 타자를 상대할 예정이다.

7-1. 허준영 투수가 세 명의 타자를 삼진 아웃시킬 확률을 구하시오.

7-2. 허준영 투수가 두 타자 이상을 삼진 아웃시킬 확률을 구하시오.

7-3. 허준영 투수는 평균 몇 타자를 삼진 아웃 시킬 것인지 계산하시오. 또한 그 표준편차를 구하시오.

08 축구 경기에서 무승부일 확률이 0.1이라고 할 때 2010년 남아공 월드컵에서 다섯 경기 중 적어도 한 경기가 무승부일 확률을 이항분포를 활용하여 구하시오.

09 잠실초등학교 2학년 허희윤은 학교 시험에서 100점을 맞을 확률이 과거 경험에 의하면 0.3이다. 허희윤이 앞으로 세 번의 시험 가운데 두 번 100점을 맞을 확률을 구하시오.

제 7 장

연속확률분포

제 6 장에서는 이산확률분포에 대하여 이항분포와 포아송분포를 중심으로 살펴보았다. 이 장에서는 연속확률분포에 대하여 균일확률분포와 정규분포를 중심으로 살펴보도록 하겠다.

SOCIAL STATISTICS

제1절 확률밀도함수

제 6 장에서 이산형 확률분포와 연속형 확률분포를 구분하여 이산형 확률분포의 경우는 확률집계함수라 하여 $p(x)$로 표기하는 반면 연속형 확률분포의 경우는 확률밀도함수(probability density function)로 부르며 $f(x)$로 표시하는 경우가 있지만, 이 책에서는 이산형 확률변수나 연속형 확률변수에 모두 확률밀도함수라는 용어를 사용한다고 하였다. 연속확률변수의 경우 확률밀도함수에서는 주어진 구간에 대하여 확률밀도함수 $f(x)$의 면적이 연속확률변수 x가 그 구간의 값을 가질 확률을 나타낸다. 즉, 연속확률변수에 대한 확률을 계산할 때 확률변수가 한 구간에서 어떤 값을 가질 확률을 계산하는 것이다. 따라서 연속확률변수의 경우 확률변수의 어떤 특정한 값의 확률은 이 특정한 값에서 확률밀도함수 $f(x)$의 면적이 0이기 때문에 0이 된다.

예를 들어, 여름철 장마로 수도권 지역에 오늘 하루 100~150mm의 비가 내릴 확률이 70%라고 하자. 연속확률분포에서는 100mm와 150mm 사이에 무수히 많은 값들이 존재하기 때문에 정확하게 130mm의 비가 내릴 확률은 구할 수 없지만 그 대신 100~150mm의 비가 내릴 확률과 같이 어떤 구간의 확률을 계산하게 된다.

제 6 장에서 살펴본 바와 같이, [그림 7-1]의 이산확률분포의 경우 세로축이 확률을 나타낸다. 반면, 연속확률분포에서의 세로축은 확률과 관계가 없으며 확률은 어떤 구간의 면적으로 표현한다.

[그림 7-1] 이산확률분포와 연속확률분포

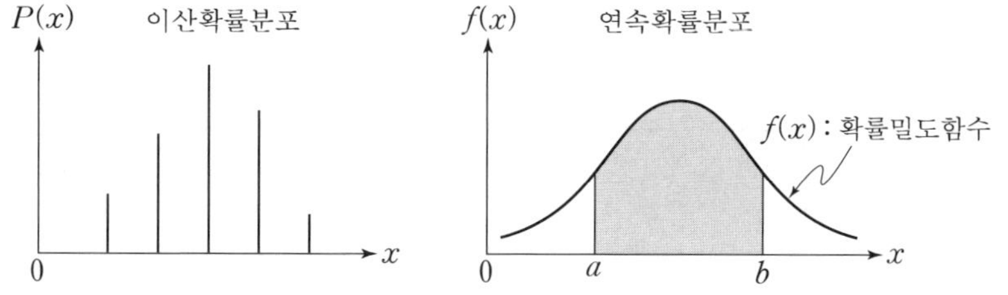

SOCIAL STATISTICS

제2절 균일확률분포

확률변수 x 가 공무원 시험준비 학원의 수강료라고 하고, 그 수강료는 60원에서 100원까지 구간의 어떤 값이든 취할 수 있다고 하자. 확률변수 x 는 이 구간에서 어떤 값이든 취할 수 있으므로 x 는 이산확률변수라기보다는 연속확률변수이다. 또한, 수강료에 대한 자료가 충분히 있어서 어떤 1원 구간의 수강료의 확률이 60원에서 100원 사이의 큰 구간에 포함되는 다른 1원 구간의 확률과 같다는 결론에 이른다고 가정한다. 매 1원 구간이 모두 동일하게 발생할 것이므로 확률변수 x 는 균일확률분포(uniform probability distribution)를 가진다고 한다. 공무원 시험준비 학원의 수강료 확률변수에 대한 균일분포를 정의하는 확률밀도함수는

$$f(x)=\begin{cases} \dfrac{1}{40} & 60 \le x \le 100 \\ 0 & \text{그 외 모든 구간} \end{cases}$$

이다.

[그림 7-2]는 이러한 확률밀도함수의 그래프를 보여준다.

[그림 7-2] 공무원 시험준비 학원 수강료의 균일확률밀도함수

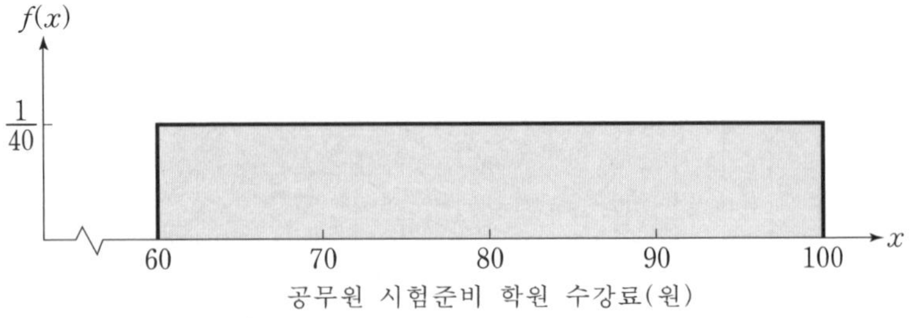

일반적으로 확률변수 x에 대한 균일확률분포함수는 다음 식과 같이 정의된다.

균일확률밀도함수

$$f(x) = \begin{cases} \dfrac{1}{b-a} & a \leq x \leq b \\ 0 & \text{그 외 모든 구간} \end{cases}$$

연속확률변수에 대한 확률은 확률변수가 특정한 구간 내에서 어떠한 값을 취할 개연성이라는 측면에서 고려할 수 있다. 앞의 공무원 시험준비 학원 수강료의 예에서 수강료가 70원과 80원 사이일 확률은 얼마인가? 즉 $P(70 \leq x \leq 80)$는 얼마인가? 수강료는 60원과 100원 사이이고 확률은 이 구간에서 동일한 것으로 나타나고 있으므로 $P(70 \leq x \leq 80) = 0.25$라고 쉽게 구할 수 있다.

이는 [그림 7-2]의 그래프를 통해서 같은 결과를 얻을 수 있다. [그림 7-2]에서 70부터 80까지 구간의 $f(x)$ 그래프 아래의 영역을 생각해 보자 이 영역은 직사각형이고 따라서 그 넓이는 단순히 너비와 높이의 곱이다. 따라서 구간의 너비는 $80-70=10$이고 높이는 확률밀도함수의 값 $f(x)$이므로 그 면적은 $10 \times \frac{1}{40} = 0.25$이다.

수강료에 대한 균일분포가 주어지고 면적을 확률로 해석하는 점을 이용하면 수강료와 관련된 어떠한 확률도 계산할 수 있다. 예를 들어, 수강료가 72원과 84원 사이일 확률은 $(84-72) \times \frac{1}{40} = 0.3$임을 알 수 있다.

균일확률밀도함수에서 $f(x)$ 그래프 밑의 전체 영역은 1이다. 이러한 속성은 모든 연속확률변수에 대해 성립하는 것이며 이는 이산확률함수에서 확률의 합이 1이라는 것에 해당한다. 연속확률밀도함수에서 모든 x에 대해 $f(x) \geq 0$이다. 이는 이산확률함수에서 $f(x) \geq 0$에 해당한다. 연속확률변수와 이산확률변수를 다룸에 있어서 다음과 같

은 차이에 주목할 필요가 있다.

첫째, 연속확률변수에서는 확률변수가 특정한 값을 취하는 확률에 대하여 이야기하지 않고 대신 확률변수가 어떤 주어진 구간 내의 한 값을 가질 확률에 대하여 이야기한다.

둘째, 확률변수가 어떤 주어진 구간 내 한 값을 취할 확률은 그 구간의 확률밀도함수 아래의 면적으로 정의된다. 따라서 어떤 특정한 점은 그 면적이 0이므로 연속확률변수가 정확히 특정한 값을 가질 확률은 0이라는 것을 의미한다.

연속확률변수에 대한 기댓값과 분산의 계산은 이산확률변수의 경우와 마찬가지이다. 균일확률분포에 대한 기댓값과 분산의 공식은 다음과 같다.

균일확률분포의 기댓값과 분산

$$E(x) = \frac{a+b}{2}$$

$$\mathrm{Var}(x) = \frac{(b-a)^2}{12}$$

공무원 시험준비 학원 수강료의 예에서 기댓값과 분산을 구하면

$$E(x) = \frac{a+b}{2} = \frac{60+100}{2} = 80$$

$$\mathrm{Var}(x) = \frac{(b-a)^2}{12} = \frac{(100-60)^2}{12} = 133.33$$

예제 7-1 확률변수 x가 한라산에서 백두산까지 운항하는 여객기의 운항시간이며 운항시간은 132분에서 144분까지 구간의 어떤 값이든 취할 수 있다고 하자. 균일확률분포를 가진다고 가정하고 이 경우 한라산에서 백두산까지 운항시간의 기댓값과 분산을 구하시오.

$$E(x) = \frac{a+b}{2} = \frac{132+144}{2} = 138$$

$$\mathrm{Var}(x) = \frac{(b-a)^2}{12} = \frac{(144-132)^2}{12} = 12$$

SOCIAL STATISTICS

제3절 정규분포

1 정규분포의 의미

통계학에서 가장 중요한 연속확률분포는 정규분포(normal probability distribution)이다. 이 분포는 1733년 de Moivre에 의해 정규곡선의 수학적 방정식으로부터 발전된 것으로 이것은 귀납적 통계학 이론에 기초를 제공한 매우 중요한 분포이다. 정규분포는 Gauss를 기리기 위하여 가우스 분포(Gaussian distribution)라고도 한다. 그는 동일한 양을 반복해서 측정하는 데에서 나타나는 오차의 연구로부터 정규분포의 방정식을 유도하였다.

Johann Carl Friedrich Gauss

Gauss는 1777년 4월 30일 지금 독일의 Braunschweig에서 태어나 77세의 나이로 1855년 2월 23일 사망한 수학자이자 과학자이다. 그는 정수론(number theory), 통계학(statistics), 기하학 등 통계학과 물리학 분야에서 princeps mathematicorum(라틴어로 가장 위대한 수학자)로 불리울 정도로 큰 기여를 하였다. 독일의 University of Göttingen에서 공부하였으며 그의 필생의 역작인 Disquisitiones Arithmeticae를 21세의 나이인 1798년에 완성하였다. 이 책은 정수론을 학문의 영역으로 구축하는 근간이 되었으며 현재의 학문 분야를 형성하는 데 기초가 되었다.

정규분포의 형태 또는 모양은 [그림 7-3]에서 보는 바와 같이 종 모양의 정규곡선(normal curve)으로 나타난다.

[그림 7-3] 종 모양의 정규분포

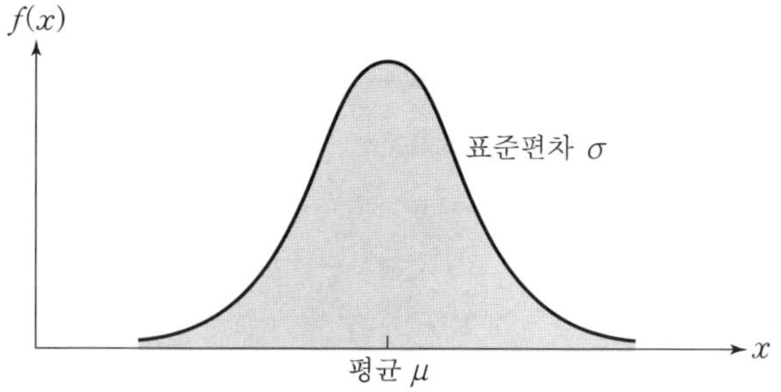

정규분포의 종 모양의 정규곡선을 정의하는 확률밀도함수는 다음과 같다.

정규확률밀도함수

$$f(x) = \frac{1}{\sigma\sqrt{2\pi}} e^{-\frac{(x-\mu)^2}{2\sigma^2}}$$

μ : 평균
π : 3.14159
σ : 표준편차
e : 2.71828

정규분포의 특성은 다음과 같이 정리할 수 있다.

첫째, 모든 정규분포군은 이의 평균 μ와 표준편차 σ에 의해 두 번 미분할 수 있다.

둘째, 정규곡선의 정점은 분포의 평균에 있으며, 이 평균은 동시에 중위수이며 최빈수이다.

셋째, 분포의 평균은 음수, 0, 양수 어떤 값이라도 가질 수 있다. [그림 7-4]는 표준편차는 동일하지만 평균이 각각 -10, 0, 20인 서로 다른 세 가지 정규분포를 보여주고 있다.

[그림 7-4] 같은 표준편차, 다른 평균의 정규분포 비교

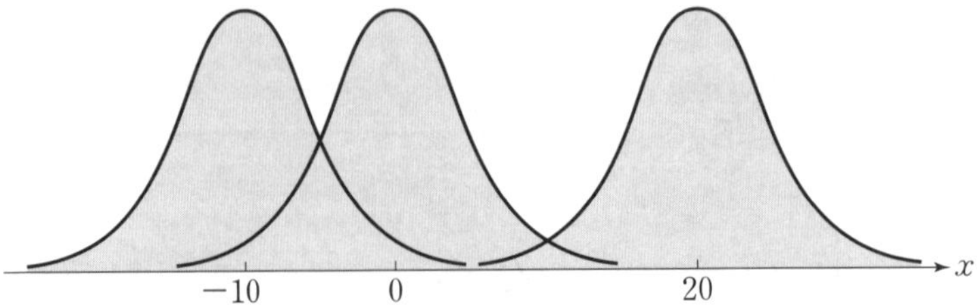

넷째, 정규분포는 좌우 대칭이다. 정규곡선의 꼬리는 양 방향으로 무한대까지 뻗쳐 있으며 이론적으로는 절대 수평축에 닫지 않는다. 정규곡선이 대칭이므로 정규분포는 어느 쪽으로도 기울어져 있지 않아 비대칭 정도를 나타내는 왜도는 0이다.

다섯째, 정규분포의 표준편차는 곡선이 얼마나 납작하고 넓게 퍼지는지 결정한다. 표준편차가 커질수록 넓고 납작하게 퍼진 곡선이 되며 자료의 변동성이 더 커지는 것을 보여준다. [그림 7-5]는 평균은 동일하지만 표준편차가 다른 두 개의 정규분포를 보여주고 있다.

[그림 7-5] 같은 평균, 다른 표준편차인 정규분포 비교

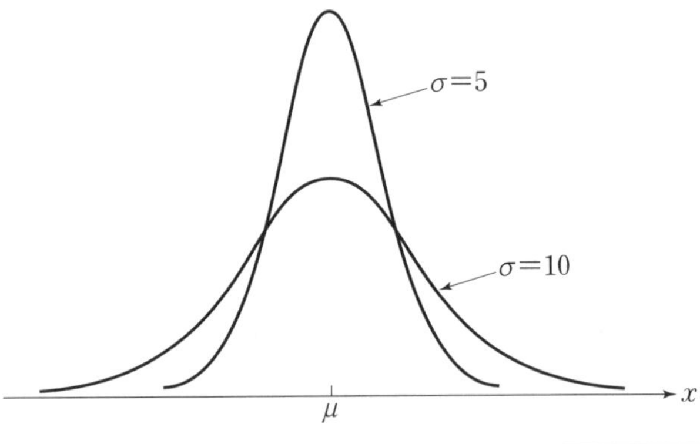

여섯째, 정규확률변수의 확률은 정규곡선 아래의 영역으로 주어진다. 정규분포곡선 아래 전체 영역은 1이다. 따라서 분포가 대칭이므로 평균에서 좌측의 곡선 아래 영역과 우측의 곡선 아래 영역은 각각 0.5로 동일하다.

[그림 7-6]에는 정규분포곡선 아래의 영역이 나타나 있으며 자주 사용되는 몇 가지

구간값들이 나타나 있다. 즉, 평균의 좌우 1 표준편차 사이에는 정규확률변수값의 68.3%가 있으며, 평균의 좌우 2 표준편차 사이에는 정규확률변수값의 95.4%가 있다. 또한, 평균의 좌우 3 표준편차 사이에는 정규확률변수값의 99.7%가 있다.

[그림 7-6] 정규분포곡선 아래의 영역

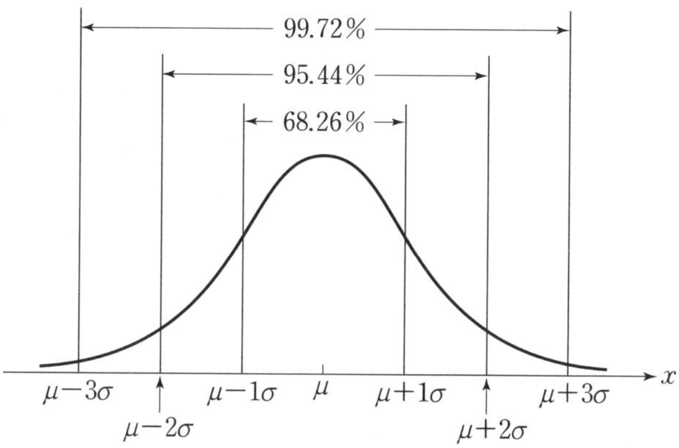

2 표준정규분포

SOCIAL STATISTICS

[그림 7-7]에서 보는 바와 같이 정규분포를 따르는 확률변수의 평균이 0이고 표준편차가 1이면 표준정규분포(standard normal probability distribution)를 따른다고 한다. 특수한 정규분포를 표시하는 데 일반적으로 z를 사용한다.

[그림 7-7] 표준정규분포

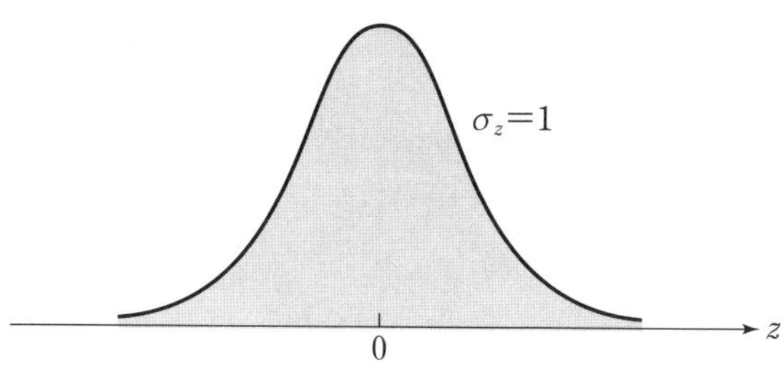

$\mu=0$, $\sigma=1$인 표준정규확률밀도함수는 다음과 같다.

표준정규밀도함수

$$f(x)=\frac{1}{\sqrt{2\pi}}e^{-\frac{z^2}{2}}$$

정규분포에 대한 확률계산은 확률밀도함수곡선 아래의 영역을 계산하여야 한다. 정규확률변수가 특정 구간에 있을 확률을 구하면 그 구간의 정규곡선의 아래 영역을 계산하여야 한다. 표준정규분포의 곡선 아래 영역을 계산하여 확률을 어떻게 구하는지 살펴보자. 표준정규확률변수 z의 값이 0과 1 사이에 있을 확률을 구해 보자. 표준정규분포에 대한 정규곡선 아래의 면적을 계산하여 확률을 쉽게 계산할 수 있도록 만든 표인 정규분포표를 활용하여 표준정규확률변수 z의 값이 0과 1 사이에 있을 확률을 구할 수 있다. [부록 A]의 정규분포표를 활용하여 표준정규확률변수 z의 값이 0과 1 사이에 있을 확률을 구하기 위해서 먼저 $z=1$에 해당하는 값을 표에서 찾아야 한다. 표의 왼쪽 열에서 1.0을 찾고 표의 상단에서 .00을 찾아 두 개가 만나는 부분인 1.00을 찾으면 그 값이 0.3413임을 알 수 있다. 바로 이 값이 표준정규확률변수 z의 값이 0과 1 사이에 있을 확률이 된다.

만약 표준정규확률변수 z의 값이 0과 1.5 사이에 있을 확률을 구한다고 하면, 표의 왼쪽 열에서 1.5를 찾고 표의 상단에서 .00을 찾아 두 개가 만나는 부분인 1.5를 찾으면 그 값이 0.4332임을 알 수 있다. 이 값이 바로 표준정규확률변수 z의 값이 0과 1.5 사이에 있을 확률이 된다.

그러면 표준정규확률변수 z의 값이 -1과 1 사이에 있을 확률을 계산하여 보자. 이미 앞에서 본 바와 같이 표준정규확률변수 z의 값이 0과 1 사이에 있을 확률은 0.3413이다. 정규분포가 대칭인 점을 이용한다면 표준정규확률변수 z의 값이 -1과 0 사이에 있을 확률은 표준정규확률변수 z의 값이 0과 1 사이에 있을 확률과 같다. 따라서 표준정규확률변수 z의 값이 -1과 1 사이에 있을 확률은 다음과 같이 구할 수 있다.

$$\begin{aligned}P(-1.00 \le z \le 1.00) &= P(-1.00 \le z \le 0.00) + P(0.00 \le z \le 1.00)\\ &= 0.3413 + 0.3413\\ &= 0.6826\end{aligned}$$

이제는 $P(z \ge 1.50)$, 즉 z값이 적어도 1.5일 확률을 계산해 보자. [부록 A]에 있는 표준정규분포표를 통해 $P(0.00 \le z \le 1.50) = 0.4332$임을 알 수 있다. 앞에서 언급한 정규분포의 특징에서 알 수 있는 바와 같이 정규분포는 대칭이므로 평균에서 좌측곡선 아래 면적은 0.5이다. 따라서 $P(z \ge 1.50)$는 다음과 같이 구할 수 있다.

$$\begin{aligned} P(z \ge 1.50) &= 0.5 - P(0.00 \le z \le 1.50) \\ &= 0.5 - 0.4332 \\ &= 0.0668 \end{aligned}$$

그러면 값이 어떤 수보다 클 확률이 0.1이 되는 값을 구하여 보자. 이는 앞의 예제들과는 반대의 상황이다. 앞에서는 z값을 정한 후에 확률을 구하였지만 지금은 확률은 주어졌을 때 해당하는 z값을 구하는 것이다. 곡선의 우측꼬리 영역에 0.1이라는 정보가 주어졌으므로 확률 0.5는 평균의 우측에 있으며 $0.5 - 0.1 = 0.4$는 곡선에서 평균과 구하고자 하는 z값 사이의 면적이어야 한다. [부록 A]의 표준정규분포표를 통해 0.4에 근접한 확률로 0.3997이 있다. 표준정규분포표에서 이 값의 좌측 끝 열과 상단 열로부터 z값을 읽으면 해당하는 z값이 1.28인 것을 알 수 있다. 따라서 값이 어떤 수보다 클 확률이 0.1이 되는 z값은 1.28보다 클 것임을 알 수 있다.

3 정규분포의 확률계산

SOCIAL STATISTICS

앞에서 표준정규분포에 대하여 살펴보았는데, 모든 정규분포에 대한 확률은 표준정규분포를 이용하여 구할 수 있다. 즉 평균이 μ이고 표준편차가 σ인 어떠한 정규분포를 표준정규분포로 전환하여 확률을 구할 수 있다. 평균이 μ이고 표준편차가 σ인 어떤 정규확률변수 평균 x를 표준정규분포로 전환시키는 공식은 다음과 같다.

표준화(standardization)

$$z = \frac{x - \mu}{\sigma}$$

이를 이용한 정규분포의 확률을 계산하여 보자. $\mu = 10$, $\sigma = 2$인 정규분포에서 확률변수 x값이 10과 14 사이에 있을 확률을 구하여 보자. 먼저, 표준정규분포로 전환시키는 공식에 따라 x값은 다음과 같이 계산된다.

$$x=10 \rightarrow z=\frac{x-\mu}{\sigma}=\frac{10-10}{2}=0$$

$$x=14 \rightarrow z=\frac{x-\mu}{\sigma}=\frac{14-10}{2}=2$$

따라서, 값이 10과 14 사이에 있을 확률은 결국 표준정규분포에서 z값이 0과 2 사이에 있을 확률과 같다고 할 수 있다. 따라서 [부록 A]의 표준정규분포표를 이용하여 x가 10과 14 사이에 있을 확률은 $P(0 \leq z \leq 2)$와 같으며 확률은 0.4772가 된다.

지금까지 살펴본 이산확률분포와 연속확률분포를 간단하게 정리하면 [그림 7-8]과 같다.

[그림 7-8] 확률분포 정리

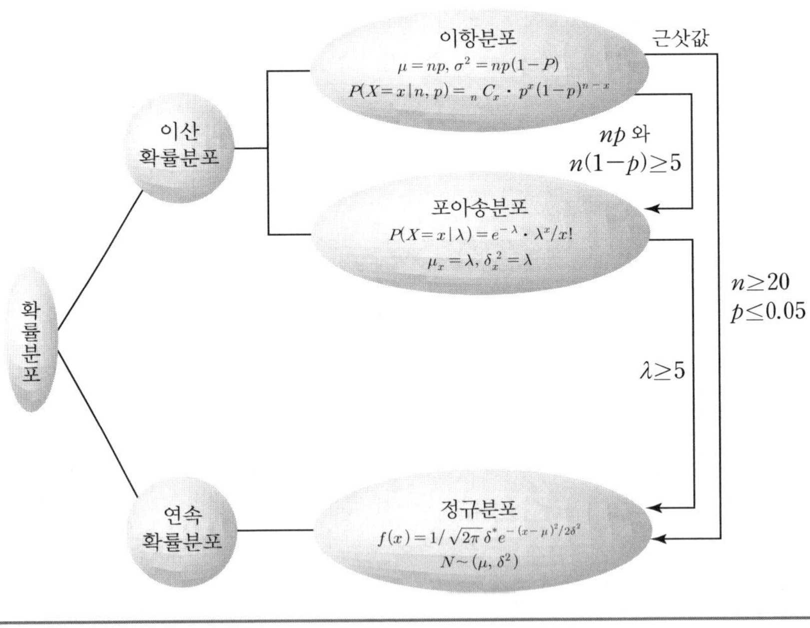

주요 용어와 공식

SOCIAL STATISTICS

- **확률밀도함수(probability density function)** : 연속확률변수의 확률을 계산하는 데 이용되는 함수로 이 곡선 아래영역이 확률을 표시
- **균일확률분포(uniform probability distribution)** : 확률변수가 어떤 한 구간에서 값을 취할 확률이 동일한 길이를 가지는 각 구간에서 동일한 연속확률분포

  균일확률밀도함수 : $f(x)=\begin{cases}\dfrac{1}{b-a} & a \le x \le b \\ 0 & \text{그 외 모든 구간}\end{cases}$

- **정규분포(normal probability distribution)** : 연속확률분포로 확률밀도함수가 종형이며 평균 μ와 표준편차 σ에 의해 결정

  정규확률밀도함수 : $f(x)=\dfrac{1}{\sigma\sqrt{2\Pi}}e^{-(x-\mu)^2/2\sigma^2}$

- **표준정규분포(standard normal probability distribution)** : 평균이 0이고 표준편차가 1인 정규분포

  표준정규분포로의 전환 : $z=\dfrac{x-\mu}{\sigma}$

연습문제

OCIAL STATISTICS

01 확률변수 x는 1.00과 1.50 사이에 균일분포를 하는 것으로 알려져 있다고 가정할 때 다음을 구하시오.

1-1. $P(x = 1.25)$를 계산하시오.

1-2. $P(1.00 \leq x \leq 1.25)$를 계산하시오.

1-3. $P(1.20 \leq x \leq 1.50)$을 계산하시오.

02 표준정규분포표를 활용하여 다음의 확률을 구하시오.

2-1. $P(0 \leq z \leq 1)$ 2-2. $P(0 \leq z \leq 1.5)$

2-3. $P(0 \leq z \leq 2)$ 2-4. $P(0 \leq z \leq 2.5)$

2-5. $P(0 \leq z \leq 0.83)$ 2-6. $P(-1.57 \leq z \leq 0)$

2-7. $P(z > 0.44)$ 2-8. $P(z \geq -0.23)$

2-9. $P(z < 1.20)$ 2-10. $P(z \leq -0.71)$

03 z가 표준정규확률변수일 때 z를 찾으시오.

3-1. 0에서 z까지의 면적이 0.4750 3-2. 0에서 z까지의 면적이 0.2291

3-3. 0에서 z까지의 면적이 0.1314 3-4. 0에서 z까지의 면적이 0.6700

3-5. z의 왼쪽의 면적이 0.2119 3-6. $-z$에서 z까지의 면적이 0.9030

3-7. $-z$에서 z까지의 면적이 0.2052 3-8. z의 왼쪽의 면적이 0.4948

3-9. z의 왼쪽의 면적이 0.1915 3-10. z의 오른쪽의 면적이 0.01

3-11. z의 오른쪽의 면적이 0.025 3-12. z의 오른쪽의 면적이 0.05

3-13. z의 오른쪽의 면적이 0.10

04 2010년 태릉대학교 행정통계학 수업의 평균 점수는 75점, 표준편차는 10점이며 이는 정규분포를 이루고 있다. 행정통계학 수업 수강생 가운데 상위 25%가 A학점을 받는다. A를 받기 위한 최소 점수는 얼마인지 구하시오.

05 태릉시장 김유솔은 태릉시 공무원의 성과평가를 통해 업무수행능력이 미흡한

직원들을 대상으로 교육훈련을 실시하고자 한다. 성과평가 결과 평균 점수는 70점이고 표준편차는 10점이며 정규분포를 이루고 있다. 61점에서 79점 사이의 점수를 받은 사람을 대상으로 교육훈련을 실시하는데 이번 평가에서 24명이 교육훈련 대상자로 선정되었다면 성과평가를 받은 공무원은 총 몇 명인지 구하시오.

06 10,000명의 학생이 토익시험을 치루어 평균 점수가 450점이며 이는 정규분포를 이루고 있다. 1,700명의 학생이 450점과 460점 사이의 점수를 받았다면 표준편차는 얼마인지 구하시오.

07 태릉대학교 학생들을 대상으로 인터넷 사용 실태를 조사하였다. 태릉대학교 학생들은 1주일 평균 77시간 인터넷을 사용하고 있는 것으로 나타났다. 인터넷 사용 시간은 정규분포를 이루고 있으며 표준편차는 20시간이다.

7-1. 임의로 선정한 학생이 인터넷을 50시간 미만 사용했을 확률을 구하시오.

7-2. 인터넷을 100시간 이상 사용했을 학생의 비율을 구하시오.

7-3. 인터넷 사용자 가운데 상위 20%를 인터넷 중독이라고 한다면, 인터넷 중독자는 인터넷을 몇 시간 사용하였는지 계산하시오.

08 태릉대학교에서는 TOEFL 성적 상위 2%에 해당하는 학생에게 장학금을 지급하고 있다. TOEFL 성적의 평균이 100점, 표준편차가 15점이며 정규분포를 이루고 있다고 한다면, 장학금을 받을 수 있는 TOEFL 점수는 몇 점인지 구하시오.

09 2006년 시행 행정고등고시(행정 · 공안직) 제2차 시험

어떤 제품의 품질변수 X가 평균이 μ, 분산이 4인 정규분포를 따르고, 제품의 규격은 $8 \le X \le 12$이다. X가 규격 내에 속하면 A원의 이익이, $X < 8$이면 B원이 손실이, $X \ge 12$이면 C원의 손실이 발생한다. 다음 물음에 답하시오.

〈참고〉

· 아래의 표준정규확률변수 Z의 근사적 성질을 이용하시오.

$P[-1 \le Z \le 1] = 0.68$, $P[-2 \le Z \le 2] = 0.95$, $P[-3 \le Z \le 3] = 0.99$

· 표준정규누적확률함수의 기호 $\Phi(\bullet)$을 사용하시오.

9-1. μ가 10인 경우와 12인 경우에 대하여, 규격 상한을 초과할 확률과 규격 내에 속할 확률을 각각 구하고, μ가 증가할 때 각 확률의 변화를 설명하시오.

9-2. 현재 μ가 10이라고 알고 있으며, 연속적으로 제조될 100개의 제품 중에서 90개 이상이 규격 내에 속하면 변수의 분산이 감소된 것으로 판단한다. 실제 분산이 4인데도 분산이 감소된 것으로 판단할 확률을 구하시오.

9-3. μ가 8인 경우에 최초로 규격 상한을 초과하는 제품은 몇 번째일 것으로 기대하는가?

9-4. 이 제품의 제조 과정에서 변수 X의 평균 μ를 조정할 수 있다고 한다. 기대이익을 최대로 하는 μ의 값을 결정할 수 있는지를 설명하시오.

10 2008년 시행 행정고등고시(행정직) 제2차 시험

$X_1, X_2, \cdots, X_n$이 균일분포(uniform distribution) $U(0, \theta)$에서 추출한 확률표본이고, 그중 최댓값을 T라고 하자.

10-1. $Y = \frac{T}{\theta}$의 누적분포함수(cumulative distribution function)가 다음과 같음을 보여라.

$$F_Y(y) = P(Y \le y) = \begin{cases} 0, \ y \le 0 \\ y^n, \ 0 < y \le 1 \\ 1, \ y > 1 \end{cases}$$

10-2. $P(y < \frac{T}{\theta} \le 1) = 0.9$가 되는 y를 구하고, 이를 이용하여 θ의 90% 신뢰구간이 $[T, aT]$가 되도록 상수 a를 구하여라.

제 8 장

표본추출

SOCIAL STATISTICS

제1절
표본추출의 의미

다음의 몇 가지 사례를 살펴보도록 하자.

[사례 1]
건강에 이상을 느낀 사람이 병원을 찾았을 때 의사는 다양한 방법으로 조사를 한다. 여러 방법 가운데 혈액검사가 있는데, 혈액검사를 하기 위하여 의사는 환자로부터 몇 방울의 혈액을 채취한다. 혈액의 이상여부를 알아내기 위하여 혈액 전체를 채취하여 조사할 수도 없으며, 1리터의 혈액을 빼낼 필요도 없다.

[사례 2]
어머니께서는 된장찌개를 끓일 때 한두 수저 떠서 맛을 본다. 만약 된장찌개가 충분히 휘저어져 있다면 한 숟갈로 맛을 보는 것만으로 재료의 배합 정도를 알 수 있다. 재료의 배합 정도를 알기 위하여 된장찌개를 모두 먹는다면 된장찌개는 오늘 저녁 식탁에 오를 수 없게 된다.

[사례 3]
환경부 공무원이 한강의 수질조사를 할 때 한강의 몇몇 지점에서(예를 들어, 대여섯 군데) 몇 컵의 물을 떠서 검사하게 된다. 한강의 모든 물을 검사하는 것이 아니라 이렇게 소량의 물을 조사함으로써 오염물질의 존재를 알아낼 수 있다.

위의 세 가지 사례를 통해 모집단과 표본의 의미를 보다 명확히 이해할 수 있다. [사례 1]을 예로 들어보자. 여기에서의 목적은 혈액검사를 통해 건강의 이상여부를 알아보고자 하는 것이다. 따라서 병원에서 혈액을 채취하여 조사를 하고자 하는데, 여기에서 병원을 찾은 사람의 혈액이 모집단이 되고, 병원에서 채취한 혈액이 표본이 되는 것이다. [사례 2]에서는 된장찌개 전체가 모집단이고 맛을 보기 위한 한두 수저가 표본이며, [사례 3]에서는 한강물이 모집단이고 채취한 몇 컵의 물이 표본이다.

여기에서 한 가지 중요한 것은 모집단에서 표본을 어떻게 뽑아내느냐 하는 것이다. 결론부터 이야기하면 모집단의 특성을 가장 잘 반영하도록 표본을 뽑는 것이다. 표본을 뽑는 방법은 매우 여러 가지이다. 예를 들어 [사례 3]에서 한강 수질검사를 위해 한강물을 채취하고자 할 때 한강 상류 북한강 유역에서만 표본을 채취할 수도 있고, 한강 하류의 인천 근처에서만 표본을 채취할 수도 있으며, 한강의 상류, 중류, 하류에서 골고루 채취할 수도 있다. 조사의 목적에 맞추어 모집단의 특성을 가장 잘 대표하도록 표본을 추출하는 것이 표본추출의 핵심이라 하겠다.

SOCIAL STATISTICS

제2절 표본추출오차와 비표본추출오차

시간적인 이유, 경제적인 이유 등으로 모집단을 전부 조사하지 못하고 일부인 표본을 이용하여 모집단의 특성을 추정하게 된다. 하지만 모집단으로부터 표본을 추출하였을 때 그 표본으로부터 얻은 특성은 모집단을 전부 조사하여 얻은 특성과 차이가 있을 수 있다. 이러한 차이는 여러 가지 이유 때문에 발생하게 되는데, 측정상의 오차, 표본추출의 오류 등 다양한 원인이 있다. 이럴 경우 오류의 가능성이 발생하는데 여기에서 중요한 점은 이러한 오류를 최소화하는 것이다.

모집단으로부터 표본을 추출하여 모집단의 특성을 추정하는 경우 발생하는 오차에는 표본추출오차와 비표본추출오차가 있다. 표본추출오차는 표본추출과 관련된 이유로 발생하는 오차, 즉 너무 작은 표본을 추출하였다거나 혹은 표본추출의 계획이 잘못되었다거나 하여 발생하는 오차이다. 반면 비표본추출오차는 표본추출과는 관계없이 다른 이유로 인하여 발생하는 오차인데 예를 들어 측정방법의 오차 등이 여기에 해당한다.

다음 신문기사를 살펴보자. 이 기사에서 어떤 부분이 표본추출오차에 해당하는 부분이고 어떤 부분이 비표본추출오차에 해당하는 부분일까?

숫자 바뀌고 모집단 틀려… 못믿을 국가통계
작년 180개 통계서 오류 815건

2007년 통계청 국가통계품질진단 결과

항목	해당 통계
오류 발견	한국의 인적자원 개발지표, 임업 경영실태조사, 보험통계, 건설업통계, 재정통계 등
모집단에 문제가 있음	인적자본기업 패널조사, 국민 노후보장 패널조사, 중소기업 실태조사, 건설업 경영분석 등
승인취소 검토 권고	건축사 현황, 고속버스 수송실적, 도로보수 현황 등
중복 통계	중소기업 실태조사 - 벤처기업 정밀실태조사, 국내공항 시설현황 - 항공기 보유현황, 자동차 면허상황 - 자동차등록 현황조사 등

자료 : 통계청

지난해 대한건설협회는 '2006년 건설업체의 매출액이 전년 대비 평균 8.1% 늘었다'는 경영분석결과를 발표했다. 이에 대해 관련 업계는 "건설경기가 둔화됐는데 도대체 무슨 소리냐"며 어리둥절한 표정을 지었다.

이런 통계가 나온 것은 건설협회가 1만 3000여 개 업체 중 재무제표를 제출한 1만 1000여 개 업체의 수치만으로 통계작업을 했기 때문이다. 매출실적이 나쁜 기업은 재무제표를 제출하지 않으려는 경향이 있는데 이를 고려하지 않다 보니 실적이 실제보다 좋게 집계됐다는 것이 통계청의 지적이다.

[중략]

모집단 선정이 잘못된 통계도 적지 않았다. 국민연금공단의 국민 노후보장 패널조사는 대상을 50세 이상 '가구원'이 있는 가구와 그 구성원으로 했다가 '가구주'를 기준으로 하도록 한 통계청 기준과 맞지 않는다는 지적을 받았다. 직능개발원의 인적자본기업 패널조사는 '종업원 100인 이상 사업체'만을 대상으로 해 소규모 기업도 많은 업계 현실을 반영하지 못한다는 평가를 받았다.

통계청에서 만드는 통계에서도 개선할 점이 발견됐다. 소비자물가조사는 표본추출 산식과 표본오차를 공개하지 않는 점이 지적됐다.

여성부의 남녀차별 및 성희롱 통계는 공공기관 종사자 2,000여 명만을 조사한 것으로 신뢰도에 문제가 있는 것으로 평가됐다. 이를 포함한 통계 7개는 자격이 부족해 국가통계 승인을 취소해야 한다는 지적을 받았다.

조사대상 통계 중 79개는 조사인력이 부족하거나 담당 직원의 전문성이 부족한 것으로 평가됐다. 통계담당 직원 수는 노동부, 농림부, 통계청을 제외하면 기관당 평균 1.4명에 불과했다.

출처 : http : //www.donga.com/fbin/output?n=200810040108, 2008년 10월 4일 검색.

1 표본추출오차

SOCIAL STATISTICS

표본추출오차(sampling error)는 모집단을 대표할 수 있는 특성을 포함하는 표본을 추출하지 못하여 발생하는 오차이다. 이러한 표본추출오차는 표본의 크기 때문에 발생할 수도 있고 모집단을 대표하는 구성요소를 제대로 반영하지 못하고 표본을 추출했을 때 발생하기도 한다. 앞의 신문 기사에서 대한건설협회, 국민연금공단의 예는 모두 표본추출오차에 해당한다.

먼저, 표본의 크기(sample size)에 대하여 살펴보자. 표본을 어느 정도의 크기로 하여야 적절한 것인가 하는 문제가 표본추출에서 중요한 사항이다. 결론부터 이야기 하자면 표본의 크기가 어느 정도가 적절한지에 대한 정답은 없다. 조사의 특성 즉, 조사의 목적과 성격에 따라 표본의 크기를 결정하면 된다. 표본의 크기를 적절하게 하는 것이 중요한데 표본의 크기가 너무 크면 시간과 비용이 많이 필요하게 되고 크기가 너무 작다면 통계적 검증에 어려움이 발생하게 된다.

표본의 크기에 대해 통계분석방법과 모집단의 특성 등에 따라 최소 30 이상이면 된다는 주장도 있지만 일반적으로 사회과학에서는 잘 이용하지 않는 표본크기이다. 또한, Bailey(1994 : 100)는 표본의 크기는 일반적 관습이나 통계적 경험 등에 의해 최소 100개 정도되어야 한다고 한다. 그러나 모집단이 전국적인 규모인 경우에는 표본의 크기를 1,500개 정도, 지역적 규모의 경우에는 500개 정도면 대체로 적당하다고 하는 것이 일반적이다.

공식화된 것은 아니지만[1] 통계적 방법을 이용하여 표본의 크기를 결정하기도 하는데(Austin, 1983 : 239~245; Kalton, 1983 : 82~84; Nachmias and Nachmias, 1987 : 200; Ray, 2003 : 299~300) 이러한 표본크기의 결정 공식은 다음과 같다.

1) Fowler Jr.(1988 : 41)는 많은 경우 표본연구는 수많은 내용의 변수값을 다양한 유의도로 측정하기 때문에 비록 통계적으로 잘못이 없다고 하더라도 통계분석에서의 유의도나 정확도 등은 표본의 크기를 결정하는 데 그다지 유용하지 못하다고 하였다.

표본의 크기

$$\tilde{n} = \frac{n}{1 + \frac{n}{N}}, \quad n = \frac{s^2}{(s.e.)^2}$$

$\tilde{n}$: 최종 표본크기
n : 초기 표본크기
N : 모집단 크기
s : 표준편차
$s.e.$: 평균편차

이러한 표본크기의 결정 방식에 따르면 표본의 크기는 〈표 8-1〉과 같이 정해진다.

〈표 8-1〉 표본의 크기

표본오차(%)	표본 크기
1.0	10,000
1.5	4,500
2.0	2,500
2.5	1,600
3.0	1,100
3.5	816
4.0	625
4.5	494
5.0	400
5.5	330
6.0	277
6.5	237
7.0	204
7.5	178
8.0	158
8.5	138
9.0	123
9.5	110
10.0	100

주 : 1) 유의수준 95%에서 평균편차값에 따른 계산.
2) 표본의 크기는 두 개 집단으로 구성되어 있는 표본프레임이 50 대 50으로 구성되어 있는 경우를 가정한 것임.

출처 : David de Vaus. 2002. *Surveys in Social Research*. London : Routledge, pp. 80~82.

표본의 크기 때문에 발생하는 표본추출오차는 대체로 모집단을 정확하게 대표하는 표본을 추출하지 못하여 발생하는 우연에 의한 오류가 일반적이다. 이러한 표본추출오차는 표본의 크기가 증가하면 감소하게 된다.

그러나 모집단의 표본단위 가운데 특정 특성을 선호하여 발생하는 오차의 경우 표본의 크기를 늘린다고 해도 이런 오차는 줄어들지 않는다. 이런 경우는 표본추출계획이 타당하지 못한 경우에 발생하는 것으로 이를 줄이기 위해 과학적이면서 편의를 줄일 수 있는 표본추출계획을 수립하여야 한다.

2 비표본추출오차

SOCIAL STATISTICS

비표본추출오차(non-sampling error)는 표본추출과는 관계없는 다른 이유에 의한 오차를 의미한다. 비표본추출오차는 표본을 추출하는 방법에서 발생하는 문제가 아니고 주로 측정에서 발생하는 문제이다. 그렇기 때문에 이러한 측정에서 발생하는 비표본추출오차는 앞에서 살펴본 바와 같이 표본의 수를 늘린다거나 표본추출계획을 타당하게 수립한다거나 해서 해결될 성격의 문제가 아니다.

측정에 의한 비표본추출오차는 조사자에 의한 오차, 응답자에 의한 오차 등으로 나누어 볼 수 있다. 조사자에 의한 오차는 질문 방법이 조사자마다 다른 경우 서로 다른 응답을 얻게 될 것이며, 조사자의 설명 부족에 의해 타당한 응답을 얻지 못할 수도 있다. 응답자에 의해 발생하는 오차는 응답자의 개인적인 특성, 질문지의 이해 정도 등에 의해 나타나게 된다. 특히, 일반적인 의미에서 자신의 성적, 개인소득, 경제수준 등에 대한 질문에는 응답자가 과장하여 대답할 가능성이 있지만 장학금 선발 목적에서 성적을 조사하는 경우나 세금을 계산하기 위하여 개인소득을 조사하는 경우에는 반대로 실제보다 낮게 답할 가능성이 있다. 이러한 이유들로 인해 발생하는 오차는 표본추출과는 관계가 없는 오류로서 이러한 오류를 비표본추출오차라고 한다.

앞의 신문기사 내용 가운데 "조사대상 통계 중 79개는 조사인력이 부족하거나 담당 직원의 전문성이 부족한 것으로 평가됐다."라는 부분이 있다. 이 부분이 바로 비표본추출오차에 해당한다.

SOCIAL STATISTICS

제3절
표본추출방법

표본을 추출하는 방법으로는 확률표본추출과 비확률표본추출 두 가지가 있다. 확률표본추출(probability sampling)은 모집단에서 각각의 표본단위가 표본으로 추출될 수 있는 확률이 일정하게 되도록 하는 경우이다. 예를 들어, 대통령 선거를 앞두고 지지율을 알아보기 위한 여론조사의 경우에 우리나라 유권자 2000만 명 가운데 2,000명을 표본으로 추출한다면 표본으로 추출될 확률은 0.01%라는 것을 알 수 있는데 모집단인 2000만 명 모두 표본으로 추출될 확률이 0.01%로 일정하다. 이와 같은 확률표본추출방법에는 무작위 표본추출, 층화표본추출, 군집표본추출, 체계표본추출 등이 있다.

한편, 비확률표본추출(non-probability)은 모집단에서 표본단위가 표본으로 추출될 확률이나 가능성 등을 미리 알 수 없으며 표본으로 추출될 수 있는 확률도 일정하지 않은 표본추출방법이다. 이는 표본단위의 성격이나 특성이 확실하게 구체화되어 있지 않은 경우에 해당한다. 이러한 비확률표본추출에는 편의표본추출, 판단표본추출, 할당표본추출, 스노우볼(snowball) 표본추출 등이 있다.

확률표본추출과 비확률표본추출을 비교하여 정리하면 〈표 8-2〉와 같다.

〈표 8-2〉 확률표본추출과 비확률표본추출 비교

확률표본추출	비확률표본추출
연구대상이 표본으로 추출될 확률이 알려져 있음	연구대상이 표본으로 추출될 확률이 알려져 있지 않음
무작위적 표본추출	인위적 표본추출
시간과 비용이 많이 듦	시간과 비용이 적게 듦
표본오차 추정 가능	표본오차 추정 불가능
표본분석결과의 일반화가 가능	표본분석결과의 일반화에 제약
모수추정에 조사자의 주관성 개입 가능	모수추정에 조사자의 주관성 배제

출처 : 채서일. 2004. 「사회과학조사방법론」. 서울 : 학현사, p.224.

1 확률표본추출

SOCIAL STATISTICS

1 무작위 표본추출

무작위 표본추출(random sampling)은 모집단을 대표하는 표본프레임에서 무작위로 표본크기가 완성될 때까지 표본을 추출하는 방법이다. 무작위 표본추출방법은 각각의 표본단위가 표본으로 추출될 확률이 동일하다. 즉, 앞의 대통령 선거 여론조사 예에서와 같이 표본으로 뽑힐 확률은 유권자 모두 0.01%로 동일하다. 하지만 이렇게 하기 위해서 무작위 표본추출에서는 몇 가지 점에서 유의하여야 한다.

먼저, 무작위로 구성되어 있는 완성된 표본프레임을 준비하여야 한다. 표본프레임 자체가 무작위로 구성되어 있다면 문제가 없지만 그렇지 못한 경우에는 표본프레임을 무작위로 구성해 주어야 한다.

둘째, 표본프레임에서 표본을 무작위로 추출하여야 한다. 이는 조사자의 선호나 가치 판단, 가중치 등에 의해 표본추출이 영향을 받아서는 안 되는 것을 의미한다. 무작위를 담보할 수 있는 표본추출방법으로 일반적으로 널리 쓰이는 것이 복권추첨방법과 난수표이용방법이 있다. 복권추첨방법은 각각의 표본단위에 일정한 숫자를 부여한 표본프레임을 무작위로 구성하여 정해진 표본의 크기만큼 표본을 추출하는 것이다. 이러한 복권추첨방법에 의한 무작위 표본추출은 모집단의 크기가 작을 경우에 사용이 가능한 방법이다.

난수표(table of random number)에 의한 무작위 표본추출이 가장 일반적으로 사용되는 무작위 표본추출방법이다. 난수표를 이용할 때는 세로 방향 혹은 가로 방향을 일정하게 사용하여야 한다. 세로 방향과 가로 방향을 마음대로 이용하면 난수표에서 제공하고 있는 무작위 기능을 제대로 활용할 수 없다. 〈표 8-3〉의 난수표를 이용하여 무작위 표본추출방법을 설명하면 다음과 같다.

〈표 8-3〉 난수표

10480	15011	01536	02011	81647	91646	69176	14194	62590
22368	46573	25595	85393	30995	89198	27982	53402	93965
24130	48360	22527	97265	76393	64809	15179	24830	49340
42167	93093	06243	61680	07856	16376	39440	53537	71341
37570	39975	81837	16656	06121	91782	60468	81305	49684
77921	06907	11008	42751	27756	53498	18602	70659	90655
99562	72905	56420	06994	98872	31016	71194	18738	44013
96301	91977	05463	07972	18876	20922	94595	56869	69014
89579	14342	63661	10281	17453	18103	57740	84378	25331
85475	36857	53342	53988	53060	59533	38867	62300	08158
28918	69578	88231	33276	70997	79936	56865	58596	90106
63553	40961	48235	04327	49626	69445	18663	72696	52180
09429	93969	52636	92737	88974	33488	36320	17617	30015
10365	61129	87529	85689	48237	52267	67689	93394	01511
07119	97336	71048	08178	77234	13916	47564	81056	97735
51085	12765	51821	51259	77452	16308	60756	92144	49442
02368	21382	52404	60268	89368	19885	55322	44819	01188
01011	54092	33362	94904	31273	04146	18594	29852	71585
52162	53916	46369	58586	23216	14513	83149	98736	23495
07056	97628	33787	09998	42698	06691	76988	13602	51851
48663	91245	85828	14346	09172	30168	90229	04734	59193
54164	58492	22421	74103	47070	25306	76468	26384	58151
32639	32362	05597	24200	13363	38005	94342	28728	35806
29344	27001	87637	87308	58731	00256	45834	15398	46557
81525	72295	04839	96423	24878	82651	66566	14778	76797
29676	20591	68086	26432	46901	20849	89768	81536	86645
00742	57392	39064	66432	84673	40027	32832	61362	98947
05366	04213	25669	26422	44407	44048	37937	63904	45766
91921	26418	64117	94305	26766	25940	39972	22209	71500
00582	04711	87917	77341	42206	35126	74087	99547	81817
00725	69884	62797	56170	86324	88072	76222	36086	84637
69011	65795	95876	55293	18988	27354	26575	08625	40801
25976	57948	29888	88604	67917	48708	18912	82271	65424
09763	83473	73577	12908	30883	18317	28290	35797	05998
91567	42595	27958	30134	04024	86385	29880	99730	55536
17955	56349	90999	49127	20044	59931	06115	20542	18056
46503	18584	18845	49618	02304	51038	20655	58727	28168
92157	89634	94824	78171	84610	82834	09922	25417	44137
14577	62795	35605	81263	39667	47358	56873	56307	61607
98427	07523	33362	64270	01638	92477	66969	98420	04880
34914	63976	88720	82765	34476	17032	87589	40836	32437
70060	28277	39475	46473	23219	53416	94970	25832	69975
53976	54914	06990	67245	68350	82948	11398	42878	80287
76072	29515	40980	07391	58745	25774	22987	80059	39911
90725	52210	83974	29992	65831	38857	50490	83765	55657
64364	67412	33339	31926	14883	24413	59744	92351	97473
08962	00358	31662	25388	61642	34072	81249	35648	56891
95012	68379	93526	70765	10592	04542	76463	54328	02349
15664	10483	20492	38391	91132	21999	59516	81652	27195

〈표 8-3〉에서 보는 바와 같이 난수표는 다섯 자리 숫자로 만들어져 있으므로 표본프레임이 10,000단위까지 되어 있는 경우 사용할 수 있으며 앞의 대통령 선거 여론조사의 경우와 같이 2000만 명의 경우에는 표본프레임을 재구성하여 난수표를 활용하여야 한다. 여기에서는 표본프레임이 10,000단위로 되어 있는 경우를 가정하여 설명하도록 한다.

〈표 8-3〉의 난수표에서 첫째 줄, 첫째 칸의 10480을 선택하고 그 다음 22368, 24130, 42167 등의 순서대로 표본프레임의 번호와 일치되는 명단을 표본으로 추출하면 된다. 계속해서 이와 같은 과정을 수행하고 정해진 표본의 숫자가 채워지면 그 과정을 중단하면 된다. 이 때 한 가지 주의할 점은 세로 방향 혹은 가로 방향으로 난수표를 규칙적으로 사용하여야 한다는 점이다. 가로 방향과 세로 방향을 함부로 옮겨가며 사용하게 될 경우 난수표의 무작위 기능을 제대로 활용할 수 없게 된다.

2 층화표본추출

층화표본추출(stratified random sampling)은 모집단을 그 특성에 따라 여러 집단 또는 층으로 분류한 다음 각 층에서 표본을 추출하는 방법을 말한다. 층화표본추출을 하기 위해서는 먼저, 모집단을 상호 독립적이고 포괄적인 소집단으로 나눈 후 각 소집단에서 추출할 표본의 비율을 정하여 각 소집단별로 표본의 수를 결정한다. 다음으로 각 소집단에서 무작위표본추출의 방법을 사용하여 표본을 추출한다.

예를 들어, 대통령 선거 여론조사의 경우 모집단을 연령이라는 층으로 나눌 수 있다. 즉, 유권자인 모집단을 연령별로 구분하여 20대 미만, 20대, 30대, 40대, 50대, 60대, 70대, 80대 이상 등 8개 층으로 나누어 모집단을 2차 모집단화할 수 있다. 여기에서 각 층별로 표본을 추출하는데 이때 두 가지의 방법을 고려할 수 있다. 첫째는 비례층화추출방법(proportionate stratified sampling)이고 이는 2차 모집단에서 표본의 크기를 각 층의 크기에 따라 비례적으로 표본을 추출하는 것이다. 둘째는 불비례층화추출방법(disproportionate stratified sampling)으로 표본의 수를 층의 수로 균등하게 분할하여 무작위 추출하는 방법이다. 대통령 선거 여론조사에서 비례층화추출방법으로 할 경우 〈표 8-4〉에서와 같이 만약 연령별 유권자 수의 구성 비율이 나타나 있다면 이 비율에 맞추어 표본의 수를 무작위로 추출하는 것이다. 불비례층화추출방법에 의해 대통령 선거 여론조사 표본을 추출하는 경우는 2000만 명의 모집단을 8개의 층으로 나누었으므로 각 연령별로 250명씩 분할하여(표본의 수÷층 수=2,000÷8) 무작위로 추출하면 된다.

〈표 8-4〉 대통령 선거 여론조사를 예로 한 층화표본추출

연령	구성 비율	비례층화추출	불비례층화추출
20대 이하	5%	100	250
20대	20%	400	250
30대	16%	320	250
40대	15%	300	250
50대	14%	280	250
60대	15%	300	250
70대	10%	200	250
80대 이상	5%	100	250
합계	100%	2,000	2,000

3 군집표본추출

군집표본추출(cluster sampling)은 표본을 군집으로 묶어 이들 집단을 선택하고, 이 선택된 집단 안에서 다시 표본을 추출하는 방법을 의미한다. 군집표본추출은 먼저 모집단을 상호배타적인 소집단으로 분류하고 분류된 소집단 가운데에서 무작위로 표본을 추출한다. 군집표본추출의 두 번째 단계인 분류된 소집단 가운데에서 무작위로 표본을 추출하는 경우는 다시 1단계 군집표본추출과 2단계 군집표본추출로 나눈다. 1단계 군집표본추출(one cluster sampling)이란 표본으로 선정된 소집단 내의 모든 구성요소를 표본으로 선정하는 것을 말하며, 2단계 군집표본추출(two cluster sampling)이란 표본으로 선정된 소집단에서 다시 표본 구성요소를 추출하는 것을 의미한다.

예를 들어, 대통령 선거 여론조사의 경우 2000만 명의 모집단을 시 · 군 · 구 즉 기초자치단체로 소집단을 분류하고 이 분류된 소집단 가운데에서 무작위로 표본을 추출하는 것을 군집표본추출이라 한다. 이때 분류된 소집단 가운데에서 표본으로 추출된 소집단(여기에서는 시 · 군 · 구) 내의 유권자를 모두 표본으로 선정하는 것을 1단계 군집표본추출이라 한다면, 표본으로 추출된 시 · 군 · 구 내에서 다시 유권자를 확률적으로 선정하는 것을 2단계 군집표본추출이라 한다.

다단계 군집표본추출 예 : 한국종합사회조사 표본추출방법

조사대상 : 전국의 만 18세 이상 성인 남녀
조사크기 : 2,000명
표집방법 : 전국 주민등록 전산자료로부터 다단계 지역군집표본추출(multi-stage area cluster sampling)을 통해 추출함.

《구체적 추출방법》

1. 최종 표본추출 블럭 수를 200개로 한정하고 이를 1차 표본추출단위인 전국 광역시 · 도의 가구 수에 비례하여 배분한다.
2. 각 광역시 · 도로부터 배분된 수만큼의 2차 표집단위인 동 · 읍 · 면을 인구비례 확률표본추출(probability propriationate to size sampling) 원칙을 적용하여 무작위로 추출한다.
3. 이렇게 추출된 동 · 읍 · 면으로부터 한 개의 최종 표본추출 블럭(동의 경우에는 통의 반, 읍면의 경우에는 리)을 무작위로 선정한다.
4. 선정된 통/반 또는 리의 가구리스트로부터 10개의 가구를 계통표본추출한다.
5. 마지막으로 최종 선정된 가구 내에서 만 18세 이상 성인가구원들의 리스트를 작성한 후 이들 가운데 태어난 월일이 가장 빠른 사람을 최종 면접대상자로 삼는다.

4 체계적 표본추출

체계적 표본추출(systematic sampling)은 먼저 첫 번째 표본단위를 무작위로 선정한 다음 매 i 번째마다 표본을 추출하는 것을 의미한다. 예를 들어, 앞의 예인 대통령 선거를 앞두고 지지율을 알아보기 위한 여론조사의 경우를 살펴보자. 우리나라 유권자 2000만 명 가운데 2,000명을 표본으로 추출한다고 할 때, 먼저 i의 값을 구하는 것이 첫 번째 순서이다. 여기에서 i는 표본간격을 의미하는 것으로 표본비율의 역수에 해당한다. 즉, i는 표본수를 모집단으로 나눈 것으로 $\frac{N}{n}$이며, 대통령 선거 여론조사의 예에서는 $\frac{2000만}{2000} = 10,000$이다. 따라서, 대통령 선거 여론조사의 경우 먼저 1에서 10,000 사이에서 무작위로 하나의 표본을 추출한 다음 이렇게 추출된 수에 10,000씩 더하여 총 2,000명을 추출하게 된다. 만약, 1에서 10,000 사이에서 912라는 표본단위가 선정이 되었다면, 표본은 10,912, 20,912, 30,912, ⋯, 19,980,912, 19,990,912가 될 것이며 이는 총 2,000개이다.

2 비확률표본추출

SOCIAL STATISTICS

1 편의표본추출

편의표본추출(convenience sampling)은 조사자가 편리한 방법으로 쉽게 조사할 수 있도록 표본을 추출하는 것이다. 편의표본추출은 조사대상에 대하여 정확한 자료를 수집하기보다는 신속하고 저렴하게 정보를 수집하고자 할 때 사용되는 방법으로 연구절차상 탐색단계나 설문서의 사전조사에서 주로 사용하는 방법이다. 예를 들어 한 교수가 가상강의의 효과성을 파악하기 위하여 그 교수가 재직하고 있는 대학의 학생을 대상으로 조사를 진행하는 경우가 편의표본추출이다. 이 방법은 신속하고 저렴하게 정보를 수집할 수 있다는 장점이 있지만 모집단을 대표하는 표본이 아니기 때문에 인과관계 분석 등을 위한 표본추출방법으로는 적절하지 못하다.

2 판단표본추출

판단표본추출(judgment sampling)은 조사자가 조사목적에 적합하다고 판단하는 대상을 선택하는 방법이다. 즉, 판단표본추출은 모집단에 대하여 전문지식이 있는 사람이 가장 효과적이라고 판단되는 표본을 추출하는 것이다. 판단추출방법은 모집단의 특성이 이질적이거나 표본의 수가 적을 때 유용하게 활용될 수 있다. 판단표본추출은 적은 수의 표본만으로 모집단의 특성을 알아낼 수 있다는 점에서 유용하지만 조사결과의 일반화에는 문제가 있다.

3 할당표본추출

할당표본추출(quota sampling)은 여러 가지 분류 기준에 의해 표본을 소집단으로 분류하고 각 소집단별로 필요한 대상을 미리 정해 놓은 비율에 따라 추출하는 방법이다. 여기에서 사용되는 분류 기준으로는 인구통계적 요인, 정치적 요인, 사회경제적 요인, 문화적 요인, 자연적 요인, 기술적 요인, 법률적 요인 등 다양하다. 할당표본추출을 활용하여 표본을 추출하기 위해서는 먼저 자료를 수집할 연구대상의 소집단과 할당량을 정하고 다음으로 표본이 모집단과 같은 특성을 갖도록 임의표본추출이나 판단표본추출에 의해 표본을 추출한다.

이러한 할당표본추출의 경우 몇 가지 주의할 점이 있다. 첫째, 각 소집단에 할당된 조사대상자의 비율이 정확해야 하며 모집단의 구성비율은 가장 최근에 얻은 자료를 활용해야 한다. 둘째, 조사의 초점이 되는 특성이 모두 반영될 수 있도록 적절한 수준의 통제 특성을 고려해야 한다. 셋째, 표본 구성요소를 선정할 때 조사자의 편견이나 선입견이 포함되어서는 안 된다. 마지막으로 조사자가 생각하지 못했던 특성으로 인해 차이가 날 수 있으므로 표본의 특성 분포가 모집단의 분포와 일치한다고 하더라도 그것이 항상 표본이 모집단을 잘 대표하는 것은 아니라는 것이다.

4 스노우볼 표본추출

스노우볼 표본추출(snowball sampling)이란 스노우볼이란 용어에서 알 수 있듯이 처음에 작은 눈뭉치에서 시작하여 계속 키워나가 최종적으로 눈사람을 만들 수 있을 정도로 크게 하는 것과 같이 조사자가 1차적으로 표본을 추출하여 자료를 수집한 후에 이를 기초로 하여 2차적으로 더 많은 정보를 갖춘 표본으로 점차 확대시켜 표본을 추출하는 방법이다.

스노우볼 표본추출의 예

다음의 신문기사를 통해 스노우볼 표본추출의 실제 활용사례를 이해해 보자. 어떤 상황에서 어떻게 표본을 추출하는지 살펴보자.

100명의 조기유학생 찾아내 '그들의 인생 행로' 추적

어떻게 취재했나

조기유학 1세대의 행로를 추적하기 위해 취재팀은 우선 1990년대 초반부터 영업해 온 대형 유학원 3곳의 협조를 받아 1994~2000년 조기유학을 떠난 사람 90여 명의 명단을 확보했다. 이후 이들 중 실제로 연락이 닿는 30명으로부터 지인들을 추천받는 방식으로 표본을 100명까지 눈덩이 굴리듯 불려나갔다.

이는 일명 '스노우볼 샘플링'(snowball sampling)이라 불리는 조사기법이다. 100명의 특성이 전체 조기유학생들을 100% 대표한다고 단정하기는 어렵지만, 그 추세와 현상을 충분히 반영할 수 있다는 것이 전문가들의 설명이다.

서울대 사회학과 홍두승 교수는 "스노우볼 샘플링은 마약 사용자나 성매매 집단처럼 모집단을 특정하기 힘들 때 유용하게 사용하는 조사방법"이라며 "조기유학생처럼 공식적인 통계에 잡히지 않는 집단을 조사하는 사실상 유일한 방법"이라고 했다.

문경숙 한국청소년정책연구원 연구위원, 박영준 서울어학원장, 이순형 서울대 아동가족학과 교수, 정남환 전 국제유학원장(가나다순) 등 조기유학 현상을 지속적으로 깊이 관찰해 온 전문가 4명이 자문위원으로 참여했다.

국내 언론이 조기유학생들의 행로를 추적해 전체 윤곽을 심층적으로 탐사보도한 것은 사실상 이번이 처음이다.

출처 : http : //news.chosun.com/site/data/html_dir/2009/06/23/2009062300052.html. 2009년 7월 18일 3시 57분 접속.

주요 용어와 공식

- **단순 무작위 표본추출**(simple random sampling) : 유한모집단의 경우 표본규모 n인 가능한 모든 표본이 동일한 선택 확률을 가지는 표본이며, 무한모집단의 경우 각 요소가 동일한 모집단에서 나오거나 요소들이 독립적으로 선택되는 방식으로 선택된 표본
- **층화표본추출**(stratified random sampling) : 먼저 모집단을 층으로 나눈 후 각 층에서 단순 무작위 추출을 시행하는 확률표본추출방법
- **군집표본추출**(cluster sampling) : 먼저 모집단을 군집으로 나눈 후 군집의 단순 무작위 추출을 행하는 확률표본추출방법
- **체계적 표본추출**(systematic sampling) : 첫 k개 요소 중 하나를 선택한 후 매 k번째 요소를 선택하는 확률표본추출방법
- **편의추출**(convenience sampling) : 요소들이 편의를 바탕으로 표본으로 선택되는 비확률표본추출방법
- **판단추출**(judgment sampling) : 요소들이 연구수행자의 판단을 바탕으로 표본으로 선택되는 비확률표본추출방법

연습문제

Social STATISTICS

01 다음 개념을 간단히 정의하시오.

1-1. 표본추출오차

1-2. 비표본추출오차

1-3. 무작위 표본추출

1-4. 층화표본추출

1-5. 군집표본추출

1-6. 체계표본추출

1-7. 편의표본추출

1-8. 판단표본추출

1-9. 할당표본추출

1-10. 스노우볼(snowball) 표본추출

02 태릉대학교 정치학과 노현서 교수가 지방선거를 앞두고 서울 시민의 정치성향을 알아보기 위하여 정당지지도를 조사하려고 한다. 노현서 교수는 1,000명을 대상으로 표본조사를 계획하고 있다. 표본추출의 전문가가 층화표본추출(stratified sampling)방법으로 표본을 추출할 것을 노현서 교수에게 권하였다고 하자. 당신이 그 전문가라면 층화표본추출방법으로 어떻게 표본을 추출하도록 조언하겠는지 상세하게 설명하시오.

03 다음은 한 연구자의 표본추출방법이다. 이 연구자는 안동시에 거주하고 있는 주민들을 대상으로 면접방법을 통한 설문조사를 실시하였다. 표본은 안동시 각 지역별로 무작위 추출된 표본을 대상으로 배포한 350부의 설문지 중에서 분석에 유효한 299부를 조사자료로 활용하여 회수율은 85.4%이다. 조사 대상자의 인구통계적 특성은 다음 표와 같다.

성별		남성 168(56.2)				여성 131(43.8)		계 299(100.0)
연령	20대 이하 74(24.7)		30대 74(24.7)		40대 88(29.4)		50대 63(21.0)	계 299(100.0)
학력	고졸 이하 100(33.4)		전문대졸 54(18.1)		대졸 123(41.4)		대학원 22(7.4)	계 299(100.0)
직업	공무원 65(21.7)	교직 50(16.7)	학생 48(16.1)	연구 · 기술직 35(11.8)	자영업 44(14.7)	전업주부 39(13.0)	기타 18(6.0)	계 299(100.0)
수입		1000만 원 미만 83(27.8)	1000~2000 만 원 56(18.7)	2000~3000 만 원 81(27.1)	3000~4000 만 원 51(17.1)	4000만 원 이상 28(9.4)		계 299(100.0)

위의 표를 바탕으로 이 연구자의 표본추출이 적절한지 평가하시오.

04 서울의 지하철 2호선 성내역 인근의 아파트 주민들은 지하철역 명칭을 개정하기 위하여 "지하철 2호선 성내역명 개정 관련 주민의견 수렴조사"를 실시하였다. 설문서를 만들어 아파트 단지 주민을 대상으로 설문조사를 실시한 결과 총 18,944명이 응답하여 성내역 명칭의 개정에 찬성한 응답자가 86.4%인 16,367명, 반대한 응답자가 13.6%인 2,577명이었다. 또한, 응답자 가운데 75.3%인 12,325명이 성내역을 잠실나루역으로 바꾸어야 한다고 응답하였다. 이 결과를 토대로 아파트 주민들은 송파구청과 서울시청에 성내역을 잠실나루역으로 바꾸어 줄 것을 요청하였다.

이 사례에서 모집단과 표본은 각각 어떻게 되는가? 이 사례에서의 표본은 지하철역 명칭을 바꾸고자 하는 목적에 적합한 표본인가?

05 2003년 시행 제47회 행정고등고시 제2차 시험

어느 닷컴 기업에서 등록회원을 대상으로 이용자 만족도를 전화면접으로 조사하고자 한다. 총회원 100만 명 중 1,000명을 표본으로 추출하고자 한다. 다음을 설명하시오.

5-1. 단순임의추출(simple random sampling)방법

5-2. 회원 가입순서에 따라 계통추출(systematic sampling)방법

5-3. 층화임의추출(stratified random sampling)방법(이때, 회원의 성(gender)과 나이를 층화변수로 할 것)

5-4. 각 방법의 장점

06 2004년 시행 제48회 행정고등고시(행정 · 공안직) 제2차 시험

어느 세무서에서는 소득세 신고서를 감사하기 위하여 표본을 추출하기로 하였다. 전체 신고서들을 총소득이 비슷한 세 개의 집단으로 분류하고, 집단의 크기에 비례하도록 총표본 50개를 각 집단에 배정하였다. 그런 다음 각 집단에서 배정된 크기만큼의 신고서를 랜덤하게 추출하여 실시한 결과가 다음과 같았다. 물음에 답하시오.

집단	집단의 크기	표본의 크기	표본 내에 있는 부실 신고서의 수
1. 2,000 이하	600	(a)	3
2. 2,000~4,000	300	(b)	3
3. 4,000 이상	100	(c)	2
합계	1,000	50	8

6-1. 이러한 표본추출법을 무엇이라고 하는가? 또, 이러한 추출법은 단순랜덤추출법에 비하여 어떤 장점이 있는가?

6-2. 위 표의 (a), (b), (c)에 들어갈 숫자를 구하고, 각 집단에서의 부실 신고율 p_1, p_2, p_3를 각각 추정하시오.

6-3. 집단 3의 부실 신고율의 추정량에 대한 표준오차를 구하시오.

6-4. 총 부실 신고서의 수 X를 추정하시오.

6-5. 전체집단의 부실 신고율 p를 추정하시오

07 2009년 시행 행정고등고시(행정직) 제2차 시험

통계조사에서 표본추출방법은 일반적으로 확률표본추출법(probability sampling)과 비확률표본추출법(nonprobability sampling)으로 구분된다.

7-1. 확률표본추출법과 비확률표본추출법을 비교하여 설명하시오.

7-2. 할당추출법(quota sampling)에 대해 설명하고, 이 방법을 사용하여 조사하는 경우 어떤 문제가 발생할 수 있는지 기술하시오.

08 2003년 시행 제47회 행정고등고시 및 제9회 지방고등고시 제2차 시험 : 조사방법론

다음은 가상적인 인터넷 신문의 기사 내용의 일부이다. 이를 읽고 이 기사가

지니는 문제점을 조사방법론과 결부하여 구체적으로 설명하시오.

> 본 신문의 홈페이지에서 2003년 6월 1일부터 10일 동안 우리나라의 경제 전망에 관한 인터넷 여론조사를 실시한 결과, 응답자 5,000명 중 '밝다'는 응답이 2,500명 그리고 '어둡다'라는 응답이 2,500명으로 나타났다. 이러한 조사 결과를 바탕으로, "앞으로 우리나라의 경제전망을 밝게 보는 국민과 어둡게 보는 국민의 수는 같다"는 결론을 내릴 수 있다.

09 2005년 시행 제49회 행정고등고시(행정직) 제2차 시험 : 조사방법론

확률표본추출의 개념과 유형 및 중요성을 설명하시오.

10 2006년 시행 행정고등고시(행정직) 제2차 시험 : 조사방법론

1995년부터 실시되고 있는 지방자치제에 대한 주민들의 의식과 태도를 조사하기 위하여 신문기사를 수집・분석하려고 한다.

10-1. 적절한 표본추출방식을 구체적으로 기술하시오.

10-2. 기사 내용들의 범주를 설정하는 데 고려해야 할 요소들을 기술하시오.

10-3. 이러한 내용분석방법의 유용성과 한계점을 설명하시오.

11 2008년 시행 행정고등고시(행정직) 제2차 시험 : 조사방법론

지난해 교수 및 유명인들의 학력 위조 사실이 밝혀지면서 이 문제가 우리 사회의 주요 이슈로 떠올랐다. 이 무렵 모 여론조사 기관이 전국의 19세 이상 성인남녀 각각 500명을 대상으로 전화 여론조사를 실시한 결과, 응답자의 64.6%가 학력이나 학벌 때문에 심리적으로 위축된 적이 있다고 답한 반면, 학력 콤플렉스를 느낀 경험이 없다는 응답은 35.4%로 나타났다. 또한, 학력 콤플렉스를 느꼈다는 답변은 남성 응답자(62.8%)에 비해 여성 응답자(66.5%)가 조금 높게 나타났다. 이 조사의 표본(또는 표집)오차는 95% 신뢰기준에 ±4.4% 포인트였다. 다음 물음에 답하시오.

11-1. "95% 신뢰수준에 표본오차 ±4.4% 포인트"란 무엇을 말하는지 그 의미를 설명하고, 이를 "응답자의 64.6%가 학력 및 학벌 때문에 심리적으로 위축된 적이 있다고 한 반면, 35.4%는 그렇지 않다."는 조사결과에 적용하여 해석하시오.

11-2. 95% 신뢰수준에 표본오차가 ±4.4% 포인트라는 점에 근거하여, "남성

응답자의 62.8%와 여성 응답자의 66.5%가 학력 콤플렉스를 느꼈다."는 결과를 바탕으로 "여성이 남성에 비해 학력 콤플렉스를 좀 더 느낀다."는 결론을 내린다면 어떤 문제가 있는지 진술하시오.

제 **9** 장

표본분포

제 1 절 표본분포의 의미

제 2 절 평균의 표본분포

제 3 절 표본비율의 표본분포

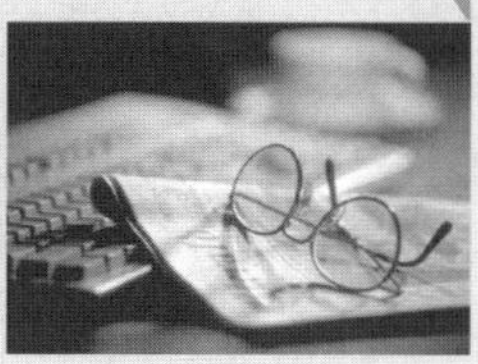

SOCIAL STATISTICS

제1절 표본분포의 의미

앞 장에서 표본추출에 대하여 살펴보았다. 표본추출의 방법으로 확률표본추출과 비확률표본추출에 대하여 살펴보았는데, 확률표본추출의 방법 가운데 하나인 무작위 표본추출방법에 의하여 표본을 추출하였다고 하더라도 그 표본이 모집단과 똑같다고 이야기하기는 어렵다. 단지 모집단을 비교적 잘 대표하는 표본을 추출하였다고 이야기할 수 있을 뿐이다. 이처럼 모집단과 표본 사이에 차이가 발생하게 되는데 이러한 모집단과 표본의 차이를 표본오차(sampling error)라고 한다.

이러한 표본오차가 발생하는 원인을 생각해 보자. 대통령 여론조사의 예를 들어 설명해 보도록 하자. 모집단을 2000만 명이라고 하고 이 모집단으로부터 1,000명의 표본을 추출한다고 할 때 우리는 같은 크기를 가진 표본을 무수히 많이 추출할 수 있음을 알 수 있다. 즉, 조사자에 따라 1,000명의 표본은 각기 다를 수가 있으며 따라서 그 표본으로부터 구한 평균도 다를 수가 있다. 다시 표현하면 조사자 A에 의해 추출된 1,000명의 표본과 조사자 B에 의해 추출된 1,000명의 표본은 그 구성원이 다를 수 있고 따라서 그로부터 구한 평균도 다르다는 의미이다.

이때에 조사자 A가 추출한 표본으로부터 구한 대통령 지지율 평균이 52%, 조사자 B가 추출한 표본으로부터 구한 대통령 지지율 평균이 49%라고 하자. 그리고 모집단의 평균이 50%라고 한다면, 조사자 A의 표본은 지지율 평균이 52%이기 때문에 평균에서 표본오차가 2%이고, 조사자 B의 표본은 지지율 평균이 49%이기 때문에 평균에서 표본오차가 -1%인 것이다.

표본분포(sampling distribution)란 표본평균, 표본분산 등과 같은 표본의 특성값을 나타내는 통계량의 분포를 의미한다. 표본분포는 모수(parameter)와 통계량(statistics) 사이의 관계를 밝혀주기 때문에 모수의 추정과 검정을 가능하게 한다.

SOCIAL STATISTICS

제2절 평균의 표본분포

앞에서 설명한 바와 같이, 모집단으로부터 무작위로 표본을 추출한다고 하더라도 그 표본이 모집단을 정확히 대표한다고 보기는 어렵다. 대통령 지지율을 조사하기 위하여 조사자 100명이 나와서 각각 1,000명 규모의 표본을 무작위로 추출한다고 할 때 표본의 수는 100개가 된다. 이때 100개 표본들에서 각각 계산된 대통령 지지율 평균이 100개가 있을 것이다. 이 100개 표본평균의 평균(mean of sample means)을 $\mu_{\overline{X}}$로 나타낸다.

이러한 100개의 표본으로부터 구한 표본평균의 평균($\mu_{\overline{X}}$)이 모집단의 평균과 정확하게 일치하지 않을 수도 있지만 표본의 수를 1만 개, 10만 개, 100만 개 등으로 늘리면 표본평균의 평균이 모집단의 평균에 점점 더 가까워질 것이다. 이와 같이 특정한 모집단에서 같은 크기로 가능한 모든 표본을 추출하여 각 표본의 평균을 계산하였을 때 그 평균들의 확률분포를 평균의 표본분포(sampling distribution of means)라고 한다.

1 평균의 표본분포의 평균, 표준편차, 표준오차

서로 다른 많은 값의 표본평균이 가능하기 때문에 다양한 단순 무작위 표본추출로 생기는 가능한 모든 표본평균의 평균에 관심을 갖게 된다. 표본평균의 평균은 다시 표현하면 표본평균의 기댓값이다. 표본평균의 기댓값을 $E(\overline{X})$라고 하고 모집단의 평균을 μ라고 할 때 표본평균의 기댓값은 다음과 같다.

표본평균의 표본분포의 기댓값

$$E(\overline{X}) = \mu$$

즉, 표본평균의 표본분포의 기댓값은 모집단의 평균과 같다. 이와 같이 점 추정량의 기댓값이 모집단 모수와 동일할 때 그 점추정량은 편의가 없다(unbiased) 또는 불편성을 가지고 있다고 한다. 위의 식은 표본평균이 모집단 평균의 불편추정량임을 보여주고 있다. 다음의 예를 통해 표본평균의 전체 평균이 모집단의 평균과 같음을 확인해 보자.

한 조그마한 섬에 학생이 5명 있다. 즉, 이 5명의 학생이 모집단이다. 각 학생들의 1주일 평균 인터넷 게임 시간이 다음 표와 같다고 하자.

학생	지민	은정	예슬	효주	채영
게임 시간	4	10	2	8	6

먼저, 모집단의 평균을 구해 보자. 모집단 전체 5명 학생의 평균은 제 3 장에서 설명한 공식에 따라 계산하면 6이다.

이제 이 모집단에서 복원추출의 방법으로 표본의 크기가 2인 모든 가능한 표본을 추출해 보자. 모든 가능한 표본의 개수는 25개이다. 각 표본의 평균을 구해 보면 다음 표와 같다.

표본	평균	표본	평균	표본	평균	표본	평균	표본	평균
4, 4	4	10, 4	7	2, 4	3	8, 4	6	6, 4	5
4, 10	7	10, 10	10	2, 10	6	8, 10	9	6, 10	8
4, 2	3	10, 2	6	2, 2	2	8, 2	5	6, 2	4
4, 8	6	10, 8	9	2, 8	5	8, 8	8	6, 8	7
4, 6	5	10, 6	8	2, 6	4	8, 6	7	6, 6	6

위의 표에서 보는 바와 같이, 2개로 구성된 표본의 평균은 모집단의 평균인 6과 일치하는 경우도 있지만 그렇지 않은 경우도 있다. 이제 25개 표본평균의 평균을 구해 보도록 하자. 25개 표본평균의 평균은 6이며, 결국 표본평균의 진체 평균이 모집딘의 평균과 같음을 알 수 있다.

다음으로 표본평균의 표준편차를 알아보도록 하자. 표본평균의 표준편차는 모집단이 유한모집단인가 아니면 무한모집단인가에 따라 다르다. 표본평균의 표준편차는 다음과 같다.

표본평균의 표준편차

$$\text{유한모집단 : } \sigma_{\bar{x}} = \sqrt{\frac{N-n}{N-1}}\left(\frac{\sigma}{\sqrt{n}}\right)$$

$$\text{무한모집단 : } \sigma_{\bar{x}} = \frac{\sigma}{\sqrt{n}}$$

유한모집단에서 표본평균의 표준편차를 구하는 경우 $\sigma_{\bar{x}} = \sqrt{\frac{N-n}{N-1}}$ 은 1에 근접하므로 표본평균의 표준편차를 계산할 때 $\sigma_{\bar{x}} = \frac{\sigma}{\sqrt{n}}$ 를 이용해도 근사치를 구할 수 있다.

$\sigma_{\bar{x}}$를 계산하기 위해서는 모집단의 표준편차 σ를 알아야 한다. $\sigma_{\bar{x}}$와 σ의 차이를 강조하기 위하여 표본평균의 표준편차 $\sigma_{\bar{x}}$를 평균의 표준오차(standard error)라고 한다.

앞의 인터넷 게임 시간의 자료를 활용하여 모집단의 분산과 표준편차, 그리고 표본평균의 분산과 표준편차를 구해 보도록 하자.

먼저, 모집단의 분산은 제 3 장의 공식에 따라 8이며, 표준편차는 $2\sqrt{2}$ 이다. 이제 25개 표본평균의 분산과 표준편차를 구해 보면, 각각 4와 2이다. 즉, 모집단의 분산을 표본의 크기로 나눈 것이 표본평균의 분산이 됨을 알 수 있다.

2 모집단의 분포와 평균의 표본분포

SOCIAL STATISTICS

표본평균의 표본분포의 모양은 모집단이 정규분포인 경우와 정규분포가 아닌 경우로 나누어 살펴볼 수 있다. 모집단이 정규분포를 할 때 표본평균의 표본분포는 표본의 크기와 상관없이 정규분포를 한다. 모집단이 정규분포가 아닌 경우에는 중심극한의 정리(central limit theorem)가 표본평균의 표본분포의 모양을 확정하는 데 유용하다. 중심극한의 정리는 다음과 같다.

> **중심극한의 정리**
>
> 모집단의 분포 모양과는 상관없이 평균 μ, 분산 σ^2인 모집단에서 크기가 n인 선택 가능한 모든 표본을 추출할 때 표본평균의 표본분포는 표본크기가 커짐에 따라 정규분포에 가까워진다.

[그림 9-1]에 서로 다른 세 가지 모집단에 대한 중심극한의 정리가 나타나 있다. 첫 줄에서 세 가지 모집단 모두 정규분포를 하지 않고 있음을 알 수 있다. 모집단 I은 균

[그림 9-1] 세 가지 모집단에 대한 중심극한의 정리

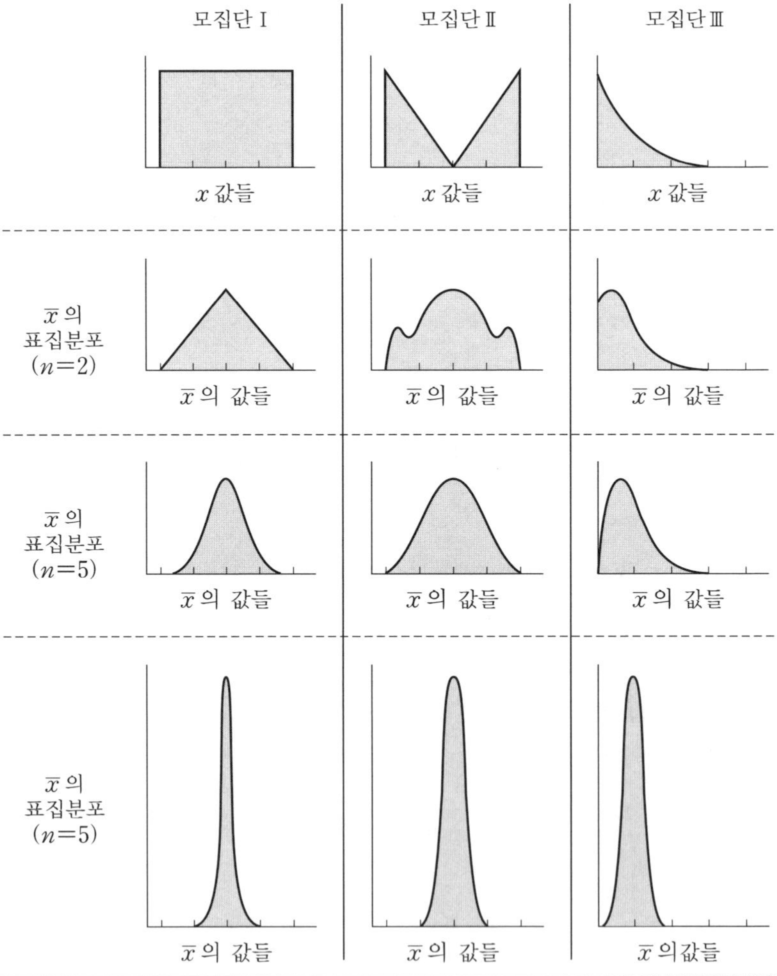

일분포를 하고 있고, 모집단 Ⅱ는 토끼의 귀와 같은 모양의 분포를 하고 있으며, 모집단 Ⅲ은 지수분포와 같은 모양을 하고 있다. 그 아래에 표본의 크기가 각각 2, 5, 30인 표본의 표본분포의 모양이 나타나 있다. 표본의 크기가 2일 경우 각 표본분포는 해당 모집단의 분포와 서로 다른 것을 알 수 있다. 표본의 크기가 5일 경우 모집단 Ⅰ과 모집단 Ⅱ의 표본분포는 정규분포의 모양을 띠기 시작한다. 모집단 Ⅲ의 표본분포의 모양은 정규분포의 모양과 비슷하기는 하지만 약간 우측으로 기울어져 있음을 알 수 있다. 마지막으로 표본의 크기가 30일 경우 세 표본분포는 거의 정규분포에 근접함을 알 수 있다.

어느 정도 크기의 표본분포의 모양이 정규분포에 근접하는지를 중심극한의 정리를 통해 살펴보면 일반적으로 표본의 크기가 30 이상이면 표본평균의 표본분포가 정규분포에 근접한다고 한다. 모집단이 지나치게 기울어져 있거나 극단치가 존재하는 경우에는 표본의 크기가 50 이상일 필요가 있다.

SOCIAL STATISTICS

제3절 표본비율의 표본분포

표본비율 $\bar{p}$는 모집단 비율 p의 점 추정량이다. 표본비율을 계산하는 식은 다음과 같다.

표본비율

$$\bar{p} = \frac{x}{n}$$

x : 관심 특성을 가지는 표본요소의 수
n : 표본의 크기

표본비율 $\bar{p}$는 확률변수이고 이의 가능한 표본평균값들의 확률분포가 표본비율 $\bar{p}$의 표본분포이다. 표본비율 $\bar{p}$가 모집단 비율 p에 얼마나 가까운지를 결정하려면 표본비율의 표본분포의 특성, 즉 표본비율의 기댓값, 표본비율의 표준편차, 그리고 표본비율의 표본분포의 형태와 유형을 이해하여야 한다.

1 표본비율의 표본분포의 평균과 표준편차

SOCIAL STATISTICS

표본비율 $\bar{p}$의 기댓값, 즉 표본비율 $\bar{p}$의 가능한 모든 값들의 평균은 모집단 비율 p와 일치한다. 따라서, $E(\bar{p})=p$이기 때문에 $\bar{p}$는 p의 불편추정량이다.

표본비율 $\bar{p}$의 기댓값

$$E(\bar{p})=p$$

$E(\bar{p})$: $\bar{p}$의 기댓값
p : 모집단 비율

표본평균의 표준편차에서와 마찬가지로 표본비율 $\bar{p}$의 표준편차도 모집단이 유한모집단인가 무한모집단인가에 따라 차이가 있다.

표본비율의 표준편차

유한모집단 : $\sigma_p=\sqrt{\dfrac{N-n}{N-1}}\sqrt{\dfrac{p(1-p)}{n}}$

무한모집단 : $\sigma_p=\sqrt{\dfrac{p(1-p)}{n}}$

표본평균에서와 마찬가지로 유한모집단과 무한모집단의 차이는 표본의 크기에 비해 유한모집단의 크기가 커지면 그 차이가 미미해지는 것을 알 수 있다. 따라서 유한모집단의 경우에서도 $\sigma_p=\sqrt{\dfrac{p(1-p)}{n}}$를 사용해도 근사치를 구할 수 있다.

2 표본비율의 표본분포의 형태

SOCIAL STATISTICS

표본비율은 $\bar{p}=\frac{x}{n}$이다. 대규모 모집단으로부터 단순 무작위 표본에 대해 x값은 관심 특성을 가진 표본요소의 수를 표시하는 이항확률변수이다. n이 상수이므로 $\frac{x}{n}$의 확률은 x의 이항확률과 동일하며, 이는 표본비율의 표본분포 역시 이산확률분포이며 $\frac{x}{n}$의 각 값에 대한 확률은 x의 이항확률과 동일하다는 것을 의미한다.

$np \geq 5$와 $n(1-p) \geq 5$를 만족시킬 정도로 표본의 크기가 충분히 커지면 이항분포는 정규분포로 근사될 수 있다. 이 조건이 만족된다고 가정하면 x의 확률분포는 정규분포로 근사된다. 그리고 n이 상수이므로 $\bar{p}=\frac{x}{n}$의 표본분포 역시 정규분포로 근사될 수 있다. 즉, 표본비율 $\bar{p}$의 표본분포는 $np \geq 5$이고 $n(1-p) \geq 5$이면 정규분포로 근사될 수 있다.

주요 용어와 공식

- 표본분포(sampling distribution) : 표본통계량의 가능한 모든 값들로 구성된 확률분포
- 중심극한의 정리(central limit theorem) : 평균이 μ이고 분산이 σ^2인 임의의 무한모집단에서 표본의 크기 n이 충분히 크면 다음이 성립한다. $\overline{X} \sim N\left(\mu, \frac{\sigma^2}{n}\right)$.

  $\overline{x}$의 기댓값 : $E(\overline{x}) = \mu$

  $\overline{x}$의 표준편차 :

  유한모집단 : $\sigma^2 = \sqrt{\frac{N-n}{N-1}}\left(\frac{\sigma}{\sqrt{n}}\right)$

  무한모집단 : $\sigma_{\overline{p}} = \sqrt{\frac{p(1-p)}{n}}$

  $\overline{p}$의 기댓값 : $E(\overline{p}) = p$

  $\overline{p}$의 표준편차 :

  유한모집단 : $\sigma_p = \sqrt{\frac{N-n}{N-1}}\sqrt{\frac{p(1-p)}{n}}$

  무한모집단 : $\sigma_{\overline{p}} = \sqrt{\frac{p(1-p)}{n}}$

연습문제

01 모집단의 평균이 200이고 표준편차가 50이다. 표본 100개가 단순 무작위로 추출되었고 모집단의 평균을 추정하기 위하여 표본평균이 이용된다고 할 때,

1-1. 표본평균 $\bar{x}$의 기댓값은 얼마인가?

1-2. 표본평균 $\bar{x}$의 표준편차는 얼마인가?

02 모집단의 표준편차는 25이다. 표본의 크기가 각각 50, 100, 200인 경우 평균의 표준오차를 구하시오.

03 단순 무작위 표본 100개가 모집단에서 $p=0.4$이다.

3-1. 표본비율 $\bar{p}$의 기댓값은 얼마인가?

3-2. 표본비율 $\bar{p}$의 표준편차는 얼마인가?

04 표본비율을 0.55라고 하자. 표본이 각각 100, 500, 1,000일 경우 비율의 표준오차 $\sigma_{\bar{p}}$를 구하시오.

05 2005년 시행 제49회 행정고등고시(행정 · 공안직) 제2차 시험

수식을 사용하지 않고 중심극한정리(central limit theorem)의 의미와 그 중요성에 대하여 기술하시오.

제 10 장

추 정

제 1 절 점추정

제 2 절 구간추정

제 3 절 두 모집단 평균 차이에 관한 추정

제 4 절 모집단 비율에 관한 추정

통계적 추정(statistical estimation)이란 표본의 특성을 나타내는 통계량(statistics)을 기초로 모수(parameter)를 추정하는 통계적 방법이다. 즉, 모수의 값을 추정하기 위하여 표본의 평균, 표본의 표준편차와 같은 통계량을 계산하여 추정이라는 통계절차를 수행하게 된다. 통계적 추정에는 점추정(point estimation)과 구간추정(interval estimation)의 방법이 있다. 점추정이란 하나의 값으로 모수를 추정하는 것을 의미하며, 구간추정이란 적정한 구간으로 모수를 추정하는 것이다.

표본평균 $\bar{x}$를 모집단 평균 μ의 점추정량(point estimator), 표본표준편차 s를 모집단 표준편차 σ의 점추정량, 표본비율 $\bar{p}$를 모집단 비율 p의 점추정량이라고 하며, $\bar{x}$, s, $\bar{p}$의 값을 점추정값(point estimate)이라고 한다. 대통령 지지율에 대한 여론조사의 예를 들어 이를 설명하면 다음과 같다.

모집단 모수	모수값	점추정량	점추정값
모집단의 평균 대통령 지지율	50%	표본의 평균 대통령 지지율	52%
모집단의 대통령 지지율 표준편차	4.3%	표본의 대통령 지지율 표준편차	4.5%

그러나 이러한 점추정량은 모집단의 모수와 정확히 일치하는 추정값을 제공하는 것은 아니다. 따라서 점추정량에 오차한계라고 불리는 값을 더하고 빼서 다음과 같이 구간추정값을 계산하는 경우가 많다.

$$\text{구간추정값} = \text{점추정값} \pm \text{오차한계}$$

이와 같은 구간추정값을 구하는 목적은 표본으로부터 구해진 점추정값이 모집단의 모수값에 얼마나 근접한지에 관한 정보를 제공하기 위해서이다. 먼저, 여기에서는 점추정에 대하여 살펴본 후 구간추정에 대하여 알아보도록 하겠다.

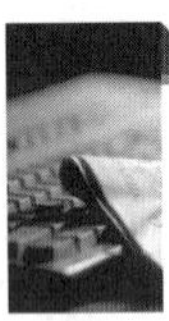

SOCIAL STATISTICS

제1절 점추정

점추정은 하나의 값으로 모수값을 추정하는 통계적 방법을 의미한다. 즉, 모수를 추정하기에 가장 적절한 통계량을 구하는 것이 점추정이다. 따라서 점추정에서는 추정량을 결정하는 기준이 매우 중요하다. 적절한 추정량을 선택하기 위한 기준으로는 일반적으로 불편성, 효율성, 일치성 등을 들 수 있다. 이 모든 기준을 충족하는 통계량이 존재한다면 다행이지만 그렇지 않을 경우 불편성을 최우선 기준으로 하여 추정량을 선택하는 것이 바람직하다.

불편성이란 추정량의 기댓값이 추정할 모수의 실제값과 같을 때 이 추정량은 불편성을 지니고 있다고 한다. [그림 10-1]에서 (a)는 편의가 0인 경우이며 (b)는 편의가 포함된 경우이다. 즉, (a)의 경우는 추정량($\hat{\theta}$)의 기댓값($E(\hat{\theta})$)이 실제 모수(θ)와의 차이인 편의가 0인 경우로서 이때의 추정량을 불편추정량이라고 한다. 반면, (b)의 경우는 편의가 존재하는 경우로 불편추정량이 아니다. 불편성은 좋은 추정량이 되기 위한 필수조건이지만 그것만으로 충분한 것은 아니며 효율성, 일치성과 같은 특성도 고려하여야 한다.

추정량 가운데 최소의 분산을 가진 추정량을 가장 좋은 효율성을 지니고 있다고 한다. 즉, 추정량은 되도록 모수에 근접하여야 하는데 표본으로부터 얻은 추정량들이 모수를 중심으로 집중되어 있을 때 표본은 모수에 가까운 추정량을 가지고 있다. [그림

[그림 10-1] 불편성

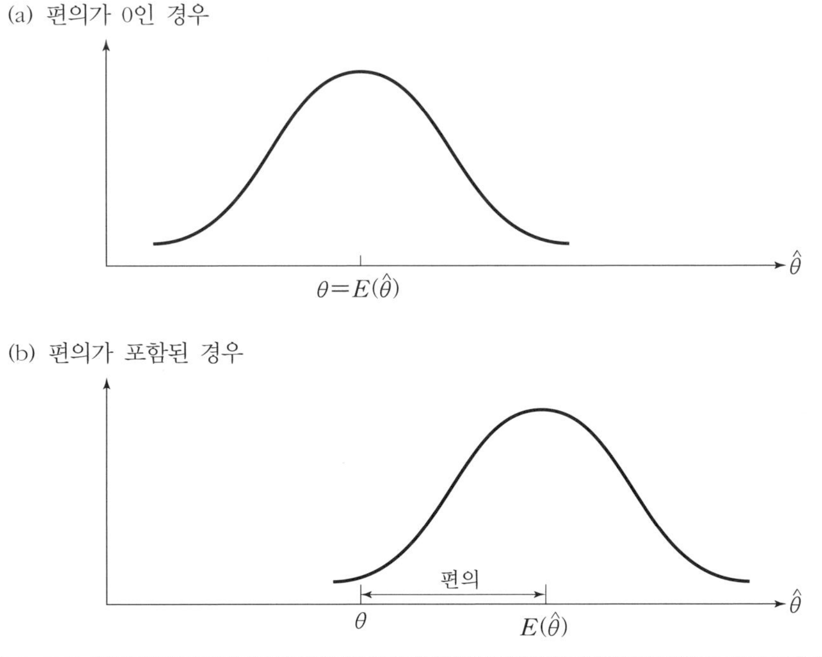

[그림 10-2] 효율성

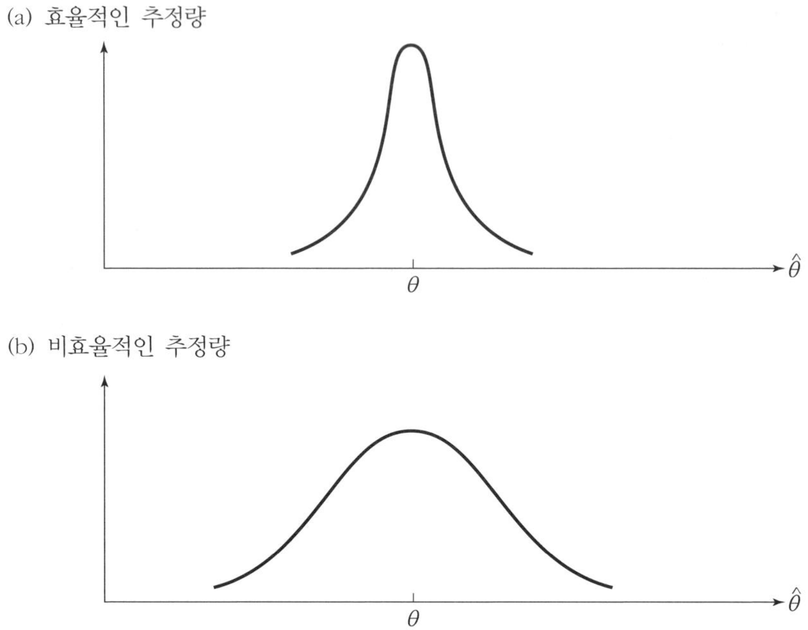

10-2]에서 보는 바와 같이 (a)는 효율적인 추정량이고 (b)는 비효율적인 추정량이다. (a)의 경우 어떠한 추정량을 선택하더라도 그 추정값이 실제 모수와 큰 차이가 없다. 그러나 (b)의 경우 분산이 커서 선택된 추정량이 실제 모수와 차이가 있다고 할 수 있다. 즉, 효율성에서는 추정량의 분산을 상대적으로 비교하여 분산이 작은 추정량이 더 효율적인 추정량이라고 한다.

일치성이란 표본의 크기가 무한히 증가하면 표본에서 구한 추정량은 모수에 일치한다는 것을 의미한다. [그림 10-3]에서 보는 바와 같이 표본의 크기가 5인 경우와 표본의 크기가 100인 경우를 비교하여 볼 때 표본의 크기가 클수록 모수와 추정량 사이의 차이가 작아지는 것을 알 수 있다. 이와 같이 표본의 크기가 증가함에 따라 추정량이 모수에 가까워지는 것을 일치성이라고 한다.

[그림 10-3] 일치성

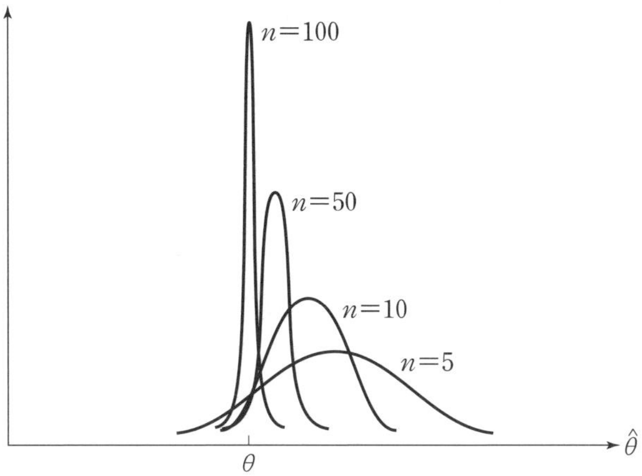

SOCIAL STATISTICS

제2절 구간추정

모집단 평균의 구간추정값을 계산하는 방식은 크게 두 가지로 나눈다. 모집단 표준편차 σ가 알려진 경우와 σ가 알려져 있지 않은 경우이다. 결론부터 이야기하자면 σ가 알려진 경우에는 σ와 표준정규분포가 오차한계와 구간추정값을 계산하기 위하여 사용되고, σ가 알려져 있지 않은 경우에는 표본표준편차 s와 t분포를 이용하여 오차한계와 구간추정값을 계산한다.

1 σ가 알려져 있는 경우

모집단 평균의 구간추정값을 계산하기 위해서는 모집단의 표준편차 σ 혹은 표본의 표준편차 s를 활용하여 오차한계를 계산하여야 한다. 대부분의 경우 σ가 알려져 있지 않기 때문에 s가 오차한계를 계산하는 데 사용된다.

다음의 예를 이용하여 어떻게 추정값의 오차한계를 계산하고, 모집단 평균의 구간추정값을 구하는지 살펴보도록 하자.

태릉물산은 약 10만 명이 근무하는 큰 기업이다. 태릉물산 직원들은 자기계발을 위하여 다양한 교육에 참여하고 있다. 태릉물산 CEO인 허희윤은 태릉물산 직원들의 월평균 자기계발투자비를 알아보고자 한다. 이를 위하여 단순 무작위 추출로 100명의 표본을 추출하여 조사한 결과 이들의 월평균 자기계발비는 115,000원이었다. 이때 모집단의 표준편차가 100,000원이고 모집단은 정규분포를 이룬다고 가정하자.

표준정규분포표를 사용하여 정규분포를 따르는 모든 확률변수값의 95%는 평균의 ±1.96 표준편차 안에 있음을 알 수 있다. 표본평균의 표본분포가 정규분포를 따를 경우, 표본평균값의 95%가 평균 μ의 $\pm 1.96\sigma_{\bar{x}}$ 안에 있어야 한다. 태릉물산의 예에서 모집단의 표준편차가 100,000원이고 정규분포를 따른다고 하였다. 따라서, 표본평균의 표본분포는 $\sigma_{\bar{x}}=10{,}000$의 표준오차를 가지는 정규분포를 갖게 된다. 여기에서 $\sigma_{\bar{x}}=\frac{\sigma}{\sqrt{n}}$이므로 $\frac{100{,}000}{\sqrt{100}}=10{,}000$이다. 태릉물산의 예에서 크기가 100인 표본을 이용하여 얻은 모든 표본평균의 95%가 모집단 평균 $\mu\pm(1.96\times10{,}000)$ 안에 있다고 할 수 있다. 이러한 내용을 일반화시켜 그림으로 표현한 것이 [그림 10-4]에 나타나 있다.

[그림 10-4] 표본평균의 면적을 표시하는 표본평균의 표본분포

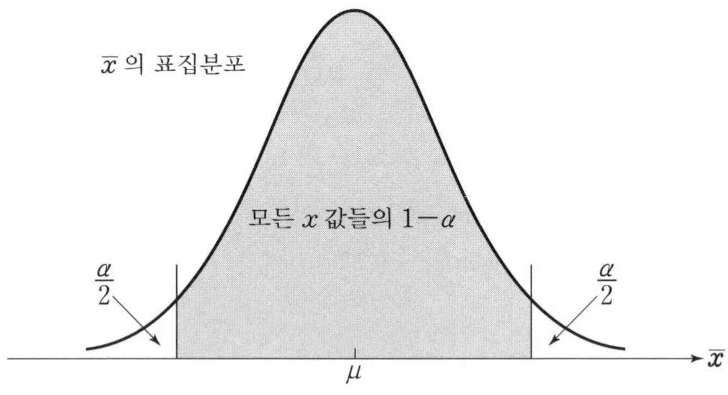

태릉물산의 예를 [그림 10-4]에 연결시켜 설명하면 먼저 진한 면적이 모든 표본평균값의 95%에 해당하는 부분이다. 모집단 평균 μ로부터 $\frac{\alpha}{2}$까지의 구간이 $1.96\sigma_{\bar{x}}$에 해당하는 것으로 태릉물산의 예에서는 (1.96×10,000)이며, 반대로 $-\frac{\alpha}{2}$까지의 구간이 $-1.96\sigma_{\bar{x}}$로 $-(1.96\times10{,}000)$이 그 구간에 해당한다. [그림 10-4]의 진한 면적 안에 있

는 모든 표본평균은 모집단 평균 μ를 포함하는 구간이며, 가능한 모든 표본평균의 95%가 진한 면적 안에 있기 때문에 표본평균에서 (1.96×10,000)을 빼고 더해서 형성된 모든 구간의 95%가 모집단 평균 μ를 포함할 것이다.

태릉물산의 예에서 구간추정값을 계산하기 위하여 $\bar{x}\pm(1.96\times10{,}000)$을 사용하여, 115,000±(1.96×10,000)을 얻을 수 있다. 따라서 모집단 평균 μ의 추정값은 95,400원에서 134,600원이다. $\bar{x}\pm(1.96\times10{,}000)$을 사용하여 계산된 모든 구간의 95%는 모집단 평균을 포함할 것이기 때문에 95,400원에서 134,600원까지의 구간이 모집단 평균 μ를 포함할 것이라는 데에 대해 우리는 95% 신뢰할 수 있다. 이때 이 구간은 95% 신뢰수준(confidence level)에서 설정되었다고 할 수 있으며 95,400원에서 134,600원까지의 구간은 신뢰구간(confidence interval)이라고 한다.

σ가 알려져 있는 경우 $Z_{\frac{\alpha}{2}}(\frac{\sigma}{\sqrt{n}})$로 주어진 오차한계를 이용하여 모집단 평균에 대한 구간추정값은 일반적으로 다음과 같이 나타낼 수 있다.

모집단 평균의 구간추정 : σ가 알려져 있는 경우

$$\overline{X}-Z_{\frac{\alpha}{2}}(\frac{\sigma}{\sqrt{n}})\le\mu\le\overline{X}+Z_{\frac{\alpha}{2}}(\frac{\sigma}{\sqrt{n}})$$

$(1-\alpha)$가 신뢰계수일 때 $Z_{\frac{\alpha}{2}}$는 표준정규확률분포에서 오른쪽꼬리부분의 면적이 $\frac{\alpha}{2}$가 되는 Z값이다.

예제 10-1 **태릉초등학교 학생 100명을 대상으로 통학거리를 조사하였다. 그 결과 평균이 245.69m였다. 태릉초등학교 학생의 통학거리는 표준편차 $\sigma=46.02$인 정규분포를 따른다고 한다. 평균 통학거리에 대한 95% 신뢰구간을 구하여라.**

모집단 표준편차를 알고 있으므로, $\overline{X}-Z_{\frac{\alpha}{2}}(\frac{\sigma}{\sqrt{n}})\le\mu\le\overline{X}+Z_{\frac{\alpha}{2}}(\frac{\sigma}{\sqrt{n}})$를 이용하여

$$\bar{x}\pm\frac{1.96\alpha}{\sqrt{n}}=245.69\pm\frac{1.96\times46.02}{\sqrt{100}}=(245.69\pm9.02)$$

따라서, 평균 통학거리에 대한 95% 신뢰구간은 (236.67, 254.71)이다.

비록 95% 신뢰수준이 자주 사용되지만, 90%나 99%와 같은 다른 신뢰수준들도 생각해 볼 수 있다. 가장 흔하게 사용되는 신뢰수준에 대한 $Z_{\frac{\alpha}{2}}$ 값은 〈표 10-1〉과 같다.

90%, 95%, 그리고 99% 신뢰수준에 대한 결과를 비교해 볼 때, 더 높은 신뢰수준을 얻기 위해서는 오차한계가 더 크고, 신뢰구간의 범위가 더 넓어야 함을 알 수 있다.

〈표 10-1〉 가장 일반적으로 사용되는 신뢰수준에 대한 값

신뢰수준	α	$\frac{\alpha}{2}$	$Z_{\frac{\alpha}{2}}$
90%	.10	.05	1.645
95%	.05	.025	1.960
99%	.01	.005	2.576

2 σ가 알려져 있지 않은 경우

SOCIAL STATISTICS

모집단 평균의 구간추정값을 계산할 경우, 보통 모집단 표준편차의 정확한 추정치를 알지 못한다. 이 경우 동일한 표본에서 모집단 평균과 모집단 표준편차를 동시에 추정해야만 한다. 이러한 상황이 σ가 알려져 있지 않은 경우이다. 모집단 표준편차인 σ를 추정하기 위하여 표본표준편차인 s를 사용할 경우, 모집단 평균에 대한 오차한계와 구간추정값들은 분포로 알려진 확률분포를 기초하여 계산된다. 원래 t분포(t distribution)는 정규분포를 따르는 모집단에서 추출한 표본의 분포를 수학적으로 계산하는 과정에서 고안되었지만, 그 이후 연구들은 모집단이 정규분포에서 현저히 벗어나는 많은 경우에도 t분포를 성공적으로 적용할 수 있음을 밝혀냈다.

t분포는 자유도라는 모수에 따라 그 형태가 구체적으로 결정되는 유사한 형태의 여러 분포들의 집합을 지칭한다. 자유도 1을 가지는 t분포는 오직 하나이며 자유도 2, 자유도 3, 그리고 기타 자유도를 가지는 t분포도 마찬가지로 각각 하나씩 존재한다. 자유도의 수가 증가함에 따라 t분포와 표준정규분포 간의 차이는 점점 더 줄어들게 된다. [그림 10-5]는 자유도 10과 20을 가지는 t분포와 표준정규분포를 비교한 것이다. 더 높은 자유도를 갖는 t분포는 분산이 작고 표준정규분포에 더 근접한다는 것을 알 수 있다. 또한, t분포의 평균은 0이다.

〈표 10-2〉에 t분포표가 나타나 있다. 예를 들어, 자유도 10을 갖는 t분포에 대하여 $t_{.025} = 2.228$이며, 자유도 20을 갖는 t분포에 대하여 $t_{.025} = 2.086$이다. 자유도가 증가하

[그림 10-5] 표준정규분포와 자유도 10과 20을 가지는 t 분포 비교

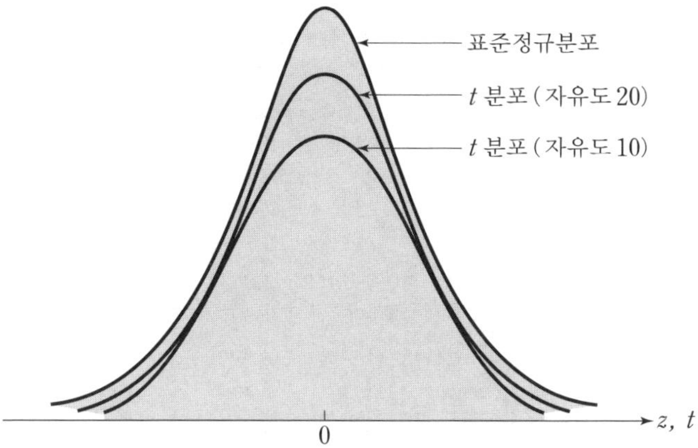

면 $t_{.025}$는 $z_{.025}=1.96$에 유사해진다. 사실상, 표준정규분포 z 값은 t 분포표에서 무한대의 자유도를 갖는 행에서 찾을 수 있다. 자유도가 100을 초과한다면 자유도가 무한대인 행을 실제의 t 값을 근삿값으로 이용할 수 있다. 즉, 자유도가 100 이상이 되면, z 값은 t 값에 대해 적절한 근사치를 제공하는 것이다.

σ가 알려져 있지 않은 경우 모집단 평균의 구간추정값을 계산하려면, 표본표준편차 s를 이용하여 σ를 추정하고, $Z_{\frac{\alpha}{2}}$는 t 분포값 $t_{\frac{\alpha}{2}}$로 대체한다. 이때 오차한계는 $t_{\frac{\alpha}{2}}(\frac{s}{\sqrt{n}})$이다.

모집단 평균의 구간추정 : σ가 알려져 있지 않은 경우

$$\overline{X}-t_{\frac{\alpha}{2}}(\frac{s}{\sqrt{n}}) \leq \mu \leq \overline{X}+t_{\frac{\alpha}{2}}(\frac{s}{\sqrt{n}})$$

s는 표본표준편차, $(1-\alpha)$는 신뢰계수, $t_{\frac{\alpha}{2}}$는 $n-1$의 자유도를 갖는 t 분포의 오른쪽꼬리 $\frac{\alpha}{2}$ 면적을 가리키는 t 값이다.

〈표 10-2〉 t 분포표

df	α				
	.1	.05	.025	.01	.005
1	3.078	6.314	12.706	31.821	63.657
2	1.886	2.920	4.303	6.965	9.925
3	1.638	2.353	3.182	4.541	5.841
4	1.533	2.132	2.776	3.747	4.604
5	1.476	2.015	2.571	3.365	4.032
6	1.440	1.943	2.447	3.143	3.707
7	1.415	1.895	2.365	2.998	3.499
8	1.397	1.860	2.306	2.896	3.355
9	1.383	1.833	2.262	2.821	3.250
10	1.372	1.812	2.228	2.764	3.169
11	1.363	1.796	2.201	2.718	3.106
12	1.356	1.782	2.179	2.681	3.055
13	1.350	1.771	2.160	2.650	3.012
14	1.345	1.761	2.145	2.624	2.977
15	1.341	1.753	2.131	2.602	2.947
16	1.337	1.746	2.120	2.583	2.921
17	1.333	1.740	2.110	2.567	2.898
18	1.330	1.734	2.101	2.552	2.878
19	1.328	1.729	2.093	2.539	2.861
20	1.325	1.725	2.086	2.528	2.845
21	1.323	1.721	2.080	2.518	2.831
22	1.321	1.717	2.074	2.508	2.819
23	1.319	1.714	2.069	2.500	2.807
24	1.318	1.711	2.064	2.492	2.797
25	1.316	1.708	2.060	2.485	2.787
26	1.315	1.706	2.056	2.479	2.779
27	1.314	1.703	2.052	2.473	2.771
28	1.313	1.701	2.048	2.467	2.763
29	1.311	1.699	2.045	2.462	2.756
30	1.310	1.697	2.042	2.457	2.750
40	1.303	1.684	2.021	2.423	2.704
60	1.296	1.671	2.000	2.390	2.660
120	1.290	1.661	1.984	2.358	2.626
∞	1.282	1.645	1.960	2.326	2.576

3 표본크기의 결정

SOCIAL STATISTICS

지금까지의 내용을 통해 모집단이 정규분포를 따르지 않을 경우 적절한 신뢰구간을 얻기 위해서는 표본의 크기가 중요함을 알 수 있다. 앞에서 σ가 알려져 있는 경우의 모집단 평균의 구간추정은 다음과 같음을 설명하였다.

$$\overline{X} - Z_{\frac{\alpha}{2}}\left(\frac{\sigma}{\sqrt{n}}\right) \le \mu \le \overline{X} + Z_{\frac{\alpha}{2}}\left(\frac{\sigma}{\sqrt{n}}\right)$$

여기에서 $Z_{\frac{\alpha}{2}}\left(\frac{\sigma}{\sqrt{n}}\right)$는 오차한계이다. 따라서, 오차한계는 $Z_{\frac{\alpha}{2}}$, 모집단 표준편차(σ), 표본 크기(n)에 의해 결정되는 것을 알 수 있다. 신뢰계수 $1-\alpha$를 선택하면, $Z_{\frac{\alpha}{2}}$는 결정되며, σ가 알려져 있는 상황에서 원하는 오차한계를 구하기 위해 필요한 표본의 크기 n을 결정할 수 있다. e를 오차한계라고 하면,

$$e = Z_{\frac{\alpha}{2}}\left(\frac{\sigma}{\sqrt{n}}\right)$$

이 식을 다음과 같이 정리할 수 있다.

$$\sqrt{n} = \frac{Z_{\frac{\alpha}{2}}\sigma}{e}$$

따라서, 모집단 평균의 구간추정을 위한 표본의 크기는 다음과 같다.

모집단 평균의 구간추정을 위한 표본의 크기

$$n = \frac{(Z_{\frac{\alpha}{2}})^2(\sigma)^2}{e^2}$$

만약 σ가 알려져 있지 않은 경우에는 오차한계 $t_{\frac{\alpha}{2}}\left(\frac{s}{\sqrt{n}}\right)$를 사용하여 모집단 평균의 구간추정을 위한 표본의 크기를 다음과 같이 구할 수 있다.

$$n = \frac{(t_{\frac{\alpha}{2}})^2 (s)^2}{e^2}$$

예제 10-2 모집단 평균에 대한 추정값의 오차가 10이며, 이 결과가 95%의 신뢰도를 유지하기 위해서는 표본의 크기를 어느 정도로 하여야 하는가? 모집단 표준편차는 40이라고 가정하자.

모집단 표준편차를 알고 있는 경우이므로 다음의 식을 활용할 수 있다.

$$n = \frac{(Z_{\frac{\alpha}{2}})^2 (\sigma)^2}{e^2}$$

95%의 신뢰수준을 충족시키는 Z값은 1.96이며, 모집단 표준편차는 40, 오차한계인 $e = 10$이므로, 위의 식에 의해

$$n = \frac{(1.96)^2 (40)^2}{10^2} = \frac{(3.8416)(1{,}600)}{100} = 61.4656$$

따라서, 표본의 크기를 62개 이상으로 하여야 한다.

SOCIAL STATISTICS

제3절 두 모집단 평균 차이에 관한 추정

앞에서 살펴본 구간추정의 내용은 모집단이 하나인 경우의 평균에 대한 추정이었다. 여기에서는 두 개의 모집단 평균의 차이에 대한 추정이다. 예를 들어, "태릉대학교와 신촌대학교 입학생의 수능시험성적에 차이가 있는가?" "남성과 여성의 수명에 차이가 있는가?" "한국에서 벤츠가 렉서스보다 더 인기가 있는가?" 등과 같은 주제들이 두 모집단 평균 차이에 관한 것들이다.

앞에서 모집단 평균에 대한 추정에서 모집단 평균에 대한 신뢰구간을 구할 수 있었던 것과 같이 두 모집단의 평균 차이에 대해서도 신뢰구간을 구할 수 있다. 두 모집단

에서 뽑은 평균의 차이를 활용하여 두 모집단의 평균 차이에 대한 신뢰구간을 구할 수 있는데, 이는 두 모집단의 표준편차가 알려져 있을 때와 알려져 있지 않을 때의 추정에 차이가 있다. 먼저, 두 모집단의 표준편차가 알려져 있는 경우에 대해 살펴보도록 하겠다.

1 두 모집단 평균 차이에 대한 추정 : σ_1, σ_2가 알려져 있는 경우

다음의 예를 통해 두 모집단의 표준편차가 알려져 있는 경우의 두 모집단 평균차이에 관한 추정을 살펴보도록 하자.

태릉대학교와 신촌대학교는 라이벌 관계이다. 두 학교의 라이벌 관계를 부각시키기 위해 언론에서는 매년 두 학교 가운데 어느 학교의 재학생 부모가 더 재산이 많은지를 조사하여 발표하고 있다. 2009년 두 학교 재학생 부모의 재산을 조사한 결과 과연 어느 학교의 재학생 부모의 재산이 더 많을까?

태릉대학교 모든 재학생 부모를 모집단 1이라 하고, 신촌대학교 모든 재학생 부모를 모집단 2라고 하자. 두 모집단의 평균의 차이는 $\mu_1 - \mu_2$로 표현된다. 두 모집단으로부터 단순 무작위 표본추출의 방법을 통해 각각 표본 n_1과 n_2를 선정하였다. 두 표본의 평균의 차이는 $\overline{x_1} - \overline{x_2}$로 표현이 되며, 이 차이가 두 모집단 평균의 차이에 대한 점추정치가 된다.

점추정치 $\overline{x_1} - \overline{x_2}$도 다른 점추정치들과 마찬가지로 추정량의 표본분포에서의 변동량을 의미하는 표준오차를 가진다. 즉, $\overline{x_1} - \overline{x_2}$의 표준오차는 $\overline{x_1} - \overline{x_2}$의 표본분포에서의 표준편차이다. $\overline{x_1} - \overline{x_2}$의 표준오차는 다음과 같다.

$$\sigma_{\overline{x_1} - \overline{x_2}} = \sqrt{\frac{\sigma_1^2}{n_1} + \frac{\sigma_2^2}{n_2}}$$

앞에서 설명한 바와 같이 신뢰구간은 점추정치±오차한계로 계산이 된다. 두 모집단의 평균의 차이에 대한 추정의 경우에도 신뢰구간은 다음과 같이 구해진다.

$$\overline{x_1} - \overline{x_2} \pm \text{오차한계}$$

$\overline{x_1} - \overline{x_2}$의 표본분포가 정규분포라면, 오차한계는 다음의 공식에 의해 구할 수 있다.

$$오차한계 = z_{\frac{\alpha}{2}} \sigma_{\overline{x_1} - \overline{x_2}} = z_{\frac{\alpha}{2}} \sqrt{\frac{\sigma_1^2}{n_1} + \frac{\sigma_2^2}{n_2}}$$

따라서, 두 모집단이 정규분포이고 σ_1, σ_2가 알려져 있는 경우, 두 모집단 평균 차이에 대한 신뢰구간추정은 다음과 같다.

두 모집단의 평균 차이에 대한 신뢰구간 : σ_1, σ_2가 알려져 있는 경우

$$\overline{x_1} - \overline{x_2} \pm z_{\frac{\alpha}{2}} \sqrt{\frac{\sigma_1^2}{n_1} + \frac{\sigma_2^2}{n_2}}$$

태릉대학교와 신촌대학교, 어느 대학교의 재학생 부모가 더 부유한가의 예를 살펴보자. 태릉대학교 학부모 35명을 표본으로 하여 조사한 재산 평균은 5억 원이며, 신촌대학교 학부모 40명을 표본으로 하여 조사한 재산 평균은 4억7천만 원이다. 두 모집단의 표준편차는 태릉대학교의 경우 5천만 원이며, 신촌대학교는 8천만 원이다.

위의 식을 이용하여 95% 신뢰수준에서 신뢰구간을 계산하면,

$$\overline{x_1} - \overline{x_2} \pm z_{\frac{\alpha}{2}} \sqrt{\frac{\sigma_1^2}{n_1} + \frac{\sigma_2^2}{n_2}} = 50 - 47 \pm 1.96 \sqrt{\frac{5^2}{35} + \frac{8^2}{40}} = 3 \pm 2.9817 \text{ (단위 : 천만 원)}$$

오차한계는 29,817,000원이며, 두 모집단의 평균 차이에 대한 신뢰구간은 183,000원에서 59,817,000원까지가 된다.

2 두 모집단 평균 차이에 대한 추정 : σ_1, σ_2가 알려져 있지 않은 경우

SOCIAL STATISTICS

두 모집단의 표준편차가 알려져 있지 않은 경우의 두 모집단 평균 차이에 대한 추정은 표본의 크기에 따라 추정방법이 달라진다. 대표본의 경우 표준정규분포에 기초하여 신뢰구간을 추정하는 반면, 소표본의 경우 t 분포에 기초하게 된다. 먼저, 대표본의 경

우부터 살펴보도록 하자.

대표본의 경우 중심극한의 정리에 의해 평균차의 표본분포는 정규분포를 이루게 된다. 모집단의 표준편차가 알려져 있지 않은 대표본의 경우, 두 모집단의 표준편차를 각각 s_1, s_2라 하고, 두 모집단의 표본의 크기를 각각 n_1, n_2라고 할 때, $\overline{x_1}-\overline{x_2}$의 표준오차는 다음과 같다.

$$s_{\overline{x_1}-\overline{x_2}}=\sqrt{\frac{s_1^2}{n_1}+\frac{s_2^2}{n_2}}$$

앞에서 설명한 바와 같이 신뢰구간은 점추정치±오차한계로 계산이 된다. 두 모집단의 평균의 차이에 대한 추정의 경우에도 신뢰구간은 다음과 같이 구해진다.

$$\overline{x_1}-\overline{x_2}\pm \text{오차한계}$$

대표본의 경우이므로 중심극한의 정리에 의해 $\overline{x_1}-\overline{x_2}$의 표본분포가 정규분포이므로, 오차한계는 다음의 공식에 의해 구할 수 있다.

$$\text{오차한계}=z_{\frac{\alpha}{2}}s_{\overline{x_1}-\overline{x_2}}=z_{\frac{\alpha}{2}}\sqrt{\frac{s_1^2}{n_1}+\frac{s_2^2}{n_2}}$$

따라서, 두 모집단의 σ_1, σ_2가 알려져 있지 않으며 대표본인 경우, 두 모집단 평균 차이에 대한 신뢰구간추정은 다음과 같다.

두 모집단의 평균 차이에 대한 신뢰구간 : σ_1, σ_2가 알려져 있지 않은 대표본의 경우

$$\overline{x_1}-\overline{x_2}\pm z_{\frac{\alpha}{2}}\sqrt{\frac{s_1^2}{n_1}+\frac{s_2^2}{n_2}}$$

σ_1, σ_2가 알려져 있지 않은 소표본의 경우를 살펴보도록 하자. 이 경우 s_1과 s_2를 σ_1과 σ_2의 추정을 위해 사용하며, 정규분포를 t분포로 대체하게 된다. 따라서, 두 모집단의 σ_1, σ_2가 알려져 있지 않으며 소표본인 경우, 두 모집단 평균 차이에 대한 신뢰구간추정은 다음과 같다.

두 모집단의 평균 차이에 대한 신뢰구간 : σ_1, σ_2가 알려져 있지 않은 소표본의 경우

$$\overline{x_1} - \overline{x_2} \pm t_{\frac{\alpha}{2}} \sqrt{\frac{s_1^2}{n_1} + \frac{s_2^2}{n_2}}$$

σ_1, σ_2가 알려져 있지 않으며 소표본인 경우, 두 모집단 평균 차이에 대한 신뢰구간을 추정할 때 자유도는 다음과 같다.

$$df = n_1 + n_2 - 2$$

예제 10-3 태릉대학교와 신촌대학교의 취업률에 차이가 있는지를 살펴보기 위하여 지난 10년간의 취업률을 조사하였다. 그 결과 태릉대학교의 취업률 평균은 80%이고, 신촌대학교의 취업률 평균은 70%였다. 또한, 표본표준편차는 태릉대학교의 경우 21이고, 신촌대학교는 20이었다. 95% 신뢰수준에서 태릉대학교와 신촌대학교의 취업률 차이를 추정하시오.

예제를 정리하면 다음과 같다.

	태릉대학교	신촌대학교
표본수	10	10
표본평균	80	70
표본표준편차	444	400

두 모집단의 σ_1, σ_2가 알려져 있지 않으며 소표본인 경우이므로, 두 모집단 평균 차이에 대한 신뢰구간추정은 다음과 같다. 18의 자유도를 가지는 t분포표를 활용하여 $t_{.025} = 2.101$이므로,

$$\overline{x_1} - \overline{x_2} \pm t_{\frac{\alpha}{2}} \sqrt{\frac{s_1^2}{n_1} + \frac{s_2^2}{n_2}} = 80 - 70 \pm 2.101 \sqrt{\frac{21^2}{10} + \frac{20^2}{10}} = 10 \pm 19.27$$

따라서, 95% 신뢰수준에서 두 대학교 취업률 평균의 차이는 -9.27에서 29.27까지임을 알 수 있다.

SOCIAL STATISTICS

제4절 모집단 비율에 관한 추정

1 단일모집단 비율에 관한 구간추정

SOCIAL STATISTICS

이 장을 시작하면서 구간추정값의 일반적인 형식은 다음과 같다고 하였다.

구간추정값＝점추정값 ± 오차한계

따라서, 모집단 평균에 대한 구간추정값이나 모집단 비율에 대한 구간추정값의 일반적인 형식도 위의 일반적인 형식과 같다. 즉, 모집단 비율 p의 구간추정값의 일반적인 형식은 $\bar{p}$ ± 오차한계이다.

표본분포에서 $\bar{p}$의 평균은 모집단 비율 p이고 $\bar{p}$의 표준오차는 다음과 같다.

$$\sigma_p = \sqrt{\frac{p(1-p)}{n}}$$

오차한계를 계산할 때 p를 알 수 없기 때문에 p 대신 $\bar{p}$를 사용하여 모집단 비율의 구간추정값에 대한 오차한계(e)를 다음과 같이 계산한다.

$$e = Z_{\frac{\alpha}{2}}\sqrt{\frac{\bar{p}(1-\bar{p})}{n}}$$

이 오차한계를 이용하여 모집단 비율의 구간추정값을 구하는 식은 다음과 같다.

모집단 비율의 구간추정값

$$\bar{p} \pm Z_{\frac{\alpha}{2}}\sqrt{\frac{\bar{p}(1-\bar{p})}{n}}$$

$1-\alpha$는 신뢰계수이고 $Z_{\frac{\alpha}{2}}$는 표준정규분포의 오른쪽꼬리 안에 속하는 면적이 $Z_{\frac{\alpha}{2}}$에 해당하는 Z값이다.

예제 10-4 10만 명이 회원으로 가입되어 있는 *syrho* Forum의 회원 400명을 임의로 추출하여 조사한 결과 이 가운데 영국인이 100명이었다. *syrho* Forum 회원 가운데 영국인의 모집단 비율에 대한 점추정량을 구하고, 모집단 비율에 대한 95% 신뢰구간을 계산하시오.

먼저, 영국인의 모집단 비율에 대한 점추정량을 구하면 다음과 같다.

$$\bar{p} = \frac{100}{400} = 0.25$$

영국인의 모집단 비율에 대한 95% 신뢰구간을 위의 공식에 따라 계산하면 다음과 같다.

$$\begin{aligned}\bar{p} \pm Z_{\frac{\alpha}{2}}\sqrt{\frac{\bar{p}(1-\bar{p})}{n}} &= 0.25 \pm 1.96\sqrt{\frac{0.25(1-0.25)}{400}} \\ &= 0.25 \pm 1.96(0.0217) \\ &= 25 \pm 0.0424\end{aligned}$$

따라서, 영국인의 모집단 비율의 95% 신뢰구간은 0.2076에서 0.2924가 된다.

2 모집단 비율의 구간추정을 위한 표본크기의 결정

SOCIAL STATISTICS

앞에서 살펴본 모집단 평균의 구간추정에서의 표본크기의 결정과 마찬가지로 모집단 비율을 추정할 때의 표본크기의 결정에 대해 살펴보도록 하자. 앞에서 모집단 비율의 오차한계는 다음과 같다고 하였다.

$$e = Z_{\frac{\alpha}{2}}\sqrt{\frac{\bar{p}(1-\bar{p})}{n}}$$

모집단 평균을 추정할 때 표본크기의 결정에서와 같이 이 식을 n에 관하여 정리하면 다음과 같다.

$$n = \frac{(Z_{\frac{\alpha}{2}})^2\bar{p}(1-\bar{p})}{(e)^2}$$

그러나 표본을 선택하기 전에는 $\bar{p}$를 알 수 없기 때문에 표본의 크기를 계산할 때 위의 공식을 활용할 수 없게 된다. 따라서, 표본의 크기를 계산할 수 있도록 하기 위하여 $\bar{p}$ 사전 예측값을 활용하게 된다. 따라서, 사전 예측값 p^*를 이용하여 모집단 비율의 구간추정을 위한 표본의 크기는 다음과 같은 공식에 의해 계산할 수 있다.

모집단 비율의 구간추정을 위한 표본의 크기

$$n = \frac{(Z_{\frac{\alpha}{2}})^2 p^*(1-p^*)}{e^2}$$

대개의 경우 사전 예측값 p^*를 0.5로 하여 표본의 크기를 구한다. 위의 표본의 크기를 구하는 공식에서 표본의 크기는 $p^*(1-p^*)$값에 비례한다. 따라서, $p^*(1-p^*)$가 커지면 표본의 크기도 커지는 것을 알 수 있다. 이 경우 p^*가 0.5일 때 $p^*(1-p^*)$값이 최댓값을 갖게 된다. 결론적으로 $p^*=0.5$를 사용하게 되면, 주어진 오차한계에서 가능한 가장 큰 표본의 크기를 선택하게 해 주기 때문에 원하는 오차한계를 충족할 수 있는 표본의 크기를 얻을 수 있게 된다.

예제 10-5 **모집단 비율의 사전 예측값이 0.35이며, 오차한계 0.05에서 95% 신뢰구간을 얻기 위해서 필요한 표본의 크기를 구하시오.**

모집단 비율의 구간추정을 위한 표본의 크기를 구하는 공식을 활용하여 원하는 오차한계를 충족할 수 있는 표본의 크기를 계산하면 다음과 같다.

$$\begin{aligned} n &= \frac{(Z_{\frac{\alpha}{2}})^2 p^*(1-p^*)}{e^2} \\ &= \frac{(1.96)^2(0.35)(1-0.35)}{(0.03)^2} \\ &= \frac{(3.84)(0.23)}{0.0009} \\ &= \frac{0.88}{0.0009} \\ &= 977.78 \end{aligned}$$

따라서, 표본의 크기를 978개로 하여야 한다.

주요 용어와 공식

- **점추정(point estimation)** : 미지의 모수에 가장 가까우리라고 생각되는 하나의 값을 표본으로부터 구하는 것
- **점추정량(point estimator)** : 모집단 모수의 점추정치를 제공하는 $\bar{x}$, s, $\bar{p}$와 같은 표본통계량
- **점추정값(point estimate)** : 모집단 모수의 추정과 같은 특정한 경우에 사용되는 점추정량의 값
- **구간추정(interval estimation)** : 표본의 정보를 이용하여 모수의 참값이 속할 것으로 기대되는 범위를 구하는 것
- **구간추정값(interval estimate)** : 모수값을 포함할 것으로 여겨지는 구간을 나타내는 모집단의 모수 추정치의 일종으로 '점추정치 ± 오차한계'로 표현
- **신뢰수준(confidence level)** : 모수의 참값이 속할 것으로 기대되는 구간 안에 모수가 포함될 가능성을 나타낸 확률, 즉 구간추정에 대해 신뢰하는 정도.
- **신뢰계수(confidence coefficient)** : 신뢰계수는 10진수로 표현하는데 0.95는 95% 신뢰수준에 대한 신뢰계수
- **신뢰구간(confidence interval)** : 구간추정값과 같은 의미
- **t 분포(t distribution)** : 모집단 표준편차 σ가 알려져 있지 않고 표본표준편차 s에 의해 추정될 때의 모집단 평균의 구간추정을 계산하기 위해 사용하는 확률분포
- **자유도(degrees of freedom)** : t 분포의 형태를 결정하는 모수로, 모집단 평균의 구간추정에서 t 분포가 사용될 때 적당한 분포는 $n-1$의 자유도를 가지며, 이때 n은 단순 무작위 추출 표본규모임

모집단 평균의 구간추정 — σ가 알려져 있는 경우 : $\bar{x} \pm z_{\alpha/2}\frac{\sigma}{\sqrt{n}}$

모집단 평균의 구간추정 — σ가 알려져 있지 않은 경우 : $x \pm t_{\alpha/2}\frac{s}{\sqrt{n}}$

모집단 평균의 구간추정을 위한 표본규모 : $n = \frac{(z_{\alpha/2})^2\sigma^2}{E^2}$

모집단 비율의 구간추정값 : $\bar{p} \pm z_{\alpha/2}\sqrt{\frac{\bar{p}(1-\bar{p})}{n}}$

모집단 비율의 구간추정을 위한 표본규모 : $n = \frac{(z_{\alpha/2})^2 p^*(1-p^*)}{E^2}$

연습문제

01 한 조사자가 임의 추출을 한 500명의 표본을 수집하였으나 실수로 180명의 기록을 잃어버렸다. 이 경우의 원래의 표본에 대한 320명의 표본 간의 효율성은 얼마인가?

02 태릉주식회사 직원들의 월 저축액을 알아보기 위하여 100명을 단순 무작위 표본추출하였다. 표본으로 추출된 100명의 월 저축액은 25만원이다. 모집단의 표준편차가 10,000원이라고 할 때, 태릉주식회사 직원의 평균 월 저축액의 95% 신뢰구간을 구하시오. 단, 모집단이 정규분포를 이루고 있다고 가정하시오.

03 신촌대학교에는 20,000명의 학생이 재학 중이다. 경영학과 3학년 김유솔은 정보사회론 수업의 과제로 신촌대학교 학생의 평균 인터넷 게임 시간을 조사하려고 한다. 김유솔은 정보사회론 수강생 가운데 25명을 단순 무작위 표본추출하여 조사하였다. 그 결과 25명 학생의 하루 평균 인터넷 게임 시간은 250분이며, 표본표준편차는 200분이다. 신촌대학교 학생들의 하루 평균 인터넷 게임시간의 95% 신뢰구간을 구하시오. 단, 모집단이 정규분포를 이루고 있다고 가정하시오.

04 태릉 시민의 하루 평균 운동시간을 조사하고자 하는데, 모집단의 표준표차가 20이다. 100명을 단순 무작위 표본추출하여 그 표본평균이 40분이었다. 이때 태릉 시민의 하루 평균 운동시간의 95% 신뢰구간을 구하시오. 단, 모집단이 정규분포를 이루고 있다고 가정하시오.

05 태릉시청에서는 시민들이 버스 정류장에서 버스가 올 때까지 얼마나 기다리는지를 파악하고자 한다. 지금까지의 경험으로 기다리는 시간의 표준편차는 2분이라는 것을 알고 있다. 이때, 추정값의 오차가 1분 이상이 되지 않도록 하고 95% 신뢰수준을 갖도록 하기 위해서는 표본의 크기가 어느 정도나 되어야 하는지 계산하시오.

06 태릉대학교와 신촌대학교 학생들이 IBT TOEFL에 응시하였다. 태릉대학교 모집단 평균은 110점이고 표준편차는 10점이며, 신촌대학교 모집단 평균은 100점이고 표준편차는 10점이었다. 각 대학에서 4명씩 단순 무작위 표본추출하여 평균을 계산하였을 때, 태릉대학교 학생의 평균이 신촌대학교 학생의 평균보다 10점 이상 높을 가능성은 얼마인가?

07 태릉주식회사와 신촌주식회사는 휴대전화를 생산하는 세계 최대 업체이다. 태릉주식회사에서는 50개 지점을 단순 무작위 표본추출하여 조사한 결과 소비자의 불만율이 13.6%였고, 모집단 표준편차는 2.2였다. 반면, 신촌주식회사는 35개 지점을 단순 무작위 표본추출하여 조사한 결과 소비자의 불만율이 11.6%였고, 모집단 표준편차는 3.0이었다. 두 모집단 평균 차이에 대한 95% 신뢰구간을 제시하시오.

08 FC 태릉과 FC 신촌은 세계 최고의 축구 클럽이다. FC 태릉의 공격수는 지난 10시즌 동안 평균 22.5득점을 하였으며 표본표준편차는 2.5이다. 반편, FC 신촌의 공격수는 지난 15시즌 동안 평균 20.1득점을 하였으며 표본표준편차는 4.8이다. 두 모집단 평균 차이에 대한 95% 신뢰구간을 계산하시오.

09 신촌대학교에 재학 중인 박미현은 통계학 기말시험을 대비하여 1주일 동안 많은 문제를 풀었다. 박미현이 푼 문제 가운데 800개를 단순 무작위 표본추출하여 채점을 해 본 결과 560개가 맞았다. 95% 신뢰수준에서 모집단 비율의 신뢰구간을 계산하시오.

10 95% 신뢰수준에서 모집단 비율의 추정에 대한 오차한계 0.3을 얻기 위해서는 표본이 어느 정도여야 하는지 계산하시오.

11 2007년 시행 행정고등고시(행정직) 제2차 시험

어느 지역 특정작물의 평균수확량을 추정하고자 세 그루의 작물을 임의로 추출하여 얻은 수확량을 각각 X_1, X_2, X_3라 하자. 각 수확량은 평균이 μ이고 분산이 σ^2인 모집단에서의 임의표본(random sample)이라고 할 때, μ의 추정량으로서 두 추정량 $T_1 = \dfrac{X_1 X_2 X_3}{3}$와 $T_2 = \dfrac{Y + X_3}{2}$를 고려하기로 하자.(단,

$Y = \frac{X_1 + X_2}{2}$)

11-1. 두 추정량의 특성을 추정량이 갖추어야 할 성질을 중심으로 기술하시오.

11-2. 두 추정량 중 하나를 선택한다면 어떤 추성량을 선택하겠는가? 그 이유를 설명하시오.

11-3. X_1, X_2, X_3 중에서 X_1과 X_2는 서로 이웃한 작물의 수확량이어서 상관관계가 있다고 가정하자. X_1과 X_2의 상관계수를 p라 할 때, p의 값에 따른 적절한 추정량을 선택하고 그 이유를 설명하시오.

제 11 장

가설검정

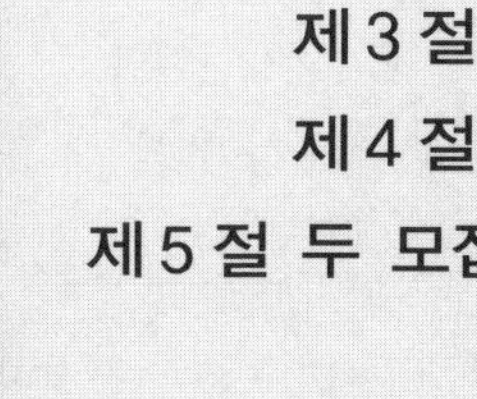

SOCIAL STATISTICS

제1절

가설검정의 기초

1 가설검정의 의의

SOCIAL STATISTICS

1 가설검정이란?

가설(hypothesis)이란 아직은 실증적으로 증명되지 않은 상태에 있는 잠정적인 진술 혹은 가정을 의미한다. 이러한 일반적 의미의 가설에 대하여 통계적 가설(statistical hypothesis)이라는 표현을 이해할 필요가 있다. 통계적 가설이란 통계적으로 검증될 수 있도록 표현된 가설을 의미한다. 즉, 모집단에 관한 모수가 진실인지 아닌지는 모르지만 이러한 모수에 대한 일종의 가정 혹은 진술을 통계적 가설이라 한다. 다음의 두 진술을 살펴보자.

㉠ 허준영은 가장 훌륭한 대통령이 될 정치인이다.
㉡ 허준영은 가장 인기 있는 대통령 후보자이다.

㉠의 경우 모수에 대한 가정이 되어 있지 않지만, ㉡은 모수에 대한 가정이 포함되어 있어 통계적 가설이라 할 수 있다. 즉, 허준영을 지지하는 모든 국민의 비율이라고 하는 모수에 대한 가정을 표현하고 있기 때문이다.

이러한 가설이 타당한지 그렇지 않은지를 조사해서 증명하는 것을 가설검정(hypothesis test)이라고 한다. 가설을 검정한 결과 그것이 옳다고 판명되면 가설을 채택(accept)하고, 틀리다고 판명되면 기각(reject)하게 된다. 가설이 진실인지 아닌지를 명확히 알려면 모집단 전체를 조사해야 되겠지만 앞 장에서 설명한 바와 같이 이러한 조사는 불가능하므로 표본을 추출하여 가설의 참과 거짓을 판단하게 된다. 따라서, 표본으로부터 얻은 사실을 근거로 하여 모집단의 모수에 대한 가설에 대해 참인지 거짓인지를 검정하는 과정을 통계적 가설검정이라고 한다.

2 귀무가설과 대립가설

통계적 가설에는 보통 귀무가설(null hypothesis : H_0)과 대립가설(alternative hypothesis : H_a)의 두 가지 종류가 있다. 귀무가설은 실제로 검증되는 가설을 의미하며, 대립가설은 귀무가설이 틀렸다고 주장하는 것을 말한다. 대립가설은 귀무가설과 대립되는 것으로서 연구가설(research hypothesis)이라고 부르기도 한다. 〈표 11-1〉은 귀무가설과 대립가설의 몇 가지 예를 정리한 것이다.

〈표 11-1〉 귀무가설과 대립가설의 예

귀무가설	대립가설
syrho 대학교 학부모의 평균 연소득은 1억 5천만 원이다.	*syrho* 대학교 학부모의 평균 연소득은 1억 5천만 원이 아니다.
강남 지역 학생과 강북 지역 학생의 수능시험 성적 평균에는 차이가 없다.	강남 지역 학생과 강북 지역 학생의 수능시험 성적 평균에는 차이가 있다.
2010년 신형 휴대전화에 대한 남성과 여성의 선호도에는 차이가 없다.	2010년 신형 휴대전화에 대한 남성과 여성의 선호도에는 차이가 있다.

가설을 귀무가설과 대립가설의 두 가지로 수립하는 이유는 Popper의 반증(falsification) 원리에 뿌리를 두고 있기 때문이다. 반증주의(falsificationism)의 대표학자 Popper는 논리실증주의자들과는 달리 항상 어떤 기대체계(expectation system)의 존재를 가정한다. 과학적 진보는 관찰이 기존의 이론이나 선입관과 부딪힐 때 시작하며 이때 과학적 문제가 야기되는 것이다. 그러면 한 이론이 문제해결을 위해 제안되고 이론(또는 가설)의 논리적 결과는 엄격한 경험적 검증에 종속되는데, 이때 검증의 목적은 가설의 반박이다. 반증을 넘긴 이론은 확증되었다고 말할 수 있고 시험적으로 받아들여지는 것이다. 이러한 이유로 가설검정에서 귀무가설과 대립가설의 두 형태의 가설이 수립되는 것이다.

3 임계값

임계값(critical value)이란 주어진 유의수준에서 귀무가설의 기각과 채택을 판단할 때 그 기준이 되는 값을 의미한다. 임계값은 채택역(accept area)을 설정할 때 채택역의 양 끝부분을 의미한다. 이때 임계값의 바깥 부분을 기각역(reject area)이라고 한다. 즉, 임계값은 채택역과 기각역을 구분하는 값이며 이는 신뢰수준(90%, 95%, 99% 등) 혹은 유의수준(0.1, 0.05, 0.01 등)에 따라 달라진다. 몇 가지 예를 통해 본 임계값은 〈표 11-2〉와 같다.

〈표 11-2〉 임계값

유의수준(신뢰수준)	표준화값(Z값)	임계값
0.10(90%)	±1.64	$\mu-1.64\sigma_{\bar{x}}$, $\mu+1.64\sigma_{\bar{x}}$
0.05(95%)	±1.96	$\mu-1.96\sigma_{\bar{x}}$, $\mu+1.96\sigma_{\bar{x}}$
0.01(99%)	±2.58	$\mu-2.58\sigma_{\bar{x}}$, $\mu+2.58\sigma_{\bar{x}}$

4 단측검정과 양측검정

가설검정에서 대립가설이 단측검정을 필요로 하는지 혹은 양측검정을 필요로 하는지를 알아야 한다. 통계적 가설검정에서 분포곡선의 한 끝 부분만이 사용될 때 이를 단측검정(one-tailed test)이라 하며, 양쪽 끝 부분이 사용될 때 이를 양측검정(two-tailed test)이라고 한다. 단측검정과 양측검정을 그림으로 표현하면 [그림 11-1]과 같다.

[그림 11-1] 양측검정과 단측검정의 기각영역

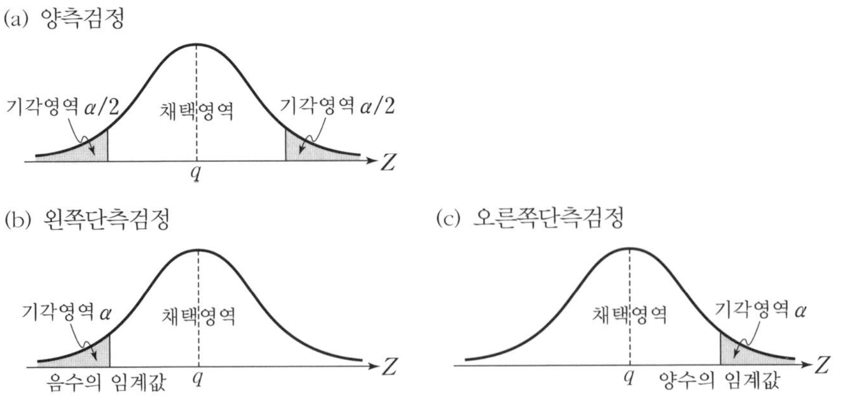

단측검정을 적용할 것인지, 아니면 양측검정을 적용할 것인지에 대한 결정은 분석결과를 충분히 검토한 후에 하여야 한다. 만약 문제의 관심이 매우 낮은 값이든 혹은 매우 높은 값이든 둘 중 하나에 속해 있다면 단측검정, 그렇지 않을 경우에는 양측검정을 해야 한다. 즉, 단측검정은 모수가 가설에 대해 어느 특정 방향으로 기울어질 의심이 있을 경우이며, 양측검정은 양쪽 끝에 기울어질 의심이 있을 경우, 즉 표본관찰의 결과가 어떻게 나타날 것인가를 전혀 예상할 수 없을 경우에 사용한다. 단측검정과 양측검정의 예를 정리하면 〈표 11-3〉과 같다.

〈표 11-3〉 단측검정과 양측검정의 예

구분	가설의 유형
단측검정	'어느 모집단의 모수'가 다른 '어느 모집단의 모수'에 비해 크다(또는 작다).
	'어느 모수'가 '얼마'보다 크다(또는 작다).
양측검정	'어느 모수'가 다른 '어느 모수'와 같다(또는 다르다).
	'어느 모수'가 '얼마'와 같다(또는 따르다).

다음의 가설은 단측검정인지, 양측검정인지 구분하여 보자.

㉠ 태릉대학교 학생의 평균성적과 신촌대학교 학생의 평균성적 간에는 차이가 있다.

㉡ A기업제품의 불량률과 B기업제품의 불량률 간에는 차이가 있다.

㉢ 태릉대학교 학생의 평균 성적은 신촌대학교 학생의 평균 성적에 비해 높다.

㉣ A기업제품의 불량률은 B기업제품의 불량률에 비해 낮다.

㉤ 1톤의 제품 가운데 평균불량률이 3%를 초과하지 않는다.

㉥ 태릉대학교 학부모의 20%가 주택소유자이다.

위의 6가지 가설 가운데 단측검정은 ㉢, ㉣, ㉤이고, 양측검정은 ㉠, ㉡, ㉥이다.

2 가설검정의 오류

SOCIAL STATISTICS

앞에서 설명한 귀무가설과 대립가설은 모수에 대해 서로 대립하는 진술이다. 즉, 귀무가설과 대립가설이 모두 참일 수는 없으며 어느 하나만 참으로 받아들여진다. 가설검정과정에서 가장 바람직한 것은 사실이 참으로 받아들여지는 것이다. 즉, 대립가설이 참이라면 귀무가설은 기각되는 것이다. 그러나 항상 사실이 참으로 받아들여지는 것이 가능한 것이 아니다. 표본통계량을 근거로 가설검정이 이루어지기 때문에 오류가 발생할 수 있다. 〈표 11-4〉는 가설검정에서 발생할 수 있는 두 가지 오류를 보여주고 있다.

〈표 11-4〉 가설검정에서의 오류

모집단 상황 / 통계적 결론	귀무가설이 참	귀무가설이 거짓
귀무가설 채택	옳은 결정	β-오류 (제2종 오류)
귀무가설 기각	α-오류 (제1종 오류)	옳은 결정

〈표 11-4〉에서 첫 번째 행을 보도록 하자. 먼저, 귀무가설이 참인 경우에 귀무가설을 채택한 것이므로 이러한 결론은 올바른 결정이다. 그러나 귀무가설이 거짓인데 귀무가설을 채택하는 결론을 내리게 되면 이는 거짓임에도 귀무가설을 채택한 것임으로 올바르지 않은 결정이다. 이를 β-오류 혹은 제2종 오류(Type Ⅱ error)라고 한다.

〈표 11-4〉의 두 번째 행을 살펴보도록 하자. 귀무가설이 참인데 귀무가설을 기각하는 결정을 내린 것이므로 이는 잘못된 결정이다. 이를 α-오류 혹은 제1종 오류(Type Ⅰ error)라고 한다. 반면, 귀무가설이 거짓이면 이를 기각한 것이므로 이러한 상황은 올바른 결정이 된다.

여기에서 귀무가설이 참인 경우에 귀무가설을 기각하는 α-오류 발생 확률을 유의수준(level of significance)이라고 한다. 그리스 문자인 α는 유의수준을 0.1, 0.05, 0.01 등의 수준을 활용하고 있다.

실제로 가설검정을 실행하는 조사자가 유의수준을 설정하게 된다. α를 설정함으로

써 제1종 오류를 범할 확률을 통제하게 되는 것이다. 제1종 오류만을 통제하면서 진행되는 가설검정을 유의성 테스트라고 하며, 대부분의 가설검정이 여기에 해당한다.

대부분의 가설점정이 제1종 오류를 통제하면서 진행되지만, 이 경우에도 제2종 오류를 항상 통제하며 진행되는 것은 아니다. 따라서, 귀무가설을 받아들이는 것으로 의사결정을 하였다면, 그 결정에 대한 확신성 정도를 결정할 수는 없다. 유의성 테스트를 실행함에 있어서 제2종 오류와 관련된 불확실성으로 인하여 "귀무가설을 채택한다"라는 표현보다는 "귀무가설을 기각하지 못한다"라는 표현을 쓰는 것이 보다 바람직하다. 이는 직접적으로 귀무가설을 받아들이지 않음으로써 제2종 오류를 범할 수 있는 위험을 회피할 수 있다. 즉, 제2종 오류를 범할 수 있는 확률이 정해지지 않고 통제되지 않는 경우에는 "귀무가설을 기각한다"와 "귀무가설을 기각하지 못한다"라는 통계적 결론만이 가능하다.

3 가설검정의 순서

SOCIAL STATISTICS

일반적으로 가설검정절차를 간단하게 정리하면 다음과 같다.

첫째, 가설설정 단계이다. 귀무가설과 대립가설을 설정하는 단계이다. 이 단계에서는 가설을 명확하게 밝히는 것이 중요하다.

둘째, 유의수준 결정 단계이다. 어느 정도의 유의수준으로 가설을 검정할 것인지, 즉, 일반적으로 90%, 95%, 99% 유의수준 가운데 하나의 유의수준을 선택한다.

셋째, 채택역 · 기각역 설정 단계이다. 즉, 2단계에서 결정된 유의수준을 충족시키는 임계값을 결정하는 단계이다. 이 단계에서는 조사된 표본의 통계량이 어떤 범위에 해당하면 가설을 채택할 것인지 아니면 어떤 범위에 해당하면 가설을 기각할 것인지를 결정하여야 한다.

넷째, 통계값 계산 단계이다.

다섯째, 판단 단계이다. 4단계에서 계산한 통계값이 채택역에 해당하는지, 아니면 기각역에 해당하는지를 파악하여 가설의 채택, 혹은 기각을 결정하는 단계이다.

SOCIAL STATISTICS

제2절

한 모집단 모평균에 대한 가설검정

[사례 1]
태릉대학교 학생 100명을 무작위로 추출하여 IQ를 조사하였더니 평균 IQ가 123이었다. 태릉대학교 학생 전체의 IQ 표준편차가 45라면, 태릉대학교 학생들의 IQ가 140 이상이라고 할 수 있을까?

[사례 2]
신촌주식회사 제품인 휴대전화 100대를 무작위로 추출하여 무게를 조사하였더니 평균 무게가 1.2kg이었다. 신촌주식회사 전체 휴대전화 무게의 표준편차가 0.3kg이라면, 신촌주식회사 휴대전화의 무게가 1kg이라고 할 수 있을까?

[사례 3]
태릉시민 1,000명을 무작위로 추출하여 가구소득을 조사하였더니 평균 가구소득이 3,579,246원이었고, 표준편차는 753,124원이었다. 태릉시민 전체의 평균 가구소득이 3,712,659원이라고 할 수 있을까?

위의 세 가지 사례가 한 모집단 모평균에 대한 가설검정의 기본적인 형태이다. 사례 1과 사례 2는 모집단의 분산을 알고 있는 경우이며, 사례 3은 모집단의 분산을 모르고 있는 경우이다. 따라서, 한 모집단 모평균에 대한 가설검정을 모집단의 분산을 알고 있을 때와 모르고 있을 때로 나누어서 설명하도록 한다.

1 모집단의 분산을 알고 있을 때

SOCIAL STATISTICS

모집단의 분산을 알고 있을 때 한 모집단 모평균에 대한 가설검정방법은 정규분포를 보이는 모집단으로부터 표본이 추출된 경우에 가장 적절하다. 모집단이 정규분포라고 가정하는 것이 무리가 있는 경우에는 표본수가 일정수준 이상이라면 적용 가능하다.

1 단측검정

앞에서 설명한 가설검정의 순서에 따라 아래의 예제를 통해 단측검정을 살펴보도록 하자.

예제 11-1 태릉대학교 학생 100명을 무작위로 추출하여 IQ를 조사하였더니 평균 IQ가 123이었다. 태릉대학교 학생 전체의 IQ 표준편차가 45라면, $\alpha=0.05$에서 태릉대학교 학생들의 IQ가 140 이상이라고 할 수 있을까?

▸ STEP 1 가설설정

귀무가설 : $\mu=140$

대립가설 : $\mu>140$

▸ STEP 2 유의수준 결정

$\alpha=0.05$

▸ STEP 3 채택역 · 기각역 설정

채택역 : $Z\geq-1.64$

기각역 : $Z<-1.64$

▸ STEP 4 통계값 계산

$$Z=\frac{\overline{X}-\mu}{\sigma_{\overline{X}}}=\frac{123-140}{45}=-0.38$$

▸ STEP 5 판단

$Z=-0.38$은 채택역 안에 있으므로 귀무가설을 기각하지 못한다. 따라서, 태릉대학교 학생들의 IQ가 140 이상이라고 말할 수 있다.

2 양측검정

이제는 양측검정에 대하여 살펴보도록 하자.

예제 11-2 신촌주식회사 제품인 휴대전화 100대를 무작위로 추출하여 무게를 조사하였더니 평균 무게가 1.2kg이었다. 신촌주식회사 전체 휴대전화 무게의 표준편차가 0.3kg이라면, $\alpha=0.05$에서 신촌주식회사 휴대전화의 무게가 1kg이라고 할 수 있을까?

▸ STEP 1 가설설정

귀무가설 : $\mu=1$

대립가설 : $\mu\neq1$

▸ STEP 2 유의수준 결정

$\alpha=0.05$

▸ STEP 3 채택역 · 기각역 설정

채택역 : $-1.96\leq Z\leq1.96$

기각역 : $Z<-1.96$ 또는 $z>1.96$

▸ STEP 4 통계값 계산

$$Z=\frac{\overline{X}-\mu}{\sigma_{\overline{X}}}=\frac{1.2-1}{0.3}=0.67$$

▸ STEP 5 판단

$Z=0.67$은 채택역 안에 있으므로 귀무가설을 기각하지 못한다. 따라서, 신촌주식회사 휴대전화의 무게가 1kg이라고 말할 수는 없다.

2 모집단의 분산을 모를 때

앞에서 모집단의 분산을 알고 있을 때 한 모집단 모평균에 대한 가설검정을 살펴보았다. 여기에서는 모집단의 분산을 모르고 있을 때 한 모집단 모평균에 대한 가설검정 방법을 살펴보도록 하겠다. 모집단의 분산이 알려져 있지 않을 때에는 모집단 모평균에 대한 가설검정을 하기 위하여 표본평균이 모평균에 대한 추정치로 이용되며 표본표준편차가 모집단 표준편차에 대한 추정치로 이용된다.

모집단의 분산을 모르는 경우의 가설검정도 앞에서 설명한 모집단의 분산을 알고 있는 경우의 가설검정과정과 비슷하다. 약간의 차이가 있는데, 모집단의 분산을 알고 있는 경우 표본통계량의 표본분포는 표준정규분포를 보이지만, 모집단의 분산을 모르고 있는 경우 표본통계량의 표본분포는 표본이 모집단의 평균과 표준편차의 추정량을 구하는 데 활용된다.

앞에서 설명한 추정에서 모집단의 분산을 모르고 있는 경우의 한 모집단 모평균에 대한 신뢰구간추정은 t분포에 기초한다고 설명하였다. 마찬가지로 모집단의 분산을 모르고 있는 경우의 한 모집단 모평균에 대한 가설검정도 t분포를 기초로 한다. 모집단의 분산을 모르고 있는 경우의 한 모집단 모평균에 대한 가설검정의 통계량은 다음과 같다.

$$t = \frac{\bar{x} - \mu}{\frac{s}{\sqrt{n}}}$$

모집단의 분산을 모르고 있는 경우에도 단측검정과 양측검정으로 나누어 설명한다.

1 단측검정

예제 11-3 **신촌주식회사 제품인 컴퓨터 10대를 무작위로 추출하여 무게를 조사하였더니 평균 무게가 14kg이었다. 신촌주식회사 전체 컴퓨터 무게의 표준편차가 4.32kg이라면, $\alpha = 0.05$에서 신촌주식회사 컴퓨터의 무게가 12kg 이상이라고 할 수 있을까?**

▶ STEP 1 가설설정

귀무가설 : $\mu = 12$

대립가설 : $\mu > 12$

▶ STEP 2 유의수준 결정

$\alpha = 0.05$

▶ STEP 3 채택역 · 기각역 설정

채택역 : $t \leq 1.833$

기각역 : $t > 1.833$

▶ STEP 4 통계값 계산

$$t = \frac{\bar{x} - \mu}{\frac{s}{\sqrt{n}}} = \frac{14 - 12}{\frac{4.32}{\sqrt{10}}} = 1.46$$

▸ STEP 5 판단

$t=1.46$은 채택역 안에 있으므로 귀무가설을 기각하지 못한다. 따라서, 신촌주식회사 휴대전화의 무게가 12kg 이상이라고 말할 수는 없다.

2 양측검정

예제 11-4 **태릉시민 20명을 무작위로 추출하여 가구소득을 조사하였더니 평균 가구소득이 3,579,246원이었고, 표준편차는 753,124원이었다. 태릉시민 전체의 평균 가구소득이 3,712,659원이라고 할 수 있을까?**

▸ STEP 1 가설설정

귀무가설 : $\mu=3{,}712{,}659$

대립가설 : $\mu \neq 3{,}712{,}659$

▸ STEP 2 유의수준 결정

$\alpha=0.05$

▸ STEP 3 채택역 · 기각역 설정

채택역 : $-2.093 \leq t \leq 2.093$

기각역 : $t<-2.093$ 또는 $t>2.093$

▸ STEP 4 통계값 계산

$$t=\frac{\bar{x}-\mu}{\frac{s}{\sqrt{n}}}=\frac{3{,}712{,}659-3{,}579{,}246}{\frac{753{,}124}{\sqrt{20}}}=0.792$$

▸ STEP 5 판단

$t=0.792$는 채택역 안에 있으므로 귀무가설을 기각하지 못한다. 따라서, 태릉시민 전체의 평균 가구소득이 3,712,659원이라고 말할 수는 없다.

지금까지 한 모집단 모평균에 대한 가설검정을 살펴보았다. 이 내용을 정리하면 〈표 11-5〉와 같다.

〈표 11-5〉 한 모집단 모평균에 대한 가설검정

		단측검정		양측검정
		좌	우	
모집단의 분산을 알고 있을 때	가설	$H_0 : \mu \geq \mu_0$ $H_a : \mu < \mu_0$	$H_0 : \mu \leq \mu_0$ $H_a : \mu > \mu_0$	$H_0 : \mu = \mu_0$ $H_a : \mu \neq \mu_0$
	검정통계량	$Z = \dfrac{\bar{x} - \mu}{\dfrac{\sigma}{\sqrt{n}}}$		
	판단	$Z \leq -Z_a$이면 귀무가설 기각	$Z \geq Z_a$이면 귀무가설 기각	$Z \leq -Z_{\frac{\alpha}{2}}$ 또는 $Z \geq Z_{\frac{\alpha}{2}}$이면 귀무가설 기각
모집단의 분산을 모를 때	가설	$H_0 : \mu \geq \mu_0$ $H_a : \mu < \mu_0$	$H_0 : \mu \leq \mu_0$ $H_a : \mu > \mu_0$	$H_0 : \mu = \mu_0$ $H_a : \mu \neq \mu_0$
	검정통계량	$t = \dfrac{\bar{x} - \mu}{\dfrac{s}{\sqrt{n}}}$		
	판단	$t \leq -t_a$이면 귀무가설 기각	$t \geq t_a$이면 귀무가설 기각	$t \leq -t_{\frac{\alpha}{2}}$ 또는 $t \geq t_{\frac{\alpha}{2}}$이면 귀무가설 기각

SOCIAL STATISTICS

제3절 한 모집단 비율에 대한 가설검정

한 모집단 비율에 대한 가설검정은 앞에서 설명한 한 모집단 모평균에 대한 가설검정과 비슷하다. 모집단 비율에 대한 가설검정은 표본비율과 표준오차를 이용하여 검정통계량을 계산한다는 점이 유일한 차이점이다. 한 모집단 비율에 대한 가설검정은 표본비율인 $\bar{p}$와 가설화된 모집단 비율인 p_0 사이의 차이를 기초로 한다. 한 모집단 비율에 대한 가설검정에서의 검정통계량은 다음과 같다.

$$Z = \frac{\bar{p} - p_0}{\sqrt{\frac{p_0(1-p_0)}{n}}}$$

1 단측검정

SOCIAL STATISTICS

예제 11-5 지난 10여 년간 태릉대학교 학생 가운데 어학연수를 다녀온 학생의 비율이 10%였다고 하자. 최근에 태릉대학교 학생 100명을 무작위로 추출하여 조사한 결과 13%로 나타났다. 이때 태릉대학교 학생의 어학연수 참여자 비율이 증가되었다고 말할 수 있는지를 α=0.05에서 검정하시오.

▸ STEP 1 가설설정

귀무가설 : $p=0.1$

대립가설 : $p>0.1$

▸ STEP 2 유의수준 결정

$\alpha=0.05$

▸ STEP 3 채택역 · 기각역 설정

채택역 : $Z\leq 1.645$

기각역 : $Z>1.645$

▸ STEP 4 통계값 계산

$$Z = \frac{\bar{p} - p_0}{\sqrt{\frac{p_0(1-p_0)}{n}}} = \frac{0.13-0.1}{\sqrt{\frac{0.1(1-0.1)}{100}}} = 1$$

▸ STEP 5 판단

$Z=1$은 채택역 안에 있으므로 귀무가설을 기각하지 못한다. 따라서, 최근 태릉대학교 학생의 어학연수 참가자 비율이 증가하였다고 말할 수는 없다.

2 양측검정

SOCIAL STATISTICS

예제 11-6 소비자 200명을 대상으로 신촌주식회사 휴대전화 구매여부를 조사한 결과 112명이 구매한 것으로 나타났다. 이 경우 α=0.05에서 신촌주식회사 휴대전화의 구매자와 비구매자가 각각 절반이라고 말할 수 있는지를 검정하시오.

▶ STEP 1 가설설정

귀무가설 : $p=0.5$

대립가설 : $p\neq 0.5$

▶ STEP 2 유의수준 결정

$\alpha=0.05$

▶ STEP 3 채택역 · 기각역 설정

채택역 : $-1.96\leq Z\leq 1.96$

기각역 : $Z<-1.96$ 또는 $Z>1.96$

▶ STEP 4 통계값 계산

$$Z=\frac{\bar{p}-p_0}{\sqrt{\frac{p_0(1-p_0)}{n}}}=\frac{0.56-0.5}{\sqrt{\frac{0.5(1-0.5)}{200}}}=1.70$$

▶ STEP 5 판단

$Z=1.70$은 채택역 안에 있으므로 귀무가설을 기각하지 못한다. 따라서, 최근 신촌주식회사 휴대전화 구매자와 비구매자는 절반이라고 할 수 있다.

지금까지 한 모집단 비율에 대한 가설검정을 살펴보았다. 이 내용을 정리하면 〈표 11-6〉과 같다.

〈표 11-6〉 한 모집단 비율에 대한 가설검정

	단측검정		양측검정
	좌	우	
가설	$H_0 : p \geq p_0$ $H_a : p < p_0$	$H_0 : p \leq p_0$ $H_a : p > p_0$	$H_0 : p = p_0$ $H_a : p \neq p_0$
검정통계량	$Z = \dfrac{\bar{p} - p_0}{\sqrt{\dfrac{p_0(1-p_0)}{n}}}$		
판단	$Z \leq -Z_a$이면 귀무가설 기각	$Z \geq Z_a$이면 귀무가설 기각	$Z \leq -Z_{\frac{\alpha}{2}}$ 또는 $Z \geq Z_{\frac{\alpha}{2}}$ 이면 귀무가설 기각

SOCIAL STATISTICS

제4절 두 모집단 평균에 대한 가설검정

1 두 모집단 평균의 차에 대한 가설검정

제 10 장에서 두 모집단 평균 차이에 관한 추정을 살펴보았다. 두 개의 모집단 평균의 차이에 대한 추정으로, "태릉대학교와 신촌대학교 입학생의 수능시험 성적에 차이가 있는가?" "남성과 여성의 수명에 차이가 있는가?" "한국에서 벤츠가 렉서스보다 더 인기가 있는가?" 등과 같은 주제들이 두 모집단 평균 차이에 관한 것들이라고 하였다. 여기에서는 이러한 주제들에 대한 가설검정을 살펴보도록 한다.

두 모집단 평균 차이에 관한 가설검정에서도 앞에서 설명한 가설검정과정이 그대로 적용된다. 두 개의 단순 무작위 표본에서 $\overline{x_1} - \overline{x_2}$의 분포는 정규분포로 볼 수 있다. 두 모집단 평균 차이에 관한 가설검정은 모집단의 분산을 알고 있을 때와 모집단의 분산을 모르고 있을 때로 나누어 살펴볼 수 있다.

1 모집단의 분산을 알고 있을 때

모집단의 분산이 알려져 있는 경우 두 모집단 평균 차이에 대한 가설검정에서의 검정통계량은 다음과 같다.

$$Z=\frac{(\overline{x_1}-\overline{x_2})-(\mu_1-\mu_2)}{\sqrt{\frac{\sigma_1^2}{n_1}+\frac{\sigma_2^2}{n_2}}}$$

여기에서 두 개의 모집단의 평균에 차이가 없다는 가정, 즉 $\mu_1-\mu_2=0$이라는 가설을 설정하면 위의 식은 다음과 같이 된다.

$$Z=\frac{\overline{x_1}-\overline{x_2}}{\sqrt{\frac{\sigma_1^2}{n_1}+\frac{\sigma_2^2}{n_2}}}$$

이때의 계산값은 $N(0,\ 1)$의 표준정규분포를 이룬다.

예제 11-7 **태릉대학교 학생 40명, 신촌대학교 학생 70명을 대상으로 평균 소비성향을 조사하였다. 그 결과, 태릉대학교 학생의 평균 소비성향은 0.95이며 모집단 분산은 0.012이다. 한편, 신촌대학교 학생의 평균 소비성향은 0.90이며 모집단 분산은 0.019이다. 두 대학교 학생의 평균 소비성향에 차이가 있다고 말할 수 있는지 α=0.05의 유의수준에서 검정하시오.**

▶ STEP 1 가설설정

귀무가설 : $\mu_1=\mu_2$

대립가설 : $\mu_1\neq\mu_2$

▶ STEP 2 유의수준 결정

$\alpha=0.05$

▶ STEP 3 채택역 · 기각역 설정

채택역 : $-1.96\leq Z\leq 1.96$

기각역 : $Z<-1.96$ 또는 $Z>1.96$

▶ STEP 4 통계값 계산

$$Z=\frac{\overline{x_1}-\overline{x_2}}{\sqrt{\frac{\sigma_1^2}{n_1}+\frac{\sigma_2^2}{n_2}}}=\frac{40-70}{\sqrt{\frac{0.012}{40}+\frac{0.019}{70}}}=2.092$$

▶ STEP 5 판단

$Z=2.092$는 기각역 안에 있으므로 귀무가설을 기각한다. 따라서, 태릉대학교 학생과 신촌대학교 학생의 평균 소비성향이 같다고 말할 수 없다.

2 모집단의 분산을 모르고 있을 때

앞에서 모집단의 분산이 알려져 있는 경우 두 모집단 평균 차이에 대한 가설검정에서의 검정통계량은 다음과 같다고 하였다.

$$Z=\frac{(\overline{x_1}-\overline{x_2})-(\mu_1-\mu_2)}{\sqrt{\frac{\sigma_1^2}{n_1}+\frac{\sigma_2^2}{n_2}}}$$

모집단의 분산을 모르고 있는 경우에는 σ_1의 추정량으로 s_1을, σ_2의 추정량으로 s_2를 이용한다. 따라서, 모집단의 분산을 모르고 있는 경우의 검정통계량은 다음과 같다. 특히, 모집단의 분산을 모르고 소표본인 경우의 검정통계량은 t분포를 이용하여 가설검정을 하여야 한다.

$$t=\frac{(\overline{x_1}-\overline{x_2})-(\mu_1-\mu_2)}{\sqrt{\frac{s_1^2}{n_1}+\frac{s_2^2}{n_2}}}$$

예제 11-8 태릉주식회사에서는 자동차를 생산하는 데 획기적인 신기술을 개발하였다. 회사에서는 신기술을 활용할 경우 자동차 생산과정에서 시간단축 효과가 있는지를 조사하고자 24명의 공장 직원을 무작위로 선발하였다. 12명은 기존 기술을 활용하여 자동차를 생산하는 과정에 참여하고, 나머지 12명은 신기술을 활용하여 자동차를 생산하는 과정에 참여하였다. 24명을 대상으로 자동차 생산 시간을 조사한 결과, 기존 기술을 활용하여 자동차를 생산할 때의 평균 시간은 325시간(μ_1)이고 표본표준편차는 40시간(s_1)이며, 신기술을 활용

하여 자동차를 생산할 때의 평균 시간은 286시간(μ_2)이고 표본표준편차는 44시간(s_2)이다. α=0.05의 유의수준에서 신기술의 자동차 생산 시간단축 효과가 있는지 검정하시오.

▶ STEP 1 가설설정

귀무가설 : $\mu_1 \leq \mu_2$

대립가설 : $\mu_1 > \mu_2$

▶ STEP 2 유의수준 결정

$\alpha = 0.05$

▶ STEP 3 채택역 · 기각역 설정

채택역 : $t \leq 2.074$

기각역 : $t > 2.074$

▶ STEP 4 통계값 계산

$$t = \frac{(\overline{x_1} - \overline{x_2}) - (\mu_1 - \mu_2)}{\sqrt{\frac{s_1^2}{n_1} + \frac{s_2^2}{n_2}}} = \frac{325 - 286}{\sqrt{\frac{40^2}{12} + \frac{44^2}{12}}} = 2.27$$

▶ STEP 5 판단

Z=2.27은 기각역 안에 있으므로 귀무가설을 기각한다. 따라서, 신기술이 자동차 생산 시간을 단축하는 데 기여한다고 말할 수 있다.

2 짝을 이룬 표본의 차이에 대한 가설검정

SOCIAL STATISTICS

[예제 11-8]에서 자동차 생산 과정에서 신기술의 시간단축 효과를 살펴보았다. 이러한 효과를 살펴보기 위한 실험설계는 실제로 두 가지 실험설계가 가능하다. 하나는 독립표본 설계이며, 다른 하나는 대응표본 설계이다. 각각을 자동차 생산 과정의 예를 통해 설명하면 다음과 같다.

독립표본 설계에서는 직원들에 대한 단순 무작위 표본추출이 이루어지고 이 표본 내의 직원들은 기존 기술을 활용하여 자동차를 생산한다. 두 번째 단순 무작위 표본추출을 통해 선정된 직원들은 신기술을 활용하여 자동차를 생산한다. 자동차 생산시간에 대한 자료를 수집하여 모집단 평균의 차이에 대한 검정을 진행한다. [예제 11-8]이 바로 독립표본 설계의 예이다.

한편, 대응표본 설계에서는 단순 무작위 표본추출을 통해 직원들을 선정한다. 각 직원들은 먼저 기존 기술을 이용하여 자동차를 생산하고 그 생산시간을 측정한다. 다음으로 각 직원들은 이번에는 신기술을 이용하여 자동차를 생산하고 그 생산시간을 측정한다. 각 직원들은 한 쌍의 자료를 제시하는데 하나는 기존 기술을 이용한 자동차 생산 시간이고 다른 하나는 신기술을 이용한 자동차 생산 시간에 대한 것이다.

자동차 생산 과정의 예에서 동일한 직원 등과 같이 대응표본 설계에서는 유사한 조건에서 비교・조사된다. 따라서, 독립표본 설계에 비하여 표본오차가 낮다. 즉, 대응표본 설계에서는 직원 간의 변동이 제거되기 때문에 낮은 표본오차를 보이게 된다.

예를 통해 대응표본 설계를 살펴보도록 하자. 비만을 줄이기 위하여 특별히 고안된 운동 프로그램이 있다. 이 운동 프로그램의 효과를 실험적으로 분석해 보고자 6명을 무작위로 선정하였다. 먼저, 각 6명의 비만도를 측정하고 한 달간 운동 프로그램을 도입한 후 다시 각각의 비만도를 측정하였다. 각 사람의 운동 프로그램 전후의 비만도는 쌍을 이루어 표현되어진다. 이 자료가 다음 표와 같다.

실험 대상자	운동 전 비만도	운동 후 비만도	비만도의 차이
A	6.0	5.4	0.6
B	5.0	5.2	−0.2
C	7.0	6.5	0.5
D	6.2	5.9	0.3
E	6.0	6.0	0.0
F	6.4	5.8	0.6

대응표본 설계에서 중요한 점은 차이값(d_i)만을 고려한다는 것이다. 따라서, 위의 표 마지막 열에 있는 6개의 차이값이 운동 프로그램 도입 전후 모집단 평균 비만도의 차이를 분석하는 데 사용된다. 위의 자료를 사용하여 대응표본 설계에서 두 모집단 평균의 차이에 대한 가설검정을 해 보도록 하자.

가설검정 절차에 따라 먼저 가설을 설정하여야 한다. 이 예에서의 가설은 다음과 같다.

▶ STEP 1 가설설정

귀무가설 : $\mu_d = 0$

대립가설 : $\mu_d \neq 0$

즉, 귀무가설이 기각된다면 비만도의 차이가 있다고 결론을 내릴 수 있다.

▶ STEP 2 유의수준 결정

$\alpha = 0.05$

▶ STEP 3 채택역 · 기각역 설정

채택역 : $-2.571 \leq t \leq 2.571$

기각역 : $t < -2.571$ 또는 $t > 2.571$

▶ STEP 4 통계값 계산

위의 표 마지막 열 d_i는 운동 프로그램 전후의 차이값을 나타내고 있다. 6개의 차이값에 대한 표본평균과 표본표준편차는 다음과 같다.

$$\bar{d} = \frac{\sum d_i}{n} = \frac{1.8}{6} = 0.3$$

$$s_d = \sqrt{\frac{\sum (d_i - \bar{d})^2}{n-1}} = \sqrt{\frac{.56}{5}} = .335$$

$n = 6$이라는 소표본에서 차이의 모집단이 정규분포를 보일 것이라는 가정이 필요하다. 이 가정을 바탕으로 가설검정과 신뢰구간 추정에서 t분포를 활용할 수 있으며 검정통계량도 $n-1$의 자유도를 가지는 t분포를 바탕으로 구해진다. 짝을 이룬 대응표본에서의 차이에 대한 가설검정의 검정통계량은 다음과 같다.

$$t = \frac{\bar{d} - \mu_d}{\frac{s_d}{\sqrt{n}}}$$

이 식을 통해 검정통계량을 구하면

$$t = \frac{\bar{d} - \mu_d}{\frac{s_d}{\sqrt{n}}} = \frac{.30 - 0}{\frac{.335}{\sqrt{6}}} = 2.20$$

▶ STEP 5 판단

$t=2.20$은 채택역 안에 있으므로 귀무가설을 기각하지 못한다. 따라서, 운동프로그램 전후의 비만도의 차이가 있다고 말할 수 없다.

SOCIAL STATISTICS

제5절 두 모집단 비율의 차이에 대한 가설검정

여기에서는 두 모집단 비율의 차이에 대한 가설검정을 해 보도록 하자. 예를 들어, 우리는 종종 병원의 오진 비율에 대하여 관심을 가지는데, 두 병원의 오진 비율을 비교하여 병원 선택에 도움을 받고자 한다. 이와 같이 두 병원의 오진 비율을 비교한다든지, 두 지역의 대학 합격자 비율을 비교한다든지 할 때 두 모집단 비율의 차이에 대한 가설검정을 하게 된다. 이 경우 검정통계량은 다음과 같다.

$$Z=\frac{(\overline{p_1}-\overline{p_2})}{\sqrt{\bar{p}(1-\bar{p})(\frac{1}{n_1}+\frac{1}{n_2})}}$$

여기에서 $\bar{p}$는 $\overline{p_1}$과 $\overline{p_2}$의 가중평균치로 다음과 같이 계산한다.

$$\bar{p}=\frac{n_1\overline{p_1}+n_2\overline{p_2}}{n_1+n_2}$$

다음의 예를 통해 두 모집단 비율의 차이에 관한 가설검정을 알아보도록 하자.

예제 11-9 **태릉시의 작년 고등학교 졸업생 250명을 무작위 표본추출하여 조사한 결과 35명이 대학에 진학하였고, 신촌시의 작년 고등학교 졸업생 300명을 무작위 표본추출하여 조사한 결과 27명의 학생이 대학에 진학하였다. 두 도시 고등학생의 대학 진학률에 차이가 있는지를 $\alpha=0.05$의 유의수준에서 검정하시오.**

▶ STEP 1 가설설정

귀무가설 : $p_1 = p_2$

대립가설 : $p_1 \neq p_2$

▶ STEP 2 유의수준 결정

$\alpha = 0.05$

▶ STEP 3 채택역 · 기각역 설정

채택역 : $-1.96 \leq Z \leq 1.96$

기각역 : $Z < -1.96$ 또는 $Z > 1.96$

▶ STEP 4 통계값 계산

$$\bar{p} = \frac{n_1\overline{p_1} + n_2\overline{p_2}}{n_1 + n_2} = \frac{(250 \times 0.14) + (300 \times 0.09)}{250 + 300} = 0.1127$$

$$Z = \frac{(\overline{p_1} - \overline{p_2})}{\sqrt{\bar{p}(1-\bar{p})(\frac{1}{n_1} + \frac{1}{n_2})}} = \frac{0.14 - 0.09}{\sqrt{0.1127(1-0.1127)(\frac{1}{250} + \frac{1}{300})}} = 1.85$$

▶ STEP 5 판단

Z=1.85는 채택역 안에 있으므로 귀무가설을 기각하지 못한다. 따라서, 두 도시 고등학교 졸업생의 대학 진학률에 차이가 있다고 말할 수 없다.

부록 11장 SPSS : t 검정

11.1 단일표본 t 검정

다음의 예를 통해 SPSS를 이용하여 단일표본 t 검정 방법을 살펴보도록 하자.

세계 100대 도시의 평균 인구는 681,414명이라고 한다. 이 가운데 25개 시를 표본으로 추출하여 평균 인구를 조사하니 평균은 725,980명, 표준편차는 241,300명으로 나타났다. 25개 시의 평균 인구가 세계 100대 도시의 평균 인구와 같다고 할 수 있는지 95% 유의수준에서 검정하시오.

도시명	인구	도시명	인구	도시명	인구	도시명	인구	도시명	인구
A	725,430	F	486,539	K	709,097	P	738,767	U	579,621
B	732,512	G	597,936	L	619,615	Q	904,159	V	1,044,032
C	520,197	H	475,272	M	641,930	R	788,507	W	998,699
D	236,394	I	736,546	N	720,956	S	1,429,356	X	582,568
E	700,969	J	1,118,453	O	517,439	T	701,780	Y	842,738

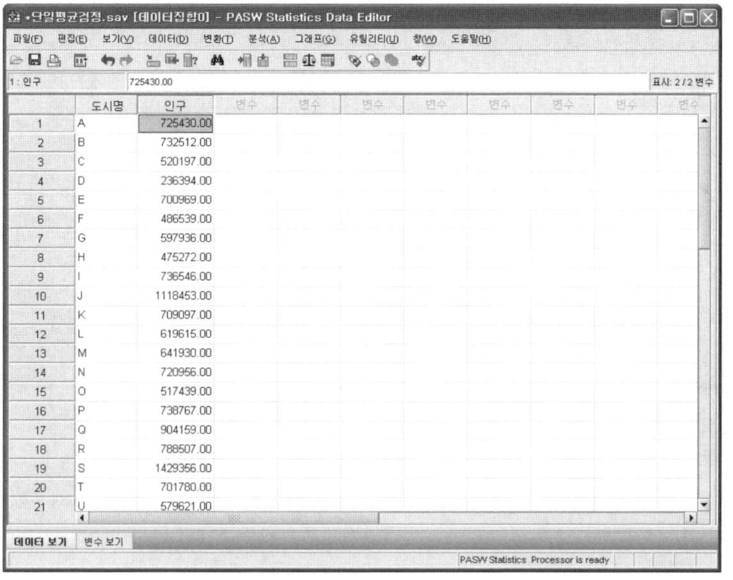

▸ **STEP 1**

위의 표에 있는 자료를 입력한다. 첫 번째 행에 "도시명"이라는 변수를, 두 번째 행에 "인구"라는 변수를 입력한다.

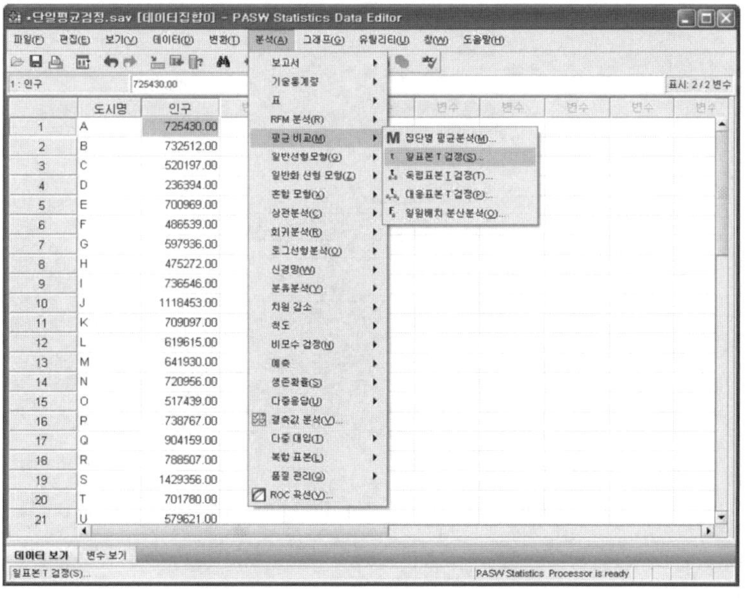

▸ **STEP 2**

SPSS 메뉴에서 "분석" → "평균비교" → "일표본 T검정"을 차례로 선택한다.

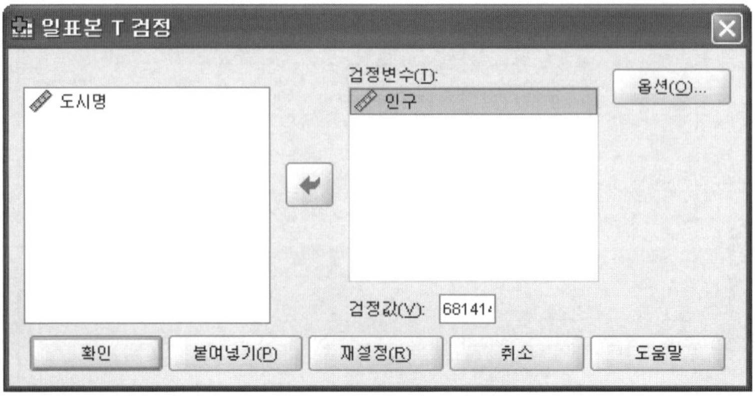

▸ **STEP 3**

[STEP 2]를 실행하면 위의 그림과 같은 작은 창이 나타난다. 이때 왼쪽 변수들 가운데 분석하고자 하는 변수(여기에서는 "인구")를 선택하여 "검정변수"로 옮기고, 검정값에는 평균 인구인 "681,414"를 입력한다.

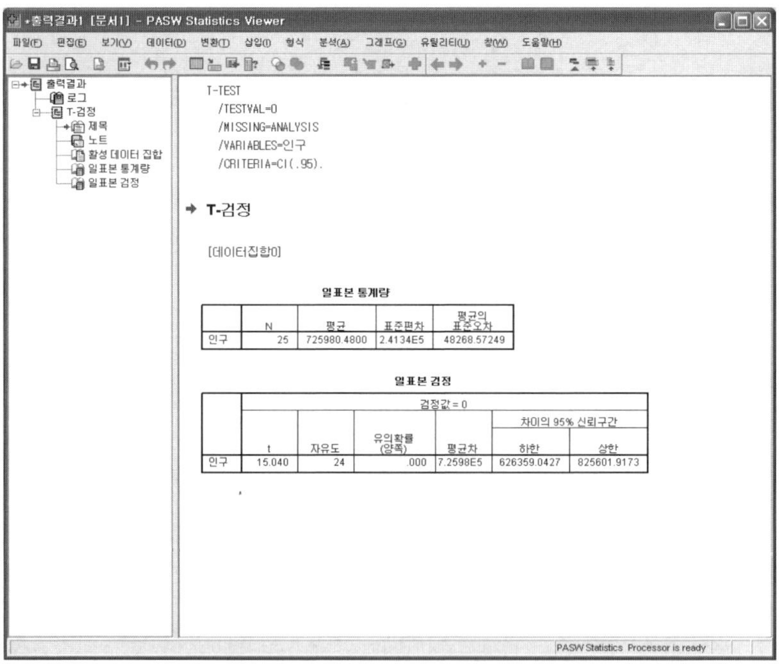

▸ **STEP 4**

일표본 T검정 결과이다.

[분석결과 해석]

[STEP 4]의 분석결과를 해석해 보자. 먼저, 표본의 수가 25개이며, 평균인구 725,980명, 표준편차 2.4134E5, 자유도가 24, t값이 15.040이며, 유의확률이 .000이라는 것을 알 수 있다. 5단계 가설검정의 과정을 생각해 보면서, 최종 판단 결과는 유의확률이 유의수준 0.05보다 작으므로 귀무가설을 기각하고 대립가설을 채택한다. 즉, 평균 인구는 681,414명이라고 할 수 없다.

▶ STEP 1 가설설정

귀무가설 : $\mu = 681{,}414$

대립가설 : $\mu \neq 681{,}414$

▶ STEP 2 유의수준 결정

95% 유의수준에서 양측검정

▶ STEP 3 채택역 · 기각역 설정

$n=25$이므로 자유도 $n-1=25-1=24$, $\alpha=0.05$이므로 t-분포표에 의해서 임계값은 2.060이며, 따라서 채택역은 $-2.060 \leq t \leq 2.060$이다.

▶ STEP 4 통계값 계산

SPSS 분석 결과 $t=15.040$

▶ STEP 5 판단

t값 15.040은 임계값의 영역인 $-2.060 \leq t \leq 2.060$ 밖에 있으므로 귀무가설은 기각되고, 대립가설이 채택된다. 마찬가지로, p값이 0.05보다 작으므로 귀무가설을 기각하고 대립가설을 채택한다. 따라서, 평균인구는 681,414명이라고 할 수 없다.

11.2 독립표본 t검정

다음의 두 모집단 평균의 차이에 대한 예를 통해 SPSS를 이용하여 독립표본 t검정 방법을 살펴보도록 하자.

태릉주식회사에서는 자동차를 생산하는 데 획기적인 신기술을 개발하였다. 회사에서는 신기술을 활용할 경우 자동차 생산과정에서 시간단축 효과가 있는지를 조사하고자 24명의 공장 직원을 무작위로 선발하였다. 12명은 기존 기술을 활용하여 자동차를 생산하는 과정에 참여하고, 나머지 12명은 신기술을 활용하여 자동차를 생산하는 과정에 참여하였다. 24명을 대상으로 자동차 생산 시간을 조사한 결과는 다음과 같다.

기존 기술	300	280	344	385	372	360	288	321	376	290	301	283
신기술	274	220	308	336	198	300	315	258	318	310	332	263

$\alpha = 0.05$의 유의수준에서 신기술의 자동차 생산 시간단축 효과가 있는지 검정하시오.

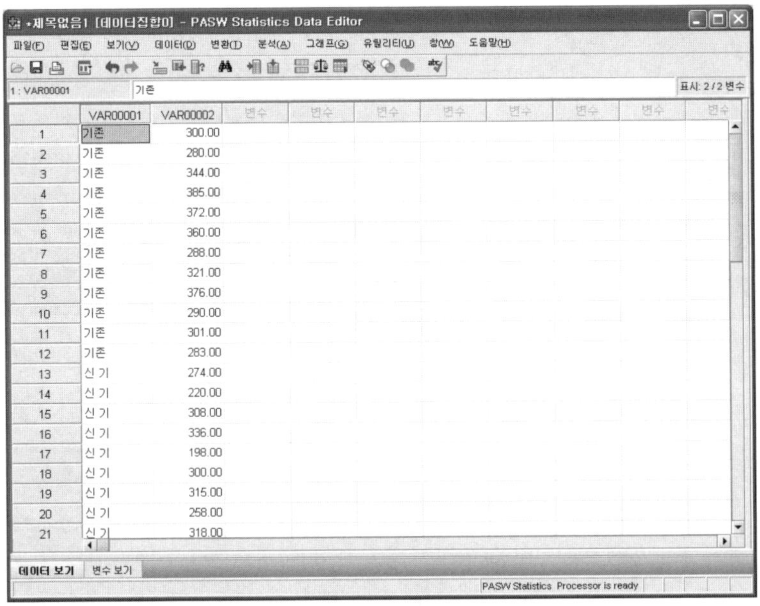

▸ **STEP 1**

위의 표에 있는 자료를 입력한다. 첫 번째 행에 "기술 유형"이라는 변수를, 두 번째 행에 "생산 시간"이라는 변수를 입력한다.

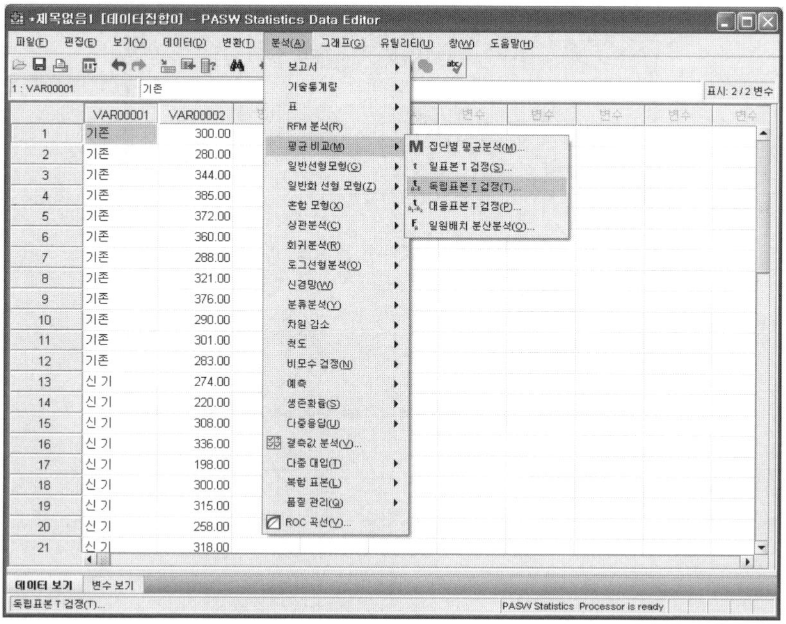

▸ **STEP 2**

SPSS 메뉴에서 "분석" → "평균비교" → "독립표본 T검정"을 차례로 선택한다.

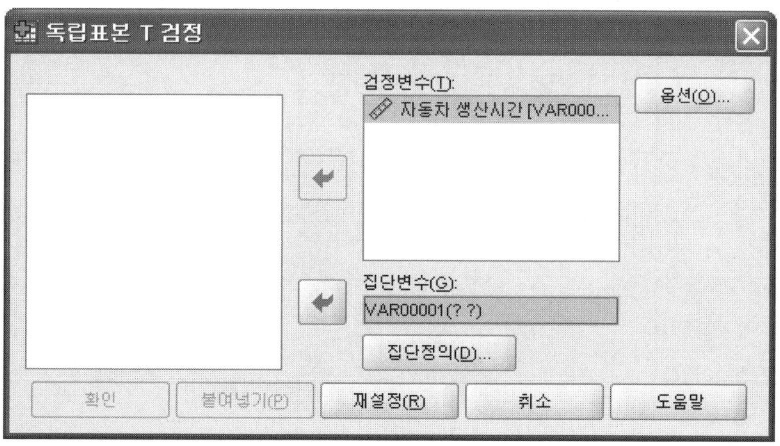

▸ **STEP 3**

[STEP 2]를 실행하면 위의 화면이 나타난다. 왼쪽 상자에서 분석하고자 하는 변수인 "자동차 생산시간"을 "검정변수"로 옮긴다.

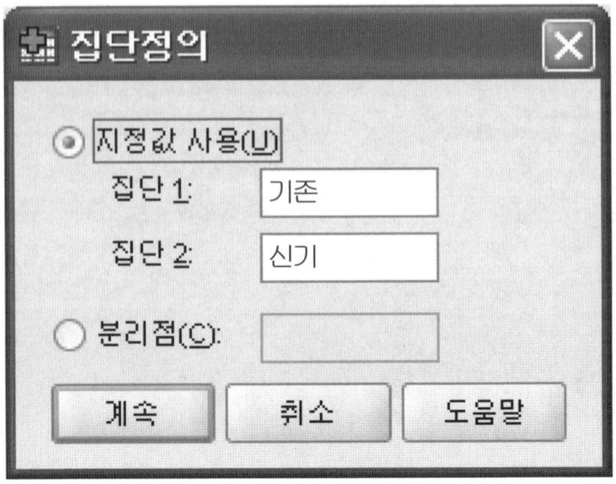

▸ **STEP 4**

[STEP 3]의 화면에서 "집단변수"를 선택하면 위의 화면이 나타난다. 집단 1에 "기존기술" 범주값인 1을 입력하고, 집단 2에 "신기술" 범주값인 2를 입력한다.

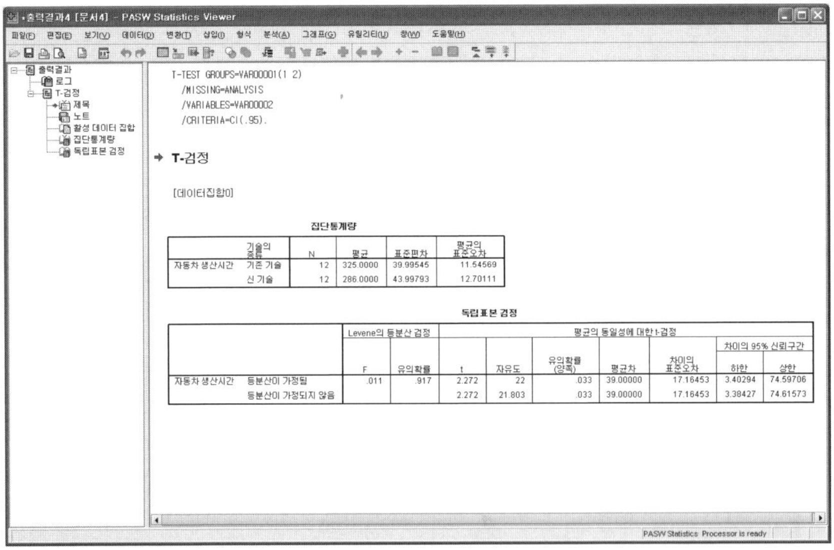

▸ **STEP 5**

독립표본 t 검정 결과이다.

[분석결과 해석]

먼저 집단통계량을 살펴보면, 기존 기술의 표본 수는 12, 신기술의 표본 수는 12이다. 기존 기술에 의한 평균 자동차 생산시간은 325시간, 신기술에 의한 평균 자동차 생산시간은 286시간이다. 독립표본검정 결과, Levene의 등분산검정(두 모집단의 분산이 동일한지의 여부 분석)의 F값은 .011이고 이 값의 유의확률은 .917로 나타났다. 이 값은 유의수준 0.05보다 큰 값이므로 두 모집단은 등분산이라고 할 수 있다. 따라서, "등분산이 가정됨" 열을 해석하게 되는데, t값이 2.272, 유의확률이 0.033이므로, 귀무가설을 기각하고 대립가설을 채택한다. 즉, 기존 기술에 의한 자동차 생산시간과 신기술에 의한 자동차 생산시간에는 차이가 존재하며, 평균값에서도 알 수 있듯이 신기술에 의한 자동차 생산시간이 기존 기술에 의한 자동차 생산시간보다 작다는 것을 알 수 있다.

▸ STEP 1 가설설정

귀무가설 : $\mu_{기존기술} - \mu_{신기술} = 0$

대립가설 : $\mu_{기존기술} - \mu_{신기술} \neq 0$

▸ STEP 2 유의수준 결정

95% 유의수준에서 양측검정

▸ STEP 3 채택역 · 기각역 설정

$n=24$이므로 자유도 $n-2=24-2=22$, $\alpha=0.05$이므로 t-분포표에 의해서 임계값은 2.074이며, 따라서 채택역은 $-2.074 \leq t \leq 2.074$이다.

▸ STEP 4 통계값 계산

SPSS 분석 결과 $t=2.272$

▸ STEP 5 판단

t값 2.272는 임계값의 영역인 $-2.074 \leq t \leq 2.074$ 밖에 있으므로 귀무가설은 기각되고, 대립가설이 채택된다. 마찬가지로, p값(0.033)이 0.05보다 작으므로 귀무가설을 기각하고 대립가설을 채택한다. 따라서, 기존 기술에 의한 자동차 생산시간과 신기술에 의한 자동차 생산시간에는 차이가 존재하며, 평균값에서도 알 수 있듯이 신기술에 의한 자동차 생산시간이 기존 기술에 의한 자동차 생산시간보다 작다는 것을 알 수 있다.

11.3 대응표본 t 검정

다음의 짝을 이룬 표본의 차이에 대한 예를 통해 SPSS를 이용하여 대응표본 t 검정 방법을 살펴보도록 하자.

학생들의 성적 향상을 위하여 방과 후 프로그램을 실시하였다. 방과 후 프로그램에 참여한 학생 10명을 무작위로 추출하여 방과 후 프로그램 시작 전의 성적과 시작 후의 성적을 조사한 결과는 다음과 같다. 성적이 정규분포를 이루고 있다고 할 때 $\alpha=0.05$ 에서 방과 후 프로그램 실시 후에 성적이 증가하였다고 할 수 있는가?

표본	시작 전	시작 후
A	52	53
B	56	61
C	50	52
D	46	46
E	42	45
F	45	48
G	56	56
H	55	58
I	56	54
J	57	60

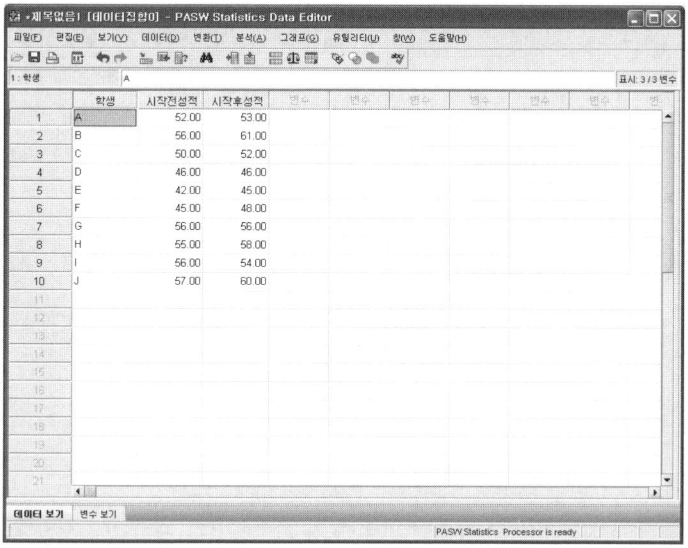

▸ **STEP 1**

앞의 표에 있는 자료를 입력한다. 첫 번째 행에 "학생"이라는 변수를, 두 번째 행에 "방과 후 프로그램 시작 전 성적"이라는 변수를, 세 번째 행에 "방과 후 프로그램 시작 후 성적"이라는 변수를 입력한다.

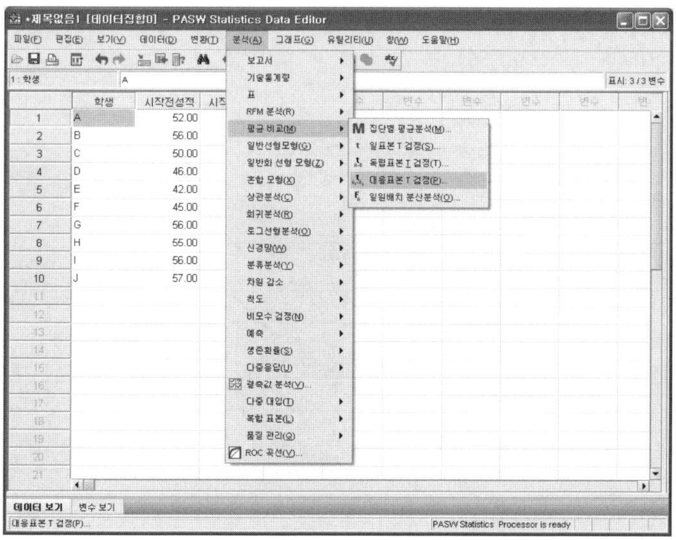

▸ **STEP 2**

SPSS 메뉴에서 "분석" → "평균비교" → "대응표본 T검정"을 차례로 선택한다.

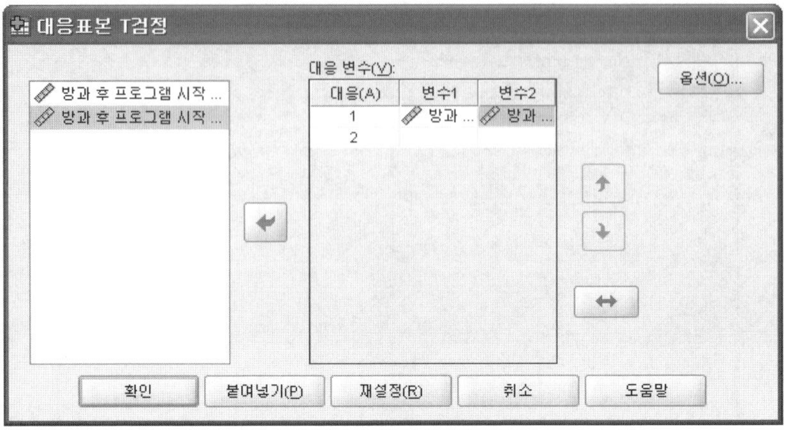

▸ **STEP 3**

[STEP 2]를 실행하면 위의 화면이 나타난다. 왼쪽 상자에서 분석하고자 하는 변수인 "방과 후 프로그램 시작 전 성적"을 "대응변수" 변수1로 옮기고, "방과 후 프로그램 시작 후 성적"을 변수2로 옮긴다.

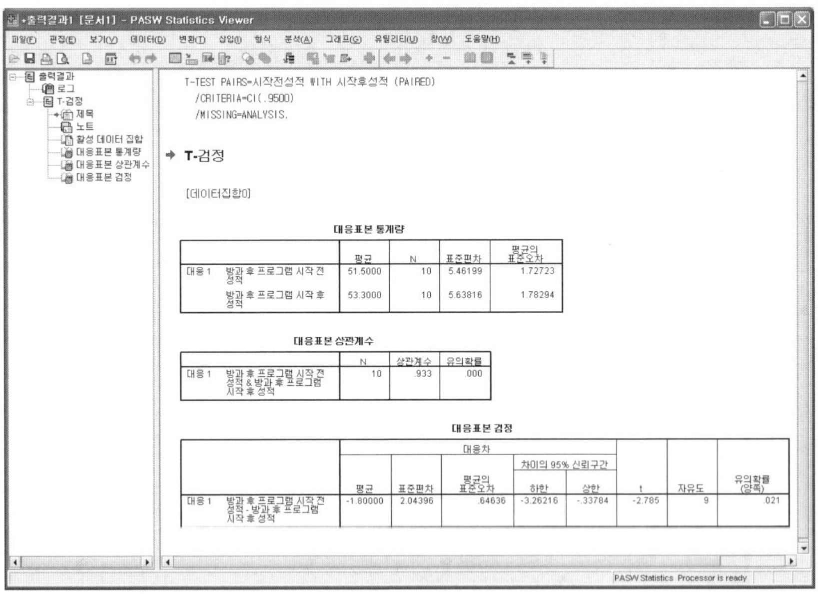

▸ **STEP 4**

대응표본 T검정 결과이다.

[분석결과 해석]

먼저, 대응표본 통계량을 보면, "방과 후 프로그램 시작 전 성적" 평균은 51.5점, 표준편차는 5.46점이며, "방과 후 프로그램 시작 후 성적" 평균은 53.3점, 표준편차는 5.64점으로 나타났다.

대응표본 상관계수를 보면 95% 유의수준에서 통계적으로 유의미하며, 상관계수는 .933으로 매우 높은 상관관계를 갖는 것으로 나타났다.

대응표본 검정 결과를 살펴보면, 방과 후 프로그램 전과 후의 점수 차이의 평균은 −1.8점, 표준편차는 2.04점이다. t값은 −2.785이며 자유도 9, 유의확률은 0.021로 나타났다. 따라서, 95% 유의수준에서 귀무가설을 기각하고 대립가설을 채택한다. 즉, 방과 후 프로그램의 효과가 점수에 반영되었다고 할 수 있다. 평균값에서도 알 수 있듯이 성적을 향상시키기 위해서 방과 후 프로그램이 필요함을 분석결과는 보여준다.

▶ STEP 1 가설설정

귀무가설 : $\mu_{\text{방과 후 프로그램 시작 전 점수}} - \mu_{\text{방과 후 프로그램 시작 후 점수}} = 0$

대립가설 : $\mu_{\text{방과 후 프로그램 시작 전 점수}} - \mu_{\text{방과 후 프로그램 시작 후 점수}} \neq 0$

▶ STEP 2 유의수준 결정

95% 유의수준에서 양측검정

▶ STEP 3 채택역 · 기각역 설정

$n=10$이므로 자유도 $n-1=10-1=9$, $\alpha=0.05$이므로 t-분포표에 의해서 임계값은 2.262이며, 따라서 채택역은 $-2.262 \le t \le 2.262$이다.

▶ STEP 4 통계값 계산

SPSS 분석 결과 $t=-2.785$

▶ STEP 5 판단

t값 −2.785는 임계값의 영역인 $-2.262 \le t \le 2.262$ 밖에 있으므로 귀무가설은 기각되고, 대립가설이 채택된다. 마찬가지로, p값(0.021)이 0.05보다 작으므로 귀무가설을 기각하고 대립가설을 채택한다. 따라서, 방과 후 프로그램의 효과가 점수에 반영되었다고 할 수 있으며, 평균값에서도 알 수 있듯이 성적을 향상시키기 위해서 방과 후 프로그램이 필요함을 분석결과는 보여준다.

주요 용어와 공식

- 귀무가설(null hypothesis) : 차이가 없다는 개념을 기본으로 하는 모집단에 대한 가설
- 대립가설(alternative hypothesis) : 차이가 있다는 개념으로 정의되고 연구자가 밝히고자 하는 내용을 담고 있는 가설
- 제1종 오류(type I error) : 사실인 귀무가설을 기각했을 때 발생하는 오류
- 제2종 오류(type II error) : 사실이 아닌 귀무가설을 받아들였을 때 발생하는 오류
- 유의수준(level of significance, α) : 귀무가설이 사실일 때 이 귀무가설을 기각함으로써 발생되는 오류
- 단측검정(one-tailed test) : 검정통계량을 통한 귀무가설의 기각이 표본분포의 좌, 우측 한 면에서만 일어나는 가설검정
- 양측검정(two-tailed test) : 표본분포의 양 측면에 위치한 검정통계량을 바탕으로 귀무가설의 기각여부를 결정하는 가설검정
- 검정통계량(test statistic) : 귀무가설의 기각여부를 결정하는 데 도움이 되는 통계수치
- 임계값(critical value) : 검정통계량과 비교되어 귀무가설의 기각여부를 결정하는 데 활용되는 수치
- 유의확률(p-value, p값) : 귀무가설의 지지여부를 판단하기 위해 검정통계량을 이용하여 계산된 확률로, 이 값이 작으면 작을수록 귀무가설을 기각할 강한 증거가 됨

  모집단 평균에 대한 가설검정에서의 검정통계량 − σ가 알려져 있는 경우 :

  $$z = \frac{\bar{x} - \mu_0}{\sigma / \sqrt{n}}$$

  모집단 평균에 대한 가설검정에서의 검정통계량 − σ가 알려져 있지 않은 경우 :

  $$t = \frac{\bar{x} - \mu_0}{s / \sqrt{n}}$$

  모집단 비율에 대한 가설검정의 검정통계량 : $z = \dfrac{\bar{p} - p_0}{\sqrt{\dfrac{p_0(1 - p_0)}{n}}}$

두 모집단 평균 차이에 대한 점추정치 : $\overline{x_1}-\overline{x_2}$

$\overline{x_1}-\overline{x_2}$의 표준오차 : $\sigma_{\overline{x_1}-\overline{x_2}}=\sqrt{\frac{\sigma_1^2}{n_1}+\frac{\sigma_2^2}{n_2}}$

두 모집단 평균 차이에 대한 신뢰구간 추정치 – σ_1과 σ_2가 알려져 있을 때 :

$$\overline{x_1}-\overline{x_2}\pm z_{a/2}\sqrt{\frac{\sigma_1^2}{n_1}+\frac{\sigma_2^2}{n_2}}$$

$\mu_1-\mu_2$에 대한 가설검정에서의 검정통계량 – σ_1과 σ_2가 알려져 있는 경우 :

$$z=\frac{(\overline{x_1}-\overline{x_2})-D_0}{\sqrt{\frac{\sigma_1^2}{n_1}+\frac{\sigma_2^2}{n_2}}}$$

두 모집단 평균 차이에 대한 신뢰구간 추정치 – σ_1과 σ_2가 알려져 있지 않을 때 :

$$\overline{x_1}-\overline{x_2}\pm{}_{a/2}\sqrt{\frac{s_1^2}{n_1}+\frac{s_2^2}{n_2}}$$

두 개의 독립 단순 무작위 표본에서의 t분포에 대한 자유도 :

$$df=\frac{\left(\frac{s_1^2}{n_1}+\frac{s_2^2}{n_2}\right)^2}{\frac{1}{n_1-1}\left(\frac{s_1^2}{n_1}\right)^2+\frac{1}{n_2-1}\left(\frac{s_2^2}{n_2}\right)^2}$$

$\mu_1-\mu_2$에 대한 가설검정에서의 검정통계량 – σ_1과 σ_2가 알려져 있지 않은 경우 :

$$t=\frac{(\overline{x_1}-\overline{x_2})-D_0}{\sqrt{\frac{s_1^2}{n_1}+\frac{s_2^2}{n^2}}}$$

대응표본인 경우의 가설검정에서의 검정통계량 : $t=\frac{\bar{d}-\mu_d}{s_d/\sqrt{n}}$

두 모집단 비율의 차이에 대한 점추정치 : $\overline{p_1}-\overline{p_2}$

$\overline{p_1}-\overline{p_2}$의 표준오차 : $\sigma_{\overline{p_1}-\overline{p_2}}=\sqrt{\frac{p_1(1-p_1)}{n_1}+\frac{p_2(1-p_2)}{n_2}}$

두 모집단 비율의 차이에 대한 신뢰구간 추정치 :

$$\overline{p_1}-\overline{p_2}\pm z_{a/2}\sqrt{\frac{\overline{p_1}(1-\overline{p_1})}{n_1}+\frac{\overline{p_2}(1-\overline{p_2})}{n_2}}$$

$p_1=p_2=p$인 경우의 $\overline{p_1}-\overline{p_2}$의 표준오차 :

$$\sigma_{\overline{p_1}-\overline{p_2}} = \sqrt{p(1-p)\left(\frac{1}{n_1}+\frac{1}{n_2}\right)}$$

$p_1 = p_2 = p$인 경우의 p의 공동추정량 : $\overline{p} = \dfrac{n_1\overline{p_1}+n_2\overline{p_2}}{n_1+n_2}$

$p_1 - p_2$의 가설검정에서 검정통계량 : $z = \dfrac{(\overline{p_1}-\overline{p_2})}{\sqrt{\overline{p}(1-\overline{p})\left(\dfrac{1}{n_1}+\dfrac{1}{n_2}\right)}}$

연습문제

01 다음 용어를 간단하게 설명하시오.

1-1. 귀무가설과 대립가설

1-2. 임계값

1-3. 단측검정과 양측검정

1-4. α-오류와 β-오류

02 가설검정의 절차를 간단하게 설명하시오.

03 그 동안 태릉대학교 사회과학통계입문 기말시험 평균 성적이 76점, 표준편차가 12점이었다. 최근 새로운 수업방법에 의해 이 과목을 수강한 학생 64명을 무작위로 추출하여 조사한 결과 이들의 평균 성적은 80점이었다. 새로운 수업방법이 효과적이었는지를 $\alpha = 0.05$의 유의수준에서 검정하시오.

04 제조업 분야 기업 가운데 50개 기업체를 무작위로 추출하여 평균 이윤을 조사한 결과 11.4%였다. 전국 기업의 평균 이윤이 12.6%, 표준편차가 3.2%라면, 이때 이들 50개 기업의 평균 이윤이 전국 기업의 평균 이윤보다 적다고 말할 수 있는지를 $\alpha = 0.05$의 유의수준에서 검정하시오.

05 태릉주식회사 이직 사원 10명을 무작위로 추출하여 재직기간을 조사하여 본 결과 평균 재직간은 7.5개월 표본표준편차는 3.78개월로 나타났다. 태릉주식회사 이직 사원의 평균 재직기간은 8개월인지를 $\alpha = 0.05$의 유의수준에서 검정하시오.

06 우리나라 자동차 회사 종업원의 작업환경에 대한 만족도를 조사한 결과 평균 32%로 알려져 있다. 태릉자동차주식회사의 직원 300명을 무작위 추출하여 작업환경에 대한 만족도를 조사한 결과는 36%였다. 태릉자동차주식회사의 만족도가 다른 자동차 회사 직원의 만족도보다 높다고 말할 수 있는지 $\alpha = 0.01$의 유의수준에서 검정하시오.

07 태릉대학교와 신촌대학교 재학생들의 통학거리를 비교하기 위하여 각 학교에서 9명의 학생을 표본으로 추출하여 통학거리를 조사한 결과 태릉대학교 학생의 통학거리는 1,200m, 신촌대학교 학생의 통학거리는 1,100m로 조사되었다. 두 대학교 전체 학생에 대한 표준편차는 각각 150m와 100m로 알려져 있다고 하자. 두 대학교 학생의 통학거리에 차이가 있는지를 99% 유의수준에서 검정하시오. 단, 두 대학교 학생의 통학거리는 정규분포를 이룬다.

08 모집정원 280명인 태릉대학교 문화학과 지원자는 480명이었다. 합격자와 불합격자 가운데 각각 20%를 단순 무작위 표본추출하여, 두 표본의 고등학교 3년간 기말시험 성적 평균을 조사하였다. 합격자 표본의 평균은 85.5점이고 표준편차는 12.0, 불합격자 표본의 평균은 82.7점이고 표준편차는 15.4이다. 합격자와 불합격자 사이의 성적에 차이가 있는지 99% 유의수준에서 검정하시오. 단, 합격자와 불합격자의 고등학교 3년간 기말시험 성적은 정규분포를 이룬다.

09 태릉주식회사와 신촌주식회사에서는 직원 1인당 작업 성과를 비교하기 위하여 각 회사에서 각각 10명, 15명의 직원을 무작위로 추출하였다. 10점 만점으로 조사한 결과, 태릉주식회사의 경우 표본평균이 6.98, 표본분산이 2.11이었으며, 신촌주식회사의 경우 표본평균이 6.34, 표본분산이 1.76이었다. 어느 한 회사의 작업 성과가 더 높다고 이야기 할 수 있는지를 $\alpha = 0.05$의 유의수준에서 검정하시오.

10 태릉병원에서는 10명의 환자에게 "잘 자" 수면제와 "내 꿈 꿔" 수면제를 복용

환자	"잘 자" 수면제	"내 꿈 꿔" 수면제
A	+0.7	+1.9
B	−1.6	+0.8
C	−0.2	+1.1
D	−1.2	+0.1
E	−0.1	−0.1
F	+3.4	+4.4
G	+3.7	+5.5
H	+0.8	+1.6
I	0	+4.6
J	+2.0	+3.4

시켜서 수면시간의 연장에 관하여 조사하였다. 그 조사결과가 아래의 표와 같다면 "내 꿈 꿔" 수면제가 "잘 자" 수면제에 비하여 평균 1.5시간 연장되었다가 믿을 만한 이유가 있는지를 $\alpha = 0.05$의 유의수준에서 검정하시오.

11 태릉컴퓨터주식회사에서는 생산제품인 컴퓨터의 고객 충성도를 조사하고자 하였다. 이를 조사하기 위하여 500명을 무작위로 추출하여 조사한 결과 태릉 I 컴퓨터를 한 번 구입한 이후 계속 태릉 I 컴퓨터만을 구입하는 고객이 215명이었다. 또 다른 표본으로 400명을 무작위로 추출하여 조사한 결과 태릉 II 컴퓨터를 지속적으로 구입하는 고객이 192명이었다. 태릉 I 컴퓨터와 태릉 II 컴퓨터의 고객 충성도에 차이가 있는지를 $\alpha = 0.05$의 유의수준에서 검정하시오.

12 2003년 시행 제47회 행정고등고시 제2차 시험

정규분포 $N(\mu_1, \sigma^2)$을 따르는 모집단과 정규분포 $N(\mu_2, \sigma^2)$을 따르는 모집단에서 크기가 n_1, n_2인 표본을 추출하였다. 여기서 μ_1, μ_2, σ^2은 미지의 모수이다. 각 표본의 표본평균을 $\overline{X_1}$, $\overline{X_2}$, 표본분산을 S_1^2, S_2^2이라 하자. 두 모집단의 평균을 비교하고자 한다.

12-1. 적당한 가설을 설정하시오.

12-2. 가설을 검정하기 위한 검정통계량을 유도하시오.

12-3. 유의수준 5%에서 12-2의 검정통계량을 이용하여 가설검정을 수행하는 과정을 설명하시오.

13 2003년 시행 제47회 행정고등고시 제2차 시험

한 여론조사 발표에서 1,000명을 조사한 결과 "찬성이 52%이며 95% 신뢰수준하에서 최대허용오차는 ±3.1%이다."라고 발표하였다.

13-1. 최대허용오차가 ±3.1%라는 주장의 의미와 이 값의 계산과정을 설명하시오.

13-2. 이 발표에 의할 때 모집단의 과반수가 찬성한다고 주장할 수 있는가에 대한 의견을 제시하고 그 이유를 설명하시오.

14 2005년 시행 제49회 행정고등고시(행정 · 공안직) 제2차 시험

두 종류의 자동차 타이어 A와 B의 마모도에 차이가 있는지를 조사하기로 하였다. 먼저, 16대의 택시를 임의(random)로 선택하고, A와 B 각각 32개의 타

이어를 16대의 자동차에 임의로 장착하여 3만km를 주행한 후에 각 타이어의 마모도를 밀리미터(mm)단위로 측정하기로 한다.

14-1. 택시에 따라 주로 운행하는 도로의 상태가 다르고, 따라서 타이어의 마모도에 차이가 날 수 있다. 각 종류별 32개 타이어를 16대의 자동차에 어떻게 장착하는 것이 마모도의 차이를 정확히 검정할 수 있는가를 설명하시오.

14-2. 실제, 택시 1대당 종류별로 2개씩의 타이어를 장착하여 주행하고, 각 택시는 타이어 종류별로 마모도의 평균값만을 보고하였다고 한다. 두 종류의 타이어 마모도에 차이가 있는지를 검정할 수 있는 방법을 제시하시오.(가설과 필요한 가정, 그리고 검정 방법을 제시할 것)

15 2006년 시행 행정고등고시(행정 · 공안직) 제2차 시험

정책 효과를 평가하기 위하여 n명으로 패널을 구성하여 정책시행 이전과 이후의 수행성과에 관한 측정을 하여 다음과 같은 자료를 산출하였다. 다음 각 경우에 대하여 시행 전후의 차이가 통계적으로 유의한가를 검증하는 방법을 제시하시오.

패널번호	시행 전	시행 후
1	y_{11}	y_{12}
2	y_{21}	y_{22}
⋮	⋮	⋮
n	y_{n1}	y_{n2}

관측값 $y_{ij}(i=1, \cdots, n\,;\, j=1, 2)$가,

15-1. 연속형 측정값일 때

15-2. 명목형 범주 $C_1, \cdots, C_k$ 중 1개를 취할 때

16 2007년 시행 행정고등고시(행정직) 제2차 시험

주머니에 5개의 공이 들어 있는데, 그중에 θ개가 빨간색 공이고 나머지는 파란색 공이다. 가설 $H_0: \theta = 2$ 대 $H_1: \theta = 4$를 검정하기 위하여 2개의 공을 비복원추출하여 2개 모두 빨간색 공이면 귀무가설 H_0을 기각하고 그 이외의 경우에는 귀무가설을 기각하지 않는다.

16-1. 이 검정방법에 대한 제1종의 오류를 범할 확률을 구하시오.

16-2. 이 검정방법에 대한 제2종의 오류를 범할 확률을 구하시오.

17 2008년 시행 행정고등고시(행정직) 제2차 시험

신, 구형 휴대폰 단말기의 선호도를 알아보기 위해 랜덤 추출한 36명을 2그룹으로 나누어서 각각의 단말기에 대한 선호도를 50점 만점의 점수로 평가하도록 하였다. 신형 단말기와 구형 단말기의 선호도 사이에 차이가 있는지에 대한 검정을 수행하고자 한다. 자료로부터 다음과 같은 t검정 결과를 얻었다. (단, 원 자료에서 각 점수는 정규분포를 따르는 것으로 가정한다.)

	n	평균	표본분산
구형 단말기	18	32	38
신형 단말기	18	39	34
T-검정 : $\lvert T \rvert = 3.50$			
분산의 합동추정량(pooled Variance) : 36			

17-1. 모분산이 동일하다는 가정하에서는 모분산에 대한 합동추정량을 사용한다. 모분산이 동일한가를 위의 자료를 이용하여 검정하는 방법을 설명하시오.

17-2. 모분산이 동일하다는 가정하에서, 신형 단말기의 선호도와 구형 단말기의 선호도 사이에 차이가 있는지에 대한 가설을 세우고, 검정통계량의 값(-3.50)과 p값(유의확률)을 구하는 과정을 구체적으로 설명하시오.

18 2008년 시행 행정고등고시(행정직) 제2차 시험

서로 독립인 확률변수 X_1, X_2, X_3의 분포는 각각 $X_i \sim N(\mu_i, \sigma^2)$, $i=1, 2, 3$이라고 한다. 각 모집단으로부터 각각 크기가 1인 표본을 추출한 결과 $x_1=1$, $x_2=2$, $x_3=3$을 얻었다.

18-1. $\mu_1=\mu_2=\mu_3$로 알려져 있는 경우에 σ^2의 95% 신뢰구간을 구하시오. (단, $V \sim X_2(2)$일 때, $P(V \leq 0.05)=0.025$, $P(V \leq 7.38)=0.975$)

18-2. $\sigma^2=6$으로 알려져 있는 경우에, $\mu_1+2\mu_2-\mu_3$의 95%의 신뢰구간을 구하되 그 과정을 구체적으로 설명하시오. (단, $Z \sim N(0, 1)$일 때, $P(z \geq 1.96)=0.025$)

18-3. $\sigma^2=6$으로 알려져 있는 경우에, 귀무가설 $H_0 : \mu_1+2\mu_2-\mu_3=8$과 대립가설 $H_1 : \mu_1+2\mu_2-\mu_3 \neq 8$에 대해 유의수준 5%로 검정하기 위한 기각

역(critical region)을 구하고, 이에 따라 귀무가설을 검정하시오.

19 2008년 시행 행정고등고시(행정직) 제2차 시험

어떤 암의 치료를 위해 새로 개발된 항암제 NEW와 기존의 항암제 OLD의 임상 효과를 실증적으로 비교하고자 한다. 50명의 암환자에게는 항암제 NEW를 투약하고 다른 50명의 암환자에게는 항암제 OLD를 투약하여, 1년간 치료한 후 그 결과가 〈표 1〉과 같이 나타났다고 하자.

〈표 1〉 총괄자료

	생존	사망	합계	생존율
항암제 NEW	30	20	50	0.6
항암제 OLD	20	30	50	0.4
합계	50	50	100	

〈표 1〉에 의하면 항암제 NEW의 생존율이 항암제 OLD의 생존율보다 더 높은 것으로 나타나고 있다. 그런데 한 통계전문가가 좀 더 엄밀하게 이 자료를 탐사한 결과 위 100명의 암환자를 투약직전의 임상적 진단내용에 따라 경증과 중증 환자로 분류하여 〈표 2〉의 자료를 구성할 수 있었다.

〈표 2〉 세부자료

가) 경증환자

	생존	사망	합계	생존율
항암제 NEW	28	12	40	0.7
항암제 OLD	8	2	10	0.8
합계	36	14	50	

나) 중증환자

	생존	사망	합계	생존율
항암제 NEW	2	8	10	0.2
항암제 OLD	12	28	40	0.3
합계	14	36	50	

〈표 2〉의 세부자료에 의하면 경증환자와 중증환자 모두에서 〈표 1〉과는 달리 항암제 OLD의 생존율이 더 높은 것으로 나타나고 있다.

19-1. 총괄자료에서의 항암제 NEW와 OLD 각각의 생존율을 세부자료에서의

경증환자 생존율과 중증환자 생존율을 이용하여 표현하시오.

19-2. 총괄자료와 세부자료로부터의 생존율이 상반되어 보이는 현상에 대한 원인을 19-1의 결과를 이용하여 설명하시오.

19-3. 총괄자료와 세부자료로부터의 생존율이 상반되어 보이는 현상에 대한 원인을 19-1의 결과를 이용하여 설명하시오.

19-4. 해당 암에 걸린 새로운 환자가 내원했을 때, 어떤 항암제를 사용하는 것이 바람직한지를 판단하고 그 근거를 구체적으로 설명하시오.

제 12 장

분산분석

제 10 장과 제 11 장에서 추리통계학에 해당하는 통계적 추정과 가설검정에 대하여 설명하였다. 지금부터는 대표적인 선형통계분석모형인 분산분석, 상관분석 및 회귀분석에 대하여 설명하고자 한다. 이 장에서는 분산분석의 개념과 기본가정, 일원분산분석, 이원분산분석에 대하여 설명하며, 제 13 장에서는 상관분석을, 그리고 제 14 장에서는 회귀분석을 설명하고자 한다.

먼저, 다음의 몇 가지 사례를 살펴보도록 하자.

[사례 1]

태릉자동차주식회사에서는 전국 다섯 곳의 공장에서 친환경 차량 "무공해"를 생산하고 있다. 각 공장마다 독특한 방식으로 차량을 생산하고 있는데, 한샛별 태릉자동차주식회사 사장은 각 공장에서 생산되는 차량의 이산화탄소 배출량에 차이가 있는지를 알아보고자 한다. 각 공장에서 무작위로 각각 30대씩 추출하여 이산화탄소 배출량을 측정하여, 공장에 따른 이산화탄소 배출량에 차이가 있는지를 분석하였다.

[사례 2]

허준영 대통령은 유나현 수석비서관에게 지역 간 교육격차 해소를 위한 지원정책을 마련하도록 지시하였다. 이에 유나현 수석비서관은 교육환경, 즉 가구의 소득 수준에 따라 학력수준에 차이가 나는지를 분석하였다. 230개 기초자치단체를 대상으로 기준재정수요충족도(기초자치단체가 기본 사업을 하는 데 들어가는 돈을 기초자치단체의 수입으로 나눈 비율)에 따라 크게 세 집단(상, 중, 하)으로 구분하여 각 집단의 학력진단평가 결과에 차이가 있는지를 분석하였다.

[사례 3]

태릉공화국 신촌당에서는 국회의원 선거를 앞두고 정당지지도를 조사하였다. 학력과 지역에 따른 정당지지도를 조사하기 위하여 우선 5개 주에서 고졸 미만, 고졸, 대졸, 대학원 이상 학력을 지닌 유권자 각 10명씩을 무작위 추출하여 신촌당의 지지도를 리커트 척도에 의해 조사하여 학력과 지역에 따른 신촌당의 지지도에 차이가 있는지를 분석하였다.

SOCIAL STATISTICS

제1절 분산분석의 의의

위의 세 가지 사례에서 사용되는 분석방법이 분산분석이다. 분산분석(Analysis of Variance : *ANOVA*)이란 셋 이상의 모집단 평균이 동일한 것이라는 가설을 검정하기 위한 통계방법이다. [사례 1]은 다섯 공장에서 생산된 자동차의 이산화탄소 배출량의 차이를 검정하는 것이며, [사례 2]는 기초자치단체 기준재정수요충족도에 따라 구분된 상, 중, 하 세 집단의 학력 수준의 차이를 검정하는 것이다. 또한, [사례 3]은 네 집단으로 구분된 학력과 5개 지역에 따라 신촌당의 지지도의 차이를 검정하는 것이다. 이처럼, 셋 이상의 모평균에 대한 비교를 하거나 셋 이상의 표본평균들이 동일한 모집단으로부터 추출되었나를 비교할 때 사용되는 분석방법이 분산분석이다.

분산분석이 집단 간의 평균 차이를 검정하는 것이라고 하였는데, 앞 장에서 살펴본 t-분포를 활용한 두 모집단 간 평균의 차이에 대한 가설검정(t-test)도 집단 간의 평균 차이를 검정하는 것이다. 둘 사이의 차이점은 우선 t-test는 집단의 수가 2개라는 점이고, 분산분석은 셋 이상이라는 점이며, t-test는 집단들의 평균을 비교하는 반면, 분산분석은 집단의 분산을 사용하여 비교한다는 점이 서로 다른 점이라고 하겠다.

셋 이상의 모집단 평균 차이를 검정하기 위하여 t-test 대신 분산분석을 활용하는 이유는 t-test를 이용할 경우 제1종 오류를 범할 확률이 높아지기 때문이다. 예를 들어, 위의 [사례 2]의 경우 네 개의 모집단이 있는데, 이때 각 모집단 평균을 비교하기 위하여 t-test를 활용하는 경우 총 ${}_4C_2=\frac{4!}{2!2!}=6$번의 t-test를 하여야 한다. 만약 t-test를 한 번 실행할 때의 제1종 오류를 0.05로 하였다면, 6번을 해야 하는 이 경우는 $1-(0.95)^6=0.265$로 제1종 오류가 5배 이상 상승하게 된다. 따라서, 제1종 오류를 0.05로 유지하면서 모집단의 평균을 비교하기 위하여 분산분석을 사용한다.

1 분산분석의 용어

SOCIAL STATISTICS

분산분석에 자주 사용되는 용어로는 종속변수(dependent variable), 요인(factor), 수준(level) 등이 있다.

① 종속변수 : 종속변수는 반응변수(response variable)라고도 하며, [사례 1]의 이산화탄소 배출량, [사례 2]의 학력수준, [사례 3]의 정당지지도가 여기에 해당한다.

② 요인 : 요인은 독립변수라고도 하며 실험자에 의해 통제되고 변화되는 모집단의 기본적인 변수인데, [사례 1]의 공장, [사례 2]의 기준재정수요충족도 수준, [사례 3]의 학력과 지역이 여기에 해당한다.

③ 수준 : 수준은 처리(treatment)라고도 하며 전체 모집단을 소규모의 집단으로 나눈 단위, 즉 요인 내 집단 수를 의미하는데, [사례 1]의 다섯 개의 공장, [사례 2]의 기준재정수요충족도 수준에 따른 상 · 중 · 하 집단, [사례 3]의 네 개의 학력 집단과 다섯 개의 지역 집단이 여기에 해당한다.

2 분산분석의 종류

SOCIAL STATISTICS

분산분석은 요인과 종속변수의 개수에 따라 네 가지로 구분할 수 있다.

먼저, 종속변수가 하나인 경우 요인의 개수에 따라 일원분산분석(one-way *ANOVA*)과 이원분산분석(two-way *ANOVA*)으로 구분된다. 앞에서 세 가지 사례 모두 종속변수는 각각 이산화탄소 배출량(사례 1), 학력수준(사례 2), 정당지지도(사례 3) 등 하나이다. 이렇게 종속변수가 하나인 경우에서 독립변수라고도 불리는 요인의 개수에 따라 분산분석을 일원분산분석과 이원분산분석으로 나눈다. 앞에서 언급한 바와 같이 [사례 1]은 공장, [사례 2]는 기준재정수요충족도 수준이 요인인데, 이처럼 요인이 하나인 경우 일원분산분석이라고 한다. 반면, [사례 3]에서는 학력과 지역 등 두 개의 요인이 있는데, 이처럼 요인이 두 개인 경우 이원분산분석이라고 한다. 일원분산분석과 이원분산분석을 단일 분산분석(*ANOVA*)이라고 하며 이 장에서 다루는 내용이다.

한편, 종속변수가 두 개인 경우 요인의 개수에 따라 일원다변량 분산분석(one-way *MANOVA*)과 이원다변량 분산분석(two-way *MANOVA*)으로 구분된다. 일원다변량 분산분석은 종속변수는 두 개, 요인은 하나인 경우이며, 이원다변량 분산분석은 종속변수는 두 개, 요인은 두 개인 경우이다. 일원다변량 분산분석과 이원다변량 분산분석을 다변량 분산분석(Multivariate Analysis of Variance : *MANOVA*)이라고 한다.

단일 분산분석과 다변량 분산분석을 요약하면 〈표 12-1〉과 같다.

〈표 12-1〉 분산분석의 종류

종속변수의 개수 \ 요인의 개수	하나	둘
하나	일원분산분석 [사례 1], [사례 2]	이원분산분석 [사례 3]
둘	일원다변량 분산분석	이원다변량 분산분석

3 분산분석의 기본 가정

SOCIAL STATISTICS

분산분석을 사용하기 위해서는 다음과 같은 가정이 충족되어야 한다.

가정 1 : 정규성(Normality). 각 집단의 모집단 분포는 정규분포여야 한다.

가정 2 : 등분산성(Homoscedasticity). 각 집단의 모집단 분산은 같아야 한다. 즉, $\sigma_1^2 = \sigma_2^2 = \cdots = \sigma_k^2 = \sigma^2$이다.

가정 3 : 독립성(Independence). 각 모집단 내에서의 오차나 모집단 간 오차는 서로 독립적이다. 즉, 각 관찰치는 독립적이어야 한다.

SOCIAL STATISTICS

제2절 일원분산분석

앞에서 설명한 바와 같이 요인의 개수도 하나이고 종속변수의 개수도 하나인 분산분석방법이 일원분산분석이다. 앞에서 [사례 1]과 [사례 2]가 여기에 해당한다.

일원분산분석에서 일반적인 가설의 형태는 다음과 같다.

귀무가설(H_0) : $\mu_1 = \mu_2 = \cdots = \mu_k$

대립가설(H_a) : 모든 모집단 평균이 동일한 것은 아니다.

이러한 가설검정을 실시하는 일원분산분석에서 먼저 자료가 어떻게 구성되어 있는지를 알아야 한다. [사례 1]의 예를 들어서 설명하고자 한다. 아래의 표는 다섯 군데 공장에서 각각 4대씩 차량을 무작위로 추출하여 이산화탄소 배출량을 조사한 결과인데, 일원분산분석에서의 자료의 구성은 〈표 12-2〉와 같다.

〈표 12-2〉 공장별 생산 차량의 이산화탄소 배출량

공장 A	공장 B	공장 C	공장 D	공장 E
5	9	8	7	9
5	6	6	9	9
6	5	5	8	8
4	8	9	8	6

위의 자료에 의하면 독립변수인 공장이 다섯 개의 집단으로 나누어져 있고 각 집단에 각각 네 개씩의 관찰값이 있다. 즉, 공장 A에서 네 대의 차량이 무작위로 추출되었으며, 각 차량에서 배출되는 이산화탄소 배출량이 각각 5, 5, 6, 4인 것이다. 이러한 자료의 구성을 일반적인 형태로 표현하면 다음과 같다. 관찰값은 X_{ij}로 표시하는데 이는 j 번째 집단의 i 번째 관찰값을 의미한다.

관찰번호 \ 집단	집단 1	집단 2	…	집단 j
1	X_{11}	X_{12}	…	X_{1j}
2	X_{21}	X_{22}	…	X_{2j}
3	X_{31}	X_{32}	…	X_{3j}
:	:	:		:
i	X_{i1}	X_{i2}	…	X_{ij}
	$\overline{X_1}$	$\overline{X_2}$		$\overline{X_j}$

위와 같은 자료의 구성을 가진 집단 수가 k개인 일원분산분석의 기본모형은 다음과 같다.

$$X_{ij} = \mu + \alpha_j + \varepsilon_{ij} = \mu_j + \varepsilon_{ij}$$

여기서 $i = 1, 2, \cdots, n$(집단 내의 관찰값 수)
$j = 1, 2, \cdots, k$(집단의 수)
X_{ij} : j번째 집단 내의 i번째 관찰값
μ : 모든 집단에 공통적인 전체 평균
μ_j : j번째 집단의 참 평균(true mean)
$\alpha_j = \mu_j - \mu$: 요인의 j번째 집단에 대한 처리효과
$\varepsilon_{ij} = y_{ij} - \mu_j$: 집단 j 내의 i번째 관측치와 관련된 오차변동

j번째 집단에 대한 표본평균과 표본분산의 공식은 각각 다음과 같다.

$$\overline{X_j} = \frac{\sum_{i=1}^{n_j} X_{ij}}{n_j}$$

$$s_j^2 = \frac{\sum_{i=1}^{n_j} (X_{ij} - \overline{X_j})^2}{n_j - 1}$$

전체 표본평균 $\overline{X}$는 모든 관찰값들의 합을 관찰값의 수로 나눈 값이다.

$$\overline{X} = \frac{\sum_{j=1}^{k}\sum_{i=1}^{n_j} X_{ij}}{n_T}$$

만약, 표본 수가 동일한 경우에는 전체 표본평균은 k개 표본평균이 평균이 된다.

〈표 12-2〉의 예를 보자. 각 공장별 표본의 수는 4개로 동일하다. 이와 같이 집단 내 표본 수가 동일한 경우 각 집단의 평균의 평균이 전체 표본평균과 같다. 아래 표에 각 집단별 평균이 나타나 있으며 이를 이용하여 전체 표본평균을 계산하면 다음과 같다.

공장 A	공장 B	공장 C	공장 D	공장 E
5	9	8	7	9
5	6	6	9	9
6	5	5	8	8
4	8	9	8	6
$\overline{X_A}=5$	$\overline{X_B}=7$	$\overline{X_C}=7$	$\overline{X_D}=8$	$\overline{X_E}=8$

$$\overline{X}=\frac{5+7+7+8+8}{5}=7$$

즉, 표본 수가 동일한 경우에는 전체 표본평균 $\overline{X}$는 다음과 같이 간략화된다.

$$\overline{X}=\frac{\sum_{j=1}^{k}\sum_{i=1}^{n_j}X_{ij}}{n_T}=\frac{\sum_{j=1}^{k}\sum_{i=1}^{n_j}X_{ij}}{kn}=\frac{\sum_{j=1}^{k}\sum_{i=1}^{n_j}\frac{X_{ij}}{n}}{k}=\frac{\sum_{j=1}^{k}\overline{X_j}}{k}$$

여기에서 귀무가설($\mu_1=\mu_2=\cdots=\mu_k$)이 참이라면, 전체 표본평균은 모집단 평균 μ의 최선의 추정값이 된다.

1 모집단 분산에 대한 집단 간 추정값

SOCIAL STATISTICS

σ^2의 집단 간 추정값을 집단 간 평균제곱(mean square between groups : MSB)이라 하며 일반적 공식은 다음과 같다.

$$MSB=\frac{\sum_{j=1}^{k}n_j(\overline{X_j}-\overline{X})^2}{k-1}$$

여기에서 분자를 집단 간 제곱합(sum of squares between groups : SSB)이라 하며, 분

모인 $k-1$은 SSB에 대한 자유도를 의미한다. 따라서 집단 간 평균제곱은 다음 공식에 의해 구해진다.

집단 간 평균제곱

$$MSB = \frac{SSB}{k-1}$$

$$SSB = \sum_{j=1}^{k} n_j(\overline{X}_j - \overline{X})^2$$

만약 귀무가설이 참이라면 MSB는 σ^2의 불편추정값을 제시한다. 그러나 만약 k개의 모집단 평균이 동일하지 않다면 MSB는 σ^2의 불편추정값이 될 수 없다. 실제로 그와 같은 경우에 MSB는 σ^2을 과다 계상하게 된다.

2 모집단 분산에 대한 집단 내 추정값

SOCIAL STATISTICS

σ^2의 집단 내 추정값을 집단 내 평균제곱(mean squares within group : MSW)이라 하며, 이에 대한 일반적 공식은 다음과 같다.

$$MSW = \frac{\sum_{j=1}(n_j - 1)s_j^2}{n_T - k}$$

여기에서 분자를 집단 내 제곱합(sum of squares within group : SSW)이라 하며 $n_T - k$는 SSW에 대한 자유도를 의미한다. 따라서 MSW의 공식은 다음과 같이 정리된다.

집단 내 평균제곱

$$MSW = \frac{SSW}{n_T - k}$$

$$SSW = \sum_{j=1}^{k}(n_j - 1)s_j^2$$

MSW는 각 집단 내의 변동에 기초한다는 것을 유념해야 하며 귀무가설이 참인지 여부에 영향을 받지 않는다. 따라서 MSW는 언제나 σ^2의 불편추정값을 제시한다.

일원분산분석은 총변동(total variation)을 집단 간 변동(between groups variation)과 집단 내 변동(within group variation)으로 분할하여 각 분산에 유의적인 차이가 있는지를 검정한다. 총변동(SST)은 집단 간 변동(SSB)과 집단 내 변동(SSW)의 합으로 표시된다.

$$SST = SSB + SSW$$

3 분산추정값의 비교 : F검정

SOCIAL STATISTICS

만약 귀무가설이 참이라면 MSB와 MSW는 모집단 분산 σ^2에 대한 두 개의 독립된 추정값을 제시한다. 귀무가설이 참이고 분산분석의 가정이 충족된 경우에 $\frac{MSB}{MSW}$ 비율은 분자는 $k-1$, 분모는 $n_T - k$의 자유도를 가지는 F분포를 보이게 된다. F분포의 일반적 형태는 [그림 12-1]에 나타나 있다. 만약 귀무가설이 참이라면 $\frac{MSB}{MSW}$ 비율은 이 분포로부터 파악될 수 있어야 한다. 그러나 만약 귀무가설이 거짓이라면 $\frac{MSB}{MSW}$ 비율은 과다하게 나타날 수밖에 없는데, 그 이유는 MSB가 σ^2에 대해 과다 계상을 하기 때문이다. 귀무가설의 기각을 유도하는 $\frac{MSB}{MSW}$ 비율은 [그림 12-1]의 분포에서 우측 면에 위치하는 경우이다.

[그림 12-1] MSB/MSW의 표집분포

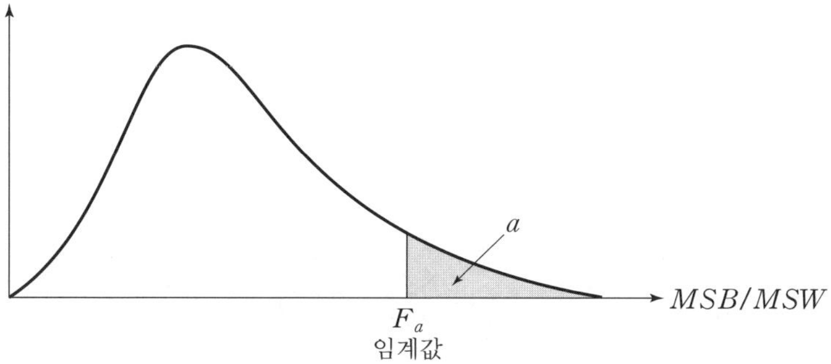

$\frac{MSB}{MSW}$ 비율을 바탕으로 귀무가설을 기각하는 경우에 이 비율은 k개 모집단의 평균의 동일성에 대한 가설검정의 검정통계량이 된다. 검정통계량은 다음과 같다.

분산분석에서의 F통계량

$$F_{k-1,\,n_T-1} = \frac{MSB}{MSW}$$

k개 모집단 평균의 동일성에 대한 분산분석 가설검정의 전반적인 과정을 정리하면 다음과 같다.

▶ STEP 1 가설설정

귀무가설(H_0) : $\mu_1 = \mu_2 = \cdots = \mu_k$

대립가설(H_a) : 모든 모집단 평균이 동일한 것은 아니다.

▶ STEP 2 유의수준 결정

▶ STEP 3 채택역 · 기각역 설정

분산분석은 항상 단측(우측)검정이기 때문에 F-분포에서의 기각역은 오른쪽에만 나타나게 된다.

▶ STEP 4 통계값 계산

$$F_{k-1,\,n_T-1} = \frac{MSB}{MSW}$$

▶ STEP 5 판단

$F \geq F_{\alpha}$인 경우에 귀무가설을 기각한다. 귀무가설이 기각될 경우 적어도 하나의 모집단 평균은 다른 모집단 평균과 다르다고 해석된다.

4 분산분석표의 작성

SOCIAL STATISTICS

지금까지의 일원분산분석의 계산과정의 결과는 분산분석표(*ANOVA* table)에 정리되어 제시된다. 기본적인 일원분산분석표(one-way *ANOVA* table)는 〈표 12-3〉과 같다.

〈표 12-3〉 일원분산분석표

	제곱합	자유도	평균제곱	F값
집단 간	$SSB = \sum_{j=1}^{k} n_j(\overline{X}_j - \overline{X})^2$	$k-1$	$MSB = \frac{SSB}{k-1}$	$\frac{MSB}{MSW}$
집단 내	$SSW = \sum_{j=1}^{k}(n_j - 1)s_j^2$	$n_T - k$	$MSW = \sum_{j=1}^{k}(n_j - 1)s_j^2$	
합계	$SST = \sum_{j=1}^{k}\sum_{i=1}^{n_j}(X_{ij} - \overline{X})^2$	$n_T - 1$		

분산분석은 전체 오차를 각 부분별로 구분하고자 실행하는 통계적 절차라고 할 수 있다. SST는 두 가지 제곱합, 즉 집단 간 제곱합(집단의 차이에 의한 제곱합)과 집단 내 제곱합(오차에 의한 제곱합)으로 나눌 수 있다. SST에 대한 자유도인 $n_T - 1$은 SSB의 자유도인 $k-1$과 SSW의 자유도인 $n_T - k$로 나눌 수 있다. 분산분석은 총제곱합과 자유도를 변동의 원천인 집단과 오차로 분할하는 과정이다. 제곱합을 각각의 자유도로 나눔으로써 분산추정치를 구할 수 있으며, 모집단 평균의 동일성에 대한 가설검정을 위한 F값을 구할 수 있게 된다.

5 개별집단 평균 차이에 대한 사후검정

SOCIAL STATISTICS

앞에서 설명된 일원분산분석 가설검정의 결과 귀무가설이 기각될 경우 집단 간에 차이가 있다고 결론을 내린다. 그러나 이 경우 어떤 집단들 간에 차이가 있었는지에 대한 설명은 이루어지고 있지 않다. 즉, [사례 1]의 예에서 귀무가설이 기각되었다면, 그 이유가 $\mu_A \neq \mu_B$이기 때문인지, 아니면 $\mu_A \neq \mu_C$이기 때문인지, 혹은 $\mu_B \neq \mu_C$이기 때문인지([사례 1]의 경우 집단의 수가 5개이므로 개별집단 평균 차이의 모든 경우의 수는 10이다) 아니면 모든 모집단 평균이 서로 같지 않기 때문인지를 알 수가 없다. 따라서, 어느 집단들 간에 차이가 있는지를 알기 위해서는 추가적인 분석방법이 필요한데 이러한 방법을 사후비교(post hoc comparison)라고 한다.

사후비교방법에는 Fisher의 최소유의차 검정방법(least significant difference : *LSD*), Tukey의 *HSD*(honestly significant difference)방법, Scheffé's *S*방법 등이 주로 사용되나 여기에서는 Fisher의 *LSD*방법과 Tukey의 *HSD*방법에 대해 간단히 설명하고자 한다.

먼저, Fisher의 *LSD*방법은 신뢰구간을 이용한 다중비교방식으로 자유도 $n-k$의 t-분포가 사용된다. 이 경우 모든 처리에 있어 모집단 분산은 동일하다고 가정한다.

두 모집단 평균의 차이에 대한 신뢰구간은 다음 공식으로 결정된다.

$$(\overline{X}_1 - \overline{X}_2) \pm t_{n-k, \frac{\alpha}{2}} \cdot \sqrt{MSW(\frac{1}{n_1} + \frac{1}{n_2})}$$

판단은 신뢰구간에 0이 포함되면 두 집단의 평균 간에 유의적인 차이가 없다고 결정한다.

다음으로 Tukey의 *HSD*방법은 모든 집단의 표본 수가 같고 모든 집단 간의 평균값을 1 대 1로 비교할 때 Fisher의 *LSD*나 Scheffe's *S*방법보다 통계적 검정력이 강하다고 할 수 있다. Tukey의 *HSD* 방법에 의한 임계값은 다음 공식으로 구한다.

$$HSD = q\sqrt{\frac{MSW}{n}}$$

여기에서 MSW는 집단 내 제곱합이며, q는 α수준과 MSW의 자유도를 의미한다. Tukey의 *HSD*방법은 양측검정을 하며, 따라서 *HSD*임계값보다 큰 경우에만 유의한 차이가 있는 평균값들임을 나타낸다.

SOCIAL STATISTICS

제3절 이원분산분석

이원분산분석(two-way *ANOVA*)은 두 개의 독립변수 또는 요인이 종속변수의 값에 영향을 미치는지에 대한 분석모형이다. 즉 이원분산분석은 두 개의 요인에 의해 자료를 분류하여 평균을 비교할 때 사용하는 통계기법이다. 이원분산분석은 두 요인 간의 상호작용이 없는 무작위 블록설계(randomized block design)분석과 두 요인 간의 상호작용 효과를 분석할 수 있는 2요인 분산분석으로 구분된다.

1 무작위 블록설계 분석

SOCIAL STATISTICS

무작위 블록설계 분석이란 실험단위들을 동질적인 여러 개의 블록으로 묶어서 실험단위의 이질성 때문에 생길 수 있는 실험의 오차를 블록의 효과로 설명하고자 하는 실험계획을 의미한다. 따라서, 무작위 블록설계 분석에서는 집단의 효과와 블록의 효과를 나타내는 두 개의 요인이 있다.

여기에서는 k개의 집단의 수와 b개의 블록의 수에 의해 모집단이 구별되는 무작위 블록설계 분석에 대하여 설명하고자 한다. 무작위 블록설계 분석에 의한 이원분산분석의 기본 모형은 다음과 같다.

$$X_{ij} = \mu + \alpha_i + \beta_j + \epsilon_{ij}$$

μ : 모집단 평균

α_i : i번째 블록의 효과, $\sum_{i=1}^{b} \alpha_i = 0$

β_j : j번째 집단의 효과, $\sum_{j=1}^{k} \alpha_j = 0$

ϵ_{ij} : 서로 독립이며 평균이 0이고 분산이 σ^2인 정규분포($\epsilon_{ij} \sim N(0, \sigma^2)$)를 갖는 오차항

무작위 블록설계 분석에서 검정하고자 하는 귀무가설은 k개의 집단의 차이가 종속변수에 영향을 미치지 않는다이므로 다음과 같다.

$$\text{귀무가설}: \beta_1 = \beta_2 = \cdots = \beta_{k-1}$$

무작위 블록설계 분석은 총변동(total variation)을 집단에 의한 변동(SSG)과 블록에 의한 변동(SSB), 오차변동(SSE)으로 분할하여 각 분산에 유의적인 차이가 있는지를 검정한다.

$$SST = SSG + SSB + SSE$$

① 집단에 의한 변동

$$SSG = \sum_{j=1}^{b}\sum_{i=1}^{k}(\overline{X}_{i.} - \overline{X}_{..})^2 = b\sum_{i=1}^{k}(\overline{X}_{i.} - \overline{X}_{..})^2 = \frac{\sum_{i=1}^{k} X_{i.}^2}{b} - \frac{X_{..}^2}{kb}$$

② 블록에 의한 변동

$$SSB = \sum_{i=1}^{k}\sum_{j=1}^{b}(\overline{X}_{.j} - \overline{X}_{..})^2 = b\sum_{j=1}^{k}(\overline{X}_{.j} - \overline{X}_{..})^2 = \frac{\sum_{j=1}^{b} X_{.j}^2}{b} - \frac{X_{..}^2}{kb}$$

③ 오차변동

$$SSE = \sum_{i=1}^{k}\sum_{j=1}^{b}(X_{ij} - \overline{X}_{i.} - \overline{X}_{.j} + \overline{X}_{..})^2 = \sum_{i=1}^{k}\sum_{j=1}^{b}X_{ij} - \frac{\sum_{i=1}^{b} X_{i.}^2}{b} - \frac{\sum_{i=1}^{b} X_{.j}^{\ 2}}{k} + \frac{X_{..}^{\ 2}}{kb}$$

④ 총변동

$$SST = \sum_{i=1}^{k}\sum_{j=1}^{b}(X_{ij} - \overline{X}_{..})^2 = \sum_{i=1}^{k}\sum_{j=1}^{b}X_{ij}^2 - \frac{X_{..}^{\ 2}}{kb}$$

여기에서 집단제곱합, 블록제곱합, 오차제곱합의 자유도는 각각 $k-1$, $b-1$, $(b-1)(k-1)$이며, 총제곱합의 자유도는 $(k-1)+(b-1)+(k-1)(b-1)$이므로 $kb-1$이다. 각 제곱합들은 각각의 자유도를 갖는 카이제곱분포를 갖는다.

각 제곱합을 자유도로 나눈 통계량을 평균제곱이라 하고, 블록평균제곱, 집단평균제곱, 오차평균제곱을 각각 MSB, MSG, MSE로 표시한다. 집단효과의 차이가 없다는 귀무가설을 검정하기 위해서는 다음과 같은 통계량을 사용한다.

$$\frac{\frac{MSG}{\sigma^2}}{\frac{MSE}{\sigma^2}} = \frac{MSG}{MSE}$$

$\frac{SSG}{\sigma^2}$는 자유도가 $k-1$인 카이제곱분포를 갖고, $\frac{SSE}{\sigma^2}$는 자유도가 $(b-1)(k-1)$인 카이제곱분포를 갖고, SSG와 SSE는 독립이므로, 이 통계량 $\frac{MSG}{MSE}$는 귀무가설하에서 자유도가 $k-1$과 $(b-1)(k-1)$인 F분포를 갖는다. 따라서, $\frac{MSG}{MSE}$가 F분포의 임계값보다 크면 귀무가설을 기각하고 집단이 종속변수에 효과를 미친다고 결론내릴 수 있다.

무작위 블록설계 분석에 의한 기본적인 이원분산분석표(two-way *ANOVA* table)는 다음과 같다.

〈표 12-4〉 무작위 블록설계 분산분석표

변동요인	제곱합(SS)	자유도	평균제곱(MS)	F
집단	SSG	$k-1$	MSG	$\frac{MSG}{MSE}$
블록	SSB	$b-1$	MSB	$\frac{MSB}{MSE}$
오차	SSE	$(k-1)(b-1)$	MSE	
합계	SST	$kb-1$		

무작위 블록설계 분석에서 가설검정은 집단효과에 대한 가설검정과 블록효과에 대한 가설검정이 별도로 이루어진다.

먼저, 집단효과에 대한 가설검정이다. 무작위 블록설계 분석에서 블록의 효과를 모형에 포함시킨 것은 실험오차를 줄여서 집단효과를 좀 더 정확하게 추론을 하기 위한 것이지 블록의 효과 자체에 관심이 있어서 포함시킨 것은 아니다. 따라서, 블록의 효과에 대한 귀무가설은 일반적으로 세우지 않는다.

▶ STEP 1 가설설정

귀무가설 : $\beta_1 = \beta_2 = \cdots = \beta_{k-1}$

대립가설 : 집단효과 중 적어도 하나는 0이 아니다.

▶ STEP 2 유의수준 결정

▶ STEP 3 채택역 · 기각역 설정

분자의 자유도 $(k-1)$과 분모의 자유도 $(k-1)(b-1)$을 갖는 F분포를 사용하여 임계값 $F_{k-1,(k-1)(b-1):\alpha}$를 결정한다.

▶ STEP 4 통계값 계산

$$F=\frac{\frac{SSG}{k-1}}{\frac{SSE}{(k-1)(b-1)}}=\frac{MSG}{MSE}$$

▶ STEP 5 판단

$F \geq F_\alpha$인 경우에 귀무가설을 기각한다.

다음은 블록효과에 대한 가설검정이다.

▶ STEP 1 가설설정

귀무가설 : $\alpha_1 = \alpha_2 = \cdots = \alpha_{k-1}$

대립가설 : 블록효과 중 적어도 하나는 0이 아니다.

▶ STEP 2 유의수준 결정

▶ STEP 3 채택역 · 기각역 설정

분자의 자유도 $(k-1)$과 분모의 자유도 $(k-1)(b-1)$을 갖는 F분포를 사용하여 임계값 $F_{k-1,(k-1)(b-1):\alpha}$를 결정한다.

▶ STEP 4 통계값 계산

$$F=\frac{\frac{SSB}{b-1}}{\frac{SSE}{(k-1)(b-1)}}=\frac{MSB}{MSE}$$

▶ STEP 5 판단

$F \geq F_\alpha$인 경우에 귀무가설을 기각한다.

2 2요인 이원분산분석

SOCIAL STATISTICS

2요인 이원분산분석은 두 개의 요인 가운데 어느 요인에 분산의 원인이 있는지 그리고 두 요인의 상호작용효과를 검정할 수 있는 분석이다. 여기에서는 집단 수 I를 갖는 요인 A와 집단 수 K를 갖는 요인 B의 2요인에 의해 모집단이 구별되는 2요인 이원분산분석을 설명한다. 여기에서 관찰값은 X_{ijk}로 표시하는데, i는 요인 A에서의 수준을, j는 요인 B의 수준을 나타내고, k는 집단 내의 위치를 나타낸다.

2요인 이원분산분석에서 관찰값 X_{ijk}의 기본모형은 다음과 같다.

$$X_{ijk} = \mu + \alpha_i + \beta_j + \gamma_{ij} + \epsilon_{ijk}$$

μ : 모집단 평균

α_i : 요인 A의 i번째 수준의 효과, $\sum_{i=1}^{I} \alpha_i = 0$

β_j : 요인 B의 j번째 수준의 효과, $\sum_{j=1}^{J} \beta_j = 0$

γ_{ij} : 요인 A와 요인 B의 상호작용 효과, $\sum_{i=1}^{I} \gamma_{ij} = \sum_{j=1}^{J} \gamma_{ij} = 0$

ϵ_{ij} : 서로 독립이며 평균이 0이고 분산이 σ^2인 정규분포 ($\epsilon_{ij} \sim N(0, \sigma^2)$)를 갖는 오차항

이 기본모형에서 검정하고자 하는 귀무가설들은 다음과 같다.

① 모든 i, j에 대하여 $\gamma_{ij} = 0$이다. 즉, 두 요인 A와 B의 상호작용이 종속변수의 변화요인이 되지 않는다.

② 모든 i에 대하여 $\alpha_i = 0$이다. 즉, 상호작용이 없을 경우에 요인 A가 종속변수에 영향을 미치지 않는다.

③ 모든 j에 대하여 $\beta_j = 0$이다. 즉, 상호작용이 없을 경우에 요인 B가 종속변수에 영향을 미치지 않는다.

그런데 이러한 귀무가설 가운데 첫 번째인 상호작용에 대한 귀무가설이 기각되면 다른 두 귀무가설인 두 번째와 세 번째의 귀무가설은 별 의미가 없다.

2요인 이원분산분석은 총변동(total variation)을 요인 A와 요인 B의 각각의 처리변동(treatment variation)과 요인 A와 요인 B의 상호작용에 의한 처리변동, 오차변동(random variation)으로 분할하여 각 분산에 유의적인 차이가 있는지를 검정한다. 총변동(SST)

은 요인 A에 의한 변동(SSA)과 요인 B에 의한 변동(SSB), 요인 A와 요인 B의 상호작용에 의한 변동($SSAB$), 오차변동(SSE)의 합으로 표시된다.

$$SST = SSA + SSB + SSAB + SSE$$

① 요인 A에 의한 변동

$$SSA = Jk\sum_{i=1}^{I}(\overline{X_{i}..} - \overline{X...})^2 = \sum_{i=1}^{I}\frac{X^2...}{IJk}$$

② 요인 B에 의한 변동

$$SSB = Ik\sum_{j=1}^{J}(\overline{X_{.j.}} - \overline{X}...)^2 = \sum_{j=1}^{J}\frac{X^2_{.j.}}{Ik} - \frac{X^2...}{IJk}$$

③ 요인 A와 요인 B의 상호작용에 의한 변동

$$SSAB = k\sum_{i=1}^{I}\sum_{j=1}^{J}(\overline{X}_{.j.} - \overline{X}_{i..} - \overline{X}_{.j.} + \overline{X}...)^2$$

$$= \frac{\sum_{i=1}^{I}\sum_{j=1}^{J}X^2_{ij.}}{k} - \frac{\sum_{i=1}^{I}X^2_{i..}}{Jk} - \frac{\sum_{j=1}^{J}X^2_{.j.}}{Jk} + \frac{X^2...}{IJk}$$

④ 오차변동

$$SSE = \sum_{i=1}^{I}\sum_{j=1}^{J}\sum_{k=1}^{k}(X_{ijk} - \overline{X}_{ij.})^2 = \sum_{i=1}^{I}\sum_{j=1}^{J}\sum_{k=1}^{k}X^2_{ijk} - \frac{\sum_{i=1}^{I}\sum_{j=1}^{J}X^2_{ij.}}{k}$$

⑤ 총변동

$$SST = \sum_{i=1}^{I}\sum_{j=1}^{J}\sum_{k=1}^{k}(X_{ijk} - \overline{X}...)^2 = \sum_{i=1}^{I}\sum_{j=1}^{J}\sum_{k=1}^{k}X^2_{ijk} - \frac{X^2...}{IJk}$$

오차항이 정규분포를 갖는다고 가정하였으므로 귀무가설들이 참이라면 위의 제곱합들은 오차항들의 모분산 σ^2으로 나눈 통계량들은 자유도가 요인 A에 의한 제곱합은 $I-1$, 요인 B에 의한 제곱합은 $J-1$, 상호작용에 의한 제곱합은 $(I-1)(J-1)$, 오차제곱합은 $IJ(k-1)$인 카이제곱분포를 갖는다. 총변동은 자유도가 $(I-1)+(J-1)+(I-1)(J-1)+IJ(k-1)$, 즉 $IJk-1$인 카이제곱분포를 갖는다. 따라서, 각 귀무가설에 해당하는 카이제곱 통계량의 값이 작다면 그 귀무가설을 채택할 것이다. 그러나 모분산 σ^2을 모르므로 이 통계량들에서 모분산 대신 추정값을 사용하여야 하는데, σ^2

의 추정량으로 오차평균제곱(MSE)을 사용한다. 따라서, 귀무가설들을 검정하기 위한 통계량들은 다음과 같다.

$$\text{요인 } A\text{의 효과}: \frac{MSA}{MSE}$$

$$\text{요인 } B\text{의 효과}: \frac{MSB}{MSE}$$

$$\text{상호작용 효과}: \frac{MSAB}{MSE}$$

2요인 이원분산분석표는 〈표 12-5〉와 같다.

〈표 12-5〉 2요인 이원분산분석표

변동요인	제곱합(SS)	자유도	평균제곱(MS)	F
요인 A	SSA	$I-1$	MSA	$\frac{MSA}{MSE}$
요인 B	SSB	$J-1$	MSB	$\frac{MSB}{MSE}$
상호작용	$SSAB$	$(I-1)(J-1)$	$MSAB$	$\frac{MSAB}{MSE}$
오차	SSE	$IJ(k-1)$	MSE	
합계	SST	$IJk-1$		

2요인 이원분산분석에 의한 가설검정은 각 요인별 처리효과에 대한 가설검정과 상호작용 효과에 대한 가설검정이 별도로 이루어진다. 먼저, 요인 A의 처리효과에 대한 가설검정과정을 살펴보면 다음과 같다.

▸ STEP 1 가설설정

귀무가설 : $\alpha_1 = \alpha_2 = \cdots = \alpha_I = 0$

대립가설 : 요인 A에 의한 처리효과 가운데 적어도 하나는 0이 아니다.

▸ STEP 2 유의수준 결정

▸ STEP 3 채택역 · 기각역 설정

분자의 자유도 $(I-1)$과 분모의 자유도 $IJ(k-1)$을 갖는 F분포를 사용하여 임계값 $F_{I-1, IJ(k-1):\alpha}$를 결정한다.

▶ STEP 4 통계값 계산

$$F = \frac{\frac{SSA}{I-1}}{\frac{SSE}{IJ(k-1)}} = \frac{MSA}{MSE}$$

▶ STEP 5 판단

$F \geq F_\alpha$인 경우에 귀무가설을 기각한다.

요인 B의 처리효과에 대한 가설검정과정은 다음과 같다.

▶ STEP 1 가설설정

귀무가설 : $\beta_1 = \beta_2 = \cdots = \beta_I = 0$

대립가설 : 요인 B에 의한 처리효과 가운데 적어도 하나는 0이 아니다.

▶ STEP 2 유의수준 결정

▶ STEP 3 채택역·기각역 설정

분자의 자유도 $(J-1)$과 분모의 자유도 $IJ(k-1)$을 갖는 F분포를 사용하여 임계값 $F_{J-1, IJ(k-1):\alpha}$를 결정한다.

▶ STEP 4 통계값 계산

$$F = \frac{\frac{SSB}{J-1}}{\frac{SSE}{IJ(k-1)}} = \frac{MSB}{MSE}$$

▶ STEP 5 판단

$F \geq F_\alpha$인 경우에 귀무가설을 기각한다.

마지막으로 요인 A와 요인 B의 상호작용 효과에 대한 가설검정과정은 다음과 같다.

▶ STEP 1 가설설정

귀무가설 : $(\alpha\beta)_{ij} = 0$ for all i, j

대립가설 : 요인 A와 요인 B의 상호작용 효과 가운데 적어도 하나는 0이 아니다.

▶ STEP 2 유의수준 결정

▶ STEP 3 채택역 · 기각역 설정

분자의 자유도 $(I-1)(J-1)$과 분모의 자유도 $IJ(k-1)$을 갖는 F분포를 사용하여 임계값 $F_{(I-1)(J-1), IJ(k-1):\alpha}$를 결정한다.

▶ STEP 4 통계값 계산

$$F = \frac{\dfrac{SSAB}{(I-1)(J-1)}}{\dfrac{SSE}{IJ(k-1)}} = \frac{MSAB}{MSE}$$

▶ STEP 5 판단

$F \geq F_{\alpha}$인 경우에 귀무가설을 기각한다.

부록 12장 SPSS : 분산분석

12.1 SPSS의 일원배치 분산분석

다음 자료는 국가별 탄소배출량 자료이다. 경제수준별로 탄소배출량에 차이가 있는지 $\alpha = 0.05$의 유의수준에서 검정하시오.

후진국	중진국	선진국
14.9	17.1	16.9
14.6	18.1	17.4
15.8	16.8	18.6
18.4	16.2	18.5
15.7	17.8	19.4
15.9	18.3	19.5
18.3	19.1	20.1
15.3	16.7	19.4
15.1	17.1	18.8
15.4	18.1	17.4
16.9	17.1	17.6
16.7	19.3	21.1
19.3	18.8	20.5
19.4	20.1	20.4
16.3	17.2	19.5
16.8	17.7	19.8
16.1	17.8	19.6
15.6	18.1	18.4
16.4	17.5	18.4
15.9	18.1	18.6

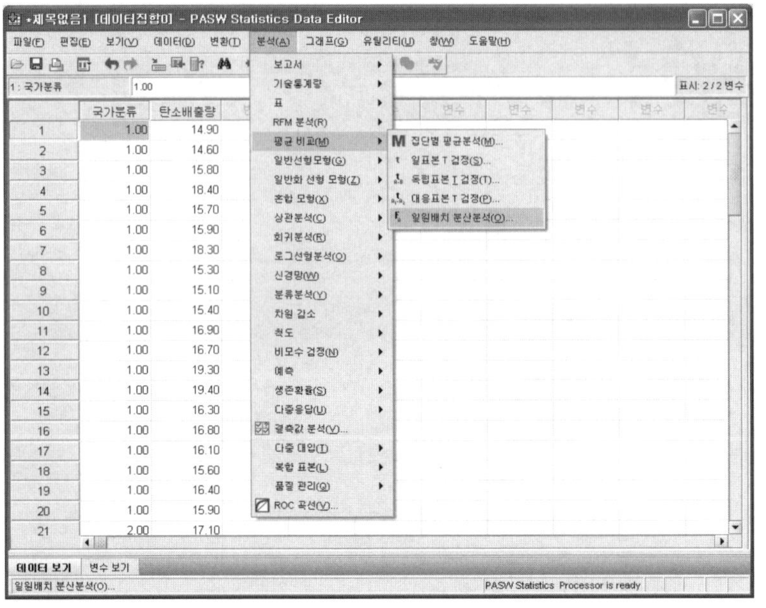

▸ **STEP 1**

국가별 탄소배출량 자료를 입력한 후, SPSS 메뉴에서 "분석" → "평균비교" → "일원배치분산분석"을 차례로 선택한다. 자료 입력은 첫 행인 "국가분류"의 경우 후진국은 1, 중진국은 2, 선진국은 3을 부여하여 입력한다.

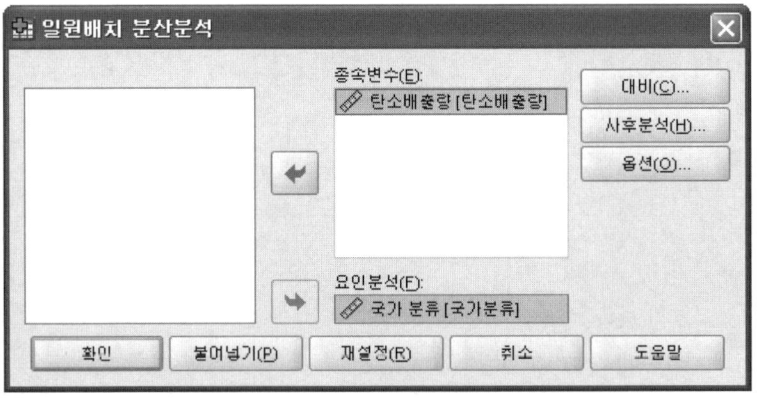

▸ **STEP 2**

[STEP 1]을 실행하면 위의 화면이 나타나는데, 이때 "탄소배출량" 변수는 "종속변수"로 이동시키고, "국가분류" 변수는 "요인분석"으로 이동시킨다.

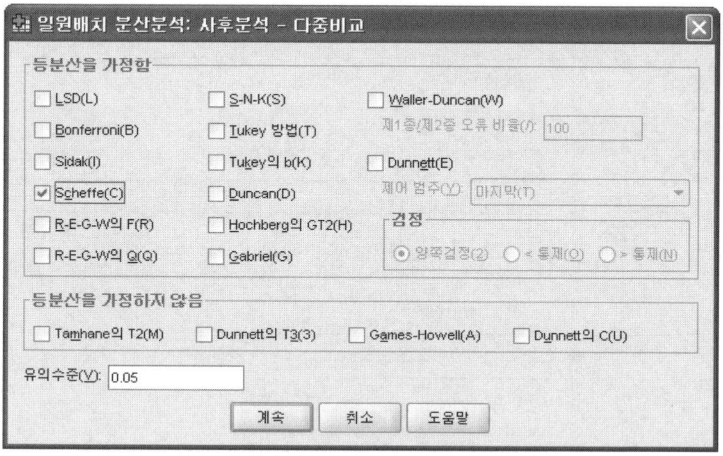

▸ **STEP 3**

[STEP 2]의 화면에서 오른쪽 상단의 "사후분석"을 클릭하면 위의 화면이 나타난다. 여기에서는 위의 화면과 같이 Scheffe(C)를 선택하여 그 결과를 해석하도록 한다.

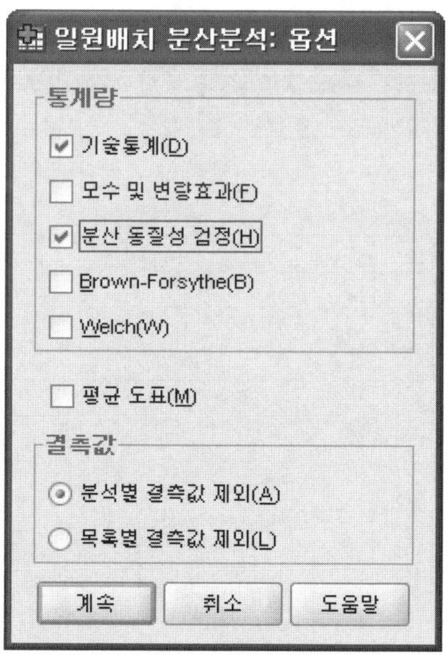

▸ **STEP 4**

[STEP 2]의 화면에서 오른쪽 상단의 "옵션"을 클릭하면 위의 화면이 나타난다. 여기에서는 "기술통계", "분산 동질성 검정", "분석별 결측값 제외" 등을 선택한다. 분석결과에서 각각이 어떤 식으로 나타나는지 살펴볼 것이다.

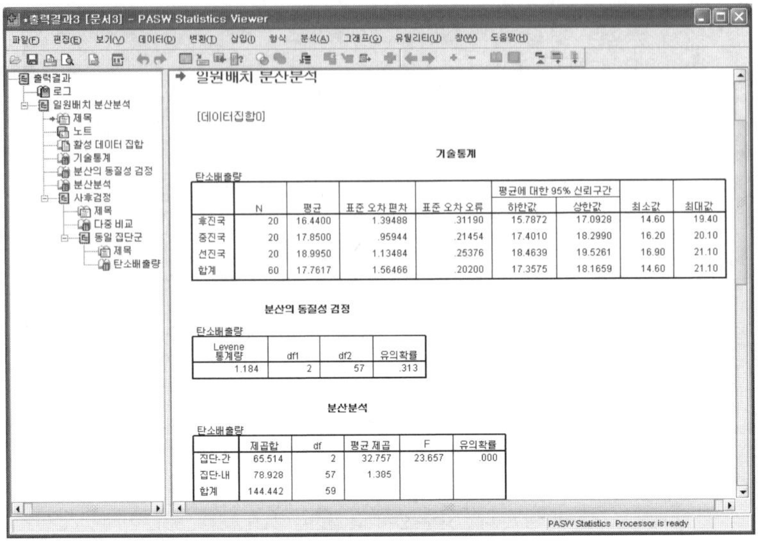

▸ **STEP 5–1**

일원배치 분산분석의 결과로 기술통계, 분산의 동질성 검정, 분산분석표를 보여주고 있다.

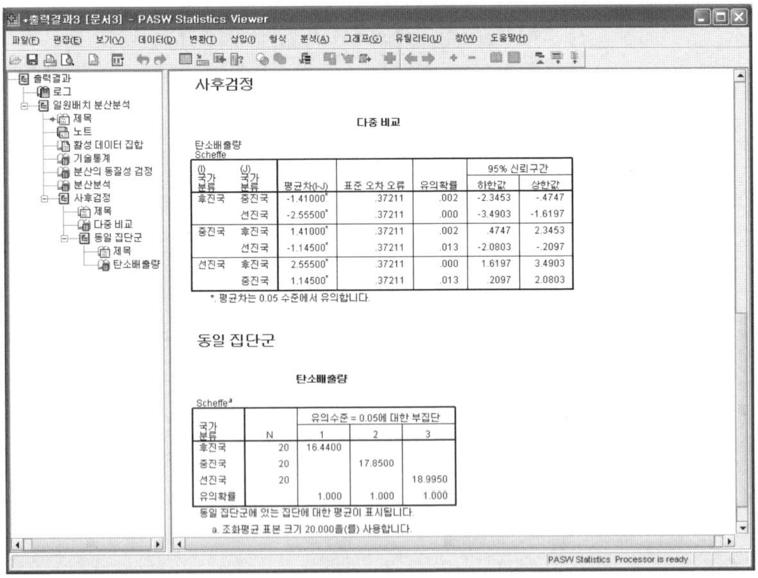

▸ **STEP 5–2**

[STEP 5–1]의 화면에 이어지는 것으로, 일원배치 분산분석의 결과로 사후검정과 동일집단군 검정 결과를 보여주고 있다.

[분석결과 해석]

먼저, 기술통계를 살펴보면, 20개 후진국의 탄소배출량 평균은 16.44, 표준편차는 1.39, 20개 중진국의 탄소배출량 평균은 17.85, 표준편차는 0.96, 그리고 20개 선진국의 탄소배출량 평균은 19.00, 표준편차는 1.13이다. 60개 국가 전체의 탄소배출량 평균은 17.76, 표준편차는 1.56이다.

선진국, 중진국, 후진국 세 집단의 모집단이 등분산을 가지고 있는지를 검정하기 위하여 분산의 동질성 검정을 실시한 결과 Levene 통계량이 1.184이고 유의확률이 .313이므로 95% 유의수준에서 각 집단들의 분산은 동일하다고 할 수 있다. 분산분석의 가정 중에서 각 모집단의 분산은 동일해야 한다는 등분산성(homogeneity)의 원리가 있음을 상기하자.

세 번째 표인 분산분석표를 살펴보면, F값은 23.657이며 유의확률은 .000으로 나타나 95% 유의수준에서 귀무가설을 기각하고 대립가설을 채택한다고 할 수 있다. 즉, 선진국, 중진국, 후진국, 세 집단 중에서 적어도 한 집단 이상 간에 탄소배출량의 차이가 있다고 말할 수 있다.

선진국, 중진국, 후진국, 세 집단 중에서 어떤 집단 사이에 탄소배출량의 차이가 있는지를 살펴보기 위하여 사후검정을 실시하였다. 사후검정 분석결과에서 "*" 표시가 있는 경우 95% 유의수준에서 집단 간 차이가 있다고 해석한다. [STEP 5-2]의 결과에서 보듯이 선진국, 중진국, 후진국 모든 국가 간에 탄소배출량의 차이가 있는 것으로 나타났다.

사후검정의 결과는 동일집단군 검정에서도 같은 결과임을 알 수 있다. 동일집단군 분석 결과에 따르면 세 집단 간에 95% 유의수준에서 통계적으로 탄소배출량의 차이가 존재한다고 할 수 있다.

12.2 SPSS의 일반선형모형

앞의 국가별 탄소배출량 자료를 이용하여 SPSS의 일반선형모형방법으로 분석하는 과정을 살펴보도록 하자.

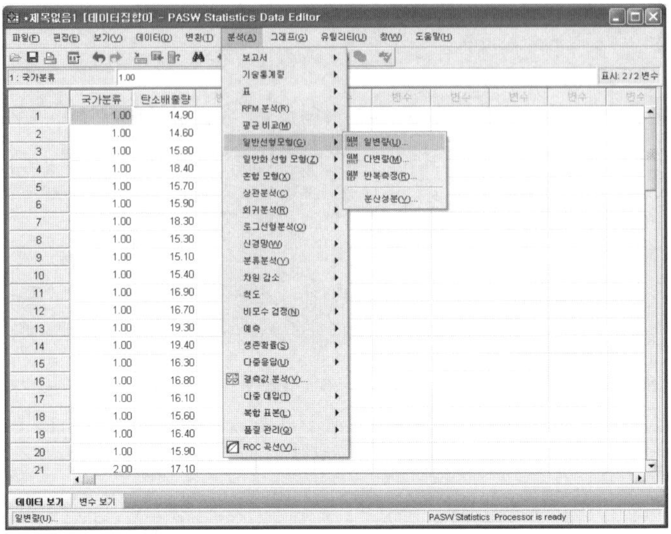

▸ **STEP 1**

국가별 탄소배출량 자료를 입력한 후, SPSS 메뉴에서 "분석" → "일반선형모형" → "일변량"을 차례로 선택한다.

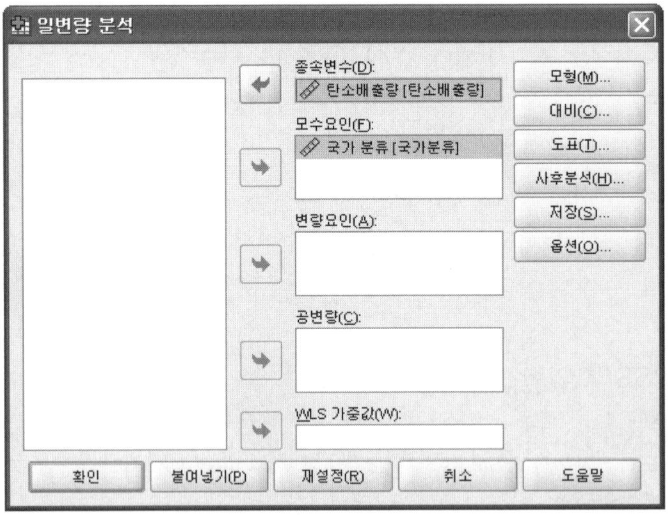

▸ **STEP 2**

[STEP 1]을 실행하면 위의 화면이 나타난다. 왼쪽 상자에서 "탄소배출량" 변수를 "종속변수"로 이동시키고, "국가분류" 변수를 "모수요인"으로 이동시킨다.

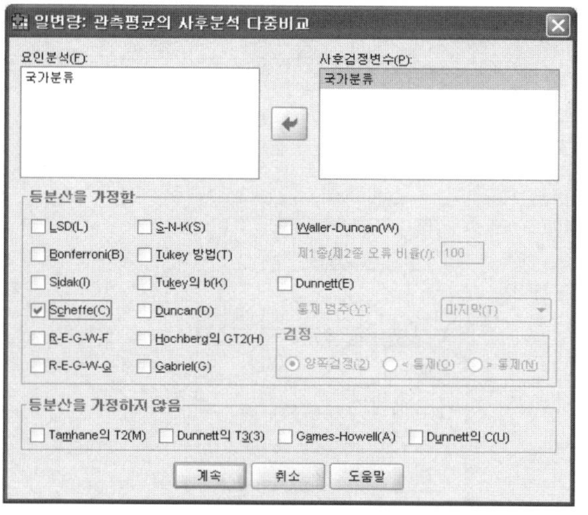

▸ **STEP 3**

집단이 세 집단 이상일 경우 "사후분석"을 실시한다. [STEP 2]의 화면에서 오른쪽 상단에서 "사후분석"을 클릭한다. "요인분석"에 있는 "국가분류" 변수를 "사후검정변수"로 이동시키고, Scheffe를 선택한다.

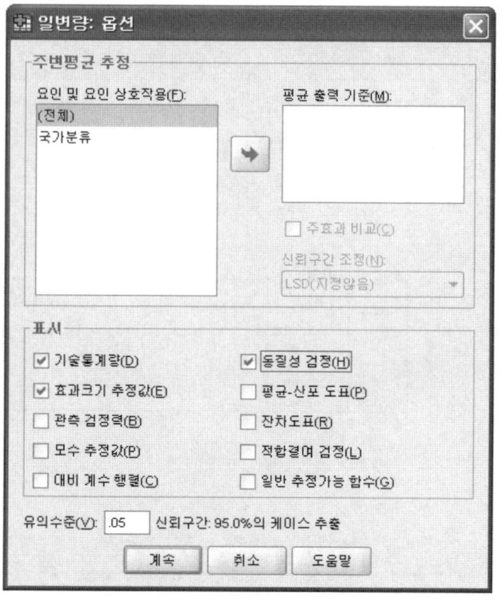

▸ **STEP 4**

[STEP 2]의 화면에서 오른쪽 상단에 있는 "옵션"을 클릭한다. "옵션"에서 기술통계량, 효과크기 추정값, 동질성 검정을 선택한다.

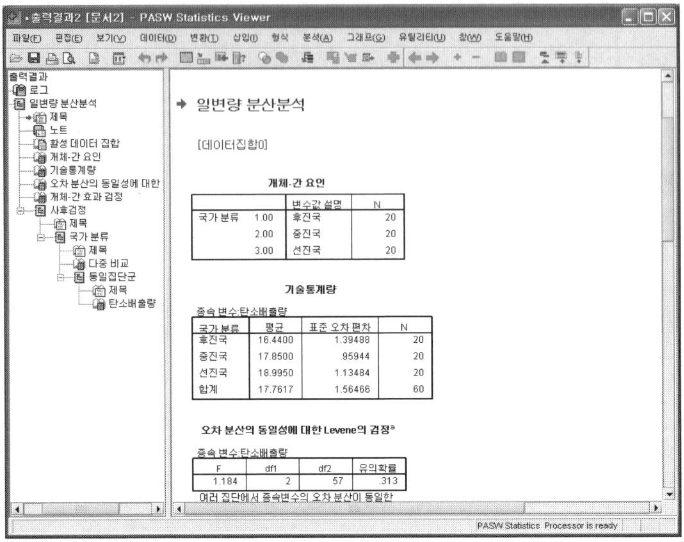

▸ **STEP 5–1**

일변량 분산분석 결과로 개체-간 요인, 기술통계량 결과가 제시되어 있다.

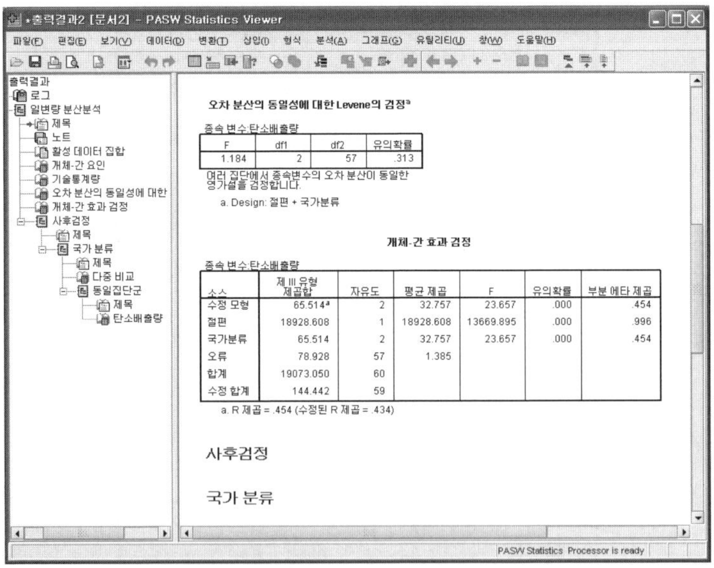

▸ **STEP 5–2**

[STEP 5–1]의 분석결과에 이어지는 내용으로 일변량 분산분석 결과로 오차 분산의 동질성에 대한 Levene의 검정, 개체-간 효과 검정 결과가 제시되어 있다.

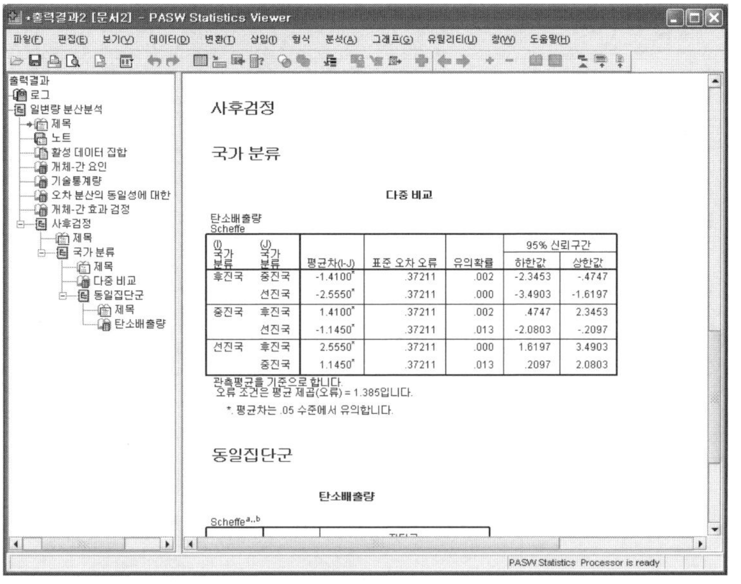

▸ **STEP 5–3**

[STEP 5–2]의 분석결과에 이어지는 내용으로 사후검정 결과가 제시되어 있다.

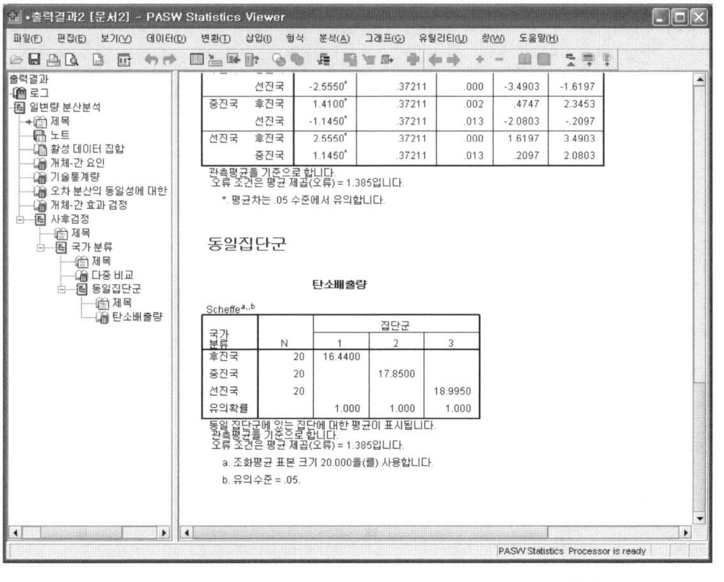

▸ **STEP 5–4**

[STEP 5–3]의 분석결과에 이어지는 내용으로 동일집단군 검정 결과가 제시되어 있다.

12.3 이원분산분석

다음 탄소배출량 자료를 이용하여 이원분산분석(two-way *ANOVA*)을 실시하는 방법을 살펴보도록 하자. 자료는 후진국, 중진국, 선진국 각 7개국, 총 21개국을 임의로 추출하였으며, 또한 각 국가에서 소도시, 중도시, 대도시 각 1개씩을 임의로 추출하여 그 도시의 탄소배출량을 조사하였다.

후진국			중진국			선진국		
소도시	중도시	대도시	소도시	중도시	대도시	소도시	중도시	대도시
14.9	15.3	16.3	17.1	16.7	17.2	16.9	19.4	19.5
14.6	15.1	16.8	18.1	17.1	17.7	17.4	18.8	19.8
15.8	15.4	16.1	16.8	18.1	17.8	18.6	17.4	19.6
18.4	16.9	15.6	16.2	17.1	18.1	18.5	17.6	18.4
15.7	16.7	16.4	17.8	19.3	17.5	19.4	21.1	18.4
15.9	19.3	15.9	18.3	18.8	18.1	19.5	20.5	18.6
18.3	19.4	19.3	19.1	20.1	20.1	20.1	20.4	21.1

‣ STEP 1

국가별 탄소배출량 자료를 입력한다. 첫 번째 행에 국가분류(후진국 : 1, 중진국 : 2, 선진국 : 3), 두 번째 행에 도시분류(소도시 : 1, 중도시 : 2, 대도시 : 3), 세 번째 행에 탄소배출량을 입력한다. 그 후, SPSS 메뉴에서 "분석" → "일반선형모형" → "일변량"을 차례로 선택한다.

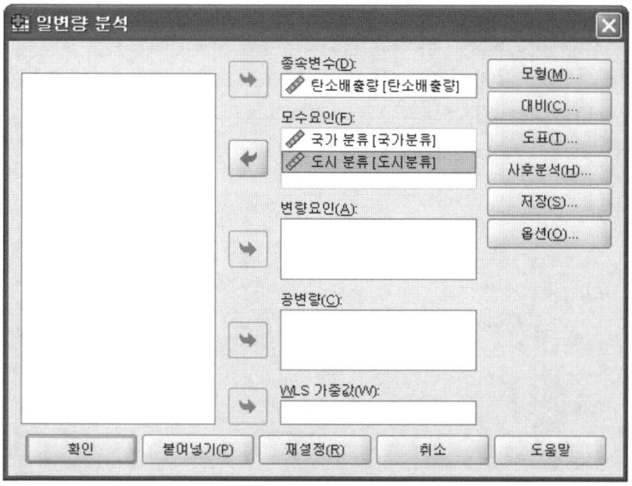

‣ **STEP 2**

[STEP 1]을 실행하면 위와 같은 화면이 나타나는데, 이때 "탄소배출량"을 "종속변수"로 이동시키고, "국가분류"와 "도시분류"를 "모수요인"으로 이동시킨다.

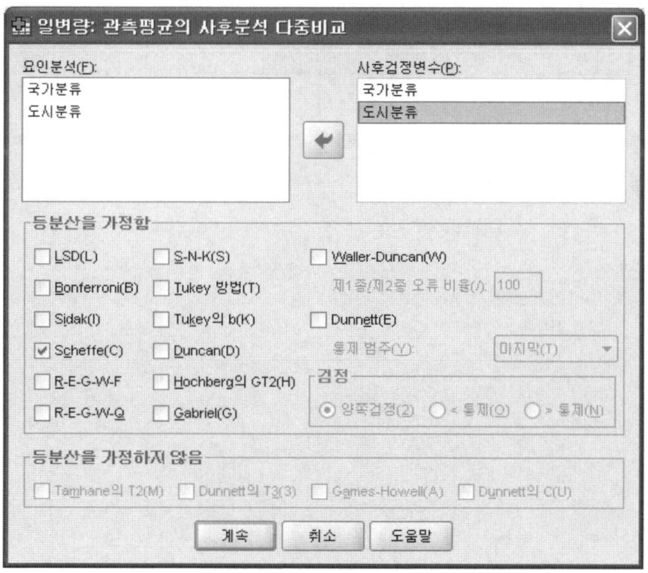

‣ **STEP 3**

[STEP 2]의 화면에서 오른쪽의 "사후분석"을 클릭하면 위와 같은 화면이 나타난다. 집단이 세 집단 이상일 경우 사후분석을 실시하므로, "요인분석" 상자에 있는 "국가분류"와 "도시분류" 변수를 "사후검정변수" 상자로 이동시킨다. "등분산을 가정함" 부분에서 "Scheffe(C)"를 선택한다.

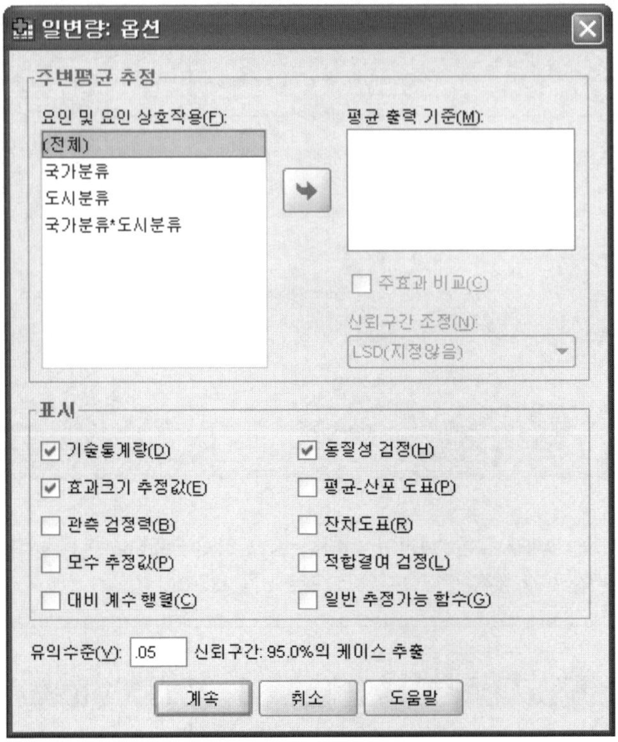

‣ **STEP 4**

[STEP 2]의 화면에서 오른쪽의 "옵션"을 선택한 후, "표시" 부분에서 "기술통계량", "효과크기 추정값", "동질성 검정"을 선택한다.

일변량 분산분석

[데이터집합0]

개체-간 요인

		변수값 설명	N
국가 분류	1.00	후진국	21
	2.00	중진국	21
	3.00	선진국	21
도시 분류	1.00	소도시	21
	2.00	중도시	21
	3.00	대도시	21

기술통계량

종속 변수:탄소배출량

국가 분류	도시 분류	평균	표준 오차 편차	N
후진국	소도시	16.2286	1.52721	7
	중도시	16.8714	1.83004	7
	대도시	16.7429	1.52846	7
	합계	16.6143	1.57680	21
중진국	소도시	17.6286	.98947	7
	중도시	18.1714	1.28155	7
	대도시	17.9571	.67295	7
	합계	17.9190	.98723	21
선진국	소도시	18.6286	1.15717	7
	중도시	19.3143	1.45193	7
	대도시	19.3429	.97614	7
	합계	19.0952	1.19770	21
합계	소도시	17.4952	1.55321	21
	중도시	18.1190	1.78203	21
	대도시	18.0143	1.51898	21
	합계	17.8762	1.61941	63

▸ STEP 5–1 분석결과

이원분산분석의 결과로서, 각 독립변수에 대한 설명과 사례 수가 제시되어 있는 "개체 - 간 요인"과 각 독립변수의 집단에 따른 탄소배출량의 평균, 표준편차, 사례 수가 제시되어 있는 "기술통계량"이 나타나 있다.

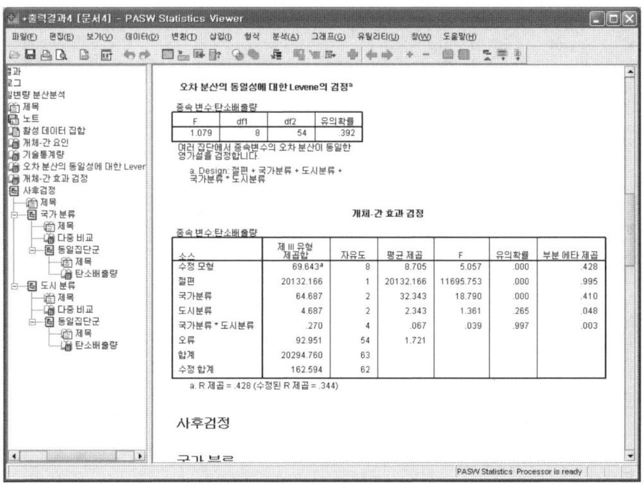

오차 분산의 동일성에 대한 Levene의 검정[a]

종속 변수:탄소배출량

F	df1	df2	유의확률
1.079	8	54	.392

여러 집단에서 종속변수의 오차 분산이 동일한 영가설을 검정합니다.

a. Design: 절편 + 국가분류 + 도시분류 + 국가분류 * 도시분류

개체-간 효과 검정

종속 변수:탄소배출량

소스	제 III 유형 제곱합	자유도	평균 제곱	F	유의확률	부분 에타 제곱
수정 모형	69.643[a]	8	8.705	5.057	.000	.428
절편	20132.166	1	20132.166	11695.753	.000	.995
국가분류	64.687	2	32.343	18.790	.000	.410
도시분류	4.687	2	2.343	1.361	.265	.048
국가분류 * 도시분류	.270	4	.067	.039	.997	.003
오류	92.951	54	1.721			
합계	20294.760	63				
수정 합계	162.594	62				

a. R 제곱 = .428 (수정된 R 제곱 = .344)

사후검정

▸ STEP 5–2 분석결과

[STEP 5–1]에 이어지는 내용으로, "오차 분산의 동일성에 대한 Levene의 검정"과 이원분산분석의 결과가 제시되어 있는 "개체-간 효과검정"이 나타나 있다.

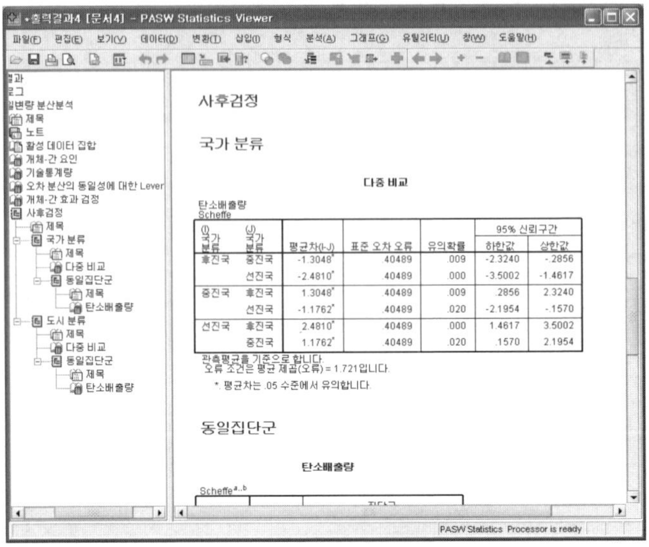

▸ STEP 5-3 분석결과

[STEP 5-2]에 이어지는 내용으로, [STEP 3]에서 설정한 사후검정 결과가 제시되어 있는 "다중비교" 결과가 나타나 있다. 먼저, "국가분류" 변수의 사후검정 결과이다. 표의 "평균차이(I-J)"에 "*" 표시는 두 집단 간의 차이가 95% 유의수준에서 통계적으로 유의미함을 의미한다.

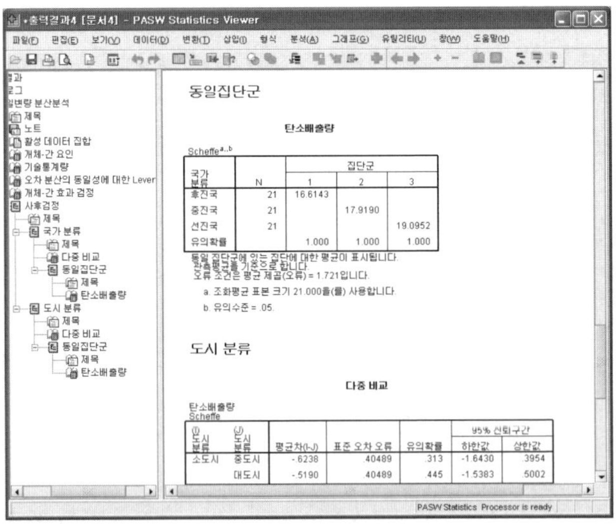

▸ STEP 5-4 분석결과

[STEP 5-3]에 이어지는 내용으로, "국가분류" 변수의 사후검정 결과로 "동일집단군" 내용이 나타나 있다.

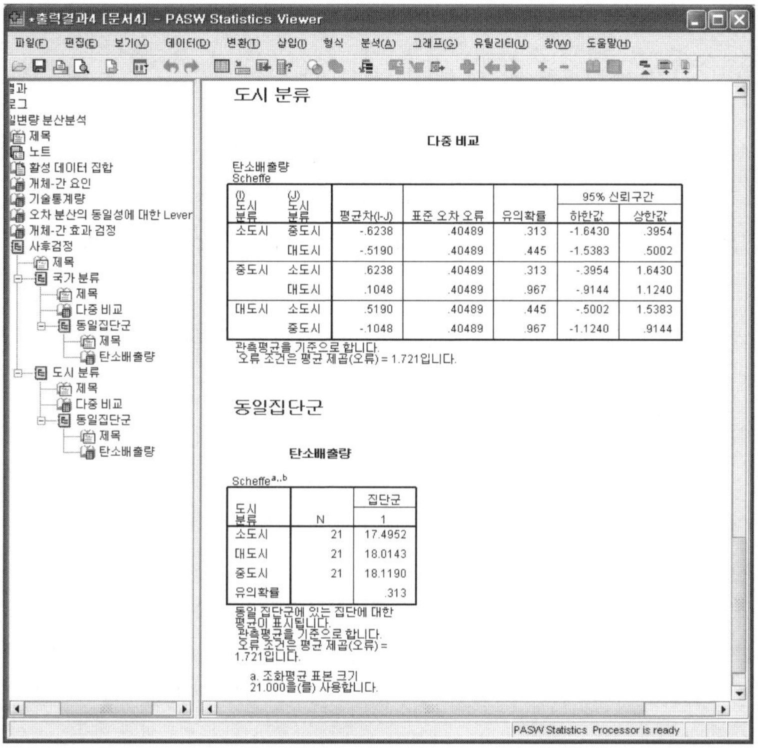

도시 분류

다중 비교

탄소배출량
Scheffe

(I) 도시 분류	(J) 도시 분류	평균차(I-J)	표준 오차 오류	유의확률	95% 신뢰구간 하한값	95% 신뢰구간 상한값
소도시	중도시	-.6238	.40489	.313	-1.6430	.3954
	대도시	-.5190	.40489	.445	-1.5383	.5002
중도시	소도시	.6238	.40489	.313	-.3954	1.6430
	대도시	.1048	.40489	.967	-.9144	1.1240
대도시	소도시	.5190	.40489	.445	-.5002	1.5383
	중도시	-.1048	.40489	.967	-1.1240	.9144

관측평균을 기준으로 합니다.
오류 조건은 평균 제곱(오류) = 1.721입니다.

동일집단군

탄소배출량

Scheffe[a,,b]

도시 분류	N	집단군 1
소도시	21	17.4952
대도시	21	18.0143
중도시	21	18.1190
유의확률		.313

동일 집단군에 있는 집단에 대한 평균이 표시됩니다.
관측평균을 기준으로 합니다.
오류 조건은 평균 제곱(오류) = 1.721입니다.

a. 조화평균 표본 크기 21.000을(를) 사용합니다.

▸ **STEP 5–5 분석결과**

[STEP 5–4]에 이어지는 내용으로, "도시분류" 변수의 사후검정 결과로 "다중비교"와 "동일집단군" 결과가 나타나 있다.

[분석결과 해석]

[STEP 5–2]의 "개체–간 효과검정" 표에서 보는 바와 같이, "국가분류"와 "도시분류" 변수 간에는 상호작용 효과가 없는 것으로 나타났다($F=0.039$, $df=4$, $p=.997$). 즉, 국가의 특성에 따라 도시 규모 간의 탄소배출량의 차이는 없는 것으로 나타났다. 이를 좀 더 자세히 살펴보면, 후진국의 경우 중도시(평균 : 16.87)가 소도시(평균 : 16.23)와 대도시(평균 : 16.74)에 비해 탄소배출량이 더 많은 것으로 나타났다. 중진국의 경우에도 중도시(평균 : 18.17)가 소도시(평균 : 17.63)와 대도시(평균 : 17.96)에 비해 탄소배출량이 더 많은 것으로 나타났다. 그러나 선진국의 경우에는 대도시(평균 : 19.34)가 소도시(평균 : 18.63)와 중도시(평균 : 19.31)에 비해 탄소배출량이 더 많은 것으로 나타났다.

상호작용 효과가 통계적으로 의미가 있을 경우에는 개별 독립변수의 주 효과는 분석하지 않는다. 상호작용 효과가 없을 때에만 개별 독립변수의 주 효과를 분석한다. 이 사례에서는 독립변수 간의 상호작용 효과가 없는 것으로 나타났기 때문에 개별 독립변수의 주 효과를 분석한다.

[STEP 5-2]의 "개체-간 효과검정" 표에서 보는 바와 같이, "국가분류" 변수의 주 효과의 F값 18.790, p값은 .000으로서 0.05보다 작기 때문에, 95% 유의수준에서 통계적으로 유의미한 것으로 나타났다. 즉, 국가의 경제 수준에 따라 탄소배출량에 차이가 있는 것으로 나타났다. "도시분류" 변수의 경우, 주 효과의 F값은 1.361, p값은 0.265로서 0.05보다 크기 때문에, 95% 유의수준에서 통계적으로 유의미하지 않은 것으로 나타났다. 즉, 도시의 규모에 따라 탄소배출량에 차이가 없는 것으로 나타났다.

[STEP 5-2]의 "개체-간 효과검정" 표의 마지막 행에 나타나 있는 에타계수가 제시되어 있는데, "부분 에타 제곱"은 다른 독립변인의 주 효과와 상호작용 효과를 통제한 상태에서 종속변수에 미치는 영향력을 보여준다. 에타계수의 제곱은 다중회귀분석의 결정계수와 같다.

이 사례에서, "도시분류" 변수와 "국가분류"와 "도시분류"의 상호작용 효과는 각각 95% 유의수준에서 통계적으로 유의미하지 않은 것으로 나타났다. 반면, "국가분류" 변수는 95% 유의수준에서 통계적으로 유의미하며, 부분 에타 제곱값은 .410으로, "국가분류" 변수의 설명력은 36.7%이다.

주요 용어와 공식

SOCIAL STATISTICS

- **분산분석**(Analysis of Variance : *ANOVA*) : 셋 이상의 모집단 평균이 동일한 것이라는 가설을 검정하기 위한 통계적 방법
- **F분포**(F-distribution) : 정규 모집단의 분산에 대한 두 개의 독립적인 추정치 간의 비율에 기초한 분포. 이 분포는 k개의 모집단 평균의 동일성을 검정하는 데 사용된다.
- **분산분석표**(*ANOVA* table) : 분산 계산과 결과를 요약하기 위해 활용하는 표. 이 표에서는 분산의 원천과 제곱합, 자유도, 평균제곱합, F통계량을 담고 있다.
- **분할**(partitioning) : 총제곱합과 자유도를 각 분산요소에 분할하는 과정

처리 j의 단순 평균 : $\overline{x}_j = \dfrac{\sum_{i=1}^{n_j} x_{ij}}{n_j}$

처리 j의 단순 분산 : $s_j^2 = \dfrac{\sum_{i=1}^{n_j} (x_{ij} - \overline{x}_j)^2}{n_j - 1}$

전체 표본평균 : $\overline{\overline{x}} = \dfrac{\sum_{j=1}^{k}\sum_{i=1}^{n_j} x_{ij}}{n_T}$ $\quad (n_T = n_1 + n_2 + \cdots + n_k)$

처리평균제곱 : $MSTR = \dfrac{SSTR}{k-1}$

처리제곱합 : $SSTR = \sum_{j=1}^{k} n_j (\overline{x}_j - \overline{\overline{x}})^2$

오차평균제곱 : $MSE = \dfrac{SSE}{n_T - k}$

오차제곱합 : $SSE = \sum_{j=1}^{k} (n_j - 1) s_j^2$

k개의 모집단 평균의 동일성에 대한 검정통계량 : $F = \dfrac{MSTR}{MSE}$

총제곱합 : $SST = \sum_{j=1}^{k}\sum_{i=1}^{n_j} (x_{ij} - \overline{\overline{x}})^2$

총제곱합의 분할 : $SST = SSTR + SSE$

연습문제

SOCIAL STATISTICS

01 태릉대학교, 신촌대학교, *syrho* 대학교 학생의 한 달 용돈에 차이가 있는지를 검정하고자 한다. 각 대학별로 5명의 학생을 무작위로 추출하여 한 달 용돈을 조사한 결과가 다음과 같다. 다음 자료를 이용하여 세 대학 학생의 한 달 용돈에 차이가 있는지를 유의수준 5%에서 검정하시오.

태릉대학교	192	194	196	200	198
신촌대학교	198	200	210	218	204
syrho 대학교	202	208	214	210	216

02 앞의 1번에서 귀무가설이 기각되어 세 대학 학생의 한 달 용돈에 차이가 있다는 결론을 얻었다. 세 대학 가운데 어느 대학 학생들 간의 한 달 용돈이 차이가 나는지를 유의수준 5%에서 사후비교 방법을 활용하여 검정하시오.

03 태릉도서주식회사의 CEO인 한샛별은 판매하는 도서 분야별(인문학, 사회과학, 자연과학), 판매지역별(강원도, 경기도, 충청도, 전라도, 경상도)로 판매량에 차이가 있는가를 조사하였다. 다음 자료를 이용하여 유의수준 5%에서 도서분야별로 그리고 판매지역별로 판매량에 차이가 있는지를 검정하시오. 단 도서 종류와 판매지역 간의 상호작용 효과는 존재하지 않는다고 가정한다.

판매지역 / 도서분야	강원도	경기도	충청도	전라도	경상도
인문학	700	1,100	1,300	800	900
사회과학	900	1,200	1,100	900	1,000
자연과학	1,200	1,400	800	700	1,300

04 태릉대학교 황은진 교수는 학생의 경제수준과 외국 거주기간에 따른 영어 능력을 조사하였다. 다음 자료를 이용하여 학생의 경제수준을 요인 A라 하고, 외국 거주기간을 요인 B로 하여 2요인 이원분산분석에 의하여 유의수준 5%에서 각 요인별 처리효과와 상호작용 효과를 검정하시오. 경제수준을 나타내

는 요인 A는 상류층, 중산층, 취약층 세 개의 집단으로 구분하고, 외국 거주기간을 나타내는 요인 B는 1년 미만, 1년 이상~3년 미만, 3년 이상의 세 개의 집단으로 구분하였다. 각 셀당 4명의 학생을 추출하여 총 36명의 학생을 대상으로 20문제를 출제하여 정답 수에 대한 자료가 주어졌다.

	1년 미만	1년 이상~3년 미만	3년 이상
상류층	10, 6, 8, 4	9, 3, 5, 7	12, 10, 12, 10
중산층	9, 9, 6, 12	8, 6, 14, 12	6, 8, 10, 8
취약층	6, 4, 4, 6	12, 13, 15, 16	8, 12, 11, 13

05 2003년 시행 제47회 행정고등고시 제2차 시험

어느 인터넷 쇼핑 기업에서 기존회원의 활성화 캠페인으로서 회원에게 A : 1,000원의 사이버 머니를 제공하는 방법, B : 서비스 안내책자를 우송하는 방법, C : 무(無)조치를 비교하고자 한다. 그리고 캠페인의 효과는 캠페인 후 한 달간의 인터넷 쇼핑금액으로 측정한다고 하자.

5-1. 두 방법의 효과를 비교하는 실험을 구체적으로 설계하시오.

5-2. 분석방법을 제시하시오.

제 13 장

상관분석

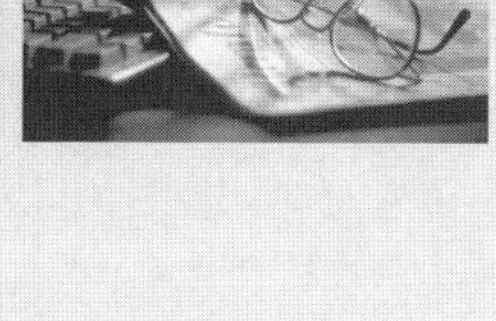

신앙이 깊은 나라는 가난하다?

"신(God)과 마몬(Mammon, 신약성경에 나오는 부의 신)이 싸우면, 대체로 마몬이 이긴다."

미국의 시사 월간지 「어틀랜틱 먼슬리」는 최신호(3월호)에서 세계 44개국의 국민소득과 종교적 신앙심의 관계를 조사한 퓨 리서치 센터 보고서를 인용해, "종교의 힘이 강한 나라일수록 가난하고, 1인당 국민소득이 높아질수록 종교의 영향력이 줄어든다"고 보도했다. 잡지는 또 "9 · 11 테러 이후 종교의 영향력이 다시 부활한 것처럼 보이지만, 실제로는 많은 나라에서 소득 증가와 함께 세속화 경향이 뚜렷하다"고 분석했다.

국민 소득이 높은 서부 유럽에서 종교의 영향력은 대체로 약하다. 최근 영국과 프랑스 등에서 이슬람과 기독교의 갈등이 사회 문제로 대두했지만, 서유럽에서 가장 종교적 국가였던 스페인과 아일랜드에서조차 현재 세속화 경향이 뚜렷하다. 가톨릭 교회가 지배했던 스페인에서는 최근 동성 결혼과 동성 커플의 자녀 입양을 합법화했다. 아일랜드의 성당들도 교인 수가 크게 감소해 애를 먹는다. 동유럽의 폴란드는 공산 독재에 맞섰던 자유노조가 가톨릭 신앙을 기초로 결성됐을 정도로 신앙심이 강했다. 그러나 경제성장과 함께 분위기가 바뀌고 있다. 작년에는 가톨릭의 지지를 받는 총리가 총선에서 처음으로 패했다.

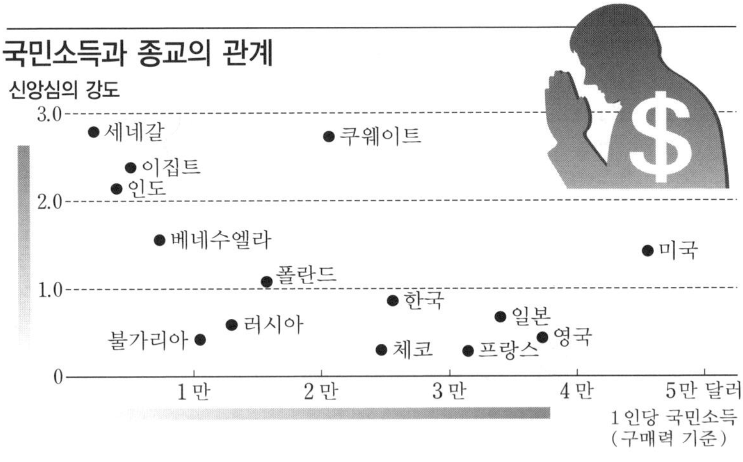

그러나 가난한 대륙 아프리카는 정반대 방향으로 가고 있다. 나이지리아의 북부 12개 주는 최근 이슬람 율법(샤리아)을 채택하고, 이를 강제할 특별 종교 경찰을 창설했다고 「어틀랜틱 먼슬리」는 전했다. 이에 따라 기독교인들과의 갈등도 커졌다.

퓨 리서치에 따르면, 이집트인의 99%와 요르단인의 97%는 "도덕적인 사람이 되기 위해서는 반드시 신을 믿어야 한다"고 응답했다. 그러나 터키 · 쿠웨이트 · 사우디아라

비아 등 상대적으로 부유한 중동 국가의 국민들은 다수가 이슬람 근본주의보다 근대화를 선호한다. 중동의 부국(富國) 아랍에미리트연합의 두바이는 미국 라스베이거스의 카지노 자본을 유치하려고 애쓴다.

아시아 국가들도 대체로 국민소득과 종교적 신앙심이 반비례하는 것으로 나타났다. 이슬람 색채가 강한 인도네시아는 국민소득이 낮지만, 종교 색이 옅은 대만 · 싱가포르 · 중국 등은 소득이 높거나 경제성장 속도가 빠르다. 인도에서도 2004년 힌두교 정당이 연정에서 밀려났다.

예외인 나라가 미국. 미국인의 신앙심은 남미 국가와 거의 같은 수준이지만, 국민소득은 훨씬 높다. 이에 대한 「어틀랜틱 먼슬리」의 설명은 이렇다. "미국인 중에서 실제로 종교적 논쟁이나 역사에 대해 잘 아는 사람은 거의 없다. 신앙인의 수가 많은 것에 비해서, 실제 이들이 지닌 신앙의 깊이는 얕다."

출처 : 조선일보 2008년 2월 21일 목요일 A21면.

SOCIAL STATISTICS

제1절 상관분석의 의의

상관분석(correlation analysis)은 변수 사이의 관련 정도 및 방향성을 검정하고자 할 때 이용하는 통계방법이다. 상관분석의 사례로 앞의 국민소득과 종교적 신앙심의 경우에서 "종교의 힘이 강한 나라일수록 가난하고, 1인당 국민소득이 높아질수록 종교의 영향력이 줄어든다"고 표현하고 있다. 두 변수, "국민소득"과 "종교적 신앙심"의 관련성 정도를 표현하고 있으며, 또한 두 변수 사이의 관계가 다른 방향, 즉 한 변수의 증감이 다른 변수의 증감과 다른 방향으로 나간다는 것을 보여주고 있다. 이렇듯 상관분석은 어떤 한 변수가 다른 변수와 관련이 있다면 어느 정도로 그리고 어떤 방향으로 관련이 있는지를 분석하고자 할 때 사용하는 방법이다. 예를 들어, 교육 수준과 소득 간의 관련성이 있는지의 여부와 관련성이 있다면 어느 정도로 그리고 어떤 방향으로 관련이 있는지를 분석할 때, 키와 몸무게의 관련성이 있다면 어느 정도로 그리고 어떤 방향으로 관련이 있는지를 분석할 때, 상관분석을 이용한다.

상관분석의 발전 : Galton과 Pearson

본래 상관분석과 회귀분석은 Galton(1822~1911)에 의해 처음으로 제시되었다. Galton은 상관을 2변수 정규분포로 전제하고 2변수 정규분포의 타원형의 모양 음미를 위하여 고안한 것이다. Galton은 그 타원형의 모양을 두 표준화 변수 간의 관련(association *or* correlation)의 정도로 정의했다. 2변수 정규분포의 입체는 마치 엎어 놓은 종이 평면 위에 닿는 곳의 모양을 뜻한다. 만약에 그 종이 보통의 것이라면 그 모양은 원형이 되어 두 변수 간에 관련이 없는 것이고, 그 모양이 직각좌표 위에 대각선으로 타원을 이루면 두 변수 간에 관련이 있는 것으로, 그리고 그 모양이 선형으로 점점 폭이 좁아지면 그들 간의 관련은 더 높아지는 것으로 정의하고 있다. Galton은 이와 같이 두 변수 간의 관련정도의 측도를 상관계수(correlation coefficient)라 했다.

그 후 Galton의 후계자인 Pearson(1857~1936)은 상관계수를 단순히 2변수 정규분포에서 두 변수 간의 관련 정도만으로 해석하지 않고 확대 해석했다. 즉, Pearson은 모집단이 정규분포가 아닌 경우의 상관계수도 생각하게 되었다. 그리고 상관계수의 정의와 더불어 계산공식까지 제시했는데 그는 이것을 상승적률상관(product-moment correlation)이라 했다. 후일 우리는 Pearson이 발견, 제시한 그 상관계수를 가리켜 피어슨상승적률상관 또는 줄여서 피어슨상관(Pearson correlation)이라 한다. 여기서 상관이란 상관계수를 의미한다.

피어슨상관은 측정방법이나 그 뜻에 있어서 Galton이 제시한 것과 같다. 다만 전제가 다르다는 것과 또 Galton의 그것은 기하학적인 개념인 데 비해 피어슨상관은 통계적 방법의 하나로 제시되었다.

출처 : 윤기중. 1997. 「통계학」. 제3전정판. 서울 : 법문사, pp.423-424.

상관분석의 종류는 단순상관분석(simple correlation analysis), 중상관분석(multiple correlation analysis), 그리고 편상관분석(partial correlation analysis) 등이 있다. 일반적으로 상관분석이라 하면 단순상관분석을 의미하는데, 단순상관분석이란 두 변수의 관련성 및 방향성을 분석하는 통계방법이다. 이에 비해, 중상관분석이란 하나의 변수와 두 변수 이상의 관련성 및 방향성을 분석하는 통계방법이며, 편상관분석이란 다른 변수들의 관련성을 통제하고 두 변수 간의 순수한 관련성을 분석하는 통계방법이다. 상관분석의 종류를 그림으로 표현하면 [그림 13-1]과 같다.

[그림 13-1] 상관분석의 종류

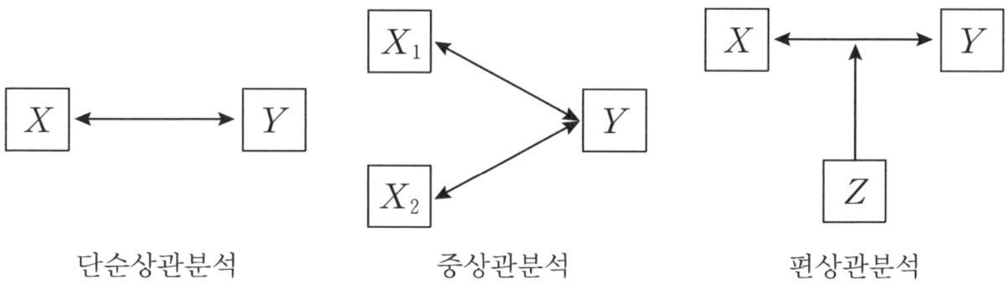

SOCIAL STATISTICS

제2절 상관관계와 상관계수

상관분석은 변수 사이의 관련 정도 및 방향성을 검정하고자 할 때 이용하는 통계방법이라고 하였다. 변수 사이의 관련성을 의미하는 상관관계는 한 변수의 분산과 다른 변수가 함께 변화하는 공분산이 어느 정도인가에 따라 결정된다. 공통으로 변화하는 부분이 클수록 상관관계는 높아질 것이고, 그 반대로 공통으로 변화하는 부분이 작을수록 상관관계의 정도는 낮아진다. 공통으로 변화하는 부분이 완전히 일치되면 완전한 상관관계를 의미하며, 공통으로 변화하는 부분이 하나도 없으면 변수 간에 상관관계가 전혀 없다는 것을 의미한다. 이렇게 변수 간의 관련성과 방향성 정도를 측정하는 지수가 상관계수(correlation coefficient : γ)이며, 상관계수의 제곱을 결정계수(γ^2)라고 하는데 이는 상관관계의 설명력을 의미한다.

두 변수 간의 관계를 나타내는 통계량인 상관계수를 이해하기 위해서는 공분산의 개념을 이해하는 것이 선행되어야 한다. 이미 제 5 장에서 공분산과 상관계수에 대하여 설명한 바 있다. 여기에서는 두 개념을 보다 명확히 하기 위하여 우선 국민소득과 종교적 영향력의 사례를 이용하여 간략히 두 개념을 설명하고자 한다.

공분산은 두 변수 간의 상호 관련성에 대한 방향을 분석하는 데 목적이 있다. 즉, 국민소득이 높으면 종교적 영향력이 낮아질 것인가와 같이 국민소득과 종교적 영향력 사이의 관계를 밝혀 주는 통계량이 공분산이다. 만약, 국민소득이 높아질 때 종교적 영향력도 동시에 높아지거나 혹은 국민소득이 낮아질 때 종교적 영향력도 낮아진다면 공분산은 양수(+)가 될 것이다. 반면, 국민소득이 높아질 때 종교적 영향력은 낮아지거나 혹은 국민소득이 낮아질 때 종교적 영향력이 높아진다면 공분산은 음수(−)가 된다. 공분산은 두 변수 간의 상호 관련성에 대한 방향을 파악하는 데 유리한 통계량이므로, 공분산은 수치 자체가 중요한 것이 아니라 변수간의 상호 관련성에 대한 방향을 나타내는 공분산의 부호가 중요하다. 그러나 공분산이 반드시 두 변수 간의 인과관계를 의미하는 것은 아니므로 공분산의 값을 토대로 두 변수 사이에 반드시 인과관계가 존재한다는 오류를 범해서는 안 된다.

공분산은 두 변수 간의 상호 관련성에 대한 방향만을 파악할 수 있으며, 두 변수 간의 상호 관련성의 정도를 파악하지는 못한다는 문제점이 있다. 이러한 공분산의 문제점을 극복하기 위하여 변수의 측정 단위와 상관없이 두 변수 간 관련성 및 방향성의 정도를 파악할 수 있도록 해 주는 것이 상관계수이다. 상관계수는 두 변수의 Z값(표준화된 점수)의 공분산을 의미한다.

공분산과 상관계수의 관계는 제 5 장에서 설명한 바와 같이, 공분산을 두 변수의 표준편차의 곱으로 나누어 표준화한 값이 상관계수임을 알 수 있다. 즉, 상관계수는 한 변수가 1의 표준편차만큼 증가하였을 경우, 이에 상응하는 또 다른 변수의 평균적인 표준편차의 변화를 보여주는 통계량이다. 예를 들어, 국민소득과 종교적 영향력이란 두 변수의 상관계수가 −0.3이라고 할 때, 이는 평균값보다 1 표준편차 높은 국민소득을 가진 국가가 종교적 영향력 평균값보다 $\frac{1}{3}$의 표준편차만큼 더 낮을 것이라는 것을 의미한다.

모집단과 표본의 상관계수를 구하는 식은 다음과 같다. 이 식은 Pearson이 제시한 것으로 두 변수 모두 연속척도(등간 또는 비율 척도)에 의해 측정된 변수일 때 사용하며, 또한 정규분포를 따르는 두 변수 X와 Y가 선형관계라는 가정에서 사용된다.

모집단과 표본의 상관계수

$$\text{모집단}: \rho_{XY} = \frac{\sigma_{XY}}{\sigma_X \sigma_Y}$$

$$\text{표본}: r_{XY} = \frac{S_{XY}}{S_X S_Y}$$

$$r_{XY} = \frac{n\sum X_i Y_i - \sum X_i \sum Y_i}{\sqrt{n\sum X_i^2 - (\sum X_i)^2}\sqrt{n\sum Y_i^2 - (\sum Y_i)^2}}$$

예제 13-1 다음 자료를 활용하여 두 변수 간의 상관계수를 구하시오.

X	9.5	8.0	6.0	7.0	9.0	9.0	7.5
Y	38	32	24	29	36	42	30

상관계수를 구하는 공식인 $r_{XY}=\dfrac{n\sum X_iY_i-\sum X_i\sum Y_i}{\sqrt{n\sum X_i^2-(\sum X_i)^2}\sqrt{n\sum Y_i^2-(\sum Y_i)^2}}$ 를 활용하기 위하여 다음 표와 같은 계산과정을 거치면,

X_i	Y_i	X_i^2	Y_i^2	X_iY_i
9.5	38	90.25	1,444	361
8.0	32	64.00	1,024	256
6.0	24	36.00	576	144
7.0	29	49.00	841	203
9.0	36	81.00	1,296	324
9.0	42	81.00	1,764	378
7.5	30	56.25	900	225
56.0	231	457.50	7,845	1,891

$$\begin{aligned} r_{XY} &= \frac{n\sum X_iY_i-\sum X_i\sum Y_i}{\sqrt{n\sum X_i^2-(\sum X_i)^2}\sqrt{n\sum Y_i^2-(\sum Y_i)^2}} \\ &= \frac{7(1{,}891)-(56)(231)}{\sqrt{7(457.5)-(56)^2}\sqrt{7(7{,}845)-(231)^2}} \\ &= 0.93 \end{aligned}$$

이러한 상관계수의 특징을 정리하면 다음과 같다.

첫째, 상관계수는 -1에서 1 사이($-1 \le \gamma \le 1$)의 값을 가진다. 두 변수 간의 상관관계가 높을수록 -1 또는 1에 가까운 값을 갖게 되며, 반면 두 변수 간의 상관관계가 낮을수록 0에 가까운 값을 갖게 된다.

둘째, 상관계수가 1이면 완전한 양의 상관관계, -1이면 완전한 음의 상관관계를 의미한다.

셋째, 상관계수가 0이면 두 변수 간에 상관관계가 전혀 없다는 것을 의미한다. 즉, 두 변수는 독립적이라는 의미이다.

이러한 상관계수는 두 변수의 단위가 달라도 표준편차로 나누어 표준화되므로 변수

의 단위(scale)의 변화에 영향을 받지 않는다. 또한, 상관관계가 반드시 변수들 간의 인과관계를 의미하지는 않는다.

상관관계와 인과관계

Walter Kramer의 다음 서술을 주의깊게 살펴보고 상관관계와 인과관계에 대한 구별을 확실히 해 보자.

통계학에서는 다양한 두 변수 사이의 상관계수를 계산할 수 있다. 하지만 이 말이 곧 둘 사이에 인과관계가 반드시 성립한다는 뜻은 아니다. 예를 들어, 지난 30년 동안의 '여성의 치마길이 변화'와 '주식가격 변동'이라는 두 개의 변수를 가지고 상관계수를 구하면 음의 상관관계가 나타난다. 즉, 통계학적으로 치마길이는 주식가격과 반비례 관계에 있다고 말할 수 있는 것이다. 하지만 이것만으로 어느 한 쪽이 원인이고 다른 쪽이 결과라고 말할 수는 없다. 왜냐하면 이러한 상관관계는 단지 숫자상에서만 나타나는 현상일 뿐, 그저 우연의 일치일 수 있기 때문이다.

현실에서 두 변수 사이의 인과관계를 밝히는 일은 매우 복잡하고 까다롭다. 인과관계가 성립하기 위해서는 1) 원인은 결과보다 시간적으로 앞서야 하고, 2) 원인과 결과는 서로 관련이 있어야 하며, 3) 결과는 원인이 되는 변수에 의해서만 설명되어야 한다는 3가지 요건만 충족되어도 서로 인과관계가 성립하는 것처럼 여기는 데서 문제가 발생한다.

신용카드 사용액이 증가했다는 것만으로 소비가 급증했다고 성급하게 결론내리거나, 우울증 치료를 받은 환자 수가 늘었다는 통계만으로 우울증이 확산되고 있다고 보도하는 것은 위험하다. 다른 제3의 요인이 없는지 꼼꼼하게 따져보지 않는다면, 자동차 사고 사망자의 70퍼센트가 안전띠를 매고 있었다는 이유로 안전띠를 매는 것이 사망 위험을 높인다고 말하는 우를 범하게 될 것이다.

출처 : 발터 크래머 지음. 염정용 옮김. 2009. 「벌거벗은 통계」. 서울 : 이순, p.190.

앞에서 제시한 피어슨의 상관계수는 두 변수가 등간 또는 비율 척도에 의해 측정된 변수일 때 사용한다고 하였다. 만약, 두 변수가 순위를 나타내는 서열척도에 의해 측정된 변수일 경우에는 피어슨의 상관계수 대신 스피어만의 상관계수(Spearman's ρ)를 사용하게 된다. Spearman에 의해 개발된 순위상관계수(rank correlation coefficient)는 각 관찰값에 순위를 매겨 두 변수 간의 관련성을 검정하는 방법이다. 비모수적 상관분석인 스피어만 상관계수를 구하는 통계량은 다음과 같다.

스피어만 상관계수(Spearman's ρ)

$$\rho = 1 - \frac{6\sum(x_i - y_i)^2}{n(n^2-1)}$$

등간 또는 비율 척도에 의해 측정된 변수도 순위 자료로 바꾸어서 스피어만 상관계수를 구할 수 있으며, 스피어만 상관계수에 대한 해석은 피어슨의 상관계수에 대한 해석과 같다. 스피어만 상관계수를 구할 때 고려할 사항으로 만약 순위가 같은 변수가 있으면 그 평균을 사용한다. 즉, 4위와 5위가 같은 관찰값을 가지고 있다면 이들의 순위는 4위와 5위의 평균은 4.5위를 사용한다.

예제 13-2 **10개 국가의 평균 수명 순위와 삶의 질 순위를 조사하여 다음과 같은 자료를 구하였다. 평균 수명 순위와 삶의 질 순위 간의 순위 상관계수를 구하시오.**

국가	A	B	C	D	E	F	G	H	I	J
평균 수명 순위	2	4	1	7	3	5	6	9	10	8
삶의 질 순위	1	2	4	6	3	7	5	10	9	8

스피어만 상관계수 공식인 $\rho = 1 - \frac{6\sum(x_i - y_i)^2}{n(n^2-1)}$을 이용하기 위하여 다음과 같은 표를 구하였다.

국가	평균 수명 순위(x)	삶의 질 순위(y)	$x_i - y_i$	$(x_i - y_i)^2$
A	2	1	1	1
B	4	2	2	4
C	1	4	−3	9
D	7	6	1	2
E	3	3	0	0
F	5	7	−2	4
G	6	5	1	1
H	9	10	−1	1
I	10	9	1	1
J	8	8	0	0
합계				23

$$\rho = 1 - \frac{6\sum(x_i - y_i)^2}{n(n^2 - 1)} = 1 - \frac{6 \times 23}{10(10^2 - 1)} = 1 - \frac{138}{990} = 0.8606$$

일반적으로 두 변수 간의 관련성을 개략적으로 파악하기 위하여 산포도(scatter plot)를 그리고, 이를 통해 변수 간에 관련성과 방향성이 어느 정도인지를 대략 파악할 수 있다. 산포도의 예가 [그림 13-2]에 표현되어 있다. (a)의 경우 상관계수가 0.8이며, 이는 두 변수가 매우 강한 관련성을 지니고 있으며 양(+)의 상관관계를 갖고 있음을 의미한다. (b)의 경우 상관계수가 0.2이며, 이는 두 변수가 매우 약한 관련성을 지니고 있으며 양(+)의 상관관계를 갖고 있음을 의미한다. (c)의 경우 상관계수가 0이며, 이는 두 변수가 서로 독립적으로 아무런 상관관계가 없음을 의미한다. (d)와 (f)의 경우, 상관계수가 각각 −0.8과 −0.9로, 이는 두 변수가 매우 강한 관련성을 지니고 있으며 음(−)의 상관관계를 갖고 있음을 의미한다. (a)와 비교하여 (d)와 (f)는 두 변수 간의 관련성은 비슷한 정도이지만 방향성이 서로 다름을 보여주고 있다. (e)의 경우 상관계수가 1이며, 이는 완전한 양의 상관관계로 두 변수가 완전한 직선관계를 갖는 것을 의미한다.

[그림 13-2] 산포도와 상관계수

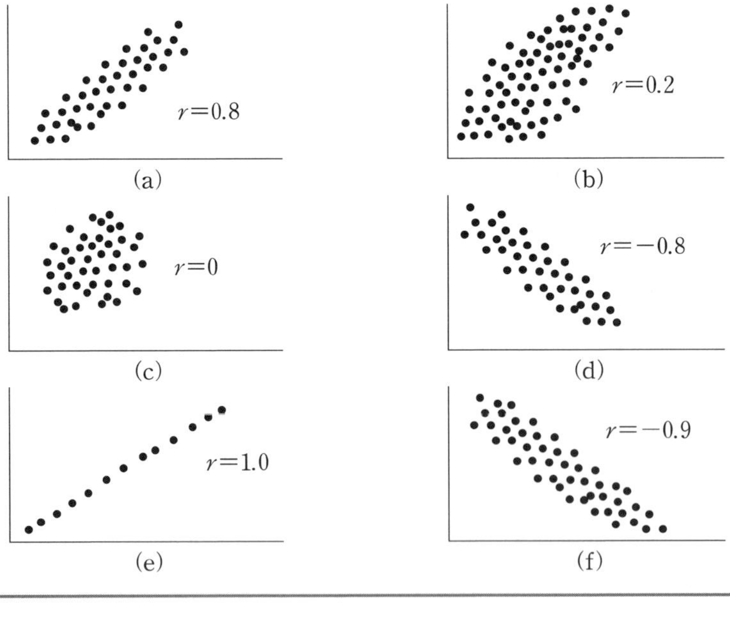

SOCIAL STATISTICS

제3절 상관분석의 과정

상관분석의 과정, 즉 상관계수의 가설검정의 과정은 두 변수가 모두 정규분포를 이루고 있는 분포로부터 확률표본이 추출되었다는 가정에서 출발한다. 상관분석의 과정은 다음과 같다.

상관분석의 과정

▶ STEP 1 가설설정

H_0 : $\rho_{XY}=0$(두 변수 간의 상관관계가 없다)

H_1 : $\rho_{XY}\neq 0$(두 변수 간의 상관관계가 있다)

▶ STEP 2 유의수준 결정 : 결정된 유의수준에서 양측검정

▶ STEP 3 채택역 · 기각역 설정 : 채택영역과 기각영역 설정

▶ STEP 4 통계값 계산 : Z-값 혹은 t-값 계산

▶ STEP 5 판단 : 임계값의 영역 밖에 있으면 귀무가설 기각, 대립가설 채택

첫 번째 단계는 가설설정이다. 상관분석은 두 변수 간의 관련성과 방향성의 정도를 분석하는 것이므로, 귀무가설은 "두 변수 간의 상관관계가 없다"로 설정하고 대립가설은 "두 변수 간의 상관관계가 있다"로 설정한다. 이를 다음과 같이 표현한다.

$$\text{귀무가설}(H_0) : \rho_{XY}=0$$
$$\text{대립가설}(H_1) : \rho_{XY}\neq 0$$

두 번째 단계는 유의수준을 결정하는 것이다. 결정된 유의수준에서 양측검정을 실시하게 된다.

세 번째 단계는 채택영역과 기각영역을 설정하는 것이다.

네 번째 단계는 통계값을 계산하는 것이다. Z-값 혹은 t-값을 계산하게 되는데, 이는 표본의 크기에 따라 결정된다. 표본의 크기가 큰 경우에는 Z-값을 구하고, 표본의 크기가 작은 경우에는 t-값을 구하는데 이때의 자유도는 $n-2$이다. Z-값과 t-값을

구하는 공식은 다음과 같다.

$$Z = \frac{r-\rho}{\sigma_r} = \frac{r-0}{\dfrac{1}{\sqrt{n-1}}} = r\sqrt{n-1}$$

$$t = \frac{r-\rho}{S_r} = \frac{r-\rho}{\sqrt{\dfrac{1-r^2}{n-2}}} = \frac{r\sqrt{n-2}}{1-r^2}$$

다섯 번째 단계는 분석결과의 해석, 즉 판단이다. 임계값의 영역 밖에 있으면 귀무가설을 기각하고 대립가설을 채택하게 된다. 귀무가설을 기각하면 "두 변수 간의 상관관계가 있다"라고 해석하게 되며, 상관계수의 크기와 부호에 따라 두 변수 간의 강도와 방향을 설명할 수 있다. 반면, 귀무가설을 기각하지 못하면 "두 변수 간의 상관관계가 없다"라고 해석하게 되며, 이때 상관계수의 크기와 부호는 통계적으로 의미가 없어진다.

SOCIAL STATISTICS

제4절 표본상관계수와 유의성 검정

통계량이 정규분포일 경우에 그 통계량에 대한 유의성 검정과 신뢰구간추정을 할 수 있음을 앞에서 살펴보았다. 마찬가지로, 표본상관계수(γ) 또는 γ의 적당한 변환값이 정규분포 혹은 t분포인 경우에 유의성 검정과 신뢰구간추정을 할 수 있다.

γ의 유의성 검정은 두 가지 경우로 나누어 볼 수 있다. 첫째는 모상관계수 ρ를 0으로 가정하는 것으로서 귀무가설이 $\rho=0$을 검정하는 것이다. 둘째는 ρ를 특정한 값 ρ_0로 가정하는 것으로서 귀무가설이 $\rho=\rho_0$를 검정하는 것이다. 표본상관계수의 차이에 대한 검정이나 ρ에 대한 신뢰구간 추정은 특정의 ρ_0를 상정하게 되므로 두 번째 경우의 방법에 준한다고 할 수 있다.

1 $\rho=0$ 검정

SOCIAL STATISTICS

$\rho=0$는 결국 변수 간 상관관계가 있는지 없는지를 검정하는 경우에 해당한다고 하겠다. 선형적 관계가 없는 두 변수가 각각 정규분포인 모집단에서 표본크기 n에 의해 얻어지는 두 변수 간의 표본상관계수를 다음과 같이 t 변수로 변환하면 자유도 $n-2$의 t 분포 변수가 된다.

$$t=\frac{\gamma-1}{\sqrt{\frac{1-\gamma_i^2}{n-2}}}$$

이 경우에 자유도가 $n-2>30$이면 t는 정규분포의 표준화 변수 Z로 처리해도 무방하다.

예제 13-3 [예제 13-1]의 결과에 대하여 95% 유의수준에서 귀무가설 ρ=0를 검정하시오.

▸ STEP 1 가설설정

H_0 : $\rho=0$

H_1 : $\rho\neq 0$

▸ STEP 2 유의수준 결정

95% 유의수준에서 양측검정

▸ STEP 3 채택역 · 기각역 설정

$n=7$이므로 자유도 $n-2=7-2=5$, $\alpha=0.05$이므로 t-분포표에 의해서 임계값은 2.571이며, 따라서 채택역은 $-2.571\leq t\leq 2.571$이다.

▸ STEP 4 통계값 계산

$$t=\frac{\gamma-1}{\sqrt{\frac{1-\gamma_i^2}{n-2}}}=\frac{0.93-0}{\sqrt{\frac{1-(0.93)^2}{7-2}}}=\frac{0.93}{0.16}=5.81$$

▸ STEP 5 판단

t 값 5.81은 임계값의 영역인 $-2.571\leq t\leq 2.571$ 밖에 있으므로 귀무가설은 기각되

고, 대립가설이 채택된다. 즉, X와 Y가 상관이 없다는 귀무가설은 기각된다.

2 $\rho = \rho_0$ 검정

모상관계수가 0이 아닌 ρ_0라는 특정한 값을 갖는 모집단에서 표본크기 n에 의해 얻어지는 표본상관계수 계열 $\Upsilon_1, \Upsilon_2, \cdots$은 위에서와 같이 t분포나 정규분포를 하지 않는다. 따라서, $\rho = \rho_0$ 검정에서는 다음과 같이 γ를 정규분포를 이루는 다른 계수로 전환시켜서 검정을 하여야 한다.

$$Z(\Upsilon_i) = 1.1513 \log_{10} \frac{1+\Upsilon}{1-\Upsilon}$$

$Z(\Upsilon_i)$는 $n > 10$인 경우에 정규분포에 상당히 부합된다는 것이 알려져 있으며, $n \leq 10$인 경우에도 어쩔 수 없이 정규분포로 생각할 수밖에 없다. 즉, $Z(\Upsilon_i)$의 분포는 정규분포이므로 표준정규분포로 전환하여 Z검정을 할 수 있다. 여기에서는 쉽게 활용할 수 있도록 Υ_i에 대응되는 $Z(\Upsilon_i)$값을 부록에 제시하였다.

3 $\rho_1 = \rho_2$ 검정

두 상관계수 Υ_1과 Υ_2 간의 차이가 유의적인가를 검정해야 할 때가 있다. 상관계수 간의 차이에 대한 검정은 먼저, $Z(\Upsilon_i) = 1.1513 \log_{10} \frac{1+\Upsilon}{1-\Upsilon}$에 의해 $Z(\Upsilon_i)$로 변환하면, 귀무가설 $\rho_1 = \rho_2$가 참일 때 $Z(\Upsilon_1) - Z(\Upsilon_2)$ 간의 차이는 평균 $Z(\rho_1) - Z(\rho_2) = 0$, 표준오차 $\sqrt{\frac{1}{n_1 - 3} + \frac{1}{n_2 - 3}}$의 정규분포에 따르게 되며, 이와 같은 이론에 의해서 검정하게 된다.

SOCIAL STATISTICS

제5절 표본상관계수의 신뢰구간 추정

표본상관계수 Υ에 의한 모상관계수의 신뢰구간 추정은 $Z(\Upsilon_i) = 1.1513 \log_{10} \frac{1+\Upsilon}{1-\Upsilon}$를 활용하거나 부록 E에서 제시하고 있는 Υ_i에 대응되는 $Z(\Upsilon_i)$로 한다. 변환치 $Z(\Upsilon)$에 의해서 모상관계수의 신뢰구간을 추정한다고 하더라도 이것은 다시 부록에서 제시하고 있는 Υ_i에 대응되는 $Z(\Upsilon_i)$에 의해서 ρ값으로 환원시켜야 한다. Υ의 변환치를 $Z(\Upsilon)$라 할 때, 신뢰구간은 다음과 같다.

$$Z(\Upsilon_i) - z\frac{1}{\sqrt{n-3}} < Z(\rho) < Z(\Upsilon_i) + z\frac{1}{\sqrt{n-3}}$$

$$Z(\rho) = Z(\Upsilon) \pm Z_{\frac{\alpha}{2}} \frac{1}{\sqrt{n-3}}$$

이 식에 의해 구한 신뢰구간은 다시 부록에서 제시하고 있는 Υ_i에 대응되는 $Z(\Upsilon_i)$에 의해서 상관계수값으로 환원해야 한다.

SOCIAL STATISTICS

제6절 중상관분석

[그림 13-1]에서 보는 바와 같이, 중상관분석(multiple correlation)이란 둘 이상의 변수들과 다른 한 변수 간의 상관관계를 분석하는 통계기법이다. [그림 13-1]에서와 같이, 두 변수 X_1과 X_2의 다른 한 변수 Y와의 중상관계수(multiple correlation coefficient)는 $R_{Y \cdot X_1X_2}$로 표현하며, 다음의 식을 통해 계산한다.

$$R_{Y \cdot X_1X_2} = \sqrt{\frac{\Upsilon^2_{YX_1} + \Upsilon^2_{YX_2} - 2\Upsilon_{YX_1}\Upsilon_{YX_2}\Upsilon_{X_1X_2}}{1 - \Upsilon^2_{X_1X_2}}}$$

중상관계수는 단순상관계수와 마찬가지로 해석할 수 있다. 그러나 단순상관계수 Υ의 범위가 $-1 \leq \Upsilon \leq 1$인 반면, 중상관계수 R의 범위는 $0 \leq R \leq 1$로 음수의 값을 갖지 않는다.

단순상관계수의 유의성 검정과 마찬가지로 중상관계수도 유의성 검정을 할 수 있다. 중상관계수의 유의성 검정에서의 귀무가설은 $\rho_R = 0$이며, 따라서 중상관계수의 유의성 검정은 둘 이상의 변수들과 다른 한 변수가 상관관계가 있는지 없는지를 확인하기 위한 것이라 할 수 있다.

중상관계수의 유의성 검정에서는 분산분석을 이용한다. 제 12 장에서 살펴본 바와 같이, 분산분석은 F값을 따르는데, F값은 중상관관계를 나타내는 직선에 의해 설명이 안 된 분산에 대한 설명된 분산의 비율을 의미하며 다음과 같다.

$$F = \frac{\dfrac{\sum(\hat{Y} - \overline{Y})^2}{k}}{\dfrac{\sum(Y - \hat{Y})^2}{n-k-1}} = \frac{\dfrac{R^2}{k}}{\dfrac{1-R^2}{n-k-1}}$$

이 식에서 n은 자료의 수, k는 독립변수의 수이며, 분모는 설명이 안 된 분산을 의미하고, 분자는 설명된 분산을 나타낸다.

SOCIAL STATISTICS

제7절 편상관분석

[그림 13-1]에서 보는 바와 같이, 단순상관분석 및 중상관분석은 제 3의 변수들의 영향을 무시한 채 두 변수 간의 관계만을 분석한다. 이럴 경우, 두 변수 간의 관계를 잘못 설명하거나 혹은 두 변수 간의 관계를 다르게 나타내는 경우가 발생할 수 있다.

즉, 원래 두 변수 간에 높거나 의미 있는 관계가 있음에도 불구하고 다른 제 3의 변수가 이들의 관계를 방해하거나 억압하므로 인하여 두 변수의 관계가 아주 낮거나 의미 없는 것으로 나타날 수 있다(억압관계). 또한, 두 변수 간에 실제적인 관계가 거의 없음에도 불구하고 다른 제 3의 변수의 영향으로 인해 두 변수 사이에 관계가 있는 것처럼 나타나기도 한다(허위상관관계). [그림 13-1]에서 보는 바와 같이, 편상관분석(partial correlation)은 제 3의 변수를 통제한 상태에서 두 변수 간의 순수한 상관계수를 구하는 것으로서 제 3의 변수, 즉 매개변수의 역할을 검증하는 데 유용하게 활용된다.

부록 13장 SPSS : 상관분석

13.1 산포도

다음은 태릉대학교 학생 20명을 임의로 추출하여 이들의 IQ와 IBT 토플 점수를 조사한 것이다.

학생	IQ 점수	토플점수	학생	IQ 점수	토플점수
A	108	76	K	120	81
B	118	80	L	130	85
C	128	82	M	140	87
D	124	79	N	136	84
E	120	74	O	132	79
F	119	71	P	131	76
G	101	65	Q	113	70
H	96	65	R	108	70
I	78	64	S	90	69
J	95	66	T	107	71

SPSS를 활용하여 위의 자료에 대한 산포도를 그리는 과정을 살펴보도록 하자.

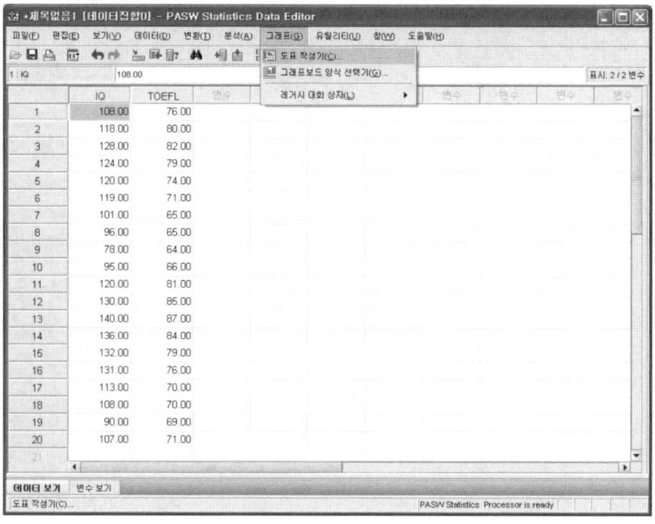

▸ **STEP 1**

자료를 입력한 후, SPSS 메뉴에서 "그래프" → "도표작성기"를 차례로 선택한다.

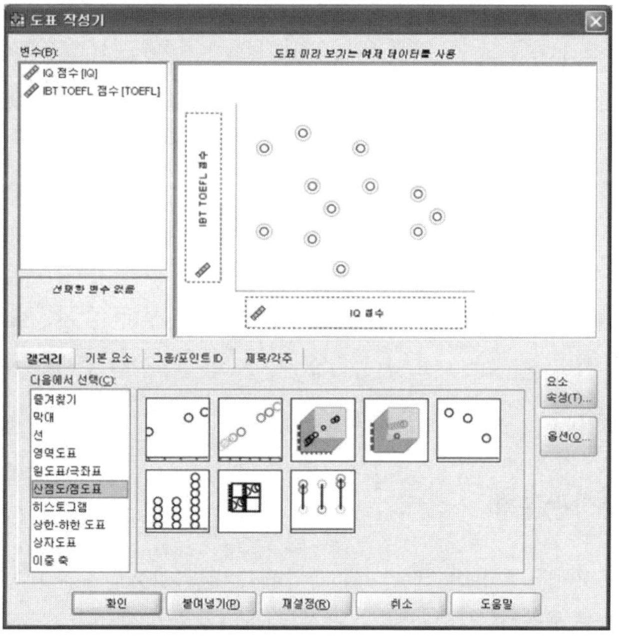

▸ **STEP 2**

[STEP 1]을 실행하면 위의 화면이 나타나는데, 먼저, "갤러리"에서 "산점도/점도표"를 선택하고 "기본 요소"에서 X축과 Y축에 해당하는 변수를 선택한다.

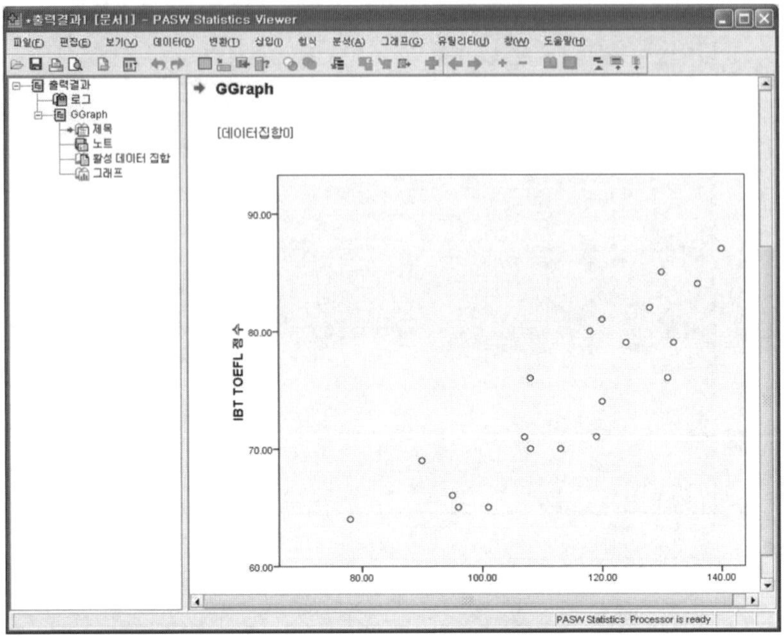

▸ **STEP 3 분석결과**

산포도에 대한 분석결과이다.

[분석결과 해석]

[STEP 3]의 산포도에서 보는 바와 같이, IQ 점수와 IBT 토플 점수의 산포도는 양(+)의 선형관계가 있는 것으로 나타났다. 즉, 산포도의 결과 IQ 점수와 IBT 토플 점수 사이에 상관관계가 있음을 알 수 있다.

13.2 단순상관분석

13.1의 산포도에서 사용한 태릉대학교 학생 20명의 IQ 점수와 IBT 토플 점수의 상관관계를 SPSS를 활용하여 분석하는 과정을 살펴보고자 한다.

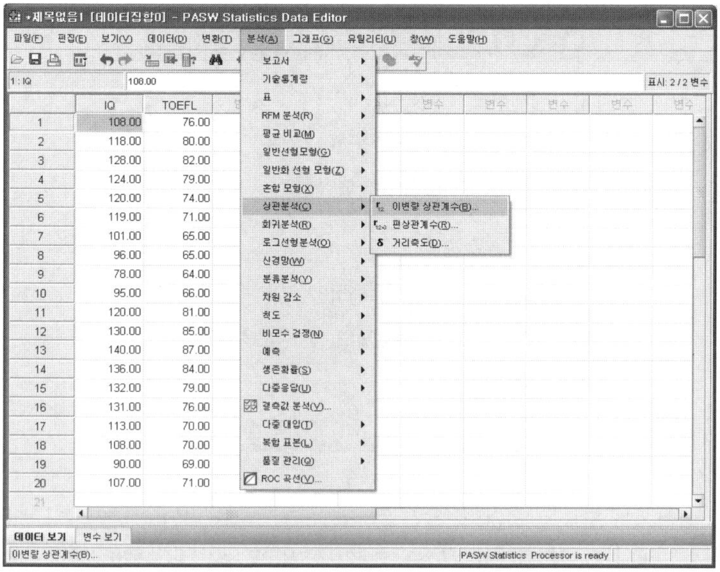

▸ **STEP 1**

자료를 입력한 후, SPSS 메뉴에서 "분석" → "상관분석" → "이변량 상관계수"를 차례로 선택한다.

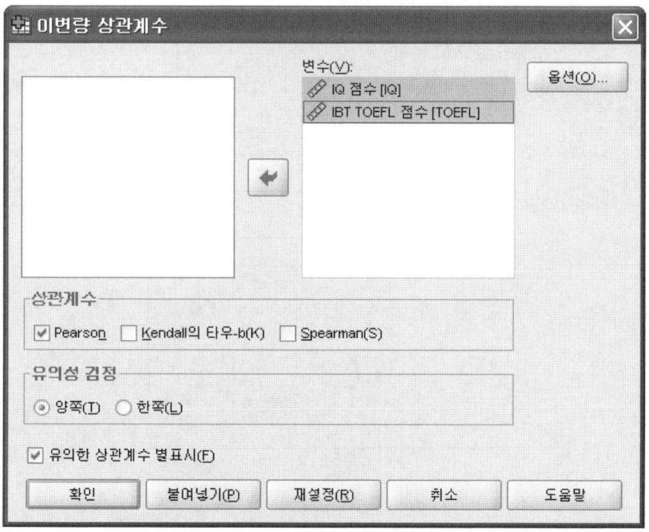

▸ **STEP 2**

[STEP 1]을 실행하면 위의 화면이 나타나는데, 이때 분석에 포함할 "IQ 점수"와 "IBT 토플 점수"를 왼쪽 상자에서 오른쪽 "변수" 상자로 이동시킨다.

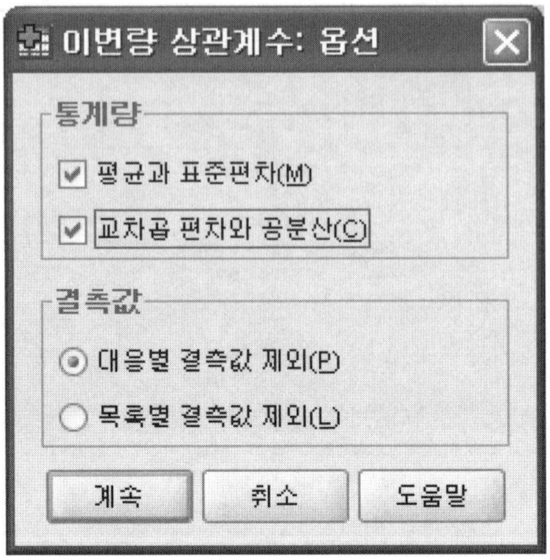

▸ **STEP 3**

[STEP 2]의 화면에서 오른쪽 하단의 "옵션"을 클릭하면, 위의 화면이 나타난다. 여기에서 "평균과 표준편차" "교차곱 편차와 공분산"을 선택한다. 또한, "결측값" 부분에서 "대응별 결측값 제외"가 기본으로 선택되어 있다.

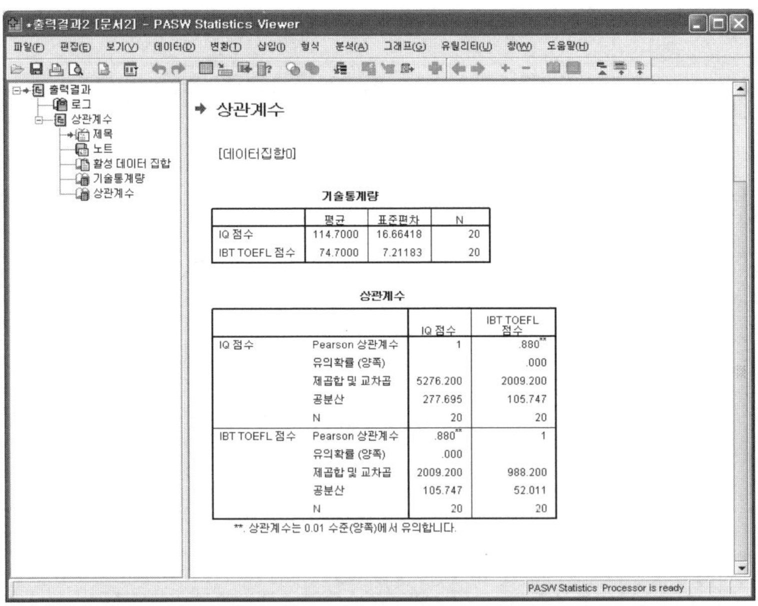

기술통계량

	평균	표준편차	N
IQ 점수	114.7000	16.66418	20
IBT TOEFL 점수	74.7000	7.21183	20

상관계수

		IQ 점수	IBT TOEFL 점수
IQ 점수	Pearson 상관계수	1	.880**
	유의확률 (양쪽)		.000
	제곱합 및 교차곱	5276.200	2009.200
	공분산	277.695	105.747
	N	20	20
IBT TOEFL 점수	Pearson 상관계수	.880**	1
	유의확률 (양쪽)	.000	
	제곱합 및 교차곱	2009.200	988.200
	공분산	105.747	52.011
	N	20	20

**. 상관계수는 0.01 수준(양쪽)에서 유의합니다.

▸ **STEP 4 분석결과**

단순상관분석 결과이다.

[분석결과의 해석]

[STEP 4]의 분석결과 화면에서 보는 바와 같이, "IQ 점수"와 "IBT 토플 점수"의 상관계수는 .880이고 95% 유의수준에서 통계적으로 유의미한 것으로 나타났다. 즉, "IQ 점수"와 "IBT 토플 점수" 사이에는 상당히 높은 양(+)의 상관관계가 존재한다고 할 수 있다.

13.3 편상관분석

다음 자료는 태릉대학교 학생 10명의 기말시험 점수와 1주일 공부시간 및 1주일 TV 시청시간에 대한 자료이다. SPSS를 활용하여 편상관분석을 실시하는 과정을 살펴보도록 하자.

학생	점수	1주일 공부시간	1주일 TV 시청시간
가	44	23	70
나	94	35	3
다	38	4	10
라	65	49	96
마	95	48	40
바	57	12	4
사	20	14	80
아	52	33	78
자	64	25	15

편상관분석은 변수 간 상관계수를 구했을 때, 변수들 사이의 겹치는 영향관계를 제거한 상태에서의 상관관계를 분석하는 통계기법이다. 여기에서는 1주일 TV 시청시간의 영향을 제거한 상태에서 기말시험 점수와 1주일 공부시간의 상관관계를 구하는 예를 살펴본다.

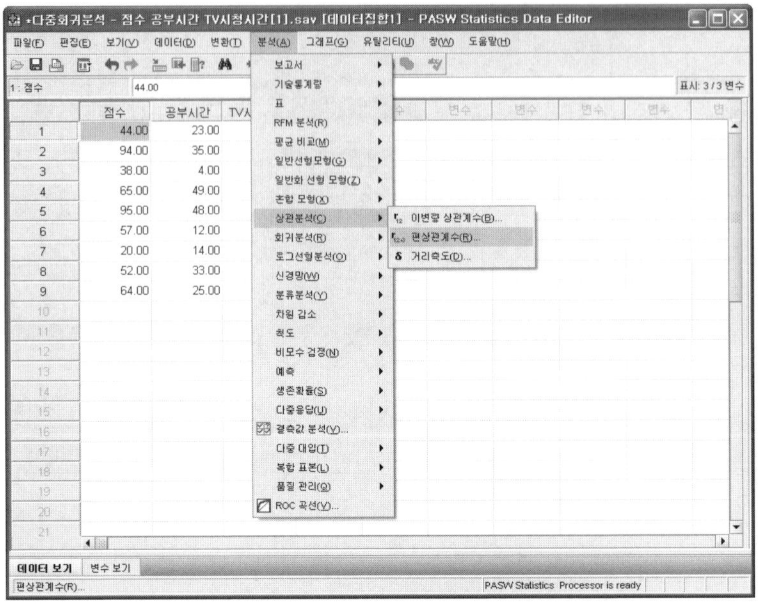

▸ **STEP 1**

자료를 입력한 후, "분석" → "상관분석" → "편상관계수"를 선택한다.

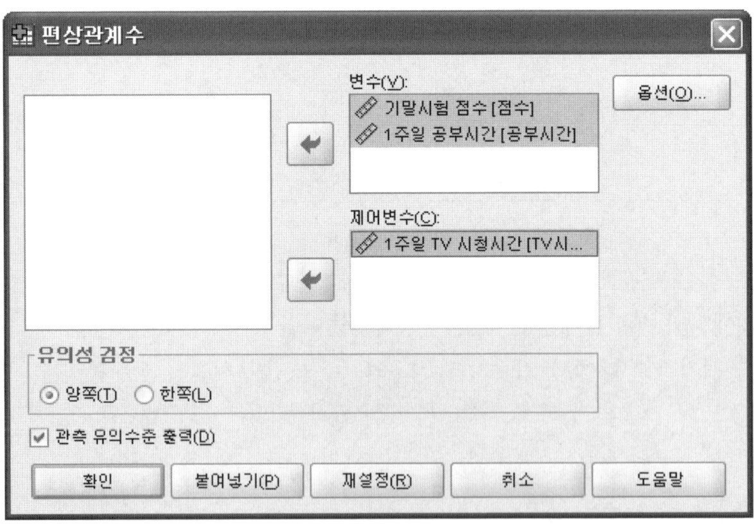

▸ **STEP 2**

"변수"란에 상관관계를 분석하고자 하는 변수를 이동시키고, "제어변수"란에 영향을 제거하고자 하는 변수를 이동시킨다.

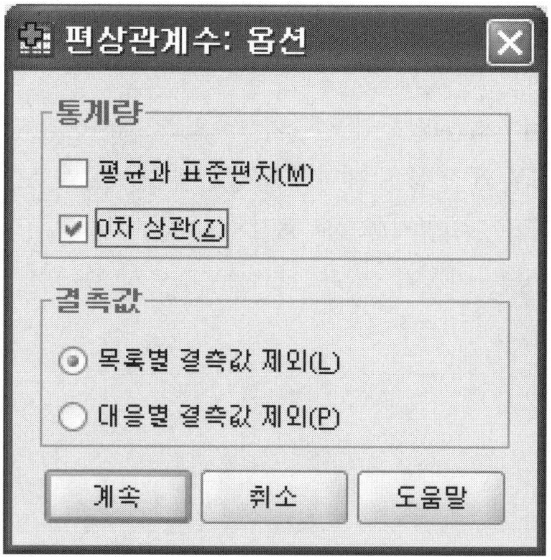

▸ STEP 3

[STEP 2]의 화면에서 오른쪽 상단의 "옵션"을 클릭한다. 위와 같은 화면에서 "0차 상관"을 클릭하면, 제어변수의 영향을 전, 후로 살펴볼 수 있다.

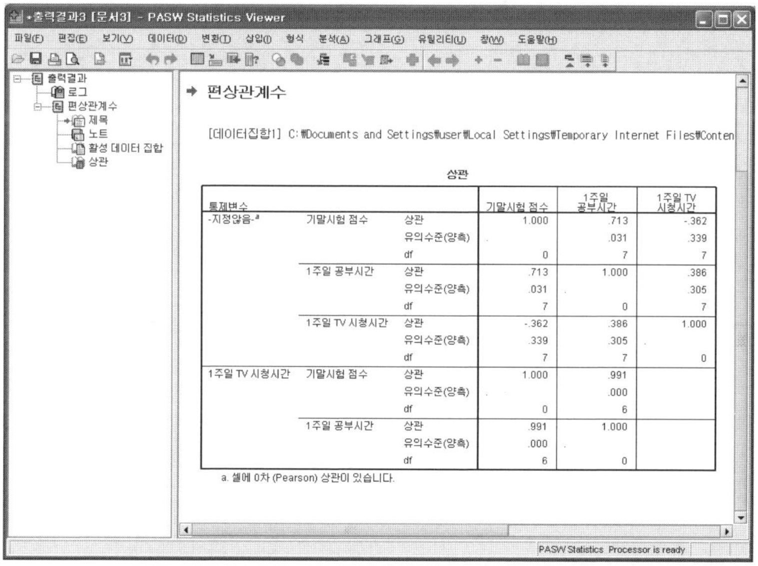

상관

통제변수			기말시험 점수	1주일 공부시간	1주일 TV 시청시간
-지정않음-[a]	기말시험 점수	상관	1.000	.713	-.362
		유의수준(양측)	.	.031	.339
		df	0	7	7
	1주일 공부시간	상관	.713	1.000	.386
		유의수준(양측)	.031	.	.305
		df	7	0	7
	1주일 TV 시청시간	상관	-.362	.386	1.000
		유의수준(양측)	.339	.305	.
		df	7	7	0
1주일 TV 시청시간	기말시험 점수	상관	1.000	.991	
		유의수준(양측)	.	.000	
		df	0	6	
	1주일 공부시간	상관	.991	1.000	
		유의수준(양측)	.000	.	
		df	6	0	

a. 셀에 0차 (Pearson) 상관이 있습니다.

▸ STEP 4

위쪽의 결과표는 변수들 간의 단순상관관계를 나타내며, 아래쪽의 결과표는 편상관관계를 나타낸다.

[분석결과 해석]

위쪽의 단순상관관계에서 기말시험 점수와 1주일 공부시간의 단순상관계수는 0.713이나, 1주일 TV 시청시간의 영향을 제거한 편상관계수를 살펴보면 0.991로 매우 높은 상관관계를 나타낸다. 이는 기말시험 점수와 1주일 공부시간의 상관관계에 있어서 1주일 TV 시청시간이 영향을 미쳤기 때문인 것으로 판단할 수 있다.

주요 용어와 공식

SOCIAL STATISTICS

- 모집단의 상관계수 : $\rho_{XY} = \dfrac{\sigma_{XY}}{\sigma_X \sigma_Y}$

- 표본의 상관계수 : $r_{XY} = \dfrac{S_{XY}}{S_X S_Y}$

$$r_{XY} = \frac{n\sum X_i Y_i - \sum X_i \sum Y_i}{\sqrt{n\sum X_i^2 - (\sum X_i)^2}\sqrt{n\sum Y_i^2 - (\sum Y_i)^2}}$$

- 스피어만 상관계수(Spearman's ρ) : $\rho = 1 - \dfrac{6\sum (x_i - y_i)^2}{n(n^2-1)}$

- 상관계수의 신뢰구간 추정 : $Z(\Upsilon_i) - z\dfrac{1}{\sqrt{n-3}} < Z(\rho) < Z(\Upsilon_i) + z\dfrac{1}{\sqrt{n-3}}$

$$Z(\rho) = Z(\Upsilon) \pm Z_{\frac{\alpha}{2}} \frac{1}{\sqrt{n-3}}$$

- 중상관계수 : $R_{Y \cdot X_1X_2} = \sqrt{\dfrac{\Upsilon_{YX_1}^2 + \Upsilon_{YX_2}^2 - 2\Upsilon_{YX_1}\Upsilon_{YX_2}\Upsilon_{X_1X_2}}{1 - \Upsilon_{X_1X_2}^2}}$

연습문제

SOCIAL STATISTICS

01 단순상관분석의 가정을 설명하시오.

02 단순상관분석, 중상관분석, 그리고 편상관분석을 비교・설명하시오.

03 다음 자료는 태릉대학교 통계학 수업을 수강하는 10명 학생의 결석 수와 시험 성적이다.

결석 수	2	3	1	4	3	0	2	1	2	0
시험 성적	86	75	83	65	79	93	82	89	83	90

3-1. 두 변수 간의 상관계수를 구하시오.
3-2. 두 변수 간에 음의 상관관계가 있다고 할 수 있는지 유의수준 5%에서 검정하시오.

04 다음 자료는 10개국의 1인당 GDP와 유아 사망률 자료이다.

1인당 GDP	140	220	320	450	130	550	410	210	110	180
유아 사망률	11	7	9	18	21	9	4	2	14	14

4-1. 두 변수 간의 상관계수를 구하시오.
4-2. 두 변수 간에 상관관계가 있다고 할 수 있는지 유의수준 5%에서 검정하시오.

05 다음은 15개 기업의 한 달 광고비와 매출액에 대한 자료이다.

광고비	18	8	20	5	5	11	9	10	2	15	16	9	21	5	15
매출액	20	15	25	20	15	25	20	25	5	25	60	20	30	10	20

5-1. 두 변수 간 산포도를 그리시오
5-2. 두 변수 간 상관계수를 구하시오.
5-3. 두 변수 간 상관관계가 있다고 할 수 있는지 유의수준 5%에서 검정하시오.

06 다음은 200점 만점으로 두 차례 치루어진 25명 학생의 모의시험 점수이다.

1차 모의시험	2차 모의시험	1차 모의시험	2차 모의시험
118	115	144	160
116	119	145	158
118	116	162	145
120	119	180	184
122	118	180	190
122	138	182	188
122	124	185	180
120	128	170	174
124	126	172	170
125	130	150	160
138	130	152	155
140	125	155	160
142	164		

6-1. SPSS를 활용하여 산포도를 그리시오.

6-2. SPSS를 활용하여 두 시험 점수 간의 상관계수를 구하시오.

6-3. 두 시험 점수 간에 상관관계가 있다고 할 수 있는지 유의수준 5%에서 검정하시오.

07 다음 그래프는 통계청에서 발표한 2008년 사교육비 조사 결과이다. 2008년 가구의 월평균 소득수준별 어학연수비(단위 : 만 원)의 관계이다. 이 그래프를 통해 월평균 소득수준과 어학연수비 간의 상관관계가 어느 정도일 것인지 추측해 보시오. 또한, 실제로 상관계수를 구하여 추측한 상관계수와 어느 정도나 유사한지 비교해 보시오.

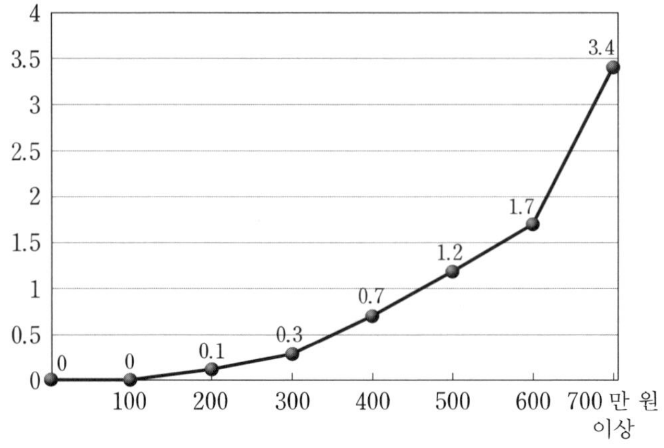

08 연봉과 어학 점수 간의 관계에 대한 다음 내용에 잘못이 있다면 지적하고 이를 올바르게 고치시오.

> 한 인터넷 사이트는 직장인 1천350명을 대상으로 조사한 결과 연봉이 높을수록 어학 점수도 높은 것으로 나타났다고 30일 밝혔다. 1천800만 원에서 2천만 원 사이의 초봉을 받는 직장인은 평균 토익 점수가 688.4점이었지만 2천500만~3천만 원은 749점, 3천만~3천500만 원은 784.4점 등으로 연봉과 어학 점수는 대체로 비례하는 것으로 나타났다.

09 2006년 시행 행정고등고시(행정 · 공안직) 제 2 차 시험

어떤 건전지의 수명 X에 대한 확률밀도함수가 다음과 같다.

$$f(X) = \alpha e^{-\alpha X}, \quad 0 < X < \infty$$

서로 독립인 두 건전지의 수명을 각각 X_1, X_2라 하고, $Y_1 = X_1 + X_2$라 할 때 다음 물음에 답하시오.

9-1. Y_1의 확률밀도함수를 구하시오.

9-2. Y_1과 X_1 사이의 상관계수를 구하시오.

제 14 장

회귀분석

제 1 절 회귀분석의 기초

제 2 절 단순회귀분석

제 3 절 다중회귀분석

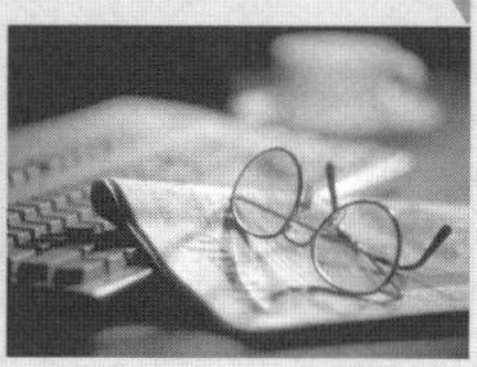

SOCIAL STATISTICS

제1절 회귀분석의 기초

회귀분석(regression analysis)이란 한 변수(종속변수)와 하나 이상의 다른 변수(독립변수)들 간의 관계를 추정, 예측, 검정하는 분석기법이다.[1] 회귀분석을 통해 설명 또는 예측하고자 하는(explained) 변수를 종속변수(dependent variable)라 부르고 이 종속변수를 설명 또는 예측하는 데 활용될(explanatory) 변수를 독립변수(independent variable)라고 한다. 통계적 기호로 y는 종속변수를 의미하고, x는 독립변수를 의미한다. 예를 들어, 광고비 지출액(x)이 매출액(y)에 미치는 영향, 인구밀도, 소득 같은 사회경제적 변수(x)가 공무원 수(y)에 미치는 영향 등은 회귀분석을 활용하여 통계적으로 규명할 수 있다. 일반적으로, 이러한 변수들의 관계, 특히 인과관계를 주장하고자 할 때에는 반드시 이론적인 뒷받침이 있어야 한다.

회귀분석은 변수들 간의 관계를 분석하는 기법으로 변수들 사이의 함수관계를 설정하는 데 간단 명료한 방법을 제공하기 때문에 가장 널리 사용되는 통계기법들 가운데 하나이다. 앞에서 설명한 바와 같이, 변수들 간의 관계는 종속변수 y와 하나 이상의 독립변수들 $x_1, x_2, \ldots, x_n$의 관계를 표현하는 방정식의 형태로 표현된다. 이러한 방정식을 회귀식(regression equation)이라 하며 다음과 같은 형태를 갖는다.

$$y = \beta_0 + \beta_1 x_1 + \beta_2 x_2 + \cdots + \beta_n x_n$$

여기에서 $\beta_0, \beta_1, \beta_2, \cdots, \beta_n$을 회귀계수(regression coefficient)라고 부르며, 이는 자료로부터 결정된다. 또한, 하나의 독립변수와 하나의 종속변수가 직선의 관계를 갖는 유형의 회귀분석을 단순회귀분석(simple linear regression)이라고 하며, 두 개 혹은 그 이상의 독립변수를 포함하는 유형의 회귀분석을 다중회귀분석(multiple regression)이라고 부른다.

1) Gujarati는 그의 저서 *Basic Econometrics*에서 회귀분석을 다음과 같이 정의하고 있다. Regression analysis is concerned with the study of the dependence of one variable, the dependent variable, on one or more other variables, the explanatory variables, with a view to estimating and/or predicting the (population) mean or average value of the former in terms of the known or fixed (in repeated sampling) values of the latter.

SOCIAL STATISTICS

제2절 단순회귀분석

1 회귀모형과 회귀식

SOCIAL STATISTICS

회귀분석은 계량적 변수들 사이의 직선 또는 곡선의 통계적 관계를 분석하는 기법으로, 이들 변수 간의 관계를 나타내는 식을 회귀모형(regression model)이라고 부른다. 보다 엄밀히 표현하자면, 종속변수(y)가 독립변수(x) 및 오차항과의 관련 정도를 설명하는 식을 회귀모형이라고 하며 다음과 같이 표현한다.

단순선형회귀모형

$$y = \beta_0 + \beta_1 x + \epsilon$$

이 식에서 종속변수 y는 x값의 변화에 따라 결정된다. β_0과 β_1은 모수(parameter)로서 회귀계수라고 불리며, β_0은 절편 그리고 β_1은 기울기를 나타낸다. 또한, ϵ은 오차항에 대한 확률변수이다. 오차항은 x와 y 간의 선형관계로 설명할 수 없는 y의 변동성을 의미한다. 만약 위 식에서 오차항이 없다면 y와 x의 관계는 함수관계 또는 체계적 관계라고 할 수 있을 것이다. 그러나 사회 현상에서 나타나는 통계적 관계는 거의 모두 오차항을 포함한다. 오차항은 무작위 오차(random error) 또는 확률적 오차(stochastic error)로 불리며 일반적으로 확률분포를 이루는데, 그 본질은 다음과 같다.

- 모형에서 생략되거나 배제된 다른 변수들의 영향력을 한데 포함하는 값
- 예측하기 어려운 인간행동의 무작위성에 따른 오차
- 측정 과정에서 발생할 수 있는 오차
- Occan의 '면도날 이론'에 따라, 이론적 뒷받침이 되기 전까지는 변수의 수를 최대

한 간결히 하기 위해 인위적으로 유지하는 항

위의 회귀모형에서 각 y값의 분포는 자신만의 평균 혹은 기댓값을 갖게 되며, 이러한 y의 기댓값 $E(y)$가 x와 어떤 관계가 있는지를 다음과 같이 표현할 수 있다.

$$E(y) = \beta_0 + \beta_1 x$$

만약, β_0와 β_1이 알려져 있다면, 위의 식을 이용하여 주어진 x값에 대한 y의 평균값을 계산할 수 있다. 그러나 실제로는 β_0와 β_1이 알려져 있지 않으며, 표본 자료를 활용하여 추정하여야 한다. 표본통계량(b_0와 b_1)은 β_0와 β_1의 추정값으로 활용되며, 다음과 같이 단순회귀분석에서 추정회귀식(estimated regression equation)이 도출된다.

추정단순선형회귀식

$$\hat{y} = b_0 + b_1 x$$

이 식에서 $\hat{y}$은 모집단의 모수 y에 대한 추정량을 의미하며, b_0, b_1도 각각 β_0, β_1에 대한 추정량이다.

2 최소자승법에 의한 추정량

SOCIAL STATISTICS

표본회귀함수를 통해 모집단 회귀함수를 추정하는 방법으로 가장 널리 쓰이는 것은 최소자승법(ordinary least squares : OLS)이다. 최소자승법이란 멀리 떨어져 있는 잔차에 가중치를 부여하는 방식으로 표본회귀식을 산출하는 것으로, 이 방법에 따라 구한 추정량들은 매우 바람직한 통계적 특성을 지닌다.

[그림 14-1]에 모집단과 표본의 회귀직선이 각각 나타나 있다. 위 그림에서 x_i의 표본관찰값은 y_i지만, 이는 모집단의 회귀직선이나 표본의 회귀직선에서 각각 u_i, e_i만큼 벗어나 있다. 이론상으로 k개 만큼의 표본을 추출한다면 그만한 수의 표본회귀방정식을 산출할 수 있다. 그러나 보통 우리는 한 표본으로부터 모집단의 회귀함수를 추정하며, 하나의 표본회귀직선은 단지 모집단 회귀직선에 대한 근사치일 뿐이라서 그림과

같은 오차가 불가피하게 발생한다. 최소자승법이란 e_i의 제곱의 합(sum of square errors : *SSE*)을 최소화하는 방식으로 표본회귀함수를 구하는 것을 말한다.

[그림 14-1] 모집단 및 표본회귀직선

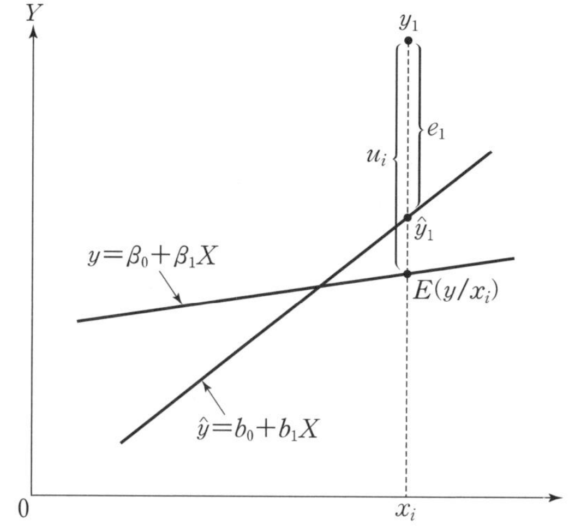

위의 식에서 오차 $e_i = y_i - \hat{y}_i$임을 알 수 있다. 이때 오차항의 제곱의 합, 즉 $\sum e_i^2 = \sum(y_i - \hat{y}_i)^2$을 가장 작게 만드는 b_0와 b_1을 구하게 되면 최소자승법에 따라 회귀직선을 산출할 수 있다. 즉, 최소자승법은 표본 자료를 활용하여 종속변수 y_i의 관찰값과 추정값의 편차제곱합을 최소화하는 b_0와 b_1값을 찾는 것이다. 최소자승법의 기준은 다음과 같이 표현할 수 있다.

최소자승 기준

$$\min \sum(y_i - \hat{y}_i)^2$$

y_i : i번째 표본에 대한 종속변수의 관찰값
$\hat{y}_i$: i번째 표본에 대한 종속변수의 추정값

오차항을 최소화하는 b_0와 b_1은 각각 다음 식으로 나타낸다.[2)]

2) $\Sigma(Y_i - \hat{Y}_i)^2$을 최소화하는 b_1과 b_2는 두 편미분방정식, 즉, $\partial\Sigma(Y_i - b_1 - b_2X_i)^2/\partial b_1 = 0$과 $\partial\Sigma(Y_i - b_1 - b_2X_i)^2/\partial b_2 = 0$의 해로부터 구한다.

추정회귀식의 b_1(기울기) 및 b_0(y절편)

$$b_1 = \frac{n\sum x_i y_i - \sum x_i \sum y_i}{n\sum x_i^2 - (\sum x_i)^2} = \frac{\sum(x_i - \overline{x})(y_i - \overline{y})}{\sum(x_i - \overline{x})^2} = \frac{\sum x_i y_i - n\overline{x}\,\overline{y}}{\sum x_i^2 - n\overline{x}^2}$$

$$b_0 = \overline{y} - b_1\overline{x}$$

x_i : i번째 표본에 대한 독립변수의 값
y_i : i번째 표본에 대한 종속변수의 값
$\overline{x}$: 독립변수의 평균값
$\overline{y}$: 종속변수의 평균값
n : 표본 수

이와 같은 최소자승법에 의해 도출한 통계량이 바람직한 추정량(BLUE)이라고 하는데 그 의미가 무엇인지 살펴보도록 하자. BLUE란 Best Linear Unbiased Estimator(최량선형불편 추정량)를 말한다. 그 추정량이 확률변수의 선형함수이고, 불편성을 지니며, 모든 선형불편추정량의 집합 가운데서 최소의 분산을 가지고 있다면, 그 추정량을 최량선형불편추정량, 즉 BLUE라고 부른다. 세 가지 속성을 살펴보면 다음과 같다.

먼저, 불편성이다. 만약 한 추정량 $\hat{\beta}$의 기대치가 진정한 값 β와 동일하게 될 때, $\hat{\beta}$을 β의 불편추정량이라고 부른다. 즉, $E(\hat{\beta}) = \beta$ 혹은, $E(\hat{\beta}) - \beta = 0$인 경우를 말한다. 만약 이와 같은 등식관계가 성립하지 않는다면 그 추정량은 편의성을 지니고 있다고 한다. OLS 추정량은 불편성을 갖는다.

두 번째로 최소분산(효율성)이다. 추정량들 중에서 분산이 가장 작은 추정량을 최소분산추정량이라고 하며 분산이 작을수록 효율성은 커진다. 즉, 표본으로부터 구한 추정량 $\hat{\theta}$들이 $E(\hat{\theta})$을 중심으로 집중되어 있을수록 효율성은 커진다. OLS 추정량은 선형불편주정량 중에서 분산이 가장 작다.

세 번째로 선형성이다. 한 추정량 $\hat{\beta}$이 만약 표본 관측치들의 선형함수로 표시될 때 우리는 그것을 선형추정량이라고 한다. $\hat{\beta_2} = \frac{\sum x_i y_i}{\sum x_{i^2}} = \sum K_i y_i$[3])로 나타낼 수 있는데, 이 식은 $\hat{\beta_2}$가 Y_i의 선형함수이기 때문에 $\hat{\beta_2}$이 선형추정량임을 보이고 있다.

3) K_i의 성격은 첫째, X_i가 비확률적이라고 가정했기 때문에 K_i도 비확률적이다. 둘째, $-\sum K_i = 0$.

가우스-마코프 정리(Gauss-Markov Theorem)에 따르면, 고전적 선형회귀모형이 주어졌을 때, 선형불편추정량 중에서 최소자승추정량의 분산이 가장 작다. 즉, OLS 추정량은 BLUE이다.

이제, 최소자승법에 의한 회귀계수를 구하는 과정을 사례를 통해 살펴보도록 하자. 음주량이 회복시간에 미치는 영향을 살펴보기 위해 조사한 자료이다.

x_i(음주량)	1	2	3	4	5
y_i(회복시간)	1	1	2	2	4

위에서 살펴본 최소자승법에 의해 b_0와 b_1을 다음과 같이 계산할 수 있다.

x_i	y_i	x_iy_i	x_i^2	$\hat{y}_i = -.1 + (.7)x$	$(y_i - \hat{y}_i)^2$
1	1	1	1	0.6	.16
2	1	2	4	1.3	.09
3	2	6	9	2.0	.00
4	2	8	16	2.7	.49
5	4	8	25	3.4	.36
$\bar{x}=3$	$\bar{y}=2$	$\sum x_iy_i = 37$	$\sum x_i^2 = 55$		$\sum(y_i - \hat{y}_i)^2 = 1.10$

$$b_1 = \frac{37-(5\times 3\times 2)}{55-(5\times 9)} = \frac{37-30}{55-45} = 0.7$$

$$b_0 = 2-(0.7\times 3) = 2-2.1 = -0.1$$

예제 14-1 다음 자료는 지역별 인구와 그 지역의 일주일 맥주 판매량에 대한 자료이다. 지역별 인구가 그 지역의 맥주 판매량에 어떤 영향을 미치는지를 회귀분석을 통해 파악해 보라.

인구(단위 : 만 명)	맥주 소비량(단위 : 천 원)
12.4	146
6.1	85
2.4	21
4.3	47
9.5	115
7.6	90

셋째, $\Sigma K_{i^2} = \frac{1}{\Sigma X_{i^2}}$. 넷째, $\Sigma K_i X_i = 1$.

앞에서 설명한 최소자승법에 따라 회귀계수와 상수를 계산하여 보자.

먼저, 독립변수인 인구의 평균은 7.1이고, 종속변수인 맥주 소비량의 평균은 84이다. 이제, 최소자승법에 따라 계산을 하면 다음 표와 같다.

$x_i - \bar{x}$	$(x_i - \bar{x})^2$	$y_i - \bar{y}$	$(x_i - \bar{x})(y_i - \bar{y})$
12.4−7.1=5.3	28.1	146−84=62	5.3×62=328.6
6.1−7.1=−1.0	1.0	85−84=1	−1.0×1=−1.0
2.4−7.1=−4.7	22.1	21−84=−63	−4.7×−63=296.1
4.3−7.1=−2.8	7.8	47−84=−37	−2.8×−37=103.6
9.5−7.1=2.4	5.8	115−84=31	2.4×31=74.4
7.6−7.1=0.5	0.3	90−84=6	0.5×6=3.0
	$\sum(x_i - \bar{x})^2 = 65.1$		$\sum(x_i - \bar{x})(y_i - \bar{y}) = 804.7$

최소자승법에 따라 기울기와 y절편을 구하면 다음과 같다.

$$b_1 = \frac{804.7}{65.1} = 12.4$$

$$b_0 = \bar{y} - b\bar{y} = 84 - 12.4 \times 7.1 = 84 - 88.0 = -4.0$$

따라서, 도출된 추정회귀식은 다음과 같다.

$$\hat{y} = -4.0 + 12.4x$$

3 최소자승법의 기본 가정

SOCIAL STATISTICS

단순회귀모형의 정립에는 몇 가지 기본 가정이 전제되어야 한다. 단순회귀분석의 기본 가정을 정리하면 다음과 같다.

단순회귀분석의 기본 가정

1. 회귀모형 설정의 오류가 없다.
   ① 독립변수와 종속변수는 선형관계를 지닌다.
   ② 회귀모형에 포함된 독립변수는 적절한 것이다.
   ③ 회귀모형에서 누락된 독립변수가 없다.
2. 독립변수와 종속변수 모두 등간 혹은 비율척도의 변수이고 측정오차가 없다.
3. 오차항의 기댓값은 0이다($E(\epsilon_i)=0$).
4. 오차항들은 등분산성(homoscedasticity)을 지닌다($\mathrm{Var}(\epsilon_i)=\sigma^2$).
5. 오차항 간에는 자기상관(autocorrelation)이 없다($\mathrm{Cov}(\epsilon_i \cdot \epsilon_j)=0, (i \neq j)$).
6. 오차항은 독립변수와 선형독립(linear independent)이다($\mathrm{Cov}(\epsilon_i \cdot x_i)=0$).
7. 오차항들은 정규분포를 이룬다.

출처 : Lewis-Beck, Michael S. 1980. *Applied Regression : An Introduction*. Newbury Park, CA : SAGE.

여기에서는 이 가운데 회귀분석을 사용하고자 할 때 기본적으로 검정이 요청되는 선형성, 등분산, 비-자기상관의 가정을 설명하고자 한다.

1 선형의 가정(linearity assumption)

가장 자연스런 선형의 의미는 종속변수의 값이 독립변수와 선형의 함수관계를 갖는다는 것이다. 이 해석에 따를 경우 아래와 같은 함수는 종속변수-독립변수 간 관계가 곡선 형태를 띠게 되므로 선형의 가정에 위배된다.

$$y_i = b_0 + b_1 x_i^2 + u_i$$

$$y_i = b_0 + b_1 \frac{1}{x} + u_i$$

그러나 이러한 회귀함수의 경우에도 모수 b_1과 종속변수는 선형함수관계를 유지하고 있는 점을 주목할 필요가 있다. 대부분의 계량경제학 교과서는 모집단의 모수와 종속변수가 선형함수를 유지하는 한, 변수 간 관계가 선형이 아닐지라도 선형의 가정에 위배하지 않는 것으로 간주한다. 예를 들어, 위 식들의 경우 log, sin, 또는 $\sqrt{\ }$를 써서 독립변수를 변환하는 가중최소자승법(weighted least squares : *WLS*)을 이용하게 되면 변환된 모형에 최소자승법을 적용할 수 있게 된다.

2 등분산의 가정

등분산(homoscedasticity)의 가정이란 x_i 값에 따라 정해지는 y_i는 그 평균값을 중심으로 분포하게 되는데, 이때 x_i값에 대응하는 모집단 y_i가 동일한 분산을 보인다는 가정이다. 이를 달리 서술하면 u_i의 분포가 항상 균등하게 확산(equal spread)한다는 뜻으로, 식으로 나타내면 $E(u_i)=\sigma^2\ (i=1, 2, \cdots, n)$과 같다. 이분산(heteroscedasticity)은 이와 대조적으로 X_i가 변함에 따라 u_i의 분산이 다른 경우를 말하며 이를 기호로 표시하면, $E(u_i)=\sigma_i^2$ 이다.

[그림 14-2] 등분산과 이분산

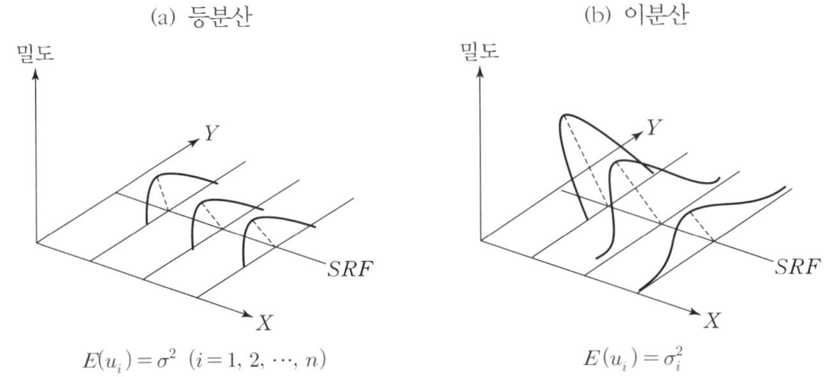

이분산이 없다는 가정하에 회귀분석을 하고 추정된 잔차의 제곱 e_i^2이 어떤 체계적인 양상을 갖는지 그래프를 통해 사후적으로 살펴봄으로써 이분산을 진단할 수 있다. 따라서, e_i^2과 $\hat{y}_i$의 관계를 나타내는 다양한 그래프들을 통하여 추정된 y의 평균값이 잔차제곱합과 체계적으로 연관되고 있는지의 여부를 찾아낼 수 있다. [그림 14-3]은 e_i^2과 $\hat{y}_i$의 관계를 나타내는 다양한 예이다.

[그림 14-3] 그래프 방법을 통한 이분산 진단

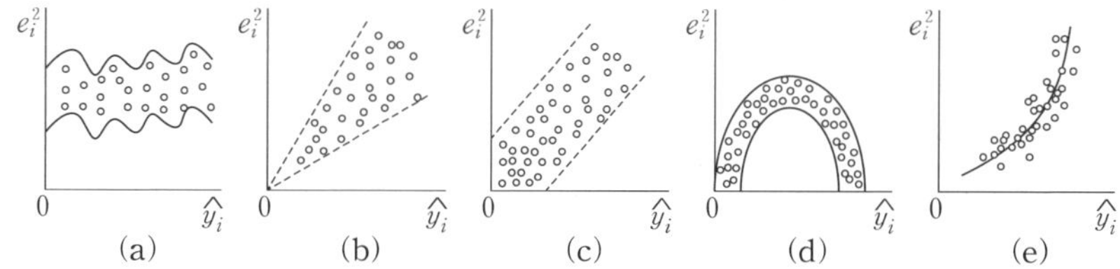

그림 (a)에서는 두 변수 간 아무런 체계적 양상을 보이지 않고 있는데, 이는 자료 내에 이분산이 존재하지 않는다는 것을 시사한다. 그림(b)~(e)는 뚜렷한 양상을 보이는데, (c)의 경우는 선형관계를 나타내고, (d)와 (e)는 e_i^2과 $\hat{y}_i$ 사이에 2차방정식의 관계를 시사한다.

이분산이 존재함으로써 나타나는 문제점은 OLS추정량이 BLUE가 아니라는 점이다. 즉, 그 추정량이 '불편성'은 갖지만, '최소분산'을 갖는 효율적인 추정량은 아니다.

이분산을 감안하여 $\text{Var}(\hat{\beta}_2) = \dfrac{\sum x_i^2 \sigma_i^2}{(\sum x_i^2)^2}$의 분산공식을 사용한다고 하자. σ_i^2을 안다고 가정할 때, 위 공식을 이용하면 신뢰구간들이 불필요하게 커지고, 그 결과 $\text{Var}(\hat{\beta})$가 지나치게 크게 되어 t검정과 F검정은 부정확한 결과를 초래할 수 있다. 또한, 이분산을 무시한 채로 표준적인 OLS회귀를 하게 되면 $\text{Var}(\hat{\beta}_2) = \dfrac{\sigma_i^2}{\sum x_i^2}$의 분산을 갖게 된다. 그러나 이것은 이분산이 존재하는 진정한 분산($\text{Var}(\hat{\beta}_2) = \dfrac{\sum x_i^2 \sigma_i^2}{(\sum x_i^2)^2}$)의 편의추정량이다. 이로 인하여 우리는 전형적으로 계산되는 신뢰구간과 t검정, F검정을 더 이상 신뢰할 수 없게 된다. 결국 이분산의 존재에도 불구하고 통상적인 검정절차를 계속 사용한다면 그로부터 도출되는 결론이나 통계적 추론은 그릇되기 쉽다.

3 비-자기상관(non-autocorrelation)의 가정

자기상관(autocorrelation)이란 시간이나 공간에 따라 배열된 일련의 관찰값들 간의 상관관계를 말한다. 따라서 비-자기상관의 가정은 무수한 관찰값 y_i가 서로 영향을 주고받지 않는 것을 의미한다. 임의로 관찰된 y_i와 y_j의 오차항 u_i와 u_j가 서로 독립적이라는 가정은 아래와 같은 식으로 나타낼 수 있다.

$$\text{Cov}(u_i, u_j) = 0 \quad i \neq j$$

만약 위 가정이 지켜지지 않고 오차항들 간 어떤 체계적 관계가 있다면 이를 계열상관(serial correlation)이라고 부르며, 이 경우 최소자승법을 사용할 수 없다.

4 기타 가정

회귀분석을 사용하고자 할 때 기본적으로 검정이 요청되는 가정은 앞에 제시한 세 가지이다. 이 밖에도 다음과 같은 가정들을 고려해야 한다.

- 독립변수 x_i가 비확률적(non random)이라는 가정
- $E(u_i)=0$이라는 가정
- 오차항 u_i가 정규분포를 이룬다는 가정

이 가운데 $E(u_i)=0$이라는 가정은 회귀분석의 기본원리와 일맥상통하며, 오차항 평균값이 0이라는 가정도 중심극한원리로부터 당연히 산출되므로 별도의 검정 절차를 요하지 않는다. x_i가 확률변수일 경우 회귀분석에 관한 논의는 이 책의 범위를 벗어나는 것으로, 여기서는 일단 x_i가 비확률변수일 것으로 가정한다.

5 가정 위반여부에 대한 검정

위에서 소개한 선형의 가정, 등분산의 가정, 비-자기상관의 가정 가운데 어느 한 가지라도 위반될 경우 OLS를 이용한 회귀분석모형은 결정적 결함을 갖게 된다. 그 위반여부를 탐지하는 가장 간단한 방법은 표본의 잔차와 $\hat{y}_i$ 또는 잔차와 x_i들에 대한 산포도를 작성해 보는 것이다. 이 산포도상의 점들이 무작위로 분포되지 않고 어떤 체계적 형태(상향, 하향, 확산 등)를 보일 경우, 일단 위 가정 위반의 가능성이 있다고 보고 좀 더 세련된 검정기법을 적용할 필요가 있다.

회귀모형에 내재한 이분산의 가능성을 검정하는 통계기법으로는 Goldfeld-Quandt test, Breusch-Pagan test, White test, Park test, Spearman의 순위상관검정 등 다양한 방법이 있다. 또한 자기상관을 탐지하는 방법으로는 연속부호검정, 잔차들의 독립성여부에 대한 x^2검증, 그리고 Durbin-Watson test 등이 활용되고 있다. 만약 이러한 기법을 적용하여 이분산 또는 자기상관을 탐지하였을 때는 어떻게 할 것인가? 그 교정수단에 대한 자세한 논의는 이 책의 범위를 벗어난다. 다만, 그러한 교정수단 가운데 비교

적 간단한 편에 속하는 가중최소자승법(*WLS*)이나 일반화최소자승법(generalized least squares : *GLS*)은 최근 들어 계량경제학 이외에 분야에서도 자주 활용되고 있으므로 살펴볼 것을 권한다.

4 회귀분석 결과의 적정성 평가

SOCIAL STATISTICS

1 결정계수

앞에서 추정회귀식을 도출하는 과정에 대하여 설명하였다. 추정회귀식을 도출하였으면, 우리는 다음과 같은 질문에 관심을 갖게 된다. "과연 추정회귀식이 자료를 얼마나 잘 설명하고 있는가?" 이와 같은 질문에 답을 하기 위하여 여기에서는 추정회귀식의 적합도인 결정계수(coefficient of determination)에 대하여 설명하고자 한다.

일반적으로 종속변수 y의 관측값 $y_1, y_2, \cdots, y_n$은 여러 가지 값을 가지고 있다. 이 관측된 자료들이 서로 근접한 값들인지 아니면 서로 떨어져 있는 값들인지를 나타내는 양으로서 평균에서의 차이의 제곱들의 합인 변동(variation)을 사용한다. 예를 들어, y의 관측값들이 1, 2, 3, 4, 5라면 이들의 평균 3과의 차이의 제곱들의 합은 다음과 같이 나타나는데 이 값이 이 자료들의 변동이다.

$$(1-3)^2+(2-3)^2+(3-3)^2+(4-3)^2+(5-3)^2=10$$

종속변수 y의 관측값 $y_1, y_2, \cdots, y_n$의 변동을 총제곱합(total sum of squares)이라고 하며, SST로 표기한다. 앞의 예에서 본 바와 같이 총제곱합은 다음과 같이 계산된다.

총제곱합

$$SST=\sum(y_i-\bar{y})^2$$

이러한 변동이 발생하는 이유는 회귀직선이 기울어져 있기 때문이다. 회귀직선이 기울어져 있으면 독립변수의 값이 달라지면 종속변수의 값도 달라진다. 따라서 종속변수의 관측치에 변동이 발생한다. 이렇게 회귀직선이 기울어져 있음으로 인하여 발생한 종속변수의 변동을 회귀제곱합(regression sum of squares)이라고 하며, SSR로 표기한다. 추정회귀선의 $\hat{y}$이 $\bar{y}$와 얼마나 차이가 있는지를 측정하는 것으로, 이 변동은 회귀직선이 설명해 주는 변동이다.

회귀제곱합

$$SSR = \sum(\hat{y}_i - \bar{y})^2$$

종속변수의 관측치에 변동이 발생하는 또 다른 이유는 독립변수 이외의 다른 모든 여러 가지 변수들이 종속변수에 미치는 영향 때문이다. 이렇게 남아 있는 모든 다른 변수들에 의한 영향 때문에 발생하는 변동을 오차제곱합(sum of squares due to error : SSE)이라고 한다. 오차제곱합은 i번째 관찰값에 대한 종속변수의 관찰값 y_i와 종속변수의 추정값 $\hat{y}_i$ 간의 차이를 i번째 잔차(residual)의 제곱으로 표현된다. 이 i번째 잔차란 y_i를 추정하기 위해 $\hat{y}_i$을 사용하는 데 있어서의 오차를 의미한다. 따라서, i번째 관찰값에 대한 잔차는 $y_i - \hat{y}_i$이다. 이러한 잔차 혹은 오차의 제곱합이 최소자승법에 의해 최소화되는 수치이다. 오차제곱합값은 표본에서 종속변수의 값을 추정하기 위해 추정회귀식을 활용할 때 발생하는 오차측정값이며, 이 변동은 회귀직선으로는 설명되지 않는 변동이다.

오차제곱합

$$SSE = \sum(y_i - \hat{y}_i)^2$$

총제곱합은 회귀제곱합과 오차제곱합의 합이다.

총제곱합

$$\text{총제곱합} = \text{회귀제곱합} + \text{오차제곱합}$$
$$SST \quad = \quad SSR \quad + \quad SSE$$

SSR은 SST 가운데 설명된 비율로 생각할 수 있고, SSE는 SST 가운데 설명되지 않은 비율로 생각할 수 있다. 따라서, 이 식에서 회귀제곱합과 총제곱합의 비율인 $\frac{SSR}{SST}$은 총변동 가운데 회귀식이 설명해 주는 변동의 비율이 되며 따라서 추정회귀식이 자료를 얼마나 잘 설명하고 있는지를 나타내는 하나의 지표가 된다. 이 지표를 결정계수(coefficient of determination)라고 하고 R^2이라고 표시한다.

결정계수

$$R^2 = \frac{SSR}{SST}$$

결정계수의 값은 0과 1 사이의 값을 가지게 된다. 결정계수의 값이 1에 가까우면 독립변수의 설명력이 매우 높고 종속변수의 관측값들이 회귀직선에 매우 근접하게 있다는 것을 말해 주는 것이어서 추정된 회귀식의 적합도가 높은 것으로 평가할 수 있다. 반대로 0에 가까우면 독립변수의 설명력이 매우 약하고 종속변수의 관측값들이 회귀직선에서 매우 벗어나 있는 것으로서 적합도는 떨어지게 된다.

상관분석에서 상관계수에 대하여 설명하였다. 상관계수의 제곱이 바로 결정계수이다. 즉, 상관계수는 결정계수의 제곱근이며 그 부호는 회귀직선 기울기의 부호와 같다. 두 변수 간 선형관계의 경우에서, 결정계수와 표본상관계수 모두 관계의 강도를 보여준다. 결정계수는 0과 1 사이의 값을 갖는 반면에 상관계수는 －1과 1 사이의 값을 가진다. 상관계수는 두 변수 간의 선형관계에만 활용될 수 있지만, 결정계수는 둘 혹은 그 이상의 독립변수들 간의 선형관계 및 비선형관계에 활용될 수 있다.

2 유의성 평가

1) 오차평균제곱(mean square error : MSE)

이미 앞에서 다음의 식을 설명한 바 있다.

$$E(y) = \beta_0 + \beta_1 x$$

이는 단순회귀분석에서 y의 평균 혹은 기댓값은 x의 선형함수임을 의미한다. 그런데, 만약 β_1값이 0이라면 y의 평균 혹은 기댓값, $E(y)$는 β_0가 된다. 이 경우에 y의 평균값은 x값에 따라 변화하지 않기 때문에 x와 y는 선형관계가 아니라고 결론내릴 수 있다. 그러나 만약 β_1값이 0이 아니라면, 두 변수는 관련이 있다고 결론내릴 수 있다. 따라서, 회귀관계의 유의성을 검증하기 위해서는 β_1값이 0인지 여부를 확인할 수 있는 가설검정을 수행하여야 한다. 두 가지 검정방법이 일반적으로 활용되며, 두 가지 방법 모두 회귀모형에서 ϵ의 분산인 σ^2의 추정을 필요로 한다. 여기에서는 먼저 σ^2의 추정에 대하여 살펴본 후 t검정과 F검정에 대하여 살펴보도록 하겠다.

회귀모형과 그 가정으로부터 ϵ의 분산인 σ^2은 회귀식에 대한 y값의 분산 또한 대표한다고 말할 수 있다. 추정회귀식에 대한 y의 편차가 잔차인데, 따라서 잔차제곱합인 SSE는 추정회귀식에 대한 실제 관찰값의 변동치이다. 오차평균제곱(mean square error : MSE)은 σ^2의 추정값을 제공하며, SSE를 자유도로 나눈 값이다.

$\hat{y} = b_0 + b_1 x_i$라 하면, SSE는 다음과 같다.

$$SSE = \sum (y_i - \hat{y}_i)^2 = \sum (y_i - b_0 - b_1 x_i)^2$$

모든 제곱합은 자유도와 관련이 있다. SSE를 계산하기 위해서는 두 개의 모수(β_0와 β_1)를 추정해야 하기 때문에 SSE는 $n-2$의 자유도를 갖는다. 따라서, 평균제곱은 SSE를 $n-2$로 나눔으로써 계산된다. MSE는 σ^2의 불편추정치를 제시한다. MSE값이 σ^2의 추정치를 제시하기 때문에 s^2 또한 다음과 같이 계산된다.

오차평균제곱(σ^2의 추정치)

$$s^2 = MSE = \frac{SSE}{n-2}$$

σ를 추정하기 위해서는 s^2의 제곱근을 활용한다. 결과값 s는 추정표준오차(standard error of the estimate)와 동일하다.

추정표준오차

$$s = \sqrt{MSE} = \sqrt{\frac{SSE}{n-2}}$$

2) t 검정

단순회귀모형에서 x와 y가 선형관계를 갖는다면 $\beta_1 \neq 0$이다. t검정의 목적은 $\beta_1 \neq$

0이라고 결론을 내릴 수 있는지 여부를 확인하는 것이다. 즉,

$$\text{귀무가설} : \beta_1 = 0$$
$$\text{대립가설} : \beta_1 \neq 0$$

만약 귀무가설이 기각되면 $\beta_1 \neq 0$이고, 두 변수 간에 통계적으로 유의한 관계가 존재한다고 결론내릴 수 있다. 그러나 귀무가설이 기각되지 않으면, 두 변수 간에 유의한 관계가 존재한다고 결론내릴 수 있는 충분한 증거를 확보하지 못하게 된다.

β_1의 최소자승추정치인 b_1의 표본분포특성이 가설검정에 필요한 기초자료를 제공한다. 사실 최소자승추정치인 b_0와 b_1은 자기 자신의 표본분포에 대한 표본통계량이다. b_1의 표본분포특성은 다음과 같다.

b_1의 표본분포

$$\text{기댓값} : E(b_1) = \beta_1$$
$$\text{표준편차} : \sigma_{b_1} = \frac{\sigma}{\sqrt{\sum (x_i - \bar{x})^2}}$$
$$\text{분포형태} : \text{정규분포}$$

b_1의 기댓값이 β_1과 동일하면 b_1은 β_1의 불편추정치이다. σ값을 알지 못하기 때문에 이 식에서 s로 σ를 추정함으로써 σ_{b_1}의 추정치인 s_{b_1}을 도출한다.

b_1의 추정표준편차

$$s_{b_1} = \frac{s}{\sqrt{\sum (x_i - \bar{x})^2}}$$

유의한 관계에 대한 t검정은 다음 검정통계량이 자유도 $n-2$인 t분포를 따른다는 사실에 기초하고 있다.

$$\frac{b_1 - \beta_1}{s_{b_1}}$$

만약 귀무가설이 참이라면, $\beta_1 = 0$, $t = \dfrac{b_1}{s_{b_1}}$ 이다. 단순회귀분석에서 유의성 검증을 위한 t검정을 요약하면 다음과 같다.

단순회귀분석에서 유의성 검증을 위한 t검정

귀무가설 : $\beta_1 = 0$

대립가설 : $\beta_1 \neq 0$

검정통계량

$$t = \frac{b_1}{s_{b_1}}$$

판단

p값 : p값$\leq \alpha$이면, 귀무가설 기각

임계값 : $t \leq -t_{\frac{\alpha}{2}}$ 혹은 $t \geq t_{\frac{\alpha}{2}}$ 이면 귀무가설 기각

$t_{\frac{\alpha}{2}}$는 자유도 $n-2$인 t분포에 기초

3) β_1의 신뢰구간

β_1의 신뢰구간 형태는 다음과 같다.

$$b_1 \pm t_{\frac{\alpha}{2}} s_{b_1}$$

점추정치가 b_1이고, 오차한계는 $t_{\frac{\alpha}{2}} s_{b_1}$이다. 이 구간과 관련된 신뢰계수는 $1-\alpha$이고, $t_{\frac{\alpha}{2}}$는 자유도가 $n-2$인 t분포의 우측꼬리에서 $\dfrac{\alpha}{2}$의 영역을 나타내는 t값이다.

유의성 검증을 위해 t검정을 활용하는 경우에 가설은 다음과 같이 검정된다.

귀무가설 : $\beta_1 = 0$

대립가설 : $\beta_1 \neq 0$

일반적으로 신뢰구간은 β_1에 대한 양측가설검정에 활용될 수 있다. 만약 β_1의 값이 신뢰구간에 포함된다면 귀무가설은 기각되지 않고, 포함되지 않으면 귀무가설은 기각된다.

4) F검정

F확률분포에 기초한 F검정은 회귀분석에서 유의성 검증에 활용될 수 있다. 단지 하나의 독립변수만 존재할 때 F검정은 t검정과 동일한 결론을 제공할 것이다. 즉, 만약 t검정에서 $\beta_1 \neq 0$이기 때문에 유의한 관계가 있다면, F검정 또한 유의한 관계를 보일 것이다. 그러나 독립변수가 하나 이상일 때, 전반적인 유의관계 검증에는 F검정만이 활용될 수 있다.

회귀관계가 통계적으로 유의한지의 여부를 결정하기 위해 F검정을 활용하는 기본 논리는 σ^2에 대한 두 개의 독립추정치 도출에 기초하고 있다. MSE가 σ^2의 추정치를 제시하는 방법은 앞에서 설명하였다. 만약, 귀무가설이 참이면 회귀제곱합인 SSR은 σ^2의 또 다른 독립추정치를 제공하는 회귀식의 자유도로 나누어진다. 이러한 추정치를 회귀평균제곱(mean square regression)이라 하며, MSR로 표기한다. 일반적으로,

$$MSR = \frac{SSR}{\text{회귀 자유도}}$$

여기에서 고려하는 모형에 대한 회귀자유도는 항상 모형의 독립변수 수와 동일하다. 따라서,

$$MSR = \frac{SSR}{\text{독립변수 수}}$$

단순회귀분석에서는 독립변수가 하나이기 때문에 결국 $MSR = SSR$이다.

만약 귀무가설이 참이면, MSR과 MSE는 σ^2의 두 개의 독립추정치가 되며, $\frac{MSR}{MSE}$의 표본분포는 분자의 자유도가 1이고 분포의 자유도가 $n-2$인 F분포를 따른다. 따라서, $\beta_1 = 0$일 때 $\frac{MSR}{MSE}$값은 1에 가까워진다. 그러나 만약 귀무가설이 거짓이면, MSR은 σ^2을 과대추정할 것이며, $\frac{MSR}{MSE}$값은 부풀려질 것이다. 따라서, $\frac{MSR}{MSE}$값이 클수록 귀무가설을 기각하여 x와 y의 관계가 통계적으로 유의하다는 결론을 도출하게 될 것이다.

단순회귀분석에서 유의성 검증을 위한 F검정을 요약해 보면 다음과 같다.

단순회귀분석에서 유의성 검증을 위한 F검정

귀무가설 : $\beta_1 = 0$

대립가설 : $\beta_1 \neq 0$

검정통계량

$$F = \frac{MSR}{MSE}$$

판단

p값 : p값$\leq \alpha$이면, 귀무가설 기각

임계값 : $F \geq F_\alpha$이면 귀무가설 기각

F_α는 분자의 자유도가 1이고 분모의 자유도가 $n-2$인 F분포에 기초

제 12 장에서 분산분석을 설명하였는데, 분산분석의 계산 특성을 편리하게 요약하기 위해 〈표 12-3〉과 같이 분산분석표를 작성하였다. 이와 유사한 분산분석표를 회귀분석에서 유의성 검증을 위해 F검정 결과를 요약하는 데 활용할 수 있다. 〈표 14-1〉은 단순회귀분석에서 활용되는 분산분석표의 일반적인 형태이다.

〈표 14-1〉 단순회귀분석에서 활용되는 분산분석표의 일반적 형태

변동 원천	제곱합	자유도	평균제곱	F
회귀	SSR	1	$MSR = \frac{SSR}{1}$	$F = \frac{MSR}{MSE}$
오차	SSE	$n-2$	$MSE = \frac{SSE}{n-2}$	
계	SST	$n-1$		

이러한 유의성 검증 결과를 해석할 때 다음과 같은 사항에 주의하여야 한다.

먼저, 귀무가설을 기각하여 x와 y의 관계가 유의하다고 하더라도 x와 y 간에 원인-결과 관계가 존재한다고 결론내릴 수는 없다. 원인-결과 관계의 결론은 실제로 인과관계가 존재한다는 몇 가지 유형의 이론적 정당성을 제시할 수 있을 때에만 타당하다.

다음으로, 귀무가설을 기각하고 통계적 유의성을 검증할 수만 있기 때문에 x와 y의 관계가 선형이라고 결론내릴 수 없다. 단지, x와 y가 관련이 있고, 선형관계는 표본에서 관측된 x값의 범위에 따라 y값 변동의 상당 부분을 설명한다고 말할 수 있을 뿐이다.

유의한 관계란 표본에서 관측된 x값의 범위 내에서 x값에 따른 y값을 예측하기 위해 추정회귀식을 활용하는 것이 신뢰할 수 있다는 의미이다. 따라서, 독립변수의 값의 범위를 벗어나서도 모형이 타당하다고 주장할 만한 다른 이유가 없다면 독립변수의 범위를 벗어나서 예측할 때는 주의를 기울여야 한다.

5 추정과 예측을 위한 추정회귀식 활용

SOCIAL STATISTICS

단순회귀분석의 중요한 목적이 추정과 예측이다. 그러나 이러한 추정과 예측이 유의미하기 위해서는 조건이 필요하다. 우선, 독립변수와 종속변수의 관계에 대한 가정이 우선 필요하며, 이런 가정하에서 최소자승법을 활용하여 추정회귀식을 도출한다. 만약 독립변수와 종속변수 간에 통계적으로 유의미한 관계가 존재하고 결정계수 등 적합도가 우수하면, 추정회귀식은 추정과 예측에 유용하다고 할 수 있다.

1 점추정

다음의 예를 통해 회귀식을 활용한 점추정에 대하여 살펴보도록 하자.

100명을 대상으로 연봉과 저축에 대한 자료를 수집하고, 이 자료를 활용하여 연봉(독립변수)의 저축(종속변수)에 대한 영향을 분석하기 위하여 회귀분석을 실시한 결과 다음과 같은 회귀식을 도출하였다.

$$y = -0.56 + 0.156x$$

이 추정회귀식을 통해 연봉과 저축의 관계를 추정할 수 있다. 즉, 연봉이 4500만 원인 사람의 저축액에 대한 점추정을 한다면, $x = 4500$만 원일 때,

$$y = -560 + 0.156x = -560 + 0.156(45{,}000{,}000) = 7{,}019{,}440$$

따라서, 연봉이 4500만 원인 사람의 저축액에 대한 점추정값은 7,019,440원이다.

2 구간추정

구간추정은 두 가지 유형으로 나누어 살펴볼 수 있다. 첫 번째 유형은 신뢰구간으로 주어진 x값에 대한 y 평균값의 구간추정이다. 두 번째 유형은 예측구간으로 주어진 x값에 대한 y의 개별값에 대한 구간추정을 의미한다.

1) y의 평균값에 대한 신뢰구간

y의 평균값에 대한 신뢰구간의 일반적인 표현은 다음과 같다.

$E(y_p)$에 대한 신뢰구간

$$\hat{y_p} \pm t_{\frac{\alpha}{2}} s_{\hat{y_p}}$$

신뢰계수는 $1-\alpha$이고, $t_{\frac{\alpha}{2}}$는 자유도 $n-2$인 t 분포

$E(y_p)$: 주어진 x_p에 대응하는 종속변수 y의 평균값 혹은 기댓값
$\hat{y_p} = b_0 + b_1 x_p$: x가 x_p일 때 $E(y_p)$의 점추정
y_p : 주어진 x_p에 대응하는 종속변수 y의 값
x_p : 독립변수 x에 대한 특정 값 혹은 주어진 값

일반적으로 $\hat{y_p}$가 $E(y_p)$와 정확히 일치할 것으로 기대할 수는 없다. 만약, $\hat{y_p}$가 실제 평균값인 $E(y_p)$에 얼마나 근사한지를 추론하고자 한다면 $\hat{y_p}$의 분산을 추정해야 할 것이다. 주어진 x_p에 대한 $\hat{y_p}$의 분산을 추정하는 공식은 다음과 같다.

$$s_{\hat{y_p}}^2 = s^2 \left[\frac{1}{n} + \frac{(x_p - \bar{x})^2}{\sum (x_i - \bar{x})^2} \right]$$

따라서, $\hat{y_p}$의 표준편차 추정치는 위 식의 제곱근이다.

$$s_{\hat{y}_p} = s\sqrt{\frac{1}{n} + \frac{(x_p - \bar{x})^2}{\sum(x_i - \bar{x})^2}}$$

신뢰구간의 도출에 대해서도 위의 예인 연봉과 저축액의 관계를 활용하여 살펴보도록 하자. 연봉 4500만 원인 사람의 저축액에 대한 95% 신뢰구간을 도출해 보자. 자유도 $n-2=100-2=98$일 때 $t_{.025}=1.984$이다. $\hat{y}=7{,}019{,}440$, 계산에 의해 $s_{\hat{y}_p}=6{,}831.72$이며 따라서, 오차한계가 $t_{\frac{\alpha}{2}} s_{\hat{y}_p} = 1.984(6{,}831.72) = 13{,}554.13$일 때 95% 신뢰구간 추정치는 다음과 같다.

$$7{,}019{,}440 \pm 13{,}554.13$$

즉, 연봉 4500만 원인 사람의 저축액에 대한 95% 신뢰구간은 7,005,885 ~ 7,032,994원이다.

2) y의 개별값에 대한 예측구간

y의 개별값에 대한 예측구간의 일반적인 표현은 다음과 같다.

> y_p에 대한 예측구간
>
> $$\hat{y_p} \pm t_{\frac{\alpha}{2}} s_{id}$$
>
> 신뢰계수는 $1-\alpha$이고, $t_{\frac{\alpha}{2}}$는 자유도 $n-2$인 t분포

예측구간을 도출하기 위해서는 먼저, $x = x_p$일 때, y의 개별값 추정치로 $\hat{y_p}$를 사용하는 것과 관련된 분산을 결정해야 한다. 이 분산은 두 개의 구성요소의 합인데, 하나는 평균 $E(y_p)$에 대한 개별 y값의 분산으로서 s^2에 의한 추정치이고, 다른 하나는 $E(y_p)$를 추정하기 위해 $\hat{y_p}$를 사용하는 것과 관련된 분산으로서 $s^2_{\hat{y}_p}$에 의한 추정치이다. y_p의 개별값의 분산을 추정하는 공식 s_{id}는 다음과 같다.

$$\begin{aligned} s^2_{id} &= s^2 + s^2_{\hat{y}_p} \\ &= s^2 + s^2\left[\frac{1}{n} + \frac{(x_p - \bar{x})^2}{\sum(x_i - \bar{x})^2}\right] \\ &= s^2\left[1 + \frac{1}{n} + \frac{(x_p - \bar{x})^2}{\sum(x_i - \bar{x})^2}\right] \end{aligned}$$

따라서, y_p 개별값의 표준편차에 대한 추정치는 다음과 같다.

$$s_{id} = s\sqrt{1 + \frac{1}{n} + \frac{(x_p - \bar{x})^2}{\sum(x_i - \bar{x})^2}}$$

연봉이 4500만 원인 개인의 저축액에 대한 95% 예측구간을 구해 보자. 자유도 $n-2=100-2=98$일 때 $t_{.025}=1.984$이다. $\hat{y}=7,019,440$, 계산에 의해 $s_{id}=13,867.2$이며, 따라서, 오차한계가 $t_{\frac{\alpha}{2}} s_{\hat{y}_p} = 1.984(13,867.2) = 27,512.52$일 때 95% 신뢰구간 추정치는 다음과 같다.

$$7,019,440 \pm 27,512.52$$

즉, 연봉 4500만 원인 사람의 저축액에 대한 95% 예측구간은 6,991,927~7,046,953원이다.

여기에서, 연봉 4500만 원인 사람의 저축액에 대한 예측구간이 연봉 4500만 원인 모든 사람의 평균 저축액에 대한 신뢰구간보다 더 넓다는 사실을 알 수 있다. 그 차이는 y의 개별값에 대한 추정보다 y의 평균값에 대한 추정이 더 정확하다는 사실을 반영한다. 신뢰구간 추정과 예측구간 추정은 모두 독립변수의 값 $x_p = \bar{x}$일 때 가장 정확하다.

SOCIAL STATISTICS

제3절 다중회귀분석

이제까지는 설명의 편리를 위해 독립변수와 종속변수가 각각 하나인 단순회귀분석을 설명하였다. 그러나 우리가 연구하고자 하는 사회현상은 너무도 복잡하여 한 개의 변수로 설명되는 사례가 드물다. 다중회귀분석(multiple regression analysis)은 단순회귀분석의 연장으로서 종속변수 y의 변화를 설명하기 위해 두 개 이상의 독립변수를 사용한다.

1 다중회귀분석의 개념

SOCIAL STATISTICS

다중회귀분석은 종속변수가 두 개 이상의 독립변수와 어떤 관계가 있는지를 분석할 때 사용하는 통계기법이다. 단순회귀분석에서와 마찬가지로 종속변수가 독립변수 및 오차항과 어떤 관계가 있는지를 보여주는 식을 다중회귀모형(multiple regression model)이라고 하며, 다음과 같이 표현한다.

$$y_i = \beta_0 + \beta_1 x_1 + \beta_2 X_2 + \cdots + \beta_n x_n + \epsilon$$

단순회귀분석에서와 마찬가지로 다중회귀모형에서도 $\beta_0, \beta_1, \beta_2, \cdots, \beta_n$은 모수이고 ϵ은 확률변수이다. 오차항은 n개 독립변수의 선형효과에 의해 설명되지 못하는 y의 변동을 의미한다. 다중회귀분석에서도 y의 평균 혹은 기댓값인 $E(y)$가 $\beta_0 + \beta_1 x_1 + \beta_2 x_2 + \cdots + \beta_n x_n$과 동일하다는 것이다. y의 평균값과 독립변수들의 관계를 설명하는 식이 다중회귀식(multiple regression equation)이며 다음과 같이 표현한다.

$$E(y) = \beta_0 + \beta_1 x_1 + \beta_2 x_2 + \cdots + \beta_n x_n$$

단순회귀분석에서 독립변수와 종속변수 간의 선형관계를 가장 정확하게 추정할 수 있는 추정회귀식을 도출하기 위해 최소자승법을 활용하였다. 다중회귀분석에서도 같은 방법을 활용하여 추정다중회귀식(estimated multiple regression equation)을 도출하게 된다.

2 다중회귀분석에서 최소자승법에 의한 추정량

SOCIAL STATISTICS

다중회귀분석에서 최소자승법을 통해 회귀계수를 구하는 방법을 설명하기 위하여, 독립변수가 2개인 다중회귀분석의 예를 들어보자. 이 경우 추정다중회귀식은 다음과 같다.

$$\hat{y} = b_0 + b_1 x_1 + b_2 x_2$$

위의 추정다중회귀식에서 단순확률표본을 활용하여 표본통계량 b_0, b_1, b_2를 계산하여 모수 β_0, β_1, β_2의 점추정치로 활용한다. 이 다중회귀식은 단순회귀분석에 단지 b_2x_2를 추가로 도입한 것일 뿐 큰 차이가 없다. 그렇지만 β_1과 β_2를 여기서는 편회귀계수(partial regression coefficents)로 부른다. 위 식에서 편회귀계수 b_1은 x_2를 불변으로 유지할 때 x_1 한 단위 변화에 대하여 y의 평균값이 얼마나 변화하는가, 즉 x_1에 관한 y의 평균값의 기울기를 나타낸다. 다시 말해 β_1이나 β_2는 각각 y 평균값에 미치는 영향 중 다른 독립변수에 관계된 부분을 뺀 순효과(net effect)를 의미한다. 단순회귀분석모형에서 논의했던 최소자승법이나 그 기본 가정은 다중회귀분석에도 그대로 적용된다.

독립변수가 2개인 다중회귀분석에서 최소자승법을 활용하여 b_0, b_1, b_2를 구하면 다음과 같다.

$\hat{y} = b_0 + b_1x_1 + b_2x_2$의 기울기 및 절편

최소자승 기준

$$\min \sum (y_i - \hat{y}_i)^2$$

y_i : i번째 관찰에 대한 종속변수의 관찰값
$\hat{y}_i$: i번째 관찰에 대한 종속변수의 추정값

다중회귀식의 기울기

$$b_1 = \frac{\sum x_{1i}y_i \sum x_{2i}^2 - \sum x_{2i}y_i \sum x_{1i}x_{2i}}{\sum x_{1i}^2 \sum x_{2i}^2 - (\sum x_{1i}x_{2i})^2}$$

$$b_2 = \frac{\sum x_{2i}y_i \sum x_{1i}^2 - \sum x_{1i}y_i \sum x_{1i}x_{2i}}{\sum x_{1i}^2 \sum x_{2i}^2 - (\sum x_{1i}x_{2i})^2}$$

다중회귀식의 절편

$$b_0 = \bar{y} - b_1\bar{x}_1 - b_2\bar{x}_2$$

다음의 예를 통해 다중회귀식의 기울기와 절편을 구해 보자. 다음은 태릉대학교 녹색성장학과 2학년 학생 가운데 9명을 임의로 추출하여 각 학생의 기말시험 점수와 1주일 공부시간 및 1주일 TV 시청시간을 조사한 자료이다.

학생	점수	1주일 공부시간	1주일 TV 시청시간
1	44	23	70
2	94	35	3
3	38	4	10
4	65	49	96
5	95	48	40
6	57	12	4
7	20	14	80
8	52	33	78
9	64	25	15

앞에서 설명한 최소자승법에 의해 회귀식을 구하면 다음과 같다.

$$\hat{y}=38.1+1.57x_1-0.49x_2$$

편회귀계수의 개념을 상기해 보면서 위의 식을 해석하여 보자. 즉, 다중회귀분석에서 각 회귀계수는 다음과 같이 해석하여야 한다. b_i는 모든 다른 독립변수가 일정할 때 x_i의 한 단위 변화에 대한 y값 변화의 추정치이다. 따라서, 위의 식은 $b_1=1.57$이므로 1주일 TV 시청시간이 일정할 때 1주일 공부시간이 한 단위 증가하면 점수가 증가할 것으로 기대되는 추정치는 1.57점이다. 비슷하게 $b_2=-0.49$이기 때문에 1주일 공부시간이 일정할 때 1주일 TV 시청시간이 한 단위 증가하면 점수가 내려갈 것으로 기대되는 추정치는 0.49점이다.

3 다중결정계수

SOCIAL STATISTICS

단순회귀분석에서 총제곱합은 회귀제곱합과 오차제곱합으로 구성되어 있었다. 다중회귀분석에서도 같은 내용을 적용할 수 있다.

다중결정계수

SST, SSR, SSE의 관계

$$\begin{array}{ccccc} SST & = & SSR & + & SSE \\ \sum(y_i - \bar{y})^2 & = & \sum(\hat{y_i} - \bar{y})^2 & + & \sum(y_i - \hat{y_i})^2 \end{array}$$

다중결정계수

$$R^2 = \frac{SSR}{SST} = 1 - \frac{SSE}{SST} = 1 - \frac{\sum(y_i - \hat{y_i})^2}{\sum(y_i - \bar{y})^2}$$

다중결정계수(multiple coefficient of determination, R^2)는 추정다중회귀식에 의해 설명될 수 있는 종속변수의 변동비율을 의미한다. 따라서, 100을 곱하면 다중추정회귀식에 의해 설명될 수 있는 y값의 변동률이 된다.

앞의 태릉대학교 녹생성장학과 사례에서 다중결정계수를 구하면 0.984이다. 따라서, 1주일 공부시간과 1주일 TV 시청시간을 독립변수로 하여 도출한 추정다중회귀식은 기말시험 점수의 변동 가운데 98.4%를 설명하고 있다.

일반적으로 모형에 독립변수가 추가되면 다중결정계수는 항상 증가한다. 따라서 독립변수 추가가 추정회귀식에 의해 설명되는 변동의 양에 미치는 영향이 과도하게 추정되는 것을 피하기 위해 독립변수의 수에 대한 수정다중결정계수(adjusted multiple coefficient of determination)를 고려하는 경우가 많다. 수정결정계수는 모형에 포함된 변수의 자유도로 결정계수값을 조정한다는 의미를 갖는다. 수정다중결정계수는 다음과 같이 계산된다.

수정다중결정계수

$$R_a^2 = 1 - (1 - R^2)\frac{n-1}{n-p-1}$$

n : 표본 수

p : 독립변수의 수

태릉대학교 녹생성장학과의 사례에서 표본의 수는 9이고 독립변수의 수는 2이므로 수정결정계수는 다음과 같다.

$$R_a^2 = 1 - (1 - .984)\frac{9-1}{9-2-1} = .979$$

4 다중회귀분석의 가정

SOCIAL STATISTICS

다중회귀분석의 가정은 단순회귀분석에서의 가정을 그대로 유지한다. 예를 들어, 단순회귀분석에서의 오차항의 가정은 다중회귀분석에서도 그대로 유효하다. 더불어 독립변수가 늘어남에 따라 새롭게 추가되어야 할 가정이 있다. 단순회귀분석의 기본 가정에 더하여 추가된 다중회귀분석의 기본 가정을 정리하면 다음과 같다.

다중회귀분석의 기본 가정

1. 회귀모형 설정의 오류가 없다.
   ① 독립변수와 종속변수는 선형관계를 지닌다.
   ② 회귀모형에 포함된 독립변수는 적절한 것이다.
   ③ 회귀모형에서 누락된 독립변수가 없다.
2. 독립변수와 종속변수 모두 등간 혹은 비율척도의 변수이고 측정오차가 없다.
3. 오차항의 기댓값은 0이다($E(\epsilon_i) = 0$).
4. 오차항들은 등분산성(homoscedasticity)을 지닌다($\text{Var}(\epsilon_i) = \sigma^2$).
5. 오차항 간에는 자기상관(autocorrelation)이 없다($\text{Cov}(\epsilon_i \cdot \epsilon_j) = 0, (i \neq j)$).
6. 오차항은 독립변수와 선형독립(linear independent)이다($\text{Cov}(\epsilon_i \cdot x_i) = 0$).
7. 오차항들은 정규분포를 이룬다.
8. 독립변수 간에 다중공선성(multicollinearity)이 존재하지 않는다.
9. 독립변수 간에 상호작용효과(interaction effect)가 존재하지 않는다.
10. 표본의 수가 회귀식에 포함되는 변수의 수보다 많다. 최소한 2개 이상 많아야 한다.

새롭게 추가된 가정 가운데 중요한 다중공선성에 대하여 살펴보도록 하자. 회귀분석에서 독립변수는 종속변수값을 예측하거나 설명하기 위해 사용되는 어떤 변수를 의미한다. 그러나 독립변수라는 용어는 독립변수 자체가 통계적 의미로 독립적이라는 뜻은 아니다. 다중회귀분석에서 대부분 독립변수는 다른 독립변수와 어느 정도 상관관계를 갖는다. 다중공선성(multicollinearity)이란 다중회귀분석 모형에 포함된 독립변수 간 상관관계가 매우 높은 상태를 가리킨다. 다중공선성이 존재할 경우 독립변수에 대해 추정된 회귀계수의 분산과 표준오차가 증가하여 결과적으로 t값을 떨어뜨린다. 회귀분석에서 결정계수가 아주 높은데도 불구하고 독립변수들의 t검증이 유의미하게 나오지 않는다면 일단 다중공선성의 영향을 의심할 필요가 있다.

다중공선성을 탐지하는 방법으로는 ① 독립변수들 간 상관관계 조사, ② VIF(variance inflation factor), ③ 조건지수(Condition Index : CI), 그리고 ④ 보조회귀분석(auxiliary regression)의 F나 결정계수 검정 등이 있다. 개략적으로 다중공선성은 두 개의 독립변수 간 표본상관계수 절댓값이 0.7을 초과하면 문제가 될 수 있다. 위의 방법 어느 것도 다중공선성의 정도를 탐지하는 데 충분하지 않으므로 두세 가지 방법을 겸용하는 것이 바람직하다.

때로 높은 다중공선성의 존재에도 불구하고 모형의 적합성이나 가설검정에 큰 지장을 받지 않을 수도 있다. 그러나 일단 회귀모형에 높은 다중공선성이 있다고 판단되면 이를 교정해야 한다. 다중공선성을 교정하는 수단은 ① 다중공선성이 표본에 국한된 문제이므로 표본을 다시 추출하거나, ② 문제가 된 변수를 모형에서 제거하거나, ③ 변수를 변환하는 방법 등이 있다. 그 어느 것도 손쉬운 수단은 아니며, 판단은 연구자에게 달려 있다.

5 다중회귀분석의 유의성 검증

SOCIAL STATISTICS

앞의 단순회귀분석에서 유의성 검증을 위하여 t검정과 F검정을 실시한다고 하였다. 단순회귀분석에서 이 두 가지 검정은 같은 결과를 제시하였다. 그러나 다중회귀분석에서 t검정과 F검정은 다른 목적으로 활용된다. 즉, F검정은 종속변수와 모든 독립변수의 집합 간에 유의한 관계가 존재하는지를 검증하기 위해 활용된다. 따라서, F검정을 전반 유의성 검증(overall significance test)이라고 한다. F검정이 전반 유의성 검증에 활용되는 반면에, t검정은 각 개별 독립변수가 유의한지 여부를 검증하기 위해 활용된다. 개별 t검정은 모형에 있는 각 독립변수별로 수행된다. 따라서 t검정을 개별 유의성 검증(individual significance test)이라고 한다.

1 t 검정

각 개별 모수의 유의성 검증을 위해 t검정을 실시한다. 개별 유의성 검증을 위한 t 검정 방법은 다음과 같다.

다중회귀분석에서 개별 유의성 검증을 위한 t검정

어떤 모수에 대하여,

$$\text{귀무가설} : \beta_i = 0$$

$$\text{대립가설} : \beta_i \neq 0$$

검정통계량

$$t = \frac{b_i}{s_{b_i}}$$

판단

p값 : p값$\leq \alpha$이면, 귀무가설 기각

임계값 : $t \leq -t_{\frac{\alpha}{2}}$ 혹은 $t \geq t_{\frac{\alpha}{2}}$이면 귀무가설 기각

$t_{\frac{\alpha}{2}}$는 자유도 $n-k-1$인 t분포에 기초
n : 표본 수
k : 독립변수 수

2 F검정

F값은 추정된 회귀모형의 전반적 유의 수준을 나타낸다. 단순회귀분석에서는 $F=t^2$이 되므로 F검정과 t검정이 기본적으로 동일한 결과를 가져온다. 그러나 다중회귀모형의 경우 독립변수가 두 개 이상이므로 $\beta_1 = \beta_2 = \beta_3 = \cdots = \beta_k = 0$이라는 귀무가설은 F검정을 사용해야 검정할 수 있다. F값은 또한 아래 식과 같이 결정계수(R^2)

와 함수관계를 이루므로 $R^2=0$인지의 여부도 검정할 수 있다.

$$F=\frac{\frac{R^2}{k-1}}{\frac{1-R^2}{n-k}}$$

F검정의 단계를 설명하기 전에, 평균제곱의 개념을 검토할 필요가 있다. 평균제곱은 제곱합을 자유도로 나눈 값이다. 다중회귀분석에서 총제곱합의 자유도는 $n-1$이고, 회귀제곱합의 자유도는 독립변수의 수(k)이며, 오차제곱합의 자유도는 $n-k-1$이다. 따라서, 회귀평균제곱(MSR)은 $\frac{SSR}{k}$이고 오차평균제곱(MSE)은 $\frac{SSE}{n-p-1}$이다.

MSE는 오차항 ϵ의 분산 σ^2에 대한 불편추정치이다. 만약, 귀무가설 $\beta_1=\beta_2=\beta_3=\cdots=\beta_k=0$이 참이라면 MSR 또한 σ^2의 불편추정치를 제공할 것이며, $\frac{MSR}{MSE}$값은 0에 근접할 것이다. 그러나 귀무가설이 거짓이라면 MSR은 σ^2을 과도 추정할 것이고, $\frac{MSR}{MSE}$값은 증가하게 될 것이다. $\frac{MSR}{MSE}$값이 얼마나 크면 귀무가설을 기각하는지를 판단하기 위해서는, 귀무가설이 참이고 다중회귀모형에 대한 가정이 타당하면 $\frac{MSR}{MSE}$의 표본분포는 분자의 자유도가 k이고 분모의 자유도가 $n-k-1$인 F분포라는 사실을 활용해야 한다.

다중회귀분석에서 전반 유의성 검증을 위한 F검정을 요약하면 다음과 같다.

다중회귀분석에서 전반 유의성 검증을 위한 F검정

귀무가설 : $\beta_1=\beta_2=\beta_3=\cdots=\beta_k=0$

대립가설 : 최소한 하나 이상의 모수가 0이 아니다.

검정통계량

$$F=\frac{MSR}{MSE}$$

판단

p값 : p값$\leq\alpha$이면, 귀무가설 기각

임계값 : $F\geq F_\alpha$이면 귀무가설 기각

F_α는 분자의 자유도가 k이고 분모의 자유도가 $n-k-1$인 F분포에 기초

단순회귀분석에서 분산분석표를 유의성 검증을 위해 F검정 결과를 요약하는 데 활용할 수 있다고 하였다. 마찬가지 방법으로, 〈표 14-2〉는 다중회귀분석에서 활용되는 분산분석표의 일반적인 형태이다.

〈표 14-2〉 다중회귀분석에서 활용되는 분산분석표의 일반적 형태

변동 원천	제곱합	자유도	평균제곱	F
회귀	SSR	k	$MSR=\dfrac{SSR}{k}$	$F=\dfrac{MSR}{MSE}$
오차	SSE	$n-k-1$	$MSE=\dfrac{SSE}{n-k-1}$	
계	SST	$n-1$		

6 추정 및 예측을 위한 추정회귀식 활용

다중회귀분석에서 y의 평균값 추정 및 y의 개별값 예측 과정은 단순회귀분석에서와 비슷하다. 단순회귀분석에서와 마찬가지로 다중회귀분석에서도 주어진 $x_1, x_2, \cdots, x_k$ 값이 추정회귀식에 대입되면, $\hat{y}$의 값이 점추정치로 사용된다.

마찬가지로 y의 평균값 및 y의 개별값에 대한 구간추정치를 계산하는 것도 단순회귀분석에서와 유사한 과정을 활용한다.

부록 14장 SPSS : 회귀분석

14.1 단순회귀분석

다음 자료는 태릉대학교 학생 10명의 기말시험 점수와 1주일 공부시간 및 1주일 TV 시청시간에 대한 자료이다. SPSS를 활용하여 단순회귀분석을 실시하는 과정을 살펴보도록 하자.

학생	점수(y)	1주일 공부시간(x_1)	1주일 TV 시청시간(x_2)
가	44	23	70
나	94	35	3
다	38	4	10
라	65	49	96
마	95	48	40
바	57	12	4
사	20	14	80
아	52	33	78
자	64	25	15

여기에서는 1주일 공부시간이 기말시험 점수에 미치는 영향을 분석하기 위하여 단순회귀분석을 실시한다. 따라서, 이 분석의 연구가설은 다음과 같다.

연구가설 : 1주일 공부시간(x_1)이 많으면 많을수록 기말시험 점수(y)는 높아질 것이다.
(1주일 공부시간은 기말시험 점수에 영향을 미친다)

이 연구가설을 회귀식으로 표현하면 다음과 같다.

$$y = \beta_0 + \beta_1 x_1$$

위의 내용을 분석하기 위한 SPSS의 단순회귀분석과정은 다음과 같다.

▸ **STEP 1**

자료를 입력한 후, "분석" → "회귀분석" → "선형"을 선택한다.

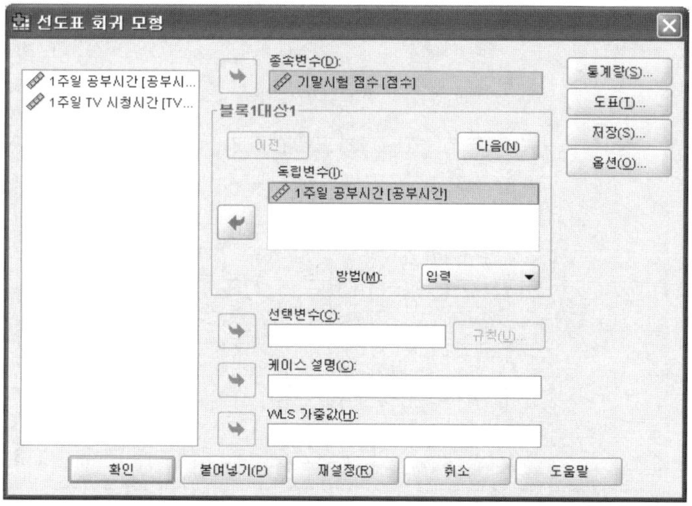

▸ **STEP 2**

[STEP 1]을 실행하면, 위의 화면이 나타나는데, 왼쪽 상자에서 "기말시험 점수"를 오른쪽의 "종속변수" 상자로 이동시키고, "1주일 공부시간"을 오른쪽의 "독립변수" 상자로 이동시킨다.

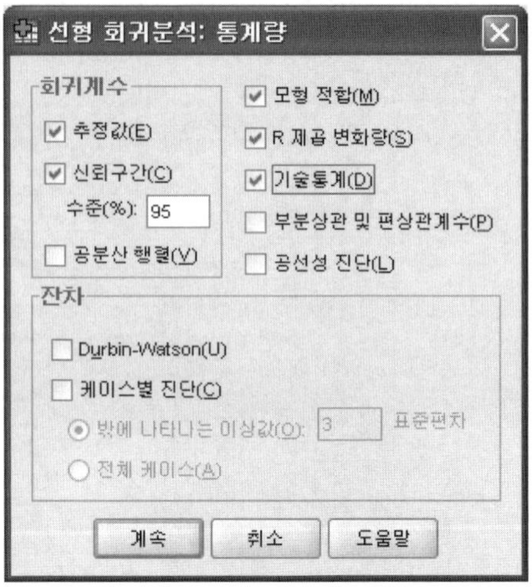

▸ **STEP 3**

[STEP 2]의 화면에서 오른쪽 상단의 통계량을 클릭하면, 위의 화면이 나타난다. 먼저, "회귀계수" 부분에서 "추정값"과 "신뢰구간"을 선택한다. 그 오른쪽에서 "모형 적합", "R 제곱 변화량", "기술통계"를 선택한다.

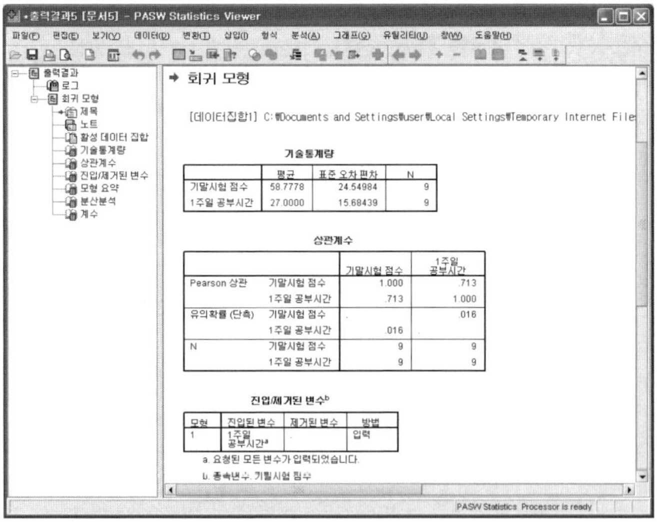

▸ **STEP 4-1 분석결과**

회귀분석결과이다. 독립변수와 종속변수의 평균, 표준편차, 사례 수를 나타내 주는 "기술통계량", 독립변수와 종속변수의 상관관계를 나타내 주는 "상관계수", 그리고 분석에 포함된 독립변수와 종속변수를 알려주는 "진입/제거된 변수"가 제시되어 있다.

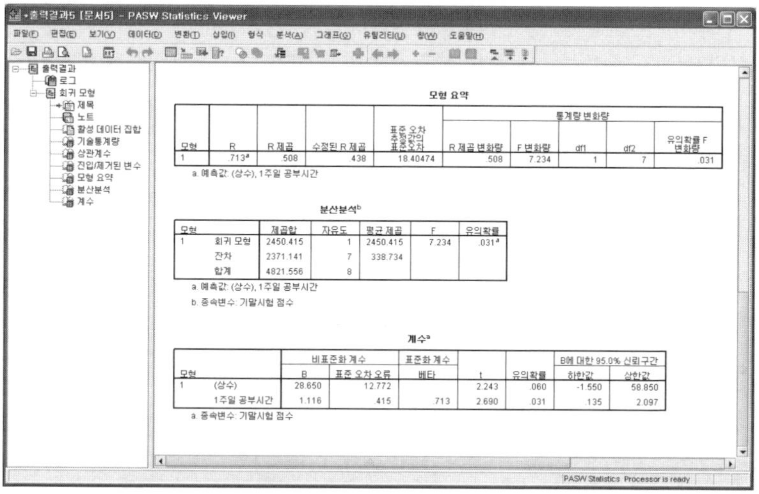

모형 요약

모형	R	R 제곱	수정된 R 제곱	표준 오차 추정값의 표준오차	통계량 변화량: R 제곱 변화량	F 변화량	df1	df2	유의확률 F 변화량
1	.713[a]	.508	.438	18.40474	.508	7.234	1	7	.031

a. 예측값: (상수), 1주일 공부시간

분산분석[b]

모형		제곱합	자유도	평균 제곱	F	유의확률
1	회귀 모형	2450.415	1	2450.415	7.234	.031[a]
	잔차	2371.141	7	338.734		
	합계	4821.556	8			

a. 예측값: (상수), 1주일 공부시간

b. 종속변수: 기말시험 점수

계수[a]

모형		비표준화 계수		표준화 계수	t	유의확률	B에 대한 95.0% 신뢰구간	
		B	표준 오차 오류	베타			하한값	상한값
1	(상수)	28.650	12.772		2.243	.060	-1.550	58.850
	1주일 공부시간	1.116	.415	.713	2.690	.031	.135	2.097

a. 종속변수: 기말시험 점수

▸ STEP 4-2 분석결과

[STEP 4-1의 분석결과]에서 이어지는 내용으로, R, R제곱, 수정된 R제곱, R제곱 변화량 등이 나타나 있는 "모형 요약", 회귀분석 모형에 대한 검정 결과인 F값과 유의확률이 나타나 있는 "분산분석", 그리고 독립변수의 종속변수에 대한 비표준화 계수, 표준화 계수, t값, 유의확률 등이 나타나 있는 "계수"가 제시되어 있다.

[분석결과 해석]

[STEP 4-2]의 분석결과의 "계수"에서 보듯이, "1주일 공부시간"이 "기말시험 점수"에 미치는 영향에 대한 표본회귀분석식은 다음과 같다.

$$y = 28.650 + 1.116x_1$$
$$(t=2.243) \quad (t=2.690)$$

분석결과에서 보듯이 "1주일 공부시간"은 "기말시험 점수"에 영향을 주는 것으로 나타났다(t값 : 2.690, p값 : 0.031). 즉, 95% 유의수준에서 "1주일 공부시간"은 "기말시험 점수"에 통계적으로 유의미한 영향을 미치는 것으로 나타났다. "1주일 공부시간"의 회귀계수가 1.116이므로, "1주일 공부시간" 한 단위가 증가함에 따라 "기말시험 점수" 1.116점이 증가한다고 할 수 있다.

표준회귀계수는 0.713이기 때문에 표준회귀방정식은 $y=0.718x_1$이다. 표준회귀계수의 의미는 독립변수인 "1주일 공부시간"을 표준편차 1단위 변화시킬 때 종속변수 "기말시험 점수"가 0.718만큼 변화를 한다는 것을 의미한다. 단순회귀분석에서 표준회귀계수는 독립변수와 종속변수 사이의 상관계수와 같다.

결정계수는 .508이며, 이는 "기말시험 점수"의 변동 가운데 "1주일 공부시간"이 50.8% 설명한다는 것을 의미한다.

14.2 다중회귀분석

여기에서는 14.1에서 활용한 태릉대학교 학생 10명의 "기말시험 점수"와 "1주일 공부시간" 및 "1주일 TV 시청시간"에 대한 자료를 대상으로 SPSS를 활용하여 다중회귀분석을 실시하는 과정을 살펴보도록 하자.

"1주일 공부시간"과 "1주일 TV 시청시간"이 "기말시험 점수"에 미치는 영향을 분석하기 위하여 다중회귀분석을 실시한다. 따라서, 이 분석의 연구가설은 다음과 같다.

연구가설 1 : 1주일 공부시간(x_1)이 많으면 많을수록 기말시험 점수(y)는 높아질 것이다(1주일 공부시간은 기말시험 점수에 영향을 미친다).

연구가설 2 : 1주일 TV 시청시간(x_2)이 많으면 많을수록 기말시험 점수(y)는 낮아질 것이다(1주일 TV 시청시간은 기말시험 점수에 영향을 미친다).

이 연구가설을 회귀식으로 표현하면 다음과 같다.

$$y = \beta_0 + \beta_1 x_1 + \beta_2 x_2$$

위의 내용을 분석하기 위한 SPSS의 다중회귀분석과정은 다음과 같다.

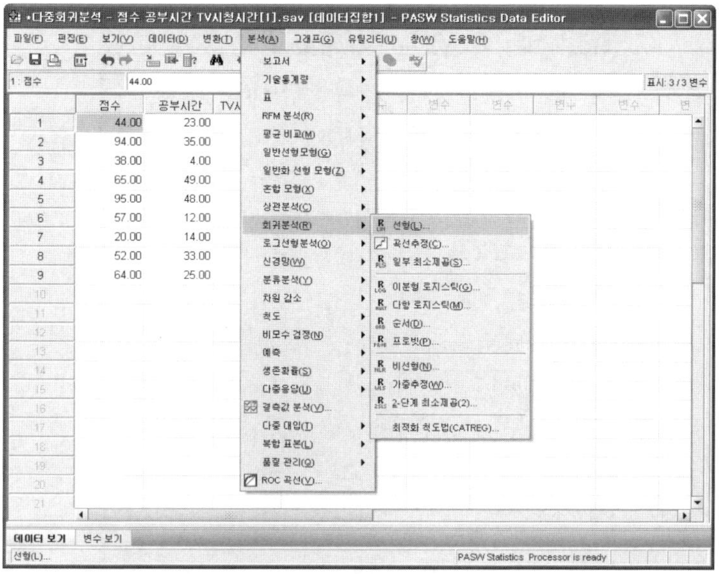

▸ **STEP 1**

자료를 입력한 후, "분석" → "회귀분석" → "선형"을 선택한다.

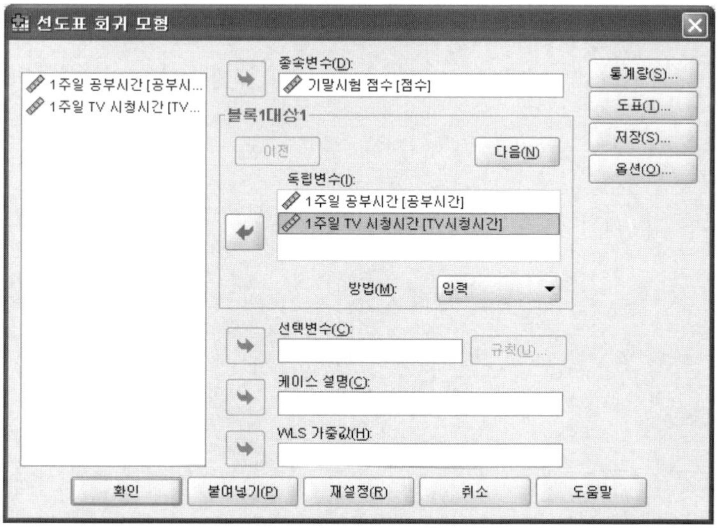

▸ **STEP 2**

[STEP 1]을 실행하면, 위의 화면이 나타나는데, 왼쪽 상자에서 "기말시험 점수"를 오른쪽의 "종속변수" 상자로 이동시키고, "1주일 공부시간"과 "1주일 TV 시청시간"을 오른쪽의 "독립변수" 상자로 이동시킨다.

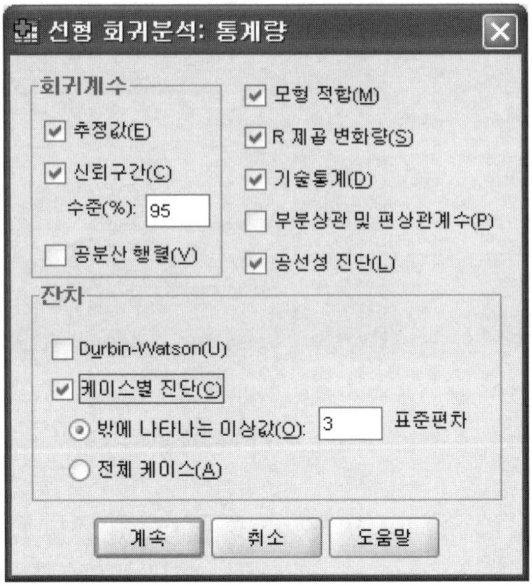

▸ **STEP 3**

[STEP 2]의 화면에서 오른쪽 상단의 통계량을 클릭하면, 위의 화면이 나타난다. 먼저, "회귀계수" 부분에서 "추정값"과 "신뢰구간"을 선택한다. 그 오른쪽에서 "모형 적합", "R 제곱 변화량", "기술통계"를 선택한다. 또한, "잔차" 부분에서 "케이스별 진단"을 선택한다.

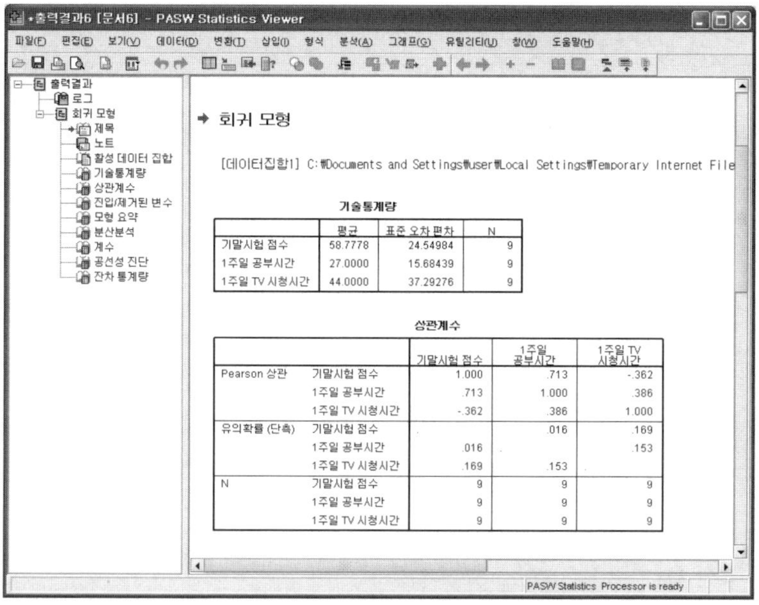

→ 회귀 모형

[데이터집합1] C:₩Documents and Settings₩user₩Local Settings₩Temporary Internet File

기술통계량

	평균	표준 오차 편차	N
기말시험 점수	58.7778	24.54984	9
1주일 공부시간	27.0000	15.68439	9
1주일 TV 시청시간	44.0000	37.29276	9

상관계수

		기말시험 점수	1주일 공부시간	1주일 TV 시청시간
Pearson 상관	기말시험 점수	1.000	.713	-.362
	1주일 공부시간	.713	1.000	.386
	1주일 TV 시청시간	-.362	.386	1.000
유의확률 (단측)	기말시험 점수	.	.016	.169
	1주일 공부시간	.016	.	.153
	1주일 TV 시청시간	.169	.153	.
N	기말시험 점수	9	9	9
	1주일 공부시간	9	9	9
	1주일 TV 시청시간	9	9	9

▸ **STEP 4-1 분석결과**

다중회귀분석 결과로, 독립변수와 종속변수의 평균, 표준편차, 사례 수 등이 나타나 있는 "기술통계량"과 독립변수와 종속변수의 상관관계를 나타내는 "상관계수"가 제시되어 있다.

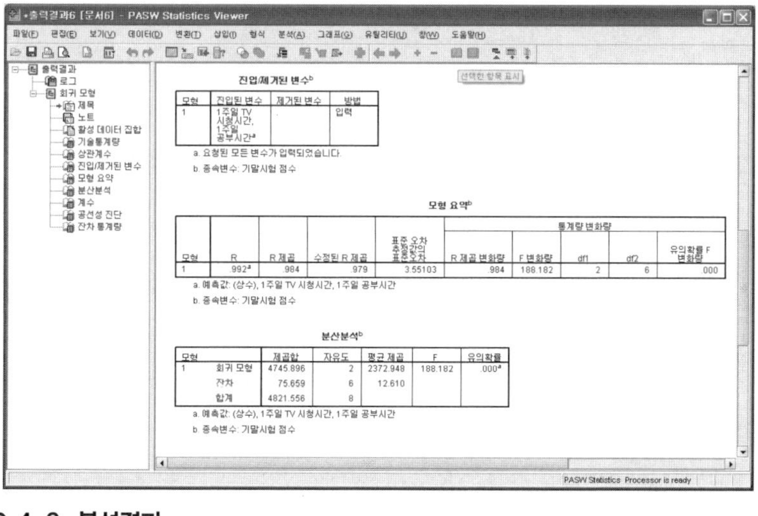

진입/제거된 변수[b]

모형	진입된 변수	제거된 변수	방법
1	1주일 TV 시청시간, 1주일 공부시간[a]	.	입력

a. 요청된 모든 변수가 입력되었습니다.
b. 종속변수: 기말시험 점수

모형 요약[b]

					통계량 변화량				
모형	R	R 제곱	수정된 R 제곱	표준 오차 추정값의 표준오차	R 제곱 변화량	F 변화량	df1	df2	유의확률 F 변화량
1	.992[a]	.984	.979	3.55103	.984	188.182	2	6	.000

a. 예측값: (상수), 1주일 TV 시청시간, 1주일 공부시간
b. 종속변수: 기말시험 점수

분산분석[b]

모형		제곱합	자유도	평균 제곱	F	유의확률
1	회귀 모형	4745.896	2	2372.948	188.182	.000[a]
	잔차	75.659	6	12.610		
	합계	4821.556	8			

a. 예측값: (상수), 1주일 TV 시청시간, 1주일 공부시간
b. 종속변수: 기말시험 점수

▸ **STEP 4-2 분석결과**

[STEP 4-1]의 분석결과에 이어지는 내용으로, 분석에 포함된 독립변수와 종속변수가 나타난 "진입/제거된 변수"와 R, R제곱, 수정된 R제곱 등이 나타난 "모형 요약", 그리고 회귀분석모형

에 대한 검정결과인 F값과 유의확률 등이 나타난 "분산분석표"가 제시되어 있다.

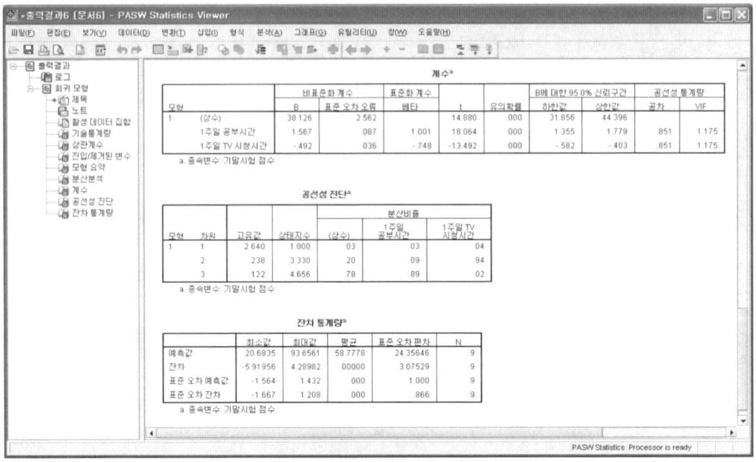

계수[a]

모형		비표준화 계수 B	비표준화 계수 표준 오차 오류	표준화 계수 베타	t	유의확률	B에 대한 95.0% 신뢰구간 하한값	B에 대한 95.0% 신뢰구간 상한값	공선성 통계량 공차	공선성 통계량 VIF
1	(상수)	38.126	2.562		14.880	.000	31.856	44.396		
	1주일 공부시간	1.567	.087	1.001	18.064	.000	1.355	1.779	.851	1.175
	1주일 TV 시청시간	-.492	.036	-.748	-13.492	.000	-.582	-.403	.851	1.175

a. 종속변수: 기말시험 점수

공선성 진단[a]

모형	차원	고유값	상태지수	분산비율 (상수)	분산비율 1주일 공부시간	분산비율 1주일 TV 시청시간
1	1	2.640	1.000	.03	.03	.04
	2	.238	3.330	.20	.09	.94
	3	.122	4.656	.78	.89	.02

a. 종속변수: 기말시험 점수

잔차 통계량[a]

	최소값	최대값	평균	표준 오차 편차	N
예측값	20.6835	93.6561	58.7778	24.35646	9
잔차	-5.91956	4.28982	.00000	3.07529	9
표준 오차 예측값	-1.564	1.432	.000	1.000	9
표준 오차 잔차	-1.667	1.208	.000	.866	9

a. 종속변수: 기말시험 점수

▸ **STEP 4-3 분석결과**

[STEP 4-2]의 분석결과에 이어지는 내용으로, 독립변수의 종속변수에 대한 비표준화 계수, 표준화 계수, t값, 유의확률 등이 나타나 있는 "계수"와 다중공선성을 진단하는 고유값, 상태지수, 분산비율 등이 나타나 있는 "공선성 진단", 그리고 "잔차통계량"이 제시되어 있다

[분석결과 해석]

[STEP 4-3]의 분석결과의 "계수"에서 보듯이, "1주일 공부시간"과 "1주일 TV 시청시간"이 "기말시험 점수"에 미치는 영향에 대한 표본회귀분석식은 다음과 같다.

$$y = 38.126 + 1.567x_1 - 0.492x_2$$
$$(t=14.880)\ (t=18.064)\ (t=-13.492)$$

다중회귀모형의 유의성 검정은 [STEP 4-2]의 분석결과의 "분산분석"에서 보듯이, "1주일 공부시간"과 "1주일 TV 시청시간"은 "기말시험 점수"에 영향을 주는 것으로 나타났다($F=188.182$, $p=0.000$).

또한, 개별 독립변수의 유의성을 검정한 결과, 먼저, "1주일 공부시간"은 "기말시험 점수"에 영향을 주는 것으로 나타났다(t값 : 18.064, p값 : 0.000). 그리고, "1주일 TV 시청시간"도 "기말시험 점수"에 영향을 주는 것으로 나타났다(t값 : -13.492, p값 : 0.000).

즉, 95% 유의수준에서 "1주일 공부시간"과 "1주일 TV 시청시간"은 "기말시험 점수"에 통계적으로 유의미한 영향을 미치는 것으로 나타났다. "1주일 공부시간"의 회귀계수가 1.567이므로, "1주일 TV 시청시간"이 일정할 때 "1주일 공부시간" 한 단위가 증가함에 따라 "기말시험 점수"는 1.567점이 증가한다고 할 수 있다. 그리고, "1주일 공부시간"이 일정할 때, "1주일 TV 시청시간"이 한 단위 증가하면 "기말시험 점수"는 0.492점이 낮아진다고 할 수 있다.

표준회귀계수는 "1주일 공부시간"이 1.001, "1주일 TV 시청시간"이 -0.748이기 때문에 표준회귀방정식은 $y = 1.001x_1 - 0.748x_2$이다. 이는 "1주일 공부시간"이 1.001, "1주일 TV 시청시간"이 -0.748만큼의 영향력을 준다는 것을 의미하며, 표준회귀계수는 각각의 영향력에 대한 상호 비교가 가능하기 때문에, "1주일 공부시간"이 "1주일 TV 시청시간"보다 "기말시험 점수"에 상대적으로 보다 더 큰 영향을 미치는 것으로 파악할 수 있다.

결정계수는 .984이며, 이는 "기말시험 점수"의 변동 가운데 "1주일 공부시간"과 "1주일 TV 시청시간"이 98.4% 설명한다는 것을 의미한다. 수정결정계수는 .979이다.

주요 용어와 공식

SOCIAL STATISTICS

- 회귀식(regression equation) : 회귀분석에서 변수들 간의 관계를 나타내는 수학적 모형
- 종속변수(dependent variable) : 다른 변수에 의해 영향을 받는 변수
- 독립변수(independent variable) : 종속변수에 영향을 주는 변수
- 단순회귀분석(simple regression analysis) : 하나의 종속변수와 하나의 독립변수와의 관계를 규명하고자 할 때 사용되는 회귀분석의 방법

  단순선형회귀모형 : $y = \beta_0 + \beta_1 x + \epsilon$

  단순선형회귀식 : $E(y) = \beta_0 + \beta_1 x$

  추정단순선형회귀식 : $\hat{y} = b_0 + b_1 x$
- 다중회귀분석(multiple regression analysis) : 하나의 종속변수와 여러 개의 독립변수들 사이의 관계를 규명하고자 할 때 사용되는 회귀분석의 방법

  다중회귀모형 : $y = B_0 + B_1 x_1 + B_2 x_2 + \ldots + B_p x_p + \epsilon$

  다중회귀식 : $E(y) = B_0 + B_1 x_1 + B_2 x_2 + \cdots + B_p x_p$

  추정다중회귀식 : $\hat{y} = b_0 + b_1 x_1 + b_2 x_2 + \cdots + b_p x_p$

  최소자승 기준 : $\min \sum (y_i - \hat{y_i})^2$

  추정회귀식을 위한 기울기 및 y절편 : $b_1 = \dfrac{\sum (x_i - \bar{x})(y_i - \bar{y})}{\sum (x_i - \bar{x})^2}$

  $b_0 = \bar{y} - b_1 \bar{x}$

  오차제곱합 : $SSE = \sum (y_i - \hat{y_i})^2$

  총제곱합 : $SST = \sum (y_i - \bar{y})^2$

  회귀제곱합 : $SSR = \sum (\hat{y_i} - \bar{y})^2$

  SST, SSR, SSE의 관계 : $SST = SSR + SSE$

  결정계수 : $R^2 = \dfrac{SSR}{SST}$

  표본상관계수 : $r_{xy} = (sign\,of\,b_1)\sqrt{결정계수}$

  $= (sign\,of\,b_1)\sqrt{r^2}$

오차평균제곱(δ^2의 추정치) : $s^{2 = MSE - \frac{SSE}{n-2}}$

추정표준오차 : $s = \sqrt{MSE} = \sqrt{\frac{SSE}{n-2}}$

b_1의 표준오차 : $\sigma_{b_1} = \frac{\sigma}{\sqrt{\sum(x_i - \overline{x})^2}}$

b_1의 추정표준오차 : $s_{b_1} = \frac{\sigma}{\sqrt{\sum(x_i - \overline{x})^2}}$

t 검정 통계량 : $t = \frac{b_1}{s_{b_1}}$

회귀평균제곱 : $MSR = \frac{SSR}{\text{독립변수 수}}$

F 검정 통계량 : $F = \frac{MSR}{MSE}$

$\hat{y}$의 추정표준편차 : $s_{\hat{y}_p} = s\sqrt{\frac{1}{n} + \frac{(x_p - \overline{x})^2}{\sum(x - \overline{x})^2}}$

$E(y_p)$에 대한 신뢰구간 : $\hat{y_p} \pm t_{\alpha/2} s_{\hat{y_p}}$

개별값의 추정표준편차 : $s_{\epsilon d} = s\sqrt{1 + \frac{1}{n} + \frac{(x - \overline{x})^2}{\sum(x_i - \overline{x})^2}}$

y_p에 대한 예측구간 : $\hat{y_p} \pm t_{\alpha/2} s_{id}$

관측치 i 잔차 : $y_i - \hat{y_i}$

수정다중결정계수 : $R_a^2 = 1 - (1 - R^2)\frac{n-1}{n-p-1}$

회귀평균제곱 : $MSR = \frac{SSR}{p}$

오차평균제곱 : $MSE = \frac{SSE}{n-p-1}$

연습문제

01 독립변수와 종속변수는 각각 무엇인지 설명하고, 임의로 독립변수와 종속변수의 관계를 표현하는 가설을 설정하시오.

02 단순회귀분석의 기본 가정을 설명하시오.

03 회귀분석에서 독립변수 X_i가 일정한 경우 최소자승법에 의한 추정량에 발생되는 문제는 무엇인가?

04 다음 자료에 대한 산포도를 그리고, 이 자료에 대하여 선형회귀분석을 적용하는 것이 적절한지 설명하시오.

x	2	12	4	6	9	4	11	3	10	11	3	1	13	12	14	7	2	8
y	4	8	10	9	10	8	8	5	10	9	8	3	9	8	8	11	6	9

05 태릉그룹 CMO(Chief Marketing Officer)인 한샛별은 유럽 지역에서 매출액을 늘리기 위해 노력 중이다. 한샛별은 인구규모가 매출액에 미치는 영향을 살펴보기 위하여 10개 지역을 임의로 표본추출하여 자료를 수집하였다. 아래의 자료를 활용하여 추정회귀식을 도출하시오.

지역	인구(단위 : 천 명)	분기별 매출액(단위 : 천 원)
가	2	58
나	22	149
다	8	88
라	12	117
마	26	202
바	20	157
사	8	118
아	6	105
자	20	169
차	16	137

06 다음 자료를 사용하여 아래의 질문에 답하시오.

X	0	2	3	5	6
Y	6	−1	−3	−10	−16

6-1. X에 관한 Y의 회귀방정식을 구하시오.

6-2. 산포도를 그리시오.

6-3. $X=4$일 때 직선을 사용하여 Y값을 추정하시오.

6-4. 추정치의 표준오차를 계산하시오.

07 임의로 6명의 마라토너를 추출하여 이들의 한 달 연습 거리와 우승 횟수에 대하여 자료를 조사한 것이다.

	1	2	3	4	5	6
연습 거리(m)	90,000	119,000	87,000	135,000	150,000	92,000
우승 횟수	3	4	2	6	5	3

7-1. 산포도를 그리시오.

7-2. 회귀분석을 한다고 할 때 무엇이 종속변수이고 무엇이 독립변수인가?

7-3. 회귀직선을 구하시오.

7-4. 연습거리가 10,000m 늘면 예상 우승 횟수는 얼마나 늘어나는가?

7-5. 각 마라토너에 대하여 회귀직선으로 예측된 우승 횟수를 구하고 잔차를 구하시오.

7-6. 종속변수의 표준편차에 대한 추정치를 구하시오.

08 태릉 LED 주식회사의 CEO 한샛별은 LED 생산라인에 근무하는 직원들을 대상으로 근무경력(년 : x)과 2010년 한 해 동안의 총불량건수(y)를 조사하였다.

	A	B	C	D	E	F	G	H	I	J	K	L	M	N	O	P	Q	R	S
x	6	8	5	6	5	7	4	7	5	3	5	3	6	4	4	6	7	2	2
y	210	110	250	180	230	180	240	100	180	340	260	315	120	300	300	140	180	340	320

8-1. 산포도를 그리시오

8-2. 회귀식을 구하시오.

8-3. 이수미는 근무경력 5년차이다. 이수미의 한 해 총불량건수를 추정하여 보시오.

8-4. 종속변수의 표준편차를 추정하시오.

8-5. β_1에 대한 95% 신뢰구간을 구하시오.

8-6. β_1이 음이라고 할 수 있는지 95% 유의수준에서 검정하시오.

09

태릉공화국 허준영 대통령은 김유솔 기획재정부 장관에게 8개 주요 국정과제 예산규모가 경제성장에 미치는 영향을 분석하도록 지시하였다. 이에 김유솔 장관은 국정과제 예산과 경제성장 영향력에 대한 자료를 다음과 같이 수집하였다.

국정과제	가	나	다	라	마	바	사	아
예산(조 원)	20	40	11	30	9	12	15	21
영향력(%)	4	6	3	5	2	2	3	3

9-1. 회귀식을 구하시오.

9-2. 종속변수의 표준편차를 추정하시오.

9-3. 예산 규모가 20조 원인 국정과제의 경제성장 영향력에 대한 점추정과 90% 신뢰구간을 구하시오.

9-4. 국정과제 "가"의 예산 규모는 20조 원이다. 이 국정과제의 경제성장 영향력에 대한 예측치와 90% 신뢰구간을 구하시오.

10

기관장의 근무경력이 조직의 청렴도에 미치는 영향을 분석하기 위하여, 태릉대학교 정치학과 김보은 교수는 공공기관장 9명을 임의로 추출하여 이들의 기관장 경력(년)과 뇌물수수 징계 직원 비율을 조사하였다.

기관장	A	B	C	D	E	F	G	H	I
경력(년)	3.0	4.0	0.5	6.0	3.5	1.0	6.5	5.0	2.0
직원 비율(%)	8	5	13	2	6	12	1	3	11

10-1. 회귀식을 구하시오.

10-2. 결정계수 R^2을 구하시오.

10-3. 뇌물수수 징계 직원 비율이 가지는 변동 중에서 회귀식으로 설명되지 않는 부분은 어느 정도인가?

11 정보화 수준이 높은 국가의 경제수준이 높은지를 분석하기 위하여, 태릉대학교 정보사회학과 황은진 교수는 20개 국가를 임의로 추출하여 2010년 현재 각 국가의 인터넷 사용자 수와 1인당 GDP를 조사하였다.

국가	인터넷 사용자 수	1인당 GDP	국가	인터넷 사용자 수	1인당 GDP
A	140	1,460	*K*	160	900
B	210	1,420	*L*	240	1,580
C	230	1,170	*M*	410	2,040
D	540	1,860	*N*	320	1,170
E	300	1,730	*O*	200	1,490
F	520	2,130	*P*	270	1,250
G	280	1,670	*Q*	460	2,090
H	300	1,690	*R*	150	1,250
I	420	2,050	*S*	470	1,870
J	240	1,720	*T*	430	2,320

11-1. 회귀식을 구하시오.

11-2. 1인당 GDP의 변동 중 몇 %를 인터넷 사용자 수가 설명하고 있는지 설명하시오.

11-3. 95% 유의수준에서 이 모형은 유의하다고 할 수 있는지 검정하시오.

11-4. 인터넷 사용자 수가 400인 국가의 1인당 GDP에 대한 점추정과 95% 신뢰구간을 구하시오.

11-5. 인터넷 사용자 수가 400인 국가의 1인당 GDP에 대한 95% 예측구간을 구하시오.

12 공교육과 사교육이 태릉공화국 최고 명문 대학인 태릉대학교 입학에 미치는 영향을 분석하고자 한다. 이를 위하여, 태릉대학교 사회학과 한혜원 교수는 태릉공화국 전 고등학교 가운데 40개 고등학교를 임의로 추출하여 각 고등학교의 방과 후 프로그램 수강 학생 비율, 학원 수강 학생 비율, 태릉대학교 입학 비율을 조사하였다.

입학 비율	공교육 비율	사교육 비율	입학 비율	공교육 비율	사교육 비율
8	33	81	6	31	55
6	35	54	6	39	52
8	38	80	5	31	69
6	35	61	3	23	43
4	20	78	6	38	41
4	27	56	7	34	68
7	38	88	7	37	67
5	31	42	7	37	71
6	35	50	5	28	70
7	36	55	4	24	67
4	23	66	6	33	72
7	37	69	6	35	65
3	8	21	6	33	46
5	26	69	7	36	53
6	37	38	6	30	61
6	34	69	7	33	52
4	25	38	8	40	72
6	34	56	3	21	45
7	39	52	7	29	45
7	35	50	2	17	24

12-1. 입학비율을 종속변수, 공교육의 비율을 독립변수로 하는 단순회귀분석을 수행하여 모형의 적합도를 설명하고 95% 유의수준에서 독립변수의 유의성을 검정하시오.

12-2. 입학비율을 종속변수, 사교육의 비율을 독립변수로 하는 단순회귀분석을 수행하여 모형의 적합도를 설명하고 95% 유의수준에서 독립변수의 유의성을 검정하시오.

12-3. 12-1과 12-2의 분석결과를 토대로 두 모형 가운데 어느 모형이 더 적합하다고 할 수 있는지 설명하시오.

12-4. 입학비율을 종속변수, 공교육의 비율과 사교육의 비율을 독립변수로 하는 다중회귀분석을 수행하여 모형의 적합도를 설명하고, 95% 유의수준에서 독립변수의 유의성을 검정하시오.

13 태릉대학교 역사학과 노현서 교수는 태릉공화국 역대 대통령 가운데 20명을 임의로 추출하여, 각 대통령의 재임기간 평균 지지율(y), 재임기간 평균 경제

성장률(x_1), 재임기간 평균 가구당 소득수준(x_2), 재임기간 평균 사회복지분야 예산액(x_3)에 대한 자료를 조사하였다.

대통령	평균 지지율	평균 경제성장률	평균 가구소득	평균 사회복지 예산
A	19.4	9.5	185	2793
B	24.1	10.7	221	3487
C	23.1	10.6	224	3323
D	26.5	11.3	257	3877
E	21.6	10.1	232	3098
F	22.5	10.4	227	3245
G	21.7	10.3	213	3111
H	22.2	10.2	221	3232
I	23.3	10.5	226	3297
J	23.8	10.7	214	3321
K	27.5	11.8	261	4064
L	24.6	10.9	231	3537
M	25.4	11.2	223	3684
N	18.3	9.2	184	2625
O	21.5	10.2	206	3078
P	22.6	10.2	227	3174
Q	26.9	11.4	271	3951
R	25.2	11.1	241	3639
S	18.6	9.5	172	2667
T	26.7	11.6	264	3911

다음의 세 모형 가운데 어떤 모형이 가장 설명력이 있다고 할 수 있는지 설명하시오.

회귀모형 1 : $y = \beta_0 + \beta_1 x_1 + \beta_2 x_2$

회귀모형 2 : $y = \beta_0 + \beta_1 x_1 + \beta_3 x_3$

회귀모형 3 : $y = \beta_0 + \beta_2 x_2 + \beta_3 x_3$

14 다음 기사를 읽고 통계학의 관점에서 문제점이 있는지 살펴보고, 만약 문제점이 있다면 어떻게 수정하는 것이 올바른지 설명하시오.

"TV 하루 1시간 더 시청 땐 질환 사망 확률 11% 증가"

「미국 심장협회저널」 보고서

하루에 평균 1시간 텔레비전을 더 시청할 경우 암에 걸려 사망할 확률이 9%, 심장 질환으로 사망할 확률은 18% 증가하며 이 밖에 다른 질병에 걸려 사망할 가능성도 평균 11%가 증가한다는 연구 보고서가 11일 미국에서 발표됐다.

호주 심장 및 당뇨연구원 소속의 데이비드 던스턴 박사는 이날 「미국심장협회저널」에 발표한 보고서를 통해 이같이 밝혔다.

던스턴 박사 연구팀은 1999년부터 2006년에 걸쳐 25세 이상 남자 3,846명, 여자 4,954명을 TV 시청 시간을 기준으로 세 그룹으로 나눠 질병 발병과 사망 추이를 추적했다.

연구팀은 하루에 TV를 평균 4시간 이상 시청하는 사람은 2시간 미만 시청하는 사람에 비해 질병으로 인해 사망할 가능성이 46% 높은 것으로 조사됐다고 밝혔다. 특히 심장 질환으로 사망할 확률은 무려 80% 증가하는 것으로 나타났다. 이같은 결과는 조사 대상자들의 흡연, 고혈압, 높은 혈중콜레스테롤, 무절제한 식생활, 복부 비만, 여가 운동 등과 관계없이 비슷하다고 연구팀이 밝혔다.

연구팀은 텔레비전 시청과 마찬가지로 책상이나 컴퓨터 앞에 오래 앉아 있는 것도 건강에 치명적인 해를 입히게 된다고 강조했다. 던스턴 박사는 "인간의 몸은 움직이도록 만들어졌다"면서 "기술, 사회, 경제의 변화로 인해 사람들이 점점 근육 운동을 적게 해 에너지 소비가 줄어들고, 움츠러든 삶을 살고 있다"고 지적했다.

연구팀은 이번 조사 결과가 비만인 사람뿐 아니라 일반인에게도 동일하게 적용된다고 강조했다. 정상 체중인 사람도 장시간 움직이지 않는 생활을 하면 혈중 당도와 지방 등에 악영향을 미치게 된다고 연구팀은 설명했다.

워싱턴=국기연 특파원 kuk@segye.com

출처 : 2010년 01월 11일 (월) 19 : 02 세계일보
http://media.paran.com/snews/newsview.php?dirnews=101691&year=2010&pg=1&date=20100111&dir=52. 2010년 1월 11일 19시 59분 접속.

15 2004년 시행 제48회 행정고등고시(행정 · 공안직) 제2차 시험

가구의 전력소비량 Y에 대하여 통계적 모형을 설정하고자 한다.

15-1. Y에 영향을 주는 변수로 가구원 수 $N(=1, 2, 3, \cdots)$, 가구원 총소득 I(단위 : 만 원/월), 가장의 직업 J(=자영업, 사무직, 기타)를 고려한 선형회귀모형을 구체적으로 제시하여라. 모두 몇 개의 설명 변수가 필요한가?

15-2. 변수 J가 Y에 미치는 영향을 통계적으로 유의한가를 검정하는 방법을 제시하시오.

15-3. 변수 Y와 I의 분포가 큰 값 쪽으로 긴 꼬리를 갖는다면 어떤 변환을 취하는 것이 좋은가?

16 2005년 시행 제49회 행정고등고시(행정 · 공안직) 제2차 시험

종속변수 Y의 변동을 설명하기 위하여 p개의 독립변수를 고려한 다중선형 회귀모형이 다음과 같다고 가정하자.

$$Y=\beta_0+\beta_1X_{1i}+\beta_2X_{2i}+\cdots+\beta_pX_{\pi},\ i=1,\ \cdots,$$

단, e_i는 서로 독립이며 $N(0,\ \sigma^2)$이다.

16-1. 위 모형에서 독립변수의 관측값들 사이에 강한 선형관계가 존재할 때 발생되는 회귀분석의 문제점과 그 해결책에 대해 논하시오.

16-2. 위 모형이 $\beta_2=\cdots=\beta_p=0$인 단순회귀모형일 경우 종속변수 Y와 X_1의 상관계수 p와 회귀계수 β_1 간의 관계에 대해 설명하시오.

16-3. 위 모형에서 종속변수의 관측값(Y_i)이 0과 1의 값만 가질 경우 발생되는 회귀분석모형의 가정에 대한 문제점과 그 해결책에 대해 논하시오.

17 2009년 시행 행정고등고시(행정직) 제2차 시험

다음은 어느 회사의 같은 부서에 근무하는 7명의 직원들에 대하여 시행한 직무능력평가결과와 그 직원들의 대학교 평균평점 자료이다.

직무능력평가점수(Y)	80.3	85.7	83.5	92.9	78.1	87.2	90.4
대학교 평균평점(X)	3.4	3.9	3.3	4.3	3.0	3.4	3.9

대학교 평균평점과 직무능력 평가점수 사이에 어떤 연관이 있는지 알아보기 위해 단순선형회귀모형을 적합하여 다음과 같은 결과를 얻었다.

Analysis of Variance					
source	DF	Sum of Square	Mean Squares	F Value	Pr > F
Model	1	129.2	129.2	16.86	0.0093
Error	5	38.3	7.7		
Corrected Total	6	167.5			

Parameter Estimates					
Variable	DF	Parameter Estimate	Standard Error	t Value	Pr > |t|
Intercept	1	48.1	9.2	5.25	0.0033
X	1	10.4	2.5	411	0.0093

17-1. 회귀모형의 유의성을 검정하고자 한다. 귀무가설과 대립가설을 설정하고 유의수준 5%에서 검정하시오.

17-2. 위의 결과물을 이용하여 회귀모형에 대한 결정계수(R^2)를 소수점 둘째 자리까지 구하고 그 의미를 설명하시오.

17-3. 적합된 회귀식을 기술하고 그 의미를 설명하시오.

17-4. 어느 직원의 대학교 평균평점이 4.0일 때, 이 직원의 직무능력평가점수를 예측하시오.

부록

[부록 A] 표준정규분포

z	.00	.01	.02	.03	.04	.05	.06	.07	.08	.09
.0	.0000	.0040	.0080	.0120	.0160	.0199	.2390	.0279	.0319	.0359
.1	.0398	.0438	.0478	.0517	.0557	.0596	.0636	.0675	.0714	.0753
.2	.0793	.0832	.0871	.0910	.0948	.0987	.1026	.1064	.1103	.1141
.3	.1179	.1217	.1255	.1293	.1331	.1368	.1406	.1443	.1480	.1517
.4	.1554	.1591	.1628	.1664	.1700	.1736	.1772	.1808	.1844	.1879
.5	.1915	.1950	.1985	.2019	.2054	.2088	.2123	.2157	.2190	.2224
.6	.2257	.2291	.2324	.2357	.2389	.2422	.2454	.2486	.2517	.2549
.7	.2580	.2611	.2642	.2673	.2704	.2734	.2764	.2794	.2823	.2852
.8	.2881	.2910	.2939	.2967	.2995	.3023	.3051	.3078	.3106	.3133
.9	.3159	.3186	.3212	.3238	.3264	.3289	.3315	.3340	.3365	.3389
1.0	.3413	.3438	.3461	.3485	.3508	.3531	.3554	.3577	.3599	.3621
1.1	.3643	.3665	.3686	.3708	.3729	.3749	.3770	.3790	.3810	.3830
1.2	.3849	.3869	.3888	.3907	.3925	.3944	.3962	.3980	.3994	.4015
1.3	.4032	.4049	.4066	.4082	.4099	.4115	.4131	.4147	.4162	.4177
1.4	.4192	.4207	.4222	.4236	.4251	.4265	.4279	.4292	.4306	.4319
1.5	.4332	.4345	.4357	.4370	.4382	.4394	.4406	.4418	.4429	.4441
1.6	.4452	.4463	.4474	.4484	.4495	.4505	.4515	.4525	.4535	.4545
1.7	.4554	.4564	.4573	.4582	.4591	.4599	.4608	.4616	.4625	.4633
1.8	.4641	.4649	.4656	.4664	.4671	.4678	.4686	.4693	.4699	.4706
1.9	.4713	.4719	.4726	.4732	.4738	.4744	.4750	.4756	.4761	.4767
2.0	.4772	.4778	.4783	.4788	.4793	.4798	.4803	.4808	.4812	.4817
2.1	.4821	.4826	.4830	.4834	.4838	.4842	.4846	.4850	.4854	.4857
2.2	.4861	.4864	.4868	.4871	.4875	.4878	.4881	.4884	.4887	.4890
2.3	.4893	.4896	.4898	.4901	.4904	.4906	.4909	.4911	.4913	.4916
2.4	.4918	.4920	.4922	.4925	.4927	.4929	.4931	.4932	.4934	.4936
2.5	.4938	.4940	.1941	.4943	.4945	.4946	.4948	.4949	.4951	.4952
2.6	.4953	.4955	.4956	.4957	.4959	.4960	.4961	.4962	.4963	.4964
2.7	.4965	.4966	.4967	.4968	.4969	.4970	.4971	.4972	.4973	.4981
2.8	.4974	.4975	.4976	.4968	.4969	.4970	.4971	.4972	.4973	.4964
2.9	.4981	.4982	.4983	.4984	.4984	.4985	.4985	.4985	.4986	.4986
3.0	.4987	.4987	.4987	.4988	.4988	.4989	.4989	.4989	.4990	.4990

[부록 B] t-분포

자유도	오른쪽(꼬리 부분)면적					
	.20	.10	.05	.025	.01	.005
1	1.376	3.078	6.314	12.706	31.821	63.657
2	1.061	1.886	2.920	4.303	6.965	9.925
3	.978	1.638	2.353	3.182	4.541	5.841
4	.941	1.533	2.132	2.776	3.747	4.604
5	.920	1.476	2.015	2.571	3.365	4.032
6	.906	1.440	1.943	2.447	3.143	3.707
7	.896	1.415	1.895	2.365	2.998	3.499
8	.889	1.397	1.860	2.306	2.896	3.355
9	.883	1.383	1.833	2.262	2.821	3.250
10	.879	1.372	1.812	2.228	2.764	3.169
11	.876	1.363	1.796	2.201	2.718	3.106
12	.873	1.356	1.782	2.179	2.681	3.055
13	.870	1.350	1.771	2.160	2.650	3.012
14	.868	1.345	1.761	2.145	2.624	2.977
15	.866	1.341	1.753	2.131	2.602	2.947
16	.865	1.337	1.746	2.120	2.583	2.921
17	.863	1.333	1.740	2.110	2.567	2.898
18	.862	1.330	1.734	2.101	2.552	2.878
19	.861	1.328	1.729	2.093	2.539	2.861
20	.860	1.325	1.725	2.086	2.528	2.845
21	.859	1.323	1.721	2.080	2.518	2.831
22	.858	1.321	1.717	2.074	2.508	2.819
23	.858	1.319	1.714	2.069	2.500	2.807
24	.857	1.318	1.711	2.064	2.492	2.797
25	.856	1.316	1.708	2.060	2.485	2.787
26	.856	1.315	1.706	2.056	2.479	2.779
27	.855	1.314	1.703	2.052	2.473	2.771
28	.855	1.313	1.701	2.048	2.467	2.763
29	.854	1.311	1.699	2.045	2.462	2.756
30	.854	1.310	1.697	2.042	2.457	2.750
40	.851	1.303	1.684	2.021	2.423	2.704
60	.848	1.296	1.671	2.000	2.390	2.660
100	.845	1.290	1.660	1.984	2.364	2.626
∞	.842	1.282	1.645	1.960	2.326	2.576

[부록 C] F-분포

분모 자유도	오른쪽 꼬리부분 면적	분자 자유도 1	2	3	4	5	6	7	8	9	10	15	20	25	30	40	60	100	1000
1	.10	39.86	49.50	53.59	55.83	57.24	58.20	58.91	59.44	59.86	60.19	61.22	61.74	62.05	62.26	62.53	62.79	63.01	63.30
	.05	161.45	199.50	215.71	224.58	230.16	233.99	236.77	238.88	240.54	241.88	245.95	248.02	249.26	250.10	251.14	252.20	253.04	254.19
	.025	647.79	799.48	864.15	899.60	921.83	937.11	948.20	956.64	963.28	968.63	984.87	993.08	998.09	1001.40	1005.60	1009.79	1013.16	1017.76
	.01	4052.18	4999.34	5403.53	5624.26	5763.96	5858.95	5928.33	5980.95	6022.40	6055.93	6156.97	6208.66	6239.86	6260.35	6286.43	6312.97	6333.92	6362.80
2	.10	8.53	9.00	9.16	9.24	9.29	9.33	9.35	9.37	9.38	9.39	9.42	9.44	9.45	9.46	9.47	9.47	9.48	9.49
	.05	18.51	19.00	19.16	19.25	19.30	19.33	19.35	19.37	19.38	19.40	19.43	19.45	19.46	19.46	19.47	19.48	19.49	19.49
	.025	38.51	39.00	39.17	39.25	39.30	39.33	39.36	39.37	39.39	39.40	39.43	39.45	39.46	39.46	39.47	39.48	39.49	39.50
	.01	98.50	99.00	99.16	99.25	99.30	99.33	99.36	99.38	99.39	99.40	99.43	99.45	99.46	99.47	99.48	99.48	99.49	99.50
3	.10	5.54	5.46	5.39	5.34	5.31	5.28	5.27	5.25	5.24	5.23	5.20	5.18	5.17	5.17	5.16	5.15	5.14	5.13
	.05	10.13	9.55	9.28	9.12	9.01	8.94	8.89	8.85	8.81	8.79	8.70	8.66	8.63	8.62	8.59	8.57	8.55	8.53
	.025	17.44	16.04	15.44	15.10	14.88	14.73	14.62	14.54	14.47	14.42	14.25	14.17	14.12	14.08	14.04	13.99	13.96	13.91
	.01	34.12	30.82	29.46	28.71	28.24	27.91	27.67	27.49	27.34	27.23	26.87	26.69	26.58	26.50	26.41	26.32	26.24	26.14
4	.10	4.54	4.32	4.19	4.11	4.05	4.01	3.98	3.95	3.94	3.92	3.87	3.84	3.83	3.82	3.80	3.79	3.78	3.76
	.05	7.71	6.94	6.59	6.39	6.26	6.16	6.09	6.04	6.00	5.96	5.86	5.80	5.77	5.75	5.72	5.69	5.66	5.63
	.025	12.22	10.65	9.98	9.60	9.36	9.20	9.07	8.98	8.90	8.84	8.66	8.56	8.50	8.46	8.41	8.36	8.32	8.26
	.01	21.20	18.00	16.69	15.98	15.52	15.21	14.98	14.80	14.66	14.55	14.20	14.02	13.91	13.84	13.75	13.65	13.58	13.47
5	.10	4.06	3.78	3.62	3.52	3.45	3.40	3.37	3.34	3.32	3.30	3.324	3.21	3.19	3.17	3.16	3.14	3.13	3.11
	.05	6.61	5.79	5.41	5.19	5.05	4.95	4.88	4.82	4.77	4.74	4.62	4.56	4.52	4.50	4.46	4.43	4.41	4.37
	.025	10.01	8.43	7.76	7.39	7.15	6.98	6.85	6.76	6.68	6.62	6.43	6.33	6.27	6.23	6.18	6.12	6.08	6.02
	.01	16.26	13.27	12.06	11.39	10.97	10.67	10.46	10.29	10.16	10.05	9.72	9.55	9.45	9.38	9.29	9.20	9.13	9.03

분모 자유도	오른쪽 꼬리부분 면적	분자 자유도																	
		1	2	3	4	5	6	7	8	9	10	15	20	25	30	40	60	100	1000
6	.10	3.78	3.46	3.29	3.18	3.11	3.05	3.01	2.98	2.96	2.94	2.87	2.84	2.81	2.80	2.78	2.76	2.75	2.72
	.05	5.99	5.14	4.76	4.53	4.39	4.28	4.21	4.15	4.10	4.06	3.94	3.87	3.83	3.81	3.77	3.74	3.71	3.67
	.025	8.81	7.26	6.60	6.23	5.99	5.82	5.70	5.60	5.52	5.46	5.27	5.17	5.11	5.07	5.01	4.96	4.92	4.86
	.01	13.75	10.92	9.78	9.15	8.75	8.47	8.26	8.10	7.98	7.87	7.56	7.40	7.30	7.23	7.14	7.06	6.99	6.89
7	.10	3.59	3.26	3.07	2.96	2.88	2.83	2.78	2.75	2.72	2.70	2.63	2.59	2.57	2.56	2.54	2.51	2.50	2.47
	.05	5.59	4.74	4.35	4.12	3.97	9.87	3.79	3.73	3.68	3.64	3.51	3.44	3.40	3.38	3.34	3.30	3.27	3.23
	.025	8.07	6.54	5.89	5.52	5.29	5.12	4.99	4.90	4.82	4.76	4.57	4.47	4.40	4.36	4.31	4.25	4.21	4.15
	.01	12.25	9.55	8.45	7.85	7.46	7.19	6.99	6.84	6.72	6.62	6.31	6.16	6.06	5.99	5.91	5.82	5.75	5.66
8	.10	3.46	3.11	2.92	2.81	2.73	2.67	2.62	2.59	2.56	2.54	2.46	2.42	2.40	2.38	2.36	2.34	2.32	2.30
	.05	5.32	4.46	4.07	3.84	3.69	3.58	3.50	3.44	3.39	3.35	3.22	3.15	3.11	3.08	3.04	3.01	2.97	2.93
	.025	7.57	6.06	5.42	5.05	4.82	4.65	4.53	4.43	4.36	4.30	4.10	4.00	3.94	3.89	3.84	3.78	3.74	3.68
	.01	11.26	8.65	7.59	7.01	6.63	6.37	6.18	6.03	5.91	5.81	5.52	5.36	5.26	5.20	5.12	5.03	4.96	4.87
9	.10	3.36	3.01	2.81	2.69	2.61	2.55	2.51	2.47	2.44	2.42	2.34	2.30	2.27	2.25	2.23	2.21	2.19	2.16
	.05	5.12	4.26	3.86	3.63	3.48	3.37	3.29	3.23	3.18	3.14	3.01	2.94	2.89	2.86	2.83	2.79	2.76	2.71
	.025	7.21	5.71	5.08	4.72	4.48	4.32	4.20	4.10	4.03	3.96	3.77	3.67	3.60	3.56	3.51	3.45	3.40	3.34
	.01	10.56	8.02	6.99	6.42	6.06	5.80	5.61	5.47	5.35	5.26	4.96	4.81	4.71	4.65	4.57	4.48	4.41	4.32
10	.10	3.29	2.92	2.73	2.61	2.52	2.46	2.41	2.38	2.35	2.32	2.24	2.20	2.17	2.16	2.13	2.11	2.09	2.06
	.05	4.96	4.10	3.71	3.48	3.33	3.22	3.14	3.07	3.02	2.98	3.85	2.77	2.73	2.70	2.66	2.62	2.59	2.54
	.025	6.94	5.46	4.83	4.47	4.24	4.07	3.95	3.85	3.78	3.72	3.52	3.42	3.35	3.31	3.26	3.20	3.15	3.09
	.01	10.04	7.56	6.55	5.99	5.64	5.39	5.20	5.06	4.94	4.85	4.56	4.41	4.31	4.25	4.17	4.08	4.01	3.92

분모 자유도	오른쪽 꼬리부분 면적	분자 자유도 1	2	3	4	5	6	7	8	9	10	15	20	25	30	40	60	100	1000
11	.10	3.23	2.86	2.66	2.54	2.45	2.39	2.34	2.30	2.27	2.25	2.17	2.12	2.10	2.08	2.05	2.03	2.01	1.98
	.05	4.84	3.98	3.59	3.36	3.20	3.09	3.01	2.95	2.90	2.85	2.72	2.65	2.60	2.57	2.53	2.49	2.46	2.41
	.025	6.72	5.26	4.63	4.28	4.04	3.88	3.76	3.66	3.59	3.53	3.33	3.23	3.16	3.12	3.06	3.00	2.96	2.89
	.01	9.65	7.21	6.22	5.67	5.32	5.07	4.89	4.74	4.63	4.54	4.25	4.10	4.01	3.94	3.86	3.78	3.71	3.61
12	.10	3.18	2.81	2.61	2.48	2.39	2.33	2.28	2.24	2.21	2.19	2.10	2.06	2.03	2.01	1.99	1.96	1.94	1.91
	.05	4.75	3.89	3.49	3.26	3.11	3.00	2.91	2.85	2.80	2.75	2.62	2.54	2.50	2.47	2.43	2.38	2.35	2.30
	.025	6.55	5.10	4.47	4.12	3.89	3.73	3.61	3.51	3.44	3.37	3.18	3.07	3.01	2.96	2.91	2.85	2.80	2.73
	.01	9.33	6.93	5.95	5.41	5.06	4.82	4.64	4.50	4.39	4.30	4.01	3.86	3.76	3.70	3.62	3.54	3.47	3.37
13	.10	3.14	2.76	2.56	2.43	2.35	2.28	2.23	2.20	2.16	2.14	2.05	2.01	1.98	1.96	1.93	1.90	1.88	1.85
	.05	4.67	3.81	3.41	3.18	3.03	2.92	2.83	2.77	2.71	2.67	2.53	2.46	2.41	2.38	2.34	2.30	2.26	2.21
	.025	6.41	4.97	4.35	4.00	3.77	3.60	3.48	3.39	3.31	3.25	3.05	2.95	2.88	2.84	2.78	2.72	2.67	2.60
	.01	9.07	6.70	5.74	5.21	4.86	4.62	4.44	4.30	4.19	4.10	3.82	3.66	3.57	3.51	3.43	3.34	3.27	3.18
14	.10	3.10	2.73	2.52	2.39	2.31	2.24	2.19	2.15	2.12	2.10	2.01	1.96	1.93	1.99	1.89	1.86	1.83	1.80
	.05	4.60	3.74	3.34	3.11	2.96	2.85	2.76	2.70	2.65	2.60	2.46	2.39	2.34	2.31	2.27	2.22	2.19	2.14
	.025	6.30	4.86	4.24	3.89	3.66	3.50	3.38	3.29	3.21	3.15	2.95	2.84	2.78	2.73	2.67	2.61	2.56	2.50
	.01	8.86	6.51	5.56	5.04	4.69	4.46	4.28	4.14	4.03	3.94	3.66	3.51	3.41	3.35	3.27	3.18	3.11	3.02
15	.10	3.07	2.70	2.49	2.36	2.27	2.21	2.16	2.12	2.09	2.06	1.97	1.92	1.89	1.87	1.85	1.82	1.79	1.76
	.05	4.54	3.68	3.29	3.06	2.90	2.79	2.71	2.64	2.59	2.54	2.40	2.33	2.28	2.25	2.20	2.16	2.12	2.07
	.025	6.20	4.77	4.15	3.80	3.58	3.41	3.29	3.20	3.12	3.06	2.86	2.76	2.69	2.64	2.59	2.52	2.47	2.40
	.01	8.68	6.36	5.42	4.89	4.56	4.32	4.14	4.00	3.89	3.80	3.52	3.37	3.28	3.21	3.13	3.05	2.98	2.88

분모 자유도	오른쪽 꼬리부분 면적	분자 자유도																	
		1	2	3	4	5	6	7	8	9	10	15	20	25	30	40	60	100	1000
16	.10	3.05	2.67	2.46	2.33	2.24	2.18	2.13	2.09	2.06	2.03	1.94	1.89	1.86	1.84	1.81	1.78	1.76	
	.05	4.49	3.63	3.24	3.01	2.85	2.74	2.66	2.59	2.54	2.49	2.35	2.28	2.23	2.19	2.15	2.11	2.07	
	.025	6.12	4.69	4.08	3.73	3.50	3.34	3.22	3.12	3.05	2.99	2.79	2.68	2.61	2.57	2.51	2.45	2.40	
	.01	8.53	6.23	5.29	4.77	4.44	4.20	4.03	3.89	3.78	3.69	3.41	3.26	3.16	3.10	3.02	2.93	2.86	
17	.10	3.03	2.64	2.44	2.31	2.22	2.15	2.10	2.06	2.03	2.00	1.91	1.86	1.83	1.81	1.78	1.75	1.73	
	.05	4.45	3.59	3.20	2.96	2.81	2.70	2.61	2.55	2.49	2.45	2.31	2.23	2.18	2.15	2.10	2.03	2.02	
	.025	6.04	4.62	4.01	3.66	3.44	3.28	3.14	3.06	2.98	2.92	2.72	2.62	2.55	2.50	2.44	2.38	2.33	
	.01	8.40	6.11	5.19	4.67	4.34	4.10	3.93	3.79	3.68	3.59	3.31	3.16	3.07	3.00	2.92	2.83	2.76	
18	.10	3.01	2.62	2.42	2.29	2.20	2.13	2.08	2.04	2.00	1.98	1.89	1.84	1.80	1.78	1.75	1.72	1.70	
	.05	4.41	3.55	3.16	2.93	2.77	2.66	2.58	2.51	2.46	2.41	2.27	2.19	2.14	2.11	2.06	2.02	1.98	
	.025	5.98	4.56	3.95	3.61	3.38	3.22	3.10	3.01	2.93	2.87	2.67	2.56	2.49	2.44	2.38	2.32	2.27	
	.01	8.29	6.01	5.09	4.58	4.25	4.01	3.84	3.71	3.60	3.51	3.23	3.08	2.98	2.92	2.84	2.75	2.68	
19	.10	2.99	2.61	2.40	2.27	2.18	2.11	2.06	2.02	1.98	1.96	1.86	1.81	1.78	1.76	1.73	1.70	1.67	
	.05	4.38	3.52	3.13	2.90	2.74	2.63	2.54	2.48	2.42	2.38	2.23	2.16	2.11	2.07	2.03	1.98	1.94	
	.025	5.92	4.51	3.90	3.56	3.33	3.17	3.05	2.94	2.88	2.82	2.62	2.51	2.44	2.39	2.33	2.27	2.22	
	.01	8.18	5.93	5.01	4.50	4.17	3.94	3.77	3.63	3.52	3.43	3.15	3.00	2.91	2.84	2.76	2.67	2.60	
20	.10	2.97	2.59	2.39	2.25	2.16	2.09	2.04	2.00	1.96	1.94	1.84	1.79	1.76	1.74	1.71	1.68	1.65	
	.05	4.35	3.49	3.10	2.87	2.71	2.60	2.51	2.45	2.39	2.35	2.20	2.12	2.07	2.04	1.99	1.95	1.91	
	.025	5.87	4.46	3.86	3.51	3.29	3.13	2.01	2.91	2.84	2.77	2.57	2.46	2.40	2.35	2.29	2.22	2.17	
	.01	8.10	5.85	4.94	4.43	4.10	3.87	3.70	3.56	3.46	3.37	3.09	2.94	2.84	2.78	2.69	2.61	2.54	

분모 자유도	오른쪽 꼬리부분 면적	분자 자유도																	
		1	2	3	4	5	6	7	8	9	10	15	20	25	30	40	60	100	1000
30	.10	2.88	2.49	2.28	2.14	2.05	1.98	1.93	1.88	1.85	1.82	1.72	1.67	1.63	1.61	1.57	1.54	1.51	1.46
	.05	4.17	3.32	2.92	2.69	2.53	2.42	2.33	2.27	2.21	2.16	2.01	1.93	1.88	1.84	1.79	1.74	1.70	1.63
	.025	5.57	4.18	3.59	3.25	3.03	2.87	2.75	2.65	2.57	2.51	2.31	2.20	2.12	2.07	2.01	1.94	1.88	1.80
	.01	7.56	5.39	4.51	4.02	3.70	3.47	3.30	3.17	3.07	2.98	2.70	2.55	2.45	2.39	3.20	2.21	2.13	2.02
40	.10	4.17	3.32	2.92	2.69	2.53	2.42	2.33	2.27	2.21	2.16	2.01	1.93	1.88	1.84	1.79	1.74	1.70	1.63
	.05	4.08	3.23	2.84	2.61	2.45	2.34	2.25	2.18	2.12	2.08	1.92	1.84	1.78	1.74	1.69	1.64	1.59	1.52
	.025	5.42	4.05	3.46	3.13	2.90	2.74	2.62	2.53	2.45	2.39	2.18	2.07	1.99	1.94	1.88	1.80	1.74	1.65
	.01	7.31	5.18	4.31	3.83	3.51	3.29	3.12	2.99	2.89	2.80	2.52	2.39	2.27	2.20	2.11	2.02	1.94	1.82
60	.10	2.79	2.39	2.18	2.04	1.95	1.87	1.82	1.77	1.74	1.71	1.60	1.54	1.50	1.48	1.44	1.40	1.36	1.30
	.05	4.00	3.15	2.76	2.53	2.39	2.25	2.17	2.10	2.01	1.99	1.84	1.75	1.69	1.65	1.59	1.53	1.48	1.40
	.025	5.29	3.93	3.34	3.01	2.79	2.63	2.51	2.41	2.33	2.27	2.06	1.94	1.87	1.82	1.84	1.67	1.60	1.49
	.01	7.08	4.98	4.13	3.65	3.34	3.12	2.95	2.82	2.72	2.63	2.35	2.20	2.10	2.03	1.94	1.84	1.75	1.62
80	.10	2.76	2.36	2.14	2.00	1.91	1.83	1.78	1.73	1.69	1.66	1.56	1.49	1.45	1.42	1.38	1.34	1.29	1.22
	.05	3.94	3.09	2.70	2.46	2.31	2.19	2.10	2.03	1.97	1.93	1.77	1.68	1.62	1.57	1.52	1.45	1.39	1.30
	.025	5.18	3.83	3.25	2.92	2.70	2.54	2.42	2.32	2.24	2.18	1.97	1.85	1.77	1.71	1.64	1.56	1.48	1.36
	.01	6.90	4.82	3.98	3.51	3.21	2.99	2.82	2.69	2.59	2.50	2.22	2.07	1.97	1.89	1.80	1.69	1.60	1.45

[부록 D] Random Number표

10480	15011	01536	02011	81647	91646	69176	14194	62590
22368	46573	25595	85393	30995	89198	27982	53402	93965
24130	48360	22527	97265	76393	64809	15179	24830	49340
42167	93093	06243	61680	07856	16376	39440	53537	71341
37570	39975	81837	16656	06121	91782	60468	81305	49684
77921	06907	11008	42751	27756	53498	18602	70659	90655
99562	72905	56420	06994	98872	31016	71194	18738	44013
96301	91977	05463	07972	18876	20922	94595	56869	69014
89579	14342	63661	10281	17453	18103	57740	84378	25331
85475	36857	53342	53988	53060	59533	38867	62300	08158
28918	69578	88231	33276	70997	79936	56865	58596	90106
63553	40961	48235	04327	49626	69445	18663	72696	52180
09429	93969	52636	92737	88974	33488	36320	17617	30015
10365	61129	87529	85689	48237	52267	67689	93394	01511
07119	97336	71048	08178	77234	13916	47564	81056	97735
51085	12765	51821	51259	77452	16308	60756	92144	49442
02368	21382	52404	60268	89368	19885	55322	44819	01188
01011	54092	33362	94904	31273	04146	18594	29852	71585
52162	53916	46369	58586	23216	14513	83149	98736	23495
07056	97628	33787	09998	42698	06691	76988	13602	51851
48663	91245	85828	14346	09172	30168	90229	04734	59193
54164	58492	22421	74103	47070	25306	76468	26384	58151
32639	32362	05597	24200	13363	38005	94342	28728	35806
29344	27001	87637	87308	58731	00256	45834	15398	46557
81525	72295	04839	96423	24878	82651	66566	14778	76797
29676	20591	68086	26432	46901	20849	89768	81536	86645
00742	57392	39064	66432	84673	40027	32832	61362	98947
05366	04213	25669	26422	44407	44048	37937	63904	45766
91921	26418	64117	94305	26766	25940	39972	22209	71500
00582	04711	87917	77341	42206	35126	74087	99547	81817
00725	69884	62797	56170	86324	88072	76222	36086	84637
69011	65795	95876	55293	18988	27354	26575	08625	40801
25976	57948	29888	88604	67917	48708	18912	82271	65424
09763	83473	73577	12908	30883	18317	28290	35797	05998
91567	42595	27958	30134	04024	86385	29880	99730	55536
17955	56349	90999	49127	20044	59931	06115	20542	18056
46503	18584	18845	49618	02304	51038	20655	58727	28168
92157	89634	94824	78171	84610	82834	09922	25417	44137
14577	62795	35605	81263	39667	47358	56873	56307	61607
98427	07523	33362	64270	01638	92477	66969	98420	04880
34914	63976	88720	82765	34476	17032	87589	40836	32437
70060	28277	39475	46473	23219	53416	94970	25832	69975
53976	54914	06990	67245	68350	82948	11398	42878	80287
76072	29515	40980	07391	58745	25774	22987	80059	39911
90725	52210	83974	29992	65831	38857	50490	83765	55657
64364	67412	33339	31926	14883	24413	59744	92351	97473
08962	00358	31662	25388	61642	34072	81249	35648	56891
95012	68379	93526	70765	10592	04542	76463	54328	02349
15664	10483	20492	38391	91132	21999	59516	81652	27195

[부록 E] Υ_i에 대응되는 $Z(\Upsilon_i)$

Υ	$Z(\Upsilon_i)$	Υ	$Z(\Upsilon_i)$	Υ	$Z(\Upsilon_i)$	Υ	$Z(\Upsilon_i)$	Υ	$Z(\Upsilon_i)$
.000	.000	.200	.203	.400	.424	.600	.693	.800	1.099
.005	.005	.205	.208	.405	.430	.605	.701	.805	1.113
.010	.010	.210	.213	.410	.436	.610	.709	.810	1.127
.015	.015	.215	.218	.415	.442	.615	.717	.815	1.142
.020	.020	.220	.224	.420	.448	.620	.725	.820	1.157
.025	.025	.225	.229	.425	.454	.625	.733	.825	1.172
.030	.030	.230	.237	.430	.460	.630	.741	.830	1.188
.035	.035	.235	.239	.435	.466	.635	.750	.835	1.204
.040	.040	.240	.245	.440	.472	.640	.758	.840	1.221
.045	.045	.245	.250	.445	.478	.645	.767	.845	1.238
.050	.050	.250	.255	.450	.485	.650	.775	.850	1.256
.055	.055	.255	.261	.455	.491	.655	.784	.855	1.274
.060	.060	.260	.266	.460	.497	.660	.793	.860	1.293
.065	.065	.265	.271	.465	.504	.665	.802	.865	1.313
.070	.070	.270	.277	.470	.510	.670	.811	.870	1.333
.075	.075	.275	.282	.475	.517	.675	.820	.875	1.354
.080	.080	.280	.288	.480	.523	.680	.829	.880	1.376
.085	.085	.285	.293	.485	.530	.685	.838	.885	1.398
.090	.090	.290	.299	.490	.536	.690	.848	.890	1.422
.095	.095	.295	.304	.495	.543	.695	.858	.895	1.447
.100	.100	.300	.310	.500	.549	.700	.867	.900	1.472
.105	.105	.305	.315	.505	.556	.705	.877	.905	1.499
.110	.110	.310	.321	.510	.563	.710	.887	.910	1.528
.115	.116	.315	.326	.515	.570	.715	.897	.915	1.557
.120	.121	.320	.332	.520	.576	.720	.908	.920	1.589
.125	.126	.325	.337	.525	.583	.725	.918	.925	1.623
.130	.131	.330	.343	.530	.590	.730	.929	.930	1.658
.135	.136	.335	.348	.535	.597	.735	.940	.935	1.697
.140	.141	.340	.354	.540	.604	.740	.950	.940	1.738
.145	.146	.345	.360	.545	.611	.745	.962	.945	1.783
.150	.151	.350	.365	.550	.618	.750	.973	.950	1.832
.155	.156	.355	.371	.555	.626	.755	.984	.955	1.886
.160	.161	.360	.377	.560	.633	.760	.996	.960	1.946
.165	.167	.365	.383	.565	.640	.765	1.008	.965	2.014
.170	.172	.370	.388	.570	.648	.770	1.020	.970	2.092
.175	.177	.375	.394	.575	.655	.775	1.033	.975	2.185
.180	.182	.380	.400	.580	.662	.780	1.045	.980	2.298
.185	.187	.385	.406	.585	.670	.785	1.085	.985	2.443
.190	.192	.390	.412	.590	.678	.790	1.071	.990	2.647
.195	.198	.395	.418	.595	.685	.795	1.085	.995	2.994

SOCIAL STATISTICS

연습문제 풀이

제1장 통계학이란?

1. 통계란 숫자로 표현된 사실을 의미하며 통계학에서는 수나 숫자로 구성된 통계자료를 수집하여 정리・요약함으로써 합리적 의사결정을 위한 필수적인 정보를 제공한다.

2. 대한민국의 미혼 여성의 이혼에 대한 인식도 조사를 하고자 한다. 이때 모집단은 대한민국 국적의 미혼 여성이 될 것이다. 그러나 이들 모두를 조사하는 것은 불가능하므로, 무작위로 10,000명을 선정하여 조사하였다고 한다면, 이 10,000명이 인식도 조사에 대한 표본이 될 것이다.

3. - 모수 : 모집단이 가지고 있는 속성
   - 통계량 : 표본집단이 가지고 있는 속성
   - 일반적으로 모집단은 표본집단의 속성을 지닌다.

4. - 명목척도 : 측정대상을 분류, 범주화하기 위해 숫자나 기호를 사용하는 경우로, 사칙연산이 의미가 없다.
   - 서열척도 : 측정대상의 분류와 서열을 함께 규명할 수 있다. 순위를 부여하는 부등호(>) 기호를 사용한다.
   - 등간척도 : 명목척도의 속성과 서열척도의 순위 및 측정대상 간 간격을 표준화된 척도로 측정할 수 있는 것으로 가감(+, −)의 의미를 포함한다.
   - 비율척도 : 등간척도의 모든 속성을 포함하며 실제적 개념의 절대 0점이 존재한다. 또한 사칙연산이 모두 가능한 속성을 가진다.

5.
   5-1. 대학 학년은 명목척도가 아닌 서열척도이다.
   5-2. 맞음
   5-3. 자동차 번호판의 숫자는 명목척도이다(대상의 단순분류를 위해 숫자를 매긴 것이므로).
   5-4. 자동차 속도는 절대 0점이 존재하고 이에 대한 사칙연산이 존재하므로 비율척도이다.

5-5. 맞음

6. 통계학은 크게 기술통계학과 추리통계학으로 나누어진다. 기술통계학이란 자료의 특성을 기술하는 방법과 관련된 분야로 도표에 의한 자료정리 부분과 자료 특성을 기술하는 부분으로 나누어진다.
   추리통계학이란 표본의 분석을 통해 모집단의 특성을 확률에 근거하여 추정하는 방법과 관련된 분야이다. 추리통계학은 통계적 추정과 가설 검정을 주요 내용으로 한다. 또한 모집단의 정규분포여부에 따라 모수통계학과 비모수통계학으로 나눈다.

7. 추리통계학 분야에서도 모집단의 분포에 따라 모수통계학과 비모수통계학으로 나누어진다. 모집단이 정규분포를 유지하고 있고, 변수가 등간척도나 비율척도로 측정되어 있다면 변량은 계산할 수 있기 때문에 모수통계학의 방법을 설명할 수 있다. 반면 모집단이 정규분포를 이루지 않고 있으며, 변수가 명목척도로 측정이 되었다면, 변량 계산에 의미가 없으므로 비모수통계학의 방법을 사용한다.

제 2 장 도표에 의한 자료의 정리 · 요약

1.

1-1. 도수분포표

성별	빈도수	상대도수	백분율
남	9	0.45	45
여	11	0.55	50
계	20	1.00	100

선호요리	빈도수	상대도수	백분율
탕수육	11	0.55	55
팔보채	7	0.35	35
양장피	2	0.10	10
계	20	1.00	100

1-2. 막대와 원형도표

1-3.

		성별		계
		남	여	
선호요리	탕수육	7	4	11
	팔보채	2	5	7
	양장피	0	2	2
계		9	11	20

2.

2-1.

공부시간	학생 수(빈도)	누적빈도
$3.60 \leq X < 3.74$	3	3
$3.74 \leq X < 3.86$	5	8
$3.86 \leq X < 4.00$	6	14
$4.00 \leq X < 4.14$	7	21
$4.14 \leq X < 4.28$	4	25
계	25	

도수분포표 작성을 위해서 계급의 수와 계급의 구간을 설정해야 한다. 자료의 분포로 보아 자료 간 차이가 크지 않은 것으로 봐서 계급의 수는 5개가 적당한 것으로 보인다. 이후, 계급의 구간을 설정해야 하는데, 계급의 구간 $= \dfrac{\text{자료의 최댓값} - \text{자료의최솟값}}{\text{적절한 계급의 수}}$ 이므로 $\dfrac{4.26-3.60}{5} = \dfrac{0.66}{5} \fallingdotseq 0.14$가 된다. 따라서 계급의 구간은 0.14가 될 것이다. 이를 통해 도수분포표를 작성하면 위와 같다.

제 3 장 특성치 산출에 의한 자료분포의 특성 분석

1.

1) 산술평균

$$\frac{3.75+3.67+3.65+3.81+4.48+3.68+3.90+3.71+3.79+3.67}{10} = 3.811$$

2) 중위수

$\dfrac{N}{2}$ 이므로 $\dfrac{10}{2} = 5$이다. 따라서 자료를 크기순으로 나열했을 때 5번째 오는 숫자 즉,

3.71이 된다.

3) 최빈값 3.67

2.

1) 범위

최댓값 − 최솟값이므로 $18-3=15$

2) 분산

평균이 9이므로

$$\frac{(9-18)^2+(9-9)^2+(9-8)^2+(9-9)^2+(9-8)^2+(9-3)^2+(9-9)^2}{9^2}=\frac{119}{81}$$

$\fallingdotseq 1.47$

제 6 장 이산확률분포

1.

1-1.

$n=10$, $p=0.2$인 이항분포이므로 세 사람이 자동차를 살 확률은

$$P(X=3)=\binom{10}{3}0.2^3(1-0.2)^{10-3}=0.2013$$

1-2.

$$\begin{aligned}P(X\geq 2)&=1-[P(X=0)+P(X=1)]\\&=1-\left(\binom{10}{0}(0.2)^0(1-0.2)^{10}+\binom{10}{1}(0.2)^1(1-0.2)^9\right)\\&=1-(0.1074+0.2684)\\&=0.6242\end{aligned}$$

1-3.

$E(X)=np=10\times 0.2=2$

$\mathrm{Var}(X)=np(1-p)=10\times 0.2\times 0.8=1.6$이므로 표준편차는 $\sqrt{1.6}=1.265$

2.

2-1.

$n=8$, $p=0.3$인 이항분포이므로

$P(X=4)=P(X\le 4)-P(X\le 3)=0.942-0.806=0.136$

2-2.

$n=8$, $p=0.3$인 이항분포이므로

$P(3\le X\le 7)=P(X\le 7)-P(X\le 2)=1.00-0.552=0.448$

2-3.

$n=8$, $p=0.3$인 이항분포이므로

$P(X\ge 6)=1-P(X\le 5)=1-0.989=0.011$

3.

$n=1{,}860$, $p=\dfrac{1}{600}$이므로, 평균은 다음과 같다.

$np=1{,}860\times\dfrac{1}{600}=3.1$

따라서 평균이 3.1인 포아송분포를 적용하면

$P(X=0)=\dfrac{(3.1)^0e^{-3.1}}{0!}=0.045$

$P(X=1)=\dfrac{(3.1)^1e^{-3.1}}{1!}=0.140$

$P(X=2)=\dfrac{(3.1)^2e^{-3.1}}{2!}=0.216$

$P(X=3)=\dfrac{(3.1)^3e^{-3.1}}{3!}=0.223$

4.

평균이 6이고 $X=4$이므로,

$P(X=4)=\dfrac{6^4e^{-6}}{4!}=0.134$

제 7 장 연속확률분포

1.

1-1. $P(x=1.25)=0$

1-2. $P(1.00 \le x \le 1.25)=2(0.25)=0.5$

1-3. $P(1.20 \le x \le 1.50)=2(0.30)=0.60$

2.

2-1. 0.3413

2-2. 0.4332

2-3. 0.4772

2-4. 0.4938

2-5. 0.2967

2-6. 0.4418

2-7. 0.3300

2-8. 0.5910

2-9. 0.8849

2-10. 0.2389

3.

3-1. $z=1.96$

3-2. $z=0.61$

3-3. $z=1.12$

3-4. $z=0.44$

3-5. $z=-0.80$

3-6. $z=1.66$

3-7. $z=0.26$

3-8. $z=2.56$

3-9. $z=-0.50$

3-10. $z=2.33$

3-11. $z=1.96$

3-12. $z=1.645$

3-13. $z=1.28$

제 9 장 표본분포

1.

   1-1. 200

   1-2. 5

2. 3.54, 2.50, 1.77

3.

   3-1. 0.4

   3-2. 0.049

제 10 장 추 정

1. 조사자는 효율적인 추정량을 구하도록 노력해야 한다. 즉, 추정량 $\hat{\theta}$은 모수의 θ에 집중되어야 한다. 이 경우를 표본이 모수에 근접한 추정량을 갖는다고 할 수 있다. 즉, $\hat{\theta}$들의 분산이 작을수록 θ를 정확하게 추정할 수 있게 된다. 따라서 추정량의 분산의 비교를 통해서 상대적 효율성을 평가할 수 있다고 할 수 있다. 500명의 표본분산은 $\frac{\sigma^2}{500}$이 되고, 320명의 표본분산은 $\frac{\sigma^2}{320}$이다(모집단의 평균은 μ, 분산은 σ^2이고, 표본의 평균은 μ, 분산은 $\frac{\sigma^2}{n}$인 정규분포를 이룬다). 따라서 500명일 때의 분산과 320명일 때의 분산을 비교해 보면, 약 1.5625배 크다는 것을 알 수 있다. 결국, 320명일 때의 분산이 500명일 때의 분산보다 1.5625배 크므로 효율성이 낮다고 결론지을 수 있다. 즉, 500명일 때의 표본의 효율성을 1로 가정한 경우, 320명의 표본의 효율성은 0.64인 것이다.

2. $\overline{X} - Z_{0.025}\sigma_{\bar{x}} \leq \mu \leq \overline{X} + Z_{0.025}\sigma_{\bar{x}}$

   $= 250{,}000 - 1.96(1{,}000) \leq \mu \leq 250{,}000 + 1.96(1{,}000)$

   $= 248{,}040 \leq \mu \leq 251{,}960$

   ※ $\sigma_x = \frac{\sigma}{\sqrt{n}}$

3. $\overline{X} - t_{0.025}s_{\bar{x}} \leq \mu \leq \overline{X} + t_{0.025}s_{\bar{x}}$

   $= 250 - 2.064(\frac{200}{\sqrt{25}}) \leq \mu \leq 250 + 2.064(\frac{200}{\sqrt{25}})$

$= 167.44 \leq \mu \leq 332.56$

4. $\overline{X} \pm Z_{\frac{\alpha}{2}} \sigma_{\bar{x}} = 40 \pm 1.96(\frac{20}{\sqrt{100}}) = 40 \pm 1.96(2) = 40 \pm 3.92$

5. 모집단 평균의 구간추정을 위한 표본의 크기 : $n = \frac{(Z_{\frac{\alpha}{2}})^2 (\sigma)^2}{e^2}$

$\therefore n = \frac{(1.96)^2 (2)^2}{(1)^2} = 15.3664$

따라서, 표본의 크기는 16 이상이어야 한다.

6. $Z = \frac{(\overline{X_1} - \overline{X_2}) - (\mu_1 - \mu_2)}{\sqrt{\frac{\sigma_1^2}{n_1} + \frac{\sigma_2^2}{n_2}}} = \frac{10}{\sqrt{\frac{10^2}{4} + \frac{10^2}{4}}} = 1.4142$

$P(Z \geq 1.4142) = 7.93\%$

7. $\overline{x}_1 - \overline{x}_2 \pm z_{\frac{\alpha}{2}} \sqrt{\frac{\sigma_1^2}{n_1} + \frac{\sigma_2^2}{n_2}} = (13.6 - 11.6) \pm 1.96 \sqrt{\frac{2.2^2}{50} + \frac{3.0^2}{35}} = 2 \pm 1.1661$

8. $\overline{x}_1 - \overline{x}_2 \pm t_{\frac{\alpha}{2}} \sqrt{\frac{s_1^2}{n_1} + \frac{s_2^2}{n_2}} = (22.5 - 20.1) \pm 2.069 \sqrt{\frac{2.5^2}{10} + \frac{4.8^2}{15}} = 2.4 \pm 3.0415$

9. 0.6682에서 0.7318까지

10. 1068개

제 11 장 가설검정

2.

▶ STEP 1 가설설정

▶ STEP 2 유의수준 결정

▶ STEP 3 채택역 · 기각역 설정

▶ STEP 4 검정통계량 계산

▶ STEP 5 판단

3. 모집단의 분산을 알고 있을 때의 한 모집단 모평균에 대한 가설검정이다.

▶ STEP 1 가설설정

귀무가설 : $\mu = 76$

대립가설 : $\mu \neq 76$

▶ STEP 2 유의수준 결정

$\alpha = 0.05$

▶ STEP 3 채택역 · 기각역 설정

채택역 : $-1.96 \leq Z \leq 1.96$

기각역 : $Z < 1.96$ 또는 $Z > 1.96$

▶ STEP 4 검정통계량 계산

$$Z = \frac{\overline{X} - \mu}{\frac{\sigma}{\sqrt{n}}} = \frac{80 - 76}{\frac{12}{\sqrt{64}}} = 2.67$$

▶ STEP 5 판단

$Z = 2.67$은 기각역 안에 있으므로 귀무가설을 기각한다. 따라서, 새로운 교수 방법이 효과가 있었다고 말할 수 있다.

4. 모집단의 분산을 알고 있을 때의 한 모집단 모평균에 대한 가설검정이다.

▶ STEP 1 가설설정

귀무가설 : $\mu \geq 12.6$

대립가설 : $\mu < 12.6$

▶ STEP 2 유의수준 결정

$\alpha = 0.05$

▶ STEP 3 채택역 · 기각역 설정

채택역 : $-1.645 \leq Z$

기각역 : $Z < -1.645$

▶ STEP 4 검정통계량 계산

$$Z = \frac{\overline{X} - \mu}{\frac{\sigma}{\sqrt{n}}} = \frac{11.4 - 12.6}{\frac{3.2}{\sqrt{50}}} = -2.65$$

▶ STEP 5 판단

$Z = -2.65$는 기각역 안에 있으므로 귀무가설을 기각한다. 따라서, 50개 기업의 평균 이

윤이 전국 기업 평균 이윤보다 적다고 말할 수 있다.

5. 모집단의 분산을 모를 때 한 모집단 모평균에 대한 가설검정이다.

▶ STEP 1 가설설정

귀무가설 : $\mu = 8$

대립가설 : $\mu \neq 8$

▶ STEP 2 유의수준 결정

$\alpha = 0.05$

▶ STEP 3 채택역 · 기각역 설정

채택역 : $-2.2622 \leq t \leq 2.2622$

기각역 : $t < -2.2622$ 또는 $t > 2.2622$

▶ STEP 4 검정통계량 계산

$$t = \frac{\bar{x} - \mu}{\frac{s}{\sqrt{n}}} = \frac{7.5 - 8.0}{\frac{3.78}{\sqrt{10}}} = -0.418$$

▶ STEP 5 판단

$t = -0.418$은 채택역 안에 있으므로 귀무가설을 기각하지 못한다. 따라서, 태릉주식회사 이직 사원의 평균 재직기간은 8개월이다.

6. 한 모집단 비율에 대한 가설검정이다.

▶ STEP 1 가설설정

귀무가설 : $p = 0.32$

대립가설 : $p > 0.32$

▶ STEP 2 유의수준 결정

$\alpha = 0.01$

▶ STEP 3 채택역 · 기각역 설정

채택역 : $Z \leq 2.33$

기각역 : $Z > 2.33$

▶ STEP 4 검정통계량 계산

$$Z = \frac{\bar{p} - p_0}{\sqrt{\frac{p_0(1 - p_0)}{n}}} = \frac{0.36 - 0.32}{\sqrt{\frac{0.32(1 - 0.32)}{300}}} = 1.49$$

▶ STEP 5 판단

$Z = 1.49$는 채택역 안에 있으므로 귀무가설을 기각하지 못한다. 따라서, 태릉자동차주식회사 직원의 평균 만족도가 다른 자동차 회사 직원의 만족도보다 높다고 말할 수 없다.

7. 모집단 분산을 알고 있을 때 두 모집단 평균의 차이에 관한 가설검정이다.

▶ STEP 1 가설설정

귀무가설 : $\mu_1 = \mu_2$

대립가설 : $\mu_1 \neq \mu_2$

▶ STEP 2 유의수준 결정

$\alpha = 0.01$

▶ STEP 3 채택역 · 기각역 설정

채택역 : $-2.58 \leq Z \leq 2.58$

기각역 : $-2.58 > Z$ 혹은 $Z > 2.58$

▶ STEP 4 검정통계량 계산

검정통계량은 두 모집단이 정규분포이고, 분산이 알려져 있으므로 표분정규분포를 사용한다.

$$Z = \frac{(\overline{X_1} - \overline{X_2}) - (\mu_1 - \mu_2)}{\sqrt{\frac{\sigma_1^2}{n_1} + \frac{\sigma_2^2}{n_2}}} = \frac{(1{,}200 - 1{,}100)}{\sqrt{\frac{150^2}{9} + \frac{100^2}{9}}} = \frac{100}{\sqrt{2{,}500 + 1{,}111.1}} = \frac{100}{51.0989}$$

$$= 1.9570$$

▶ STEP 5 판단

검정통계량 Z=1.9570이 채택역에 해당하므로 귀무가설을 기각할 수 없다. 따라서 99% 유의수준에서 조사된 자료를 토대로 두 중학교 학생의 통학거리에 차이가 있다고 할 수 없다.

8. 모집단 분산을 알고 있을 때 두 모집단 평균의 차이에 관한 가설검정이다.

▶ STEP 1 가설설정

귀무가설 : $\mu_1 = \mu_2$

대립가설 : $\mu_1 \neq \mu_2$

▶ STEP 2 유의수준 결정

$\alpha = 0.01$

▶ STEP 3 채택역 · 기각역 설정

채택역 : $-2.58 \leq Z \leq 2.58$

기각역 : $-2.58 > Z$ 혹은 $Z > 2.58$

▶ STEP 4 검정통계량 계산

검정통계량은 두 모집단이 정규분포이고, 분산이 알려져 있으므로 표분정규분포를 사용한다.

$$Z = \frac{(\overline{X_1} - \overline{X_2}) - (\mu_1 - \mu_2)}{\sqrt{\frac{\sigma_1^2}{n_1} + \frac{\sigma_2^2}{n_2}}} = \frac{(85.5 - 82.7)}{\sqrt{\frac{12.0^2}{56} + \frac{15.4^2}{40}}} = 0.960$$

▶ STEP 5 판단

검정통계량 Z=0.960이 채택역에 해당하므로 귀무가설을 기각할 수 없다. 따라서 99% 유의수준에서 조사된 자료를 토대로 합격자와 불합격자의 고등학교 3년간 기말시험 성적에는 유의적인 차이가 있다고 할 수 없다.

9. 모집단 분산을 모르고 있을 때 두 모집단 평균의 차이에 관한 가설검정이다.

▶ STEP 1 가설설정

귀무가설 : $\mu_1 = \mu_2$

대립가설 : $\mu_1 \neq \mu_2$

▶ STEP 2 유의수준 결정

$\alpha = 0.05$

▶ STEP 3 채택역 · 기각역 설정

자유도 : $10 + 15 - 2 = 23$

채택역 : $-2.069 \leq t \leq 2.069$

기각역 : $-2.069 > t$ 혹은 $t > 2.069$

▶ STEP 4 검정통계량 계산

$$t = \frac{6.98 - 6.34}{1.3773\sqrt{\frac{1}{10} + \frac{1}{15}}} = 1.14$$

▶ STEP 5 판단

t=1.14는 채택역 안에 있으므로 귀무가설을 기각하지 못한다. 따라서, $\alpha = 0.05$의 유의수준에서 태릉주식회사와 신촌주식회사의 작업 성과 사이에는 유의적인 차이가 있다고 말할 수 없다.

10. 모집단 분산을 모르고 있을 때의 두 모집단 평균의 차이에 관한 가설검정이다.

▶ STEP 1 가설설정

귀무가설 : $\mu_1 + 1.5 > \mu_2$

대립가설 : $\mu_1 + 1.5 \leq \mu_2$

▶ STEP 2 유의수준 결정

$\alpha = 0.05$

▶ STEP 3 채택역 · 기각역 설정

자유도 : $10-1=9$

채택역 : $-2.262 \le t \le 2.262$

기각역 : $-2.262 > t$ 혹은 $t > 2.262$

▶ STEP 4 검정통계량 계산

"잘 자" 수면제 : 평균$=0.75$, 표준편차$=1.79$

"내 꿈 꿔" 수면제 : 평균$=2.33$, 표준편차$=2.00$

$$t=\frac{1.58-1.5}{\frac{1.23}{\sqrt{10}}}=0.2057$$

▶ STEP 5 판단

$t=0.2057$은 채택역 안에 있으므로 귀무가설을 기각하지 못한다. 따라서, $\alpha=0.05$의 유의수준에서 "내 꿈 꿔" 수면제가 "잘 자" 수면제보다 1.5시간 수면 연장의 효과가 있다고 말할 수 없다.

11. 두 모집단 비율의 차이에 관한 가설검정이다.

▶ STEP 1 가설설정

귀무가설 : $p_1=p_2$

대립가설 : $p_1 \neq p_2$

▶ STEP 2 유의수준 결정

$\alpha=0.05$

▶ STEP 3 채택역 · 기각역 설정

채택역 : $-1.96 \le Z \le 1.96$

기각역 : $-1.96 > Z$ 혹은 $Z > 1.96$

▶ STEP 4 검정통계량 계산

$$Z=\frac{(0.43-0.48)}{0.033}=-1.52$$

▶ STEP 5 판단

$Z=-1.52$는 채택역 안에 있으므로 귀무가설을 기각하지 못한다. 따라서, $\alpha=0.05$의 유의수준에서 두 컴퓨터에 대한 고객 충성도에 차이가 있다고 말할 수 없다.

제 12 장 분산분석

1. 일원분산분석이다.

▶ STEP 1 가설설정

$H_0 : \mu_A = \mu_B = \mu_C$

H_1 : 적어도 한 평균은 다르다.

▶ STEP 2 유의수준 결정

$\alpha = 0.05$

▶ STEP 3 채택역 · 기각역 설정

분산분석은 항상 우측검정이므로 임계값은 분자의 자유도 $k-1 = 3-1 = 2$와 분모의 자유도 $n-k = 15-3 = 12$를 갖는 유의수준 5%에 해당하는 F분포값이 된다.

$F_{k-1, n-k, \alpha} = F_{2, 12, 0.05} = 3.89$

▶ STEP 4 통계값 계산

검정통계량을 구하기 위해서는 다음과 같은 과정이 필요하게 된다.

① 주어진 자료를 다시 정리하면 다음과 같다.

집단	표본크기	관측치					합계	표본평균
A	5	192	194	196	200	198	980	196
B	5	198	200	210	218	204	1,030	206
C	5	202	208	214	210	216	1,050	210
	$n=15$						$y..=3,060$	$\bar{\bar{y}} = 204$

② 총변동(SST), 집단 간 변동(SSB), 집단 내 변동(SSW)을 구한다.

$$SST = \sum_{i=1}^{3}\sum_{j=1}^{5}(y_{ij} - \bar{\bar{y}})^2 = \sum_{i=1}^{3}\sum_{j=1}^{5} y_{ij}^2 - n\bar{\bar{y}}^2$$

$$= (192^2 + 194^2 + \cdots + 210^2 + 216^2) - 15 \cdot 204^2$$

$$= 625,184 - 624,240 = 944$$

$$SSB = \sum_{i}^{3} n_i(\bar{y}_{i\cdot} - \bar{\bar{y}})^2 = \sum_{i}^{3} n_i \bar{y}_{i\cdot}^2 - n\bar{\bar{y}}^2$$

$$= (5 \cdot 196^2 + 5 \cdot 206^2 + 5 \cdot 210^2) - 15 \cdot 204^2$$

$$= 624,760 - 624,240 = 520$$

$$SSW = SST - SSB = 994 - 520 = 474$$

③ 검정통계량은 F분포의 값이 된다.

$$F = \frac{MSB}{MSW} = \frac{\frac{SSB}{k-1}}{\frac{SSW}{(n-k)}}$$

$$= \frac{520/2}{424/12} = \frac{260}{35.33} = 7.359$$

검정통계량 계산을 분산분석표로 정리하면 다음과 같다.

변동요인	제곱합(SS)	자유도	평균제곱(MS)	F
집단 간 집단 내	520 424	2 12	260.0 35.33	7.359
합 계	944	14		

▶ STEP 5 판단

검정통계량 $F = 7.359$가 기각역에 해당되므로 귀무가설을 기각시킨다. 따라서 세 대학 학생의 한 달 용돈에 차이가 있다고 할 수 있다.

2. 셋 이상 모집단의 평균에 대한 사후비교이다.

여기에서는 최소유의차 검정방법에 의한 사후비교만 설명한다.

세 대학에서 2개 대학을 추출하여 모집단 평균의 차이를 검정하여야 하므로 총 ${}_3C_2 = 3$번의 검정이 필요하게 된다. 이제 각각의 두 모집단 평균의 차이에 대한 신뢰구간을 다음과 같이 구하여 두 모집단 평균 간에 유의적인 차이가 있는지를 검정한다.

$$(\bar{y}_1 - \bar{y}_2) \pm t_{n-k, \frac{\alpha}{2}} \cdot \sqrt{MSW(\frac{1}{n_1} + \frac{1}{n_2})}$$

유의수준 5%에 해당하는 자유도 $n-k = 15-3 = 12$의 t-분포값은 $t_{n-k, \frac{\alpha}{2}} = t_{12, 0.025} = 2.179$가 되고, 집단 내 평균편차($MSW$) 값은 35.33이었다.

① μ_A와 μ_B의 비교

태릉대학교(A)와 신촌대학교(B) 간의 모집단 평균의 차이에 대한 신뢰구간은 다음과 같이 구한다.

$$(\bar{y}_A - \bar{y}_B) \pm t_{n-k, \frac{\alpha}{2}} \cdot \sqrt{MSW(\frac{1}{n_A} + \frac{1}{n_B})}$$

$$= (196 - 206) \pm 2.179 \cdot \sqrt{35.33(\frac{1}{5} + \frac{1}{5})}$$

$$= -10 \pm 8.191 = -18.191 \sim -1.809$$

신뢰구간에 0을 포함하지 않으므로 태릉대학교와 신촌대학교 학생의 한 달 용돈에는 유의적인 차이가 있음을 알 수 있다.

② μ_A와 μ_C의 비교

태릉대학교(A)와 *syrho*대학교(C)의 모집단 평균의 차이에 대한 신뢰구간은 다음과 같이 구한다.

$$
\begin{aligned}
&(\bar{y}_A - \bar{y}_C) \pm t_{n-k,\frac{\alpha}{2}} \cdot \sqrt{MSW\left(\frac{1}{n_A}+\frac{1}{n_C}\right)} \\
&= (196-210) \pm 2.179 \cdot \sqrt{35.33\left(\frac{1}{5}+\frac{1}{5}\right)} \\
&= -14 \pm 8.191 = -22.191 \sim -5.809
\end{aligned}
$$

③ μ_B와 μ_C의 비교

신촌대학교(B)와 *syrho*대학교(C) 간의 모집단 평균의 차이에 대한 신뢰구간은 다음과 같이 구한다.

$$
\begin{aligned}
&(\bar{y}_B - \bar{y}_C) \pm t_{n-k,\frac{\alpha}{2}} \cdot \sqrt{MSW\left(\frac{1}{n_A}+\frac{1}{n_C}\right)} \\
&= (206-210) \pm 2.179 \cdot \sqrt{35.33\left(\frac{1}{5}+\frac{1}{5}\right)} \\
&= -4 \pm 8.191 = -12.191 \sim -4.191
\end{aligned}
$$

신뢰구간에 0을 포함하므로 신촌대학교와 *syrho*대학교 학생의 한 달 용돈에는 유의적인 차이가 없음을 알 수 있다.

결론적으로 사후비교를 통해 확인된 바와 같이 1번에서 귀무가설이 기각된 이유는 태릉대학교 학생의 한 달 용돈이 신촌대학교와 *syrho*대학교 학생의 한 달 용돈보다 더 커서 차이가 존재하여 나타났음을 알 수 있다.

3. 무작위 블록설계 이원분산분석이다.

도서분야와 판매지역 간에 상호작용이 존재하지 않으므로 도서의 종류를 요인 A로 하고, 도서의 판매지역을 블록 B로 하여 무작위 블록설계 분석에 의한 이원분산분석을 실시한다. 따라서 먼저 도서 분야별로 판매량에 차이가 있는지를 검정하고, 다음에 도서의 판매지역별로 판매량에 차이가 있는지를 검정한다. 계산의 편의상 주어진 자료의 단위를 100권으로 하여 계산한다.

주어진 자료를 다시 정리하면 다음과 같다.

요인A	블록B					합계	평균
	강원도	경기도	충청도	전라도	경상도		
인문학	7	11	13	8	9	48	$\bar{y}_{1\cdot}=9.6$
사회과학	9	12	11	9	10	51	$\bar{y}_{2\cdot}=10.2$
자연과학	12	14	8	7	13	54	$\bar{y}_{3\cdot}=10.8$
합계	28	37	32	24	32	$y_{\cdot\cdot}=153$	
평균	$\bar{y}_{\cdot 1}=9.3$	$\bar{y}_{\cdot 2}=12.3$	$\bar{y}_{\cdot 3}=10.7$	$\bar{y}_{\cdot 4}=8$	$\bar{y}_{\cdot 5}=10.7$		$\bar{\bar{y}}=10.2$

가설검정을 시작하기 전에 검정통계량 계산에 필요한 총변동(SST), 요인 A에 의한 변동(SSA), 블록 B에 의한 변동(SSB), 오차변동(SSE)을 구한다.

$$SST=\sum_{i=1}^{3}\sum_{j=1}^{5}(y_{ij}-\bar{y}_{\cdot\cdot})^2=\sum_{i=1}^{3}\sum_{j=1}^{5}y_{ij}^2-\frac{y_{\cdot\cdot}^2}{ab}$$
$$=(7^2+11^2+\cdots+7^2+13^2)-\frac{153^2}{15}=72.4$$

$$SSA=\sum_{j=1}^{5}\sum_{i=1}^{3}(\bar{y}_{i\cdot}-\bar{y}_{\cdot\cdot})^2=\frac{\sum_{i=1}^{3}y_{i\cdot}^2}{b}-\frac{y_{\cdot\cdot}^2}{ab}$$
$$=\frac{48^2+51^2+54^2}{5}-\frac{153^2}{15}=3.6$$

$$SSB=\sum_{i=1}^{3}\sum_{j=1}^{5}(\bar{y}_{\cdot i}-\bar{y}_{\cdot\cdot})^2=\frac{\sum_{j=1}^{5}y_{\cdot i}^2}{a}-\frac{y_{\cdot\cdot}^2}{ab}$$
$$=\frac{(28^2+37^2+32^2+24^2+32^2)}{3}-\frac{153^2}{15}=31.73$$

$$SSE=SST-SSA-SSB$$
$$=72.4-3.6-31.73=37.07$$

1) 요인 A의 처리효과에 대한 가설검정

여기서는 요인 A의 처리효과 즉 도서 분야별로 판매량에 차이가 있는가를 검정한다.

▶ STEP 1 가설설정

$H_{0_A}:\alpha_1=\alpha_2=\alpha_3=0$

H_{1A}:요인 A에 의한 처리효과 중 적어도 하나는 0이 아니다.

▶ STEP 2 유의수준 결정

$\alpha=0.05$

▸ STEP 3 채택역 · 기각역 설정

분산분석은 항상 우측검정이므로 임계값은 분자의 자유도 $a-1=3-1=2$와 분모의 자유도$(a-1)(b-1)=(3-1)(5-1)=8$을 갖는 F분포를 사용하여 임계값 $F_{a-1,(a-1)(b-1):\alpha}$를 결정한다.

$$F_{a-1,(a-1)(b-1):\alpha}=F_{2,8:0.05}=4.46$$

▸ STEP 4 통계값 계산

검정통계량은 분자의 자유도 2와 분모의 자유도 8을 갖는 F분포의 값이 된다.

$$F_A=\frac{SSA/a-1}{SSE(a-1)(b-1)}=\frac{MSA}{MSE}$$
$$=\frac{1.8}{4.63}=0.39$$

▸ STEP 5 판단

계산된 검정통계량 $F_A=0.39$가 임계값 $F_{2,8:0.05}=4.46$보다 작으므로 귀무가설을 기각시킬 수 없다. 따라서 도서 분야별로 판매량에 차이가 있다고 할 수 없다.

2) 블록에 의한 블록효과에 대한 가설검정

여기서는 판매지역별로 판매량에 차이가 있는지를 검정한다.

▸ STEP 1 가설설정

$F_{0B}:\beta_1=\beta_2=\beta_3=\beta_4=\beta_5=0$

H_{1B} : 블록 B에 의한 블록효과 중 적어도 하나는 0이 아니다.

▸ STEP 2 유의수준 결정

$\alpha=0.05$

▸ STEP 3 채택역 · 기각역 설정

분자의 자유도 $b-1=5-1=4$와 분모의 자유도 $(a-1)(b-1)=(3-1)(5-1)=8$을 갖는 F분포를 사용하여 임계값 $F_{b-1,(a-1)(b-1):\alpha}$를 결정한다.

$$F_{b-1,(a-1)(b-1):\alpha}=F_{4,8:0.05}=3.84$$

▸ STEP 4 통계값 계산

검정통계량은 다음과 같이 구한다.

$$F_B=\frac{SSB/b-1}{SSE(a-1)(b-1)}=\frac{MSB}{MSE}$$
$$=\frac{7.93}{4.63}=1.71$$

위의 검정결과를 무작위 블록설계 분석에 의한 이원분산분석표로 정리하면 다음과 같다.

변동요인	제곱합(SS)	자유도	평균제곱(MS)	F
요인 A	$SSA=3.6$	$a-1=2$	$MSA=1.8$	$\frac{MSA}{MSE}=0.39$
블록	$SSB=31.73$	$b-1=4$	$MSB=7.93$	$\frac{MSB}{MSE}=1.71$
오차	$SSE=37.07$	$(a-1)(b-1)=8$	$MSE=4.63$	
합계	$SST=72.4$	$n-1=14$ $(ab-1)$		

▸ STEP 5 판단

계산된 검정통계량 $F_B=1.17$이 임계값 $F_{4,8:0.05}=3.84$보다 작으므로 귀무가설을 기각할 수 없다. 따라서 판매지역별로 판매량에 차이가 있다고 할 수 없다.

4. 2요인 이원분산분석이다.

학생의 경제수준을 요인 A라 하고, 외국 거주기간을 요인 B로 한 2요인 이원분산분석에 의하여 각 요인별 처리효과와 상호작용 효과를 검정한다. 각 요인은 3개의 집단(수준)으로 구분된다. 즉 경제수준을 나타내는 요인 A는 상류층, 중산층, 취약층으로 구분하고, 외국 거주기간을 나타내는 요인 B는 1년 미만, 1년 이상 3년 미만, 3년 이상으로 구분한다.

먼저 학생의 경제수준과 외국 거주기간에 따라 영어 능력에 차이가 있는지를 각각 검정하고, 다음에 학생의 경제수준과 외국 거주기간의 상호작용에 따라 영어 능력에 차이가 있는지를 검정한다.

주어진 자료를 다시 정리하면 다음과 같다.

요인A \ 요인B		1년 미만	1년 이상~ 3년 미만	3년 이상	합계	평균
상류층		10 6 8 4	9 3 5 7	12 10 12 10	$y_{1..}=86$	$\bar{y}_{1..}=8$
	합계	28	24	44		
	평균	7	6	11		
중류층		9 9 6 12	8 6 14 12	6 8 10 8	$y_{2..}=108$	$\bar{y}_{2..}=9$
	합계	36	40	32		
	평균	9	10	8		
취약층		6 4 4 6	12 13 15 16	8 12 11 13	$y_{3..}=120$	$\bar{y}_{3..}=10$
	합계	20	56	44		
	평균	5	14	11		
합계		$y_{.1.}=84$	$y_{.2.}=120$	$y_{.b.}=120$	$y_{...}=324$	
평균		$\bar{y}_{.1.}=7$	$\bar{y}_{.2.}=10$	$\bar{y}_{.b.}=10$		$\bar{y}_{...}=9$

가설검정을 시작하기 전에 검정통계량 계산에 필요한 총변동(SST), 요인 A에 의한 변동(SSA), 요인 B에 의한 변동(SSB), 요인 A와 요인 B의 교호작용에 의한 변동($SSAB$), 오차변동(SSE)을 구한다.

$$SST=\sum_{i=1}^{a}\sum_{j=1}^{b}\sum_{k=1}^{n}(y_{ijk}-\bar{y}_{...})^2=\sum_{i=1}^{3}\sum_{j=1}^{4}\sum_{k=1}^{4}y_{ijk}^2-\frac{y_{...}^{\ 2}}{abn}$$

$$=(10^2+6^2+\cdots+11^2+13^2)-\frac{324^2}{36}=394$$

$$SSA=bn\sum_{i=1}^{3}(\bar{y}_{i..}-\bar{y}_{...})^2=\sum_{i=1}^{3}\frac{y_{i..}^2}{bn}-\frac{y_{...}^2}{abn}$$
$$=\frac{(96^2+108^2+120^2)}{12}-\frac{324^2}{36}=24$$

$$SSB=an\sum_{j=1}^{b}(\bar{y}_{.j.}-\bar{y}_{...})^2=\sum_{j=1}^{b}\frac{y_{.j.}^2}{an}-\frac{y_{...}^2}{abn}$$
$$=\frac{(84^2+120^2+120^2)}{12}-\frac{324^2}{36}=72$$

$$SSE = \sum_{i=1}^{a}\sum_{j=1}^{b}\sum_{k=1}^{n}(y_{ijk} - \overline{y}_{ij\cdot})^2 = \sum_{i=1}^{a}\sum_{j=1}^{b}\sum_{k=1}^{n} y_{ijk}^2 - \frac{\sum_{i=1}^{a}\sum_{j=1}^{b} y_{ij\cdot}^2}{n}$$

$$= (10^2 + 6^2 + \cdots + 11^2 + 13^2) - \frac{(28^2 + 24^2 + \cdots + 56^2 + 44^2)}{4}$$

$$= 138$$

$$SSAB = SST - SSA - SSB - SSE$$

$$= 394 - 24 - 72 - 138 = 160$$

1) 요인 A의 처리효과에 대한 가설검정

여기에서는 요인 A의 처리효과 즉 학생의 경제수준에 따라 영어 능력에 차이가 있는지를 검정한다.

▶ STEP 1 가설설정

$H_{0_A} : \alpha_1 = \alpha_2 = \alpha_3 = 0$

H_{1A} : 요인 A에 의한 처리효과 중 적어도 하나는 0이 아니다.

▶ STEP 2 유의수준 결정

$\alpha = 0.05$

▶ STEP 3 채택역·기각역 설정

$$F_A = \frac{MSA}{MSE} = \frac{SSA/a-1}{SSE/ab(n-1)}$$

$$= \frac{24/(3-1)}{138/(3\cdot 3\cdot (4-1))} = \frac{12}{5.11} = 2.348$$

▶ STEP 4 통계값 계산

분자의 자유도 $a-1=2$와 분모의 자유도 $ab(n-1)=27$을 갖는 F분포를 사용하여 임계값$F_{a-1,ab(n-1):\alpha}$를 결정한다.

$F_{a-1,ab(n-1):\alpha} = F_{2.27:0.05} = 3.35$

▶ STEP 5 판단

계산된 검정통계량 $F_A = 2.348$이 임계값 $F_{2.27:0.05} = 3.35$보다 작으므로 귀무가설을 기각할 수 없다. 따라서 학생의 경제수준에 따라 영어 능력에 차이가 있다고 할 수 없다.

2) 요인 B의 처리효과에 대한 가설검정

여기에서는 요인 B의 처리효과 즉 학생의 외국 거주기간에 따라 영어 능력에 차이가 있는지를 검정한다.

▶ STEP 1 가설설정

H_{0B} : $\alpha_1 = \beta_2 = 0$

H_{1B} : 요인 B에 의한 처리효과 중 적어도 하나는 0이 아니다.

▶ STEP 2 유의수준 결정

$\alpha = 0.05$

▶ STEP 3 채택역 · 기각역 설정

$$F_B = \frac{MSB}{MSE} = \frac{SSB/b-1}{SSE/ab(n-1)}$$

$$= \frac{72/(3-1)}{138/(3 \cdot 3 \cdot (4-1))} = \frac{36}{5.11} = 7.045$$

▶ STEP 4 통계값 계산

분자의 자유도 $b-1=2$와 분모의 자유도 $ab(n-1)=27$을 갖는 F분포를 사용하여 임계값 $F_{b-1,ab(n-1):\alpha}$를 결정한다.

$F_{b-1,ab(n-1):\alpha} = F_{2,27:0.05} = 3.35$

▶ STEP 5 판단

계산된 검정통계량 $F_B = 7.045$가 임계값 $F_{2,27:0.05} = 3.35$보다 크므로 귀무가설을 기각할 수 있다. 따라서 학생의 외국 거주기간에 따라 적어도 한 집단의 영어 능력에 차이가 있다고 할 수 있다.

3) 요인 A와 요인 B의 상호작용 효과에 대한 가설검정

여기에서는 요인 A와 요인 B의 상호작용 효과 즉 학생의 경제수준과 외국 거주기간 간의 상호작용에 따라 학생의 영어 능력에 차이가 나는지를 검정한다.

▶ STEP 1 가설설정

$H_{oAB}: (\alpha\beta)_{ij} = 0$ for all $i = 1, 2, 3,\ j = 1, 2, 3$

H_{1AB}: 요인 A와 요인 B의 상호작용 효과 중 적어도 하나는 0이 아니다.

▶ STEP 2 유의수준 결정

$\alpha = 0.05$

▶ STEP 3 채택역 · 기각역 설정

$$F_{AB} = \frac{MSAB}{MSE} = \frac{SSAB/(a-1)(b-1)}{SSE/ab(n-1)}$$

$$= \frac{160/(3-1)(3-1)}{138/(3 \cdot 3 \cdot (4-1))} = \frac{40}{5.11} = 7.828$$

▶ STEP 4 통계값 계산

분자의 자유도 $(a-1)(b-1)=4$와 분모의 자유도 $ab(n-1)=27$을 갖는 F분포를 사용하여 임계값 $F_{(a-1)(b-1),ab(n-1):\alpha}$를 결정한다.

$F_{(a-1)(b-1),ab(n-1):\alpha} = F_{4,27:0.05} = 2.73$

▶ STEP 5 판단

계산된 검정통계량 $F_{AB}=7.828$이 임계값 $F_{4,27:0.05}=2.73$보다 크므로 귀무가설을 기각할 수 있다. 따라서 학생의 경제수준과 외국 거주기간의 상호작용에 따라 적어도 한 집단의 영어 능력에 차이가 있다고 할 수 있다.

이러한 결과로부터 우리는 학생의 경제수준은 단독으로는 학생의 영어 능력에 차이를 나타내지 못하지만 학생의 외국 거주기간과의 상호작용 효과에 의해서 학생의 영어 능력에 영향을 미침을 알 수 있다.

지금까지의 가설검정 결과를 2요인 이원분산분석표로 정리하면 다음과 같다.

변동요인	제곱합(SS)	자유도	평균제곱(MS)	F
요인 A	$SSA=24$	$a-1=2$	$MSA=12$	$\frac{MSA}{MSE}=2.348$
요인 B	$SSB=72$	$b-1=2$	$MSB=36$	$\frac{MSB}{MSE}=7.045$
교호작용	$SSAB=160$	$(a-1)(b-1)=4$	$MSAB=40$	$\frac{MSAB}{MSE}=7.828$
오 차	$SSE=138$	$ab(n-1)=27$	$MSE=5.11$	
합 계	$SST=394$	$abn-1=35$		

제 13 장 상관분석

3.

3-1. 표본상관계수$=-0.923$

3-2.

▶ STEP 1 가설설정

귀무가설 : $\rho \geq 0$

▶ STEP 2 유의수준 결정

95% 유의수준

▶ STEP 3 채택역 · 기각역 설정

자유도$=8$, $\alpha=0.05$, $t=1.860$

▶ STEP 4 통계값 계산

$t=-6.77$

p-값$=0.00007$

▶ STEP 5 판단

귀무가설을 기각하고 대립가설을 채택한다. 95% 유의수준에서 통계적으로 두 변수 간에는 음의 상관관계가 있다고 할 수 있다.

4.

4-1. 표본상관계수＝－0.218

4-2.

▶ STEP 1 가설설정

귀무가설 : $\rho=0$

▶ STEP 2 유의수준 결정

95% 유의수준

▶ STEP 3 채택역 · 기각역 설정

자유도＝8, $\alpha=0.05$, $t=1.860$

▶ STEP 4 통계값 계산

$t=-0.633$

p-값＝0.545

▶ STEP 5 판단

귀무가설을 기각할 수 없다. 95% 유의수준에서 통계적으로 두 변수 간에 명백한 상관관계는 발견하지 못했다.

5.

5-1.

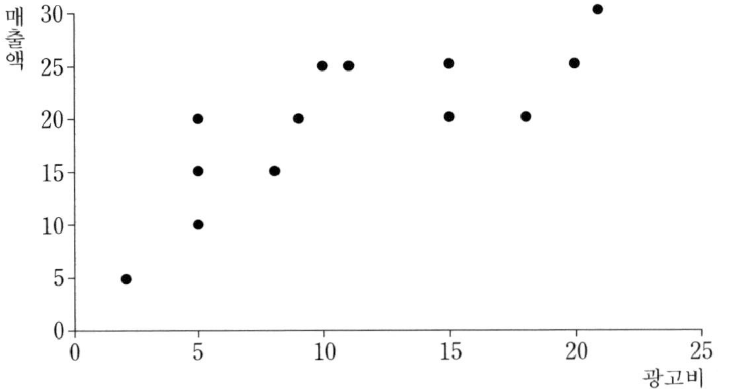

5-2. 표본상관계수＝0.779

5-3.

▶ STEP 1 가설설정

귀무가설 : $\rho=0$

▶ STEP 2 유의수준 결정

95% 유의수준

▸ STEP 3 채택역 · 기각역 설정

자유도=13, $\alpha=0.05$, $t=1.771$

▸ STEP 4 통계값 계산

$t=4.48$

p-값=0.0006

▸ STEP 5 판단

귀무가설을 기각하고 대립가설을 채택한다. 95% 유의수준에서 통계적으로 두 변수 간에 유의미한 상관관계가 있다.

6.

6-1.

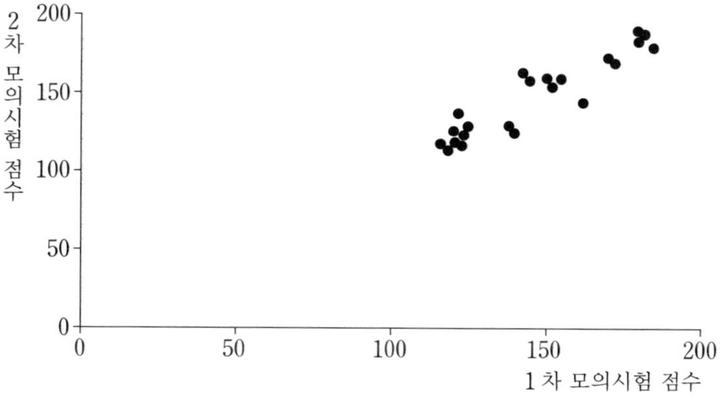

6-2. 표본상관계수 = 0.931

6-3.

▸ STEP 1 가설설정

귀무가설 : $\rho=0$

▸ STEP 2 유의수준 결정

95% 유의수준

▸ STEP 3 채택역 · 기각역 설정

자유도=23, $\alpha=0.05$, $t=1.714$

▸ STEP 4 통계값 계산

$t=12.27$

p-값=0.000

▶ STEP 5 판단

귀무가설을 기각하고 대립가설을 채택한다. 95% 유의수준에서 통계적으로 두 변수 간에 유의미한 상관관계가 있다.

7. 상관계수 : .918

제 14 장 회귀분석

2.

가정 1 : 서로 다른 두 점 x_1, x_2에서의 종속변수 Y는 서로 독립이다.

가정 2 : 종속변수 Y는 모든 x에서 동일한 분산을 가진다.

가정 3 : 주어진 x에서의 종속변수 Y의 확률분포는 정규분포이다.

3.

최소자승법은 모집단 회귀함수(PRF)를 가능한 정확하게 추정하기 위한 방법의 하나로서, 최소자승의 원리를 이용하는 방법이다. 즉 실제값과 추정치의 차이의 자승합이 최소가 되도록 표본회귀함수(SRF)를 결정하는 것을 말한다.

여기서 기본 회귀식을 $\widehat{Y_i} = \widehat{\beta_0} + \widehat{\beta_1} X_i + e_i$이고, β_0과 β_1의 추정치를 살펴보도록 한다.

$$\widehat{\beta_0} = \overline{Y} - \widehat{\beta_2}\overline{X}, \quad \widehat{\beta_1} = \frac{\sum (X_i - \overline{X})(Y_i - \overline{Y})}{\sum (X_i - \overline{X})^2}$$

그런데 문제에서 보듯이 독립변수인 X_i가 일정하다면 $X_i = \overline{X}$이고, β_1의 분모가 0이 된다. 따라서 β_1은 구할 수 없게 된다. 더불어 β_0도 추정할 수 없다.

결국, X_i가 일정하다면 최소자승법에 의한 추정량에 문제가 발생하게 되는 것이다. 따라서 회귀분석을 하기 위해서 변수는 변화해야 한다는 것을 알 수 있다.

4.

산포도를 볼 때 선형회귀분석은 적절하지 못한 것으로 보인다. 여기에서 선형회귀분석을 무리하게 적용한다면 잘못된 결론, 또는 의미 없는 결과를 얻게 될 가능성이 높다.

5. 단순회귀분석 : $y = \beta_0 + \beta_1 x$

지역	x_i	y_i	$x_i-\bar{x}$	$y_i-\bar{y}$	$(x_i-\bar{x})(y_i-\bar{y})$	$(x_i-\bar{x})^2$
가	2	58	−12	−72	864	144
나	6	105	−8	−25	200	64
다	8	88	−6	−42	252	36
라	8	118	−6	−12	72	36
마	12	117	−2	−13	26	4
바	16	137	−2	7	14	4
사	20	157	6	27	162	36
아	20	169	6	39	234	36
자	22	149	8	19	152	64
차	26	202	12	72	864	144
계	$\Sigma x_i=140$	$\Sigma y_i=202$			$\Sigma(x_i-\bar{x})(y_i-\bar{y})=864$	$\Sigma(x_i-\bar{x})^2=144$

따라서,

$\beta_0 = 60,\ \beta_1 = 5$

$\therefore\ y = 60 + 5x$

6.

6-1. $Y=6.46-3.52X$

6-2.

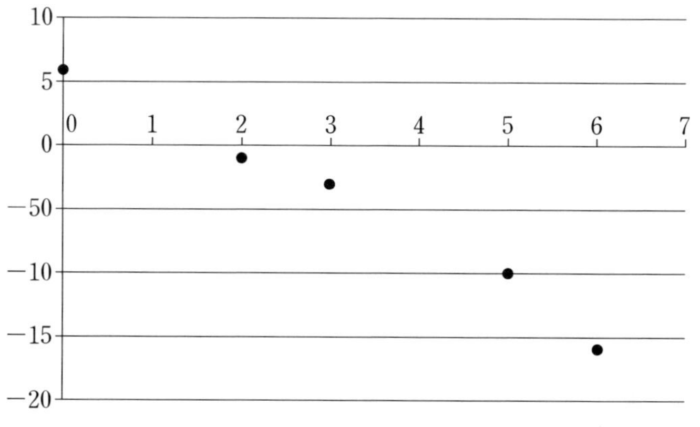

6-3. −7.62

6-4. 0.97

7.

7-2. 우승 횟수가 종속변수이고 연습 거리가 독립변수이다.

7-3. 회귀식 : $\hat{y} = -1.763 + 0.00005x$

7-4. 0.00005 · 10000 = 0.5. 연습 거리가 10,000m 늘면 우승 횟수는 0.5회 늘어날 것으로 예상된다.

7-5. 마라토너 A의 예측치 : $-1.763 + 0.00005 \cdot 90{,}000 = 2{,}737$

잔차 = 3 − 2.737 = 0.263

마라토너 B의 예측치 : $-1.763 + 0.00005 \cdot 90{,}000 = 2{,}737$

잔차 = 4 − 4.187 = −0.187

마라토너 C의 예측치 : $-1.763 + 0.00005 \cdot 90{,}000 = 2{,}737$

잔차 = 2 − 2.587 = −0.587

마라토너 D의 예측치 : $-1.763 + 0.00005 \cdot 90{,}000 = 2{,}737$

잔차 = 6 − 4.987 = 1.013

마라토너 E의 예측치 : $-1.763 + 0.00005 \cdot 90{,}000 = 2{,}737$

잔차 = 5 − 5.737 = −0.737

마라토너 F의 예측치 : $-1.763 + 0.00005 \cdot 90{,}000 = 2{,}737$

잔차 = 3 − 2.837 = 0.163

7-6. 우승 횟수의 표준편차는 0.715로 추정된다.

8.

8-1.

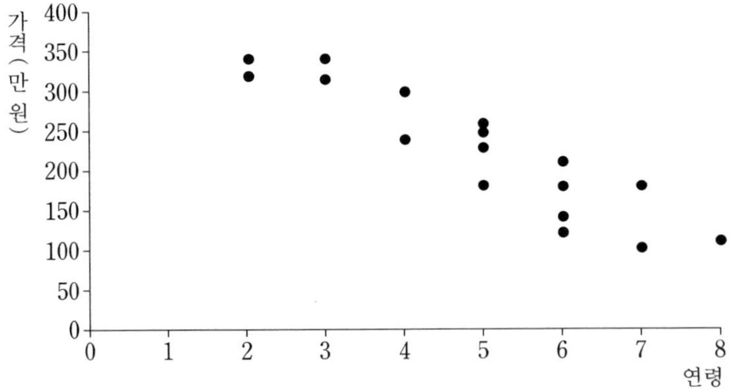

8-2. 회귀식 : $\hat{y} = 432.5 - 41.3x$

8-3. 432.5 − 41.3 · 5 = 226. 근무경력 5년인 이수미의 한 해 불량 건수는 226건으로 추정된다.

8-4. 불량 건수의 표준편차는 34.5건으로 추정된다.

8-5. 95% 신뢰구간은 −51.2∼−31.4이다.

8-6. 귀무가설 : $\beta_1 \geq 0$

$t = -8.8$(자유도=17)

p-값=0.00.

95% 유의수준에서 귀무가설을 기각하고 대립가설을 채택한다. 따라서 β_1은 음이라고 할 수 있다. 즉, 근무경력에 따라 불량 건수는 내려간다.

9.

9-1. 회귀식 : $\hat{y} = 1.0 + 0.126x$

9-2. 경제성장 영향력의 표준편차는 0.477% 정도로 추정된다.

9-3. 예산 규모가 20조 원인 국정과제의 경제성장 영향력에 대한 점추정치는 3.53%이며, 90% 신뢰구간은 3.2%∼3.86%이다.

9-4. 국정과제 "가"의 경제성장 영향력에 대한 예측치는 3.53%이며, 90% 예측구간은 2.55%∼4.51%이다.

10.

10-1. 회귀식 : $\hat{y} = 14.123 - 2.099x$

10-2. 결정계수 : 0.980

10-3. 1−0.980=0.02이므로, 뇌물수수 징계 직원 비율이 가지는 변동 중에서 약 2%가 회귀직선으로 설명되지 않는다.

11.

11-1. 회귀식 : $\hat{y} = 895.3 + 2.38x$

11-2. 1인당 GDP의 변동 중 61.5%를 인터넷 사용자 수가 설명하고 있다.

11-3. p-값=0.00004이므로, 귀무가설을 기각하고 대립가설을 채택한다. 1인당 GDP의 차이를 설명하기 위하여 인터넷 사용자 수를 독립변수로 도입한 이 모형은 유의하다고 할 수 있다.

11-4. 인터넷 사용자 수가 400인 국가의 1인당 GDP에 대한 점추정치는 1,846이며, 95% 신뢰구간은 1,707∼1,985이다.

11-5. 인터넷 사용자 수가 400인 국가의 1인당 GDP에 대한 95% 예측구간은 1,318∼2,375이다.

12.

12-1.

회귀식 : $\hat{y} = -0.066 + 0.185x_1$

결정계수는 0.739이며, 이는 입학 비율의 변동 중에서 공교육 비율에 의해 설명되는 부분이 73.9%임을 의미한다.

독립변수의 유의성 검정 결과 p-값이 0.000이므로, 95% 유의수준에서 귀무가설을 기각하고 대립가설을 채택한다. 즉, 고등학교별 입학 비율의 차이를 설명함에 있어서 공교육 비율은 유의미한 설명변수라고 할 수 있다.

12-2.

회귀식 : $\hat{y} = 2.913 + 0.049x_2$

결정계수는 0.242이며, 이는 입학비율의 변동 중에서 사교육 비율에 의해 설명되는 부분이 24.2%임을 의미한다.

독립변수의 유의성 검정 결과 p-값이 0.001이므로, 95% 유의수준에서 귀무가설을 기각하고 대립가설을 채택한다. 즉, 고등학교별 입학 비율의 차이를 설명함에 있어서 사교육 비율은 유의미한 설명변수라고 할 수 있다.

12-3.

95% 유의수준에서 두 모형 모두 유의한 모형이다. 한편, 공교육의 비율을 독립변수로 선택한 경우 총변동 중 73.9%를 이 모형이 설명하고 있는 반면 사교육의 비율을 독립변수로 선택한 경우에는 총변동 중 24.2%만을 모형이 설명하고 있어, 공교육의 비율을 독립변수로 선택한 경우가 더 적합한 모형이라고 할 수 있다.

12-4.

회귀식 : $\hat{y} = -0.571 + 0.171x_1 + 0.017x_2$

결정계수는 0.762이며, 이는 입학 비율의 변동 중에서 공교육 비율과 사교육 비율에 의해 설명되는 부분이 76.2%임을 의미한다.

독립변수의 유의성 검정 결과 공교육 비율의 p-값이 0.000, 사교육 비율의 p-값이 0.063이므로, 95% 유의수준에서 공교육 비율의 경우에는 귀무가설을 기각하고 대립가설을 채택하나, 사교육 비율의 경우에는 귀무가설을 기각하지 못한다. 즉, 고등학교별 입학 비율의 차이를 설명함에 있어서 공교육 비율은 유의미한 설명변수라고 할 수 있지만, 사교육 비율은 유의미한 설명변수라고 하기 어렵다.

13. 각 회귀모형의 결정계수는 순서대로 각각 .986, .991, .989이다. 재임기간 평균 지지율이 대통령에 따라 차이가 나는 것은 재임기간 평균 경제 성장률과 재임기간 평균 사회복지분야 예산액을 독립변수로 갖는 회귀모형의 설명력이 가장 높다고 할 수 있다.

참고문헌

강금식 · 정우석. 2008. 「EXCEL 활용 현대통계학」. 제3판. 서울 : 박영사.

곽상경. 1993. 「계량경제학입문」. 서울 : 다산출판사.

곽창권. 1989. 「통계와 그 활용」. 서울 : EM문고.

권계화. 2009. 「통계학의 이해 및 활용」. 서울 : 북넷.

김경동 · 이온죽 · 김여진. 2009. 「사회조사연구방법 : 사회연구의 논리와 기법」. 서울 : 박영사.

김두섭 · 강남준. 2000. 「회귀분석 : 기초와 응용」. 서울 : 나남출판.

김범종. 2005. 「연구조사방법 에센스」. 대전 : 대경.

김세헌. 1999. 「일반통계학」. 서울 : 학현사.

김태영 · 김정수 · 조임곤. 2003. 「사회과학 논문 작성과 통계자료 분석」. 서울 : 대영문화사.

김태진. 2006. 「행정계량분석의 이론과 활용」. 서울 : 대영문화사.

김호정. 1999. 「행정통계학」. 제2판. 서울 : 삼영사.

김호정 · 허전. 2008. 「한글 SPSSWIN 14.0 : 통계분석 및 해설」. 제2판. 서울 : 삼영사.

김희탁 · 유한주 · 황복주. 1997. 「통계학」. 서울 : 법문사.

노부호 · 민재형 · 이군희. 1998. 「통계학의 이해」. 서울 : 법문사.

노화준 · 정정길 · 김지원. 2008. 「행정계량분석」. 제1개정판. 서울 : 한국방송통신대학교출판부.

박성복 · 강영걸 · 배일섭 · 정영숙. 2003. 「사회조사방법론」. 서울 : 학현사.

박정식 · 윤영선. 2002. 「현대통계학」. 제4판. 서울 : 다산출판사.

발터 크래머 지음. 염정용 옮김. 2009. 「벌거벗은 통계」. 서울 : 이순.

성태제. 1995. 「현대기초통계학의 이해와 적용」. 서울 : 양서원.

안상형 · 이명호. 2002. 「경영 · 경제 통계학」. 서울 : 박영사.

____________. 1996. 「통계학개론」. 서울 : 학현사.

엄정국 · 이효선. 1992. 「현대통계학입문」. 서울 : 박영사.

유상진 · 홍관수 · 김남영. 2001. 「경상계열을 위한 통계학 : 한글 SPSSWIN」. 서울 : 박영사.

이경서. 2001. 「조사방법론」. 서울 : 학문사.

이종원. 2003. 「경제경영통계학」. 제3판. 서울 : 박영사.

이준형. 2004. 「조사방법론」. 서울 : 대영문화사.

______. 1998. 「통계 분석」. 서울 : 대영문화사.

이태림 · 이정진 · 김성수 · 이기재 · 이긍희. 2003. 「통계학개론」. 서울 : 한국방송통신대학교출판부.

이해영. 2005. 「조사방법의 이해」. 서울 : 대영문화사.

장원경 · 김태균. 2005. 「한글 SPSS 12.0을 이용한 자료분석과 응용」. 대전 : 도서출판 대경.

전준규 · 임윤수 · 명건식. 2004. 「EXCEL을 활용한 경영통계」. 개정2판. 대전 : 도서출판 대경.

최태성 · 김성호. 2000. 「통계학 : 이론과 EXCEL 2000」. 서울 : 다산출판사.

최현철. 2007. 「사회통계방법론」. 서울 : 나남.

채서일. 2005. 「마케팅조사론」. 제3판. 서울 : B&M books.

______. 2003. 「사회과학조사방법론」. 제3판. 서울 : 학현사.

채서일 · 김선철 · 최수호. 2006. 「SPSS/WIN을 이용한 통계분석」. 3판. 서울 : 비엔앰북스.

한승준. 2006. 「조사방법의 이해와 SPSS 활용」. 서울 : 대영문화사.

황인창 · 이대용. 1998. 「알기 쉬운 통계학」. 서울 : 학현사.

Chatterjee, Samprit, and Bertram Price 지음. 유석춘 옮김. 1991. 「예를 중심으로 한 회귀분석」. 서울 : 대광문화사.

Ammons, David N. 2002. *Tools for Decision Making : A Practical Guide for Local Government*. Washington, DC : Congressional Quarterly Press.

Anderson, David R., Dennis J. Sweeney, and Thomas A. Williams. 1994. *Introduction to Statistics : Concepts and Applications*. Third Edition. Minneapolis/St. Paul : West Publishing Company.

Austin, Homer W. 1983. "Sample Size : How Much Is Enough?" *Quality & Quantity* 17 (3) : 239-245.

Babbie, Earl R. 2003. *The Pracice of Social Research*. 10th ed. Belmont, CA : Wadsworth.

______________. 1990. *Survey Research Methods*. 2nd ed. Belmont CA : Wadsworth.

Bailey, Kenneth D. 1994. *Methods of Social Research*. New York : The Free Press.

Barnett, Vic. 1982. *Comparative Statistical Inference*. Second Edition. Chichester : John Wiley & Sons.

Berenson, Mark L., David M. Levine, and Timothy C. Krehbiel. 2004. *Basic Business Statistics : Concepts and Applications*. 9th edition. Upper Saddle River, New Jersey : Pearson Education Inc.

Bingham, Richard D., and Marcus E. Ethridge, eds. 1982. *Reaching Decisions in Public Policy and Administration : Methods and Applications*. New York : Longman.

Blom, Barry, and Salomon A, Guajardo. 2001. *Revenue Analysis and Foresasting*. Chicago, IL : Government Finance Officers Association.

Campbell, Donald T., and Julian C. Stanley. 1975. *Experimental and Quasi-Experimental Designs for Research*. Boston : Houghton Mifflin.

Cohen, Louis, and Michael Holliday. 1982. *Statistics for Social Scientists : An Introductory Text with Computer Programs in BASIC*. London : Harper & Row, Publishers.

Cook, Thomas, and Donald T. Campbell. 1979. *Quasi-Experimentation.* Boston : Houghton Mifflin.

de Vaus, David. 2002. *Surveys in Social Research.* London : Routledge.

Fowler, Floyd J. 1988. *Survey Research Methods.* Newbury Park, CA : Sage Publications.

Fox, John. 1991. *Regression Diagnostics : An Introduction.* Newbury Park, CA : Sage. Sage University Paper Series on Quantitative Application in the Social Sciences, 07-079.

Frankfort-Nachmias, Chava, and David Nachmias. 2000. *Research Methods in the Social Science.* 6th ed. New York : Freeman.

Gratbill, Franklin a., and Hariharan K. Iyer. 1994. *Regression Analysis : Concepts and Applocations.* Bolmont, CA : Duxbury Press.

Greeme, William H. 2002. *Economic Analysis.* 5th ed. New York : Person Education.

Gujarati, Damodar N. 1995. *Basic Econometrics.* Third Edition. New York : McGraw-Hill, Inc.

Hamilton, James D. 1994. *Time Series Analysis.* Princeton, NJ : Princeton University Press.

Hamilton, Lawrence. 1995. *Regression with Graphics.* Pacific Gove, CA : Brooks/Cole.

Hanushek, Eric A., and John E. Jackson. 1977. *Statistical Methods for Social Scientists.* New York : Academic Press.

Hays, William L. 1994. *Statistics.* 5th ed. Fort Worth, TX : Harcourt Brace.

Healey, Joseph F. 1993. *Statistics : A Tool for Social Research.* Third Edition. Belmont, California : Wadsworth Publishing Company.

Iman, Ronald L. 1995. *A Data-Bases Approach to statistics.* Belmont, CA : Duxbury Press.

Johnson, Janet Buttolph, Richard A. Joslyn, and H. T. Reynolds. 2001. *Science Research Method.* 4th ed. Washington, DC : CQ Press.

Johnson, Robert. 1996. *elementary Statistics.* 7th ed. Belmont, CA : Dubury Press.

Kalton, Graham. 1983. *Introduction to Survey Sampling.* Beverly Hills, California : SAGE Publications.

Kennedy, Peter. 1998. *A Guide to Econometrics.* 4th ed. Cambridge, Ma : MIT Press.

Kerlinger, Fred N. 1999. *Foundations of Behavioral Research.* 4th ed. Belmont, CA : Wadsworth.

King, Gary. 1989. *Unifying Political Methodology : The Likelihood Theory of Statistical Inference.* New York : Cambridge University Press.

Kleinbaum, David G., Lawrence L. Kupper, and Keith E. Muller with Azhar Nazita. 1997. *Applied Regression Analysis and Other Multivariate Methods.* 3rd ed. Belmont, CA : Brooks/Cole.

Kurtz, Norman. 1999. *Statistical Analysis for the Social Sciences.* Needham Heights MA : Allyn & Bacon.

Lewis-Beck, Michael S. 1980. *Applied Regression : An Introduction.* Newbury Park, CA : SAGE.

Loether, Herman J., and Donald G. McTavish. 1974. *Inferential Statistics for Sociologists : An Introduction.* Boston : Allyn and Bacon, Inc.

Maddala, G.S. 2001. *Intoroduction to Econometics.* 3rd ed. New York : Wiley.

Manheim, Jarol B., Richard C. Rich, and Lars Wilnat. 2001. *Empirical Political Analysis : Research methods in Political Science.* 5th ed. New York : Longman.

Marsh, Catherine. 1988. *Exploring Data : An Introduction to Data Analysis for Social Scientists.* Cambridge : Polity Press.

McKenna, Christopher K. 1980. *Quantitative Methods for Public Decision-Making.* New York : McGraw-Hill.

McLaughlin, Thomas A. 2002. *Streetsmart Financial Basic for Nonprofit Managers.* 2nd ed. New York : Wiley.

Meier, Kenneth J., Jeffrey L. Brudney, and John Bohte. 2006. *Applied Statistics for Public and Nonprofit Administration.* Sixth Edition. Belmont, CA : Thomson Higher Education.

Meier, Kenneth J., and Jeff Gill. 2000. *What Works? A New Approach to Program and Policy Analysis.* Boulder : Westview Press.

Mendenhall, William, James E. Reinmuth, and Robert J. Beaver. 1993. *Statistics fir Management and Economics.* 7th ed. Belmont, CA : Duxbury Press.

Michel R. Gregory. 2001. *Decision Tools for Budgetary Analysis.* Chicago : Government Finance Officers Association.

Miller, Delbert C., and Neil J. Salkind. 2002. *Handbook of Research Design and Social Measurement. 6th ed.* Newbury Park, CA : Sage.

Mills, Terence C. 1991. *Time Series Techniques For Economists.* Cambridge : Cambridge University Press.

Mooney, Christopher Z., and Robert D. Duval. 1993. *Bootstrapping : A Nonparametric Approach to Statistical Inference.* Newbury Park, CA : Sage.

Moore, David S., and George P. McCabe. 1989. *Introduction to the Practice of Statistics.* New York : W. H. Freeman and Company.

Morrow, James D. 1994. *Games Theory for Political Scientists.* Princeton, NJ : Princeton University Press.

Nachmias, David. 1979. *Public Policy Evaluation.* New York : St. Martin's Press.

Nachmias, David, and Chava Nachmias. 1987. *Research Methods in the Social Sciences.* New York : St. Martin's Press.

Neter, John, William Wasserman, and G. A. Whitmore. 1993. *Applied Statistics.* 4th ed. Boston : Allyn&Bacon.

Newbold, Paul, William L. Carlson, and Betty M. Thorne. 2007. *Statistics for Business and Economics.* Sixth Edition. Upper Saddle River, New Jersey : Pearson Education, Inc.

Ott, Lyman, and Micheal Longnecker. 1999. *An Introduction to statistical Methods and Data Analysis.* 5th ed. Belmont, CA : Brooks/Cole.

Ott, Lyman, and William Mendenhall. 1994. *Understanding Statistics.* 6th ed. Belmont, CA : Duxbury Press.

Paulos, John A. 1996. *Innumeracy : Mathematical Illiteracy and Its Consequences.* New York : Farrar, Straus & Giroux.

_______________. 1996. *A Mathmetician Reads the Newspaper.* New York : Doubleday.

Pindyck, Robert S., and Daniel L. Rubinfeld. 1997. *Economic Models and Economic Forecats.* 4th ed. New York : McGraw-Hill Irwin.

Poister, Theodore H. 1978. *Public Program Analysis.* Baltimore : University Park Press.

____________________. 2003. *Measuring Performance in Public and Nonprofit Organizations.* San Francisco : Jossey-Bass.

Ray, William J. 2003. *Methods toward a Science of Behavior and Experience.* Belmont, California : Thomson/Wadsworth.

Rea, Lois M., and Richard A, Parker. 1997. *Designing and Conducting Survey Research : A Comprehensive Guide.* 2nd ed. San francisco, CA : Jossey-Bass.

Sanders, Donald H. 1990. *Statistics : A Fresh Approach.* New York : McGraw-Hill Publishing Company.

Secrest, Lee, Donald Campbell, and Richard D. Schwartz. 1999. *Unobrusive Measures.* vol. 2. Newbury Park, CA : Sage.

Singleton, Robert R., and William F. Tyndall. 1974. *Games and Programs.* San francisco : Freeman.

Stokey, Edith, and Rochard Zeckhauser. 1978. *A primer for Policy Analysis.* New York : Norton.

Tufte, Edward R. 2001. *The Visual Display of Quantitative Information.* 2nd ed. Englewood Cliffs, NJ : Graphics Press.

Welch, Susan, and John C. Comer. 2000. *Quantitative Methods for Public Administration : Techniques and Applications.* 3rd ed. Mason, OH : Thomson/South-Western.

Wonnacott, Thomas H., and Ronald J. Wonnacott. 1984. *Introductory Statistics for Business and Economics.* Third Edition. New York : John Wiley & Sons.

Zeisel, Hans. 1985. *Say It With Figures.* Sixth Edition. New York : Harper & Row, Publishers.

SOCIAL STATISTICS

찾아보기

국문 찾아보기

ㄱ

ㄴ

ㄷ

ㅁ

ㅂ

ㅅ

ㅊ

ㅌ

ㅍ

ㅎ

영문 찾아보기

A

B

C

D

E

F

G

H

I

T

U

V

W

저자약력

이 은 국

연세대학교 정법대학 행정학과(행정학사)
연세대학교 대학원 행정학과(행정학석사)
미국 University of Chicago 정치학과(정치학박사)

현재 연세대학교 사회과학대학 행정학과 교수

저서 한국의 선거와 경제(2008)
남북한 군비경쟁행태분석론(2007)
지방정부의 생산성 측정의 이론과 실제(공저, 2003)

노 승 용

연세대학교 사회과학대학 행정학과(행정학사)
연세대학교 대학원 행정학과(행정학석사)
미국 University of Southern California, School of Public Administration(행정학석사)
미국 Rutgers, the State University of New Jersey, Newark, 행정학과(행정학박사)

현재 서울여자대학교 인간개발학부 행정학전공 조교수

저서 세계의 감사원(공저, 2009)
지방정부의 역량과 정책혁신 : 이론과 실제(공저, 2008)
지방정부의 역량과 정책혁신 : 국내외 사례(공저, 2008)

사회과학통계입문 - 이론과 응용 -

2010년 4월 30일 제1판 1쇄 발행
2011년 3월 15일 제1판 2쇄 발행

저 자 이 은 국 · 노 승 용
발행인 姜 熙 一 · 朴 銀 子
행처 **다 산 출 판 사**
서울특별시 마포구 용강동 494 - 85
등 록 1979. 6.5. 제3-86 호(윤)
전 화 717-3661～2, 718-1751～2
F A X 716-9945
조 판 (주) 동 국 문 화

정가 28,000원 파본은 바꾸어 드립니다.

http://www.dasanbooks.co.kr
ISBN 978-89-7110-381-4 93310